Copertina di Mimmo Longobardi

Giuseppe Mensitiere

Trecchina

notizie di storia costume e arte

con un contributo di Lidia Orrico

Patrocinio

**SOPRINTENDENZA BELLE ARTI E
PAESAGGIO DELLA BASILICATA**

REGIONE BASILICATA

COMUNE DI TRECCHINA

APT BASILICATA

ISBN 978-88-99520-14-4
Zaccara Editore - Lagonegro

© Copyright aprile 2016
By **Giuseppe Mensitiere**
Senza il permesso scritto dell'Autore sono vietati la riproduzione, anche parziale, in qualsiasi forma e con qualsiasi mezzo elettronico o meccanico (compresi fotocopie e microfilm), la registrazione magnetica e l'uso di qualsiasi sistema di meccanizzazione e reperimento dell'informazione.

Alcune foto del presente volume sono state tratte da Internet.
A norma della legge sul diritto d'autore, il copyright delle istantanee scade dopo venti anni. Ove vi fosse qualche fotografia ancora soggetta a copyright, l'Autore si dichiara a disposizione dell'eventuale titolare del diritto.

Maria Anna
se da qualche luogo puoi ancora ascoltarmi
sai che questo lavoro l'ho dedicato a Te

COMUNE DI TRECCHINA
Provincia di Potenza

Il Sindaco

Ho sempre pensato che una comunità che guarda avanti e vuole essere protagonista di un territorio deve conoscere a fondo la propria storia e le proprie tradizioni.

Mai nessuno, prima d'ora, si era cimentato in un lavoro minuzioso di ricerca delle radici della nostra comunità. Si scopre, così, una realtà sconosciuta fino ad oggi, di una società che ha vissuto tutte le fasi della storia; di una comunità che ha saputo sfruttare al meglio le capacità e le doti dei cittadini più "illuminati"; una collettività di cui è forte il senso dell'autoironia e che ha saputo creare la figura del "Cantacronze".

Ora, finalmente, abbiamo un punto di riferimento da cui poter partire: si potranno fare ulteriori studi e approfondimenti, ma non si potrà prescindere dai lunghi anni di lavoro di indagine dell'Autore.

Giuseppe Mensitiere, con una ricerca puntuale, certosina ed attenta, ci regala un lavoro che dovrà essere tramandato alle future generazioni.

L'accurato studio di Lidia Orrico sugli artisti trecchinesi e sugli edifici di culto sui quali, forse, non avevamo mai focalizzato del tutto il nostro interesse, completano un'opera che diventerà patrimonio della nostra cittadina.

Ritengo che questo libro debba essere gelosamente custodito da ogni famiglia di Trecchina per poter trasmettere, a chi verrà dopo di noi, la voglia e la forza per continuare a vivere in questa microscopica ma splendida parte del mondo.

Trecchina, dicembre 2015

Il Sindaco
Ludovico Iannotti

PRESENTAZIONE

L'interessante volume di Giuseppe Mensitiere Trecchina notizie di storia costume e arte *rappresenta un intenso piccolo capolavoro che fornisce ai lettori la narrazione della storia locale e al tempo stesso restituisce uno spaccato di vita dell'intero borgo con la storia urbana, i suoi abitanti, le tradizioni e gli eventi più rappresentativi.*

Il libro completato da un meticoloso studio di Lidia Orrico sugli edifici di interesse architettonico e sugli artisti trecchinesi che hanno tradotto in termini locali gli influssi artistici presenti nell'ambiente cittadino e internazionale, esplora con attenzione gli aspetti e le vicende originate a livello locale dagli avvenimenti storici che hanno interessato l'intero Mezzogiorno italiano. Come ben ci insegnano gli storici francesi, nel libro vengono analizzati i fatti e i personaggi di quella storia locale che ci aiutano a meglio comprendere e interpretare l'articolazione complessiva delle vicende che hanno caratterizzato il nostro passato e ancora influenzano il nostro vivere quotidiano.

A partire dalle indagini sull'origine del toponimo vengono, infatti, passati in rassegna i vari periodi della storia italiana con le differenti dominazioni, le guerre e le dinastie succedutesi sempre con riguardo diretto a Trecchina e al Lagonegrese, visto quasi come territorio campione e contesto reale nel quale indagare la coesistenza di singole vicende e di personaggi che hanno esplica-

to localmente le proprie attività. E allora le vicende della bella Lauretta rapita e imprigionata dal barone di Senise, rappresenta il modo di narrare e interpretare una realtà diffusa fatta di lotte tra feudatari, guerre, sopraffazioni, soprusi ai danni dei più deboli, delle donne e delle classi subalterne. Cosi come la vita dei briganti, prima protagonisti della rivolta contro i francesi e poi avversari dei piemontesi a favore dei Borbone, con la descrizione delle vicende e dei singoli caratteri e delle atrocità commesse non fa che riportare a livello locale la grande storia e renderla comprensibile da tutti. Allo stesso modo si opera con la descrizione delle catastrofi dovute ai terremoti o alle pestilenze, indicando chiaramente i danni o il numero delle vittime o il calo della popolazione in ragione di un'epidemia di peste. Come in un documentario sulla vita cittadina compaiono i rappresentanti delle istituzioni, i sindaci, gli intellettuali, i poeti, i patrioti, i pittori ma anche i briganti e coloro che festeggiano il carnevale o animano le feste con gustosi componimenti satirici.

Un particolare e interessante capitolo è dedicato a quei protagonisti della vita cittadina che si sono allontanati per creare una nuova esistenza lontano dall'Italia, gli emigrati in Brasile, che, dopo un'intensa attività, spesso sono ritornati per costruire nel paese natio interessanti tipologie abitative dotate di pregevoli decorazioni parietali ma anche di impianti moderni, dando così a Trecchina i primi esempi di edifici dotati di riscaldamento. Come gli esponenti della famiglia Rotondano che partendo dal commercio di manufatti in rame hanno dato vita, in Brasile, ad una piccola città, Jequié, nel distretto di Maracas, divenuta poi colonia dei trecchinesi e dotata di banche nelle quali si era addirittura istituito il pagamento a rate.

Interessante saggio nel saggio il capitolo riguardante il dialetto trecchinese con i fonemi del linguaggio galloitalico risalenti alla popolazione localizzata nel settentrione della penisola prima dell'epoca romana. L'area di Trecchina rappresenta quindi anche un'isola linguistica indagata da studiosi che ne hanno riconosciuto l'originalità e l'interesse per la storia di una comunità che ama tutelare le proprie origini.

A completamento del libro sono inclusi e quasi intervistati i personaggi celebri del luogo e quelli che hanno realizzato delle attività o degli eventi rilevanti quasi come se stessero passeggiando all'interno della piazza cittadina interessandosi e frequentando i monumenti e le chiese, in modo di creare la certezza che tutti costituiscano insieme al paesaggio la vera identità del luogo sempre presente nella memoria collettiva e nella coscienza civica dei cittadini.

Il libro e i suoi autori hanno insomma l'indiscusso merito di aver raccolto e valorizzato la storia di Trecchina e dei suoi abitanti, illustri e non, facendola rivivere mediante minuziose descrizioni ricche di particolari e di informazioni scientificamente curate e inappuntabili in modo da ricordare a tutti il fascino indiscusso dei luoghi e riaffermare i valori millenari del sito.

Francesco Canestrini
Soprintendente Belle Arti e Paesaggio
della Basilicata

PREFAZIONE

Alcune note sul contesto storico della Basilicata

Tanti, tanti anni fa apprendevo da Aristarco che "descrive chi osserva, narra chi partecipa". Il libro di Giuseppe Mensitiere intorno alla storia di Trecchina, per l'impegno di volontà e di cuore che lo sostiene, possiede la qualità della narrazione. Una narrazione in cui per lo scrupolo quasi religioso dei riferimenti, non si sfugge alla sensazione che eventuali omissioni o errori sarebbero stati e sarebbero vissuti non come tali, ma come colpe.

Grazie quindi a Giuseppe Mensitiere per averci offerto questi materiali e a Lidia Orrico, sua moglie, per il contributo dato nell'allestirli.

È risaputo, ma lo ripeto, che il valore di un libro si misura dal potenziale evocativo che incorpora. C'è da dire che la rammemorazione prende l'abbrivio dallo scritto, ma risulta influenzata in modo importante dalle condizioni soggettive di chi si incontra con la pagina.

Infatti chi, come me, è nato e ha trascorso l'adolescenza a Trecchina, pur tra fughe e ritorni, leopardiani rifiuti e insopprimibile appartenenza, si è dovuto e si deve misurare con gli elementi originari, assorbiti dagli ambienti familiari e territoriali, costitutivi del suo stare al Mondo. Sono fermamente convinto

che ciò che si chiama identità non nasce e vive come cosa fissa e definita, essa invece ha e deve avere l'essenza e il destino di una costruzione permanente. Tuttavia è da luoghi come quello in cui si nasce che, chi vi si dispone, trae le ragioni prime per intraprendere quel tirocinio imperterrito, volto alla conoscenza e appunto alla costruzione, sempre incomplete e sempre incompiute, del Sé e dei rapporti nella Società e con la Natura.
I paesaggi naturali si fanno paesaggi dell'animo e della memoria in cui rivivono voci, volti, momenti di vita che hanno fecondato esperienze, distillato modi di sentire, nostalgie, rimpianti o, perché no, rimorsi e paure.

Mi ritornano, non so se come ricordo o come sensazione, certamente per l'indolenza e il languore che inducevano, i lunghi crepuscoli estivi sul golfo e il solco di luce tenace, che attraverso la Serra e i Pedali, incoraggiava gli indugi nella piazza ancora calda e rosa, mentre a nord l'oscurità aveva già quasi vinto il profilo del Sirino, cima che domina la corona di monti che a occidente esclude lo sguardo dal prossimo paesaggio marino.

Non è, credo, compito di queste poche pagine riassumere il libro di Giuseppe, sia perché il libro va letto e non bisogna incoraggiare la pigrizia, sia perché la cosa più opportuna e anche forse più utile consista nel comunicare alcune suggestioni che, almeno per quanto mi riguarda, il libro stimola.

La prima considerazione che mi viene da fare non può che riguardare quello che a me sembra un dato originario fortemente simbolico. Originario, non originale, perché estendibile a molti altri luoghi se non a tutto il Mezzogiorno. Mi riferisco al fattore "mescolanza" da cui, certo, son potuti derivare insicurezza e un senso di precarietà, ma anche impulso alla ricerca, alla conoscenza, alla valorizzazione, solidale o antagonista, delle risorse umane e naturali. Insomma questo complesso di fattori contraddittori e perciò vero, fecondo e terribile: la Storia, fa da sfondo anche alla formazione di questo microbo della terra che porta il nome di Trecchina, di cui è discusso persino il toponimo.

La successione di migranti, invasori, assedianti (Osci, Greci, Romani, Longobardi, Saraceni, Svevi, Normanni, Angioini, Aragonesi e, ancora Francesi, Spagnoli, Austriaci), ha fatto giustamente dire a Croce che per secoli e secoli i territori italiani e soprattutto meridionali furono prestati a interessi lontani e spesso nemici soprattutto del Mezzogiorno. La mescolanza di razze, culture, costumi ha prodotto, sempre nel Mezzogiorno, tipi umani, stili di vita, ideologie, attraversati da tratti comuni, arricchiti e specificati da impronte regionali.

Oltre agli urti della Storia, hanno fatto sentire la loro micidiale influenza gli urti della terra: addirittura Nitti, in alcune righe segnate da amarezza e inconsueto fatalismo, sosteneva che terremoti, frane ed emigrazione fossero stati, almeno fino a un certo momento, i principali fattori di cambiamento nel Mezzogiorno.

Date queste premesse non poteva mancare l'attenzione di antropologi, etnologi, P.S.I.cologi, che per fortuna intervenne e risultò feconda. Ernesto De Martino nel secondo dopoguerra fece, soprattutto della Basilicata, un laboratorio di ricerca intorno ai miti e ai riti dei deboli come rimedi contro il Negativo che Storia, Natura e, quindi, Destino dispensano nel quotidiano. Mi è capitato di pensare a quante energie, intelligenze, potenzialità sono state dissipate sotto l'effetto di paure del negativo occulto. Quante volte la paura dell'invidia ha spinto verso pratiche di "sottrazione", di nascondimento delle qualità, estenuandole nella pigrizia e nell'indolenza?

Edward C. Banfield indagò il "Familismo amorale" come forma individualistica, angusta, "avara", direbbe Don Milani, di stare nella società. Levi si soffermò sulla "Civiltà contadina" come espressione e forma di "autonomia". Un'autonomia, nella visione leviana, sociale e persino culturale, che però agli occhi di molti interpreti, appariva come una subcultura che si compiaceva di coltivare i miti e i riti di un mondo immobile, al riparo dell'onda del moderno consumistico, piuttosto che muovere verso l'avanzamento civile e democratico delle masse contadine.

Di recente è stata giustamente rilevata la scarsa o nessuna attenzione che Levi pone al ruolo degli artigiani. Le loro botteghe erano luoghi di formazione e di diffusione di opinioni e di idee politiche.

Queste ed altre ricerche-denunzia squadernavano davanti alla cultura e alla coscienza nazionali la condizione subalterna dei contadini e la insopportabile svalutazione del loro lavoro.

Nel secondo dopoguerra, a partire dal novembre del 1944, con l'emanazione dei decreti Gullo, ministro comunista del Governo Badoglio, con i quali si assegnavano le terre incolte e mal coltivate ai braccianti e ai contadini poveri, si inaugurò la stagione delle lotte per la terra, che si protrassero fino al 1950, quando fu approvato lo "stralcio di riforma agraria", risposta, inadeguata, a quelle lotte. Quelle, scrisse Rosario Villari alcuni anni dopo, rappresentarono, nel Mezzogiorno, "la transizione dal fascismo alla democrazia". Rocco Scotellaro scriveva i versi de "L'alba è nuova", che Calo Levi definiva "La Marsigliese contadina".

I teatri di quella stagione furono il Melfese e il Materano, in particolare il Metapontino, ma non solo.
Il Lagonegrese e, quindi, Trecchina non furono interessati da quel risveglio sociale e democratico, con l'eccezione di Senise, dove un giovane medico comunista, Pietro Policicchio, guidò i braccianti e i contadini poveri all'occupazione delle terre del marchese Donnaperna. Credo sia giusto ricordare che anche Lauria, soprattutto ad opera dei contadini, nel 1953 rovesciò l'egemonia piccolo-borghese, eleggendo una giunta di sinistra, che Radio Praga ritenne di celebrare.

Anche nel Lagonegrese e nella stessa Trecchina avevano preso vita i partiti, soprattutto la D.C., il P.C.I., il P.S.I.
P.C.I. e P.S.I., mentre nei luoghi dove esistevano nuclei di proletariato rurale e, anche se in minor misura, urbano - il nord della regione e la fascia ionica - svolgevano una importante azione di formazione e organizzazione del movimento di lotta, nel Lagonegrese si mobilitavano quasi soltanto in occasione di elezioni, presentando la natura di partiti d'opinione piuttosto che di massa. La D.C. godeva di consenso popolare, ma il collante era prevalentemente clientelare.

C'è da osservare che il clientelismo sia il risultato perverso di un'involuzione, anzi dell'immeschinimento di un principio nobile, come il solidarismo cattolico e laico, a strumento di autoriproduzione del potere (doroteismo).

Non si può ignorare il ruolo dei Sindacati. Essi hanno rappresentato un forte punto di riferimento nell'affermazione e nella difesa dei diritti dei lavoratori. Anche l'azione sindacale, compresa quella della CGIL, nel sud della regione era segnata da un'impronta assistenziale, con qualche eccezione, come le lotte della Valle del Mercure contro l'inquinamento della centrale a carbone o quelle dei braccianti della Pamafi di Rivetti di Maratea o ancora quelle intorno alla diga di Montecotugno a Senise. In queste lotte, bisogna riconoscerlo, si riuscì a combinare efficacemente sforzo organizzativo e spinte spontanee.

Un'annotazione, credo, non superflua: spesso l'azione del P.C.I. e della CGIL si sovrapponevano, addirittura le due organizzazioni coabitavano negli stessi locali. Questa circostanza rappresentava, anche se non spiega, l'accento economicistico dei comunisti meridionali.

Come ho già annotato, i partiti ripresero vita nella metà degli anni Quaranta e a Trecchina svolsero una vivace e spesso aspra attività politica. Le elezioni amministrative del 1946 si svolsero in un clima molto teso e dall'esito incerto. Prevalse la D.C., ma il consenso alle sinistre risultò consistente. Nelle successive amministrative risultò vincente una lista civica molto composita e contraddittoria. Quell'Amministrazione non ebbe vita facile, né lunga: fu sciolta si potrebbe dire "d'autorità" e riprese ad amministrare la D.C.. Rappresentò un episodio del processo di formazione di un sistema di potere.

Nell'estate del 1960, sull'onda del movimento antifascista contro il governo Tambroni, fu ricostituita la Sezione del P.C.I., a cui aderirono molti giovani e ragazze. Fu un punto di riferimento per la sinistra della Valle del Noce per alcuni anni.

Voglio chiudere con una rivalutazione. Ho trovato molto significativo il capitolo sulla prima emigrazione. In esso risaltano l'intraprendenza, lo spirito di sacrificio, le attitudini imprenditoriali che molti giovani trecchinesi dispiegarono nell'America latina dove a partire dal 1870 approdarono, dopo rischiosissime attraversate atlantiche, in cerca di una prospettiva, negata in casa. Altro che pelandroneria, a cui la piazza darebbe occasione e scena!

Ricordando sofferenze e successi, umiliazioni e orgoglio dei nostri emigrati, come non pensare in questo nostro tempo alla marea umana, spinta verso l'Europa dalle violenze e dalla fame? E come non indignarsi nei confronti di classi dirigenti europee, che inseguendo calcoli meschini e, in ultima istanza, stupidi, offendono secoli di aspre conquiste sociali e civili e destinano l'Europa a subire i contraccolpi forse catastrofici, di un evento apocalittico, che già segna e ancor più segnerà la nostra Epoca?

A scanso di pigrizie opportunistiche e alibi disonesti mi pare necessario precisare che un evento apocalittico non produce fatalmente catastrofe, ma la "rivelazione" reca in Sé uno straordinario potenziale di salvezza che, in condizioni determinate, spetta alla responsabilità, alla cultura, alla volontà di classi dirigenti e popoli rendere operante.

Credo che Trecchina, per quanto "microbo", abbia i titoli e spero si dia la volontà di partecipare all'impresa.

Roma, ottobre 2015

Giacomo Schettini*

---

* *Vedi scheda a p. 424*

INTRODUZIONE
dell'Autore

Chi si occupa di storia locale, spesso finisce con l'affezionarsi all'interpretazione più fascinosa e nobile dell'origine dei propri luoghi e dei fatti accaduti, enfatizzando anche ipotesi forzate peccando, così, di partigianeria e inficiando il proprio lavoro che talvolta, a parte queste faziosità, è pregevole sotto altri aspetti.
Noi ci siano sforzati di non cadere in questa trappola. Abbiamo lavorato su documenti e informazioni attendibili, raccolti in anni di ricerca.

Ci è stato di prezioso aiuto anche il libro di Pasquale Schettini: "*Trecchina nel presente e nel passato*" scritto nel 1936 e pubblicato solo nel 1947.
Tale opera resta il primo tentativo di scrivere qualcosa sulla storia del nostro paese ma, purtroppo, ha il limite di non citare tutte le fonti da cui attinge le notizie: non c'è una bibliografia di riferimento e, quando ci è stata data la possibilità di riscontrare i documenti con quanto l'autore ci riferisce, qualche volta abbiamo rilevato delle inesattezze.

Nondimeno, gli siamo grati perché il suo lavoro costituisce un punto di partenza, un canovaccio da cui non potevamo prescindere.

Parlare della storia di Trecchina a noi è sembrato eccessivo. Il borgo, il cui numero di abitanti è oscillato, nei secoli, tra le poche centinaia e un massimo di tremila circa, posto su un territorio limitato per estensione e franoso per la maggior parte, non ha mai avuto la possibilità di espandersi e, quindi, di avere una connotazione preminente, neanche nell'ambito della Valle.

I fatti che ci avrebbero potuto raccontare i nostri avi, se avessero avuto la possibilità e la capacità di scriverli, sarebbero stati di stenti, di miseria, di sofferenze, di angherie, di vessazioni, di terremoti, di invasioni, di epidemie, di morti. Essi erano le povere pecore savie dei loro padroni, per dirla con Rocco Scotellaro.

Noi abbiamo raccolto, quindi, quello che ancora ci resta di quei pochi fatti e li proponiamo così come siamo riusciti a ricostruirli, attraverso le ricerche negli archivi, nelle biblioteche, i racconti popolari, e lì siamo andati a scavare, non per farne una storia, ma per comporre le scarse tessere di un mosaico che, chissà, un giorno qualcuno, approfondendo presso altre fonti, potrà completare e certamente migliorare.

Abbiamo privilegiato anche altri aspetti, quali lo sviluppo urbanistico, l'emigrazione - che è tanta parte della nostra storia - il dialetto che è una nostra peculiarità, il carnevale, la poesia giocosa, gli artisti, i luoghi di culto e quant'altro caratterizza la nostra comunità.

I capitoli che trattano gli artisti e i luoghi di culto, sono stati curati da Lidia Orrico perché, oltre ad avere una competenza che le deriva dalla sua professione, ha sempre studiato il territorio sotto questo aspetto.

Abbiamo cercato, in definitiva, di riscoprire parte delle nostre radici, scrutando nel passato, perché la storia costringe a ricordare, spinge all'immedesimazione del lettore. Solo chi ricorda partecipa e torna indietro in un luogo che ha vissuto o crede di aver vissuto o sente di poter vivere. Immedesimazione significa ricordo e chi ricorda il passato è chi sa guardare il futuro.

Luis Sepulveda ci ricorda che «un popolo senza memoria è un popolo senza futuro». La memoria aggrega, è il collante che unisce generazioni, la memoria è la base della storia e del civismo.

Abbiamo voluto, perciò, mettere insieme tutti i documenti raccolti, ordinandoli cronologicamente in argomenti, per amore del nostro paese in cui siamo nati e abbiamo scelto di vivere.

È stato meraviglioso parlarvi di Trecchina in queste pagine, riuscire a emozionare ed emozionarsi con i soli ricordi del cuore, perché il ricordo, come il sogno, è più forte della realtà.

I fatti, gli aneddoti tramandati per secoli, attraverso i racconti in dialetto delle nostre nonne nelle lunghe serate d'inverno, accanto al fuoco e con la pignatta che borbottava, non ti abbandonano più, sono impressi sulle tue carni e te li porti addosso per tutta la vita.

Ognuno di noi, crediamo, impara ad amare così il proprio paese, tanto che, a un certo punto, si sente legato a esso profondamente e magari non sa spiegarsene la ragione. Infatti, non sapremmo immaginarci in un luogo diverso, anche se, in fondo, viviamo in una provincia abbandonata.

Ma il cielo, con i suoi colori, la sua luce e il verde in cui sei immerso, ti entrano nell'anima.

Altri luoghi, senza dubbio, hanno cieli bellissimi, ma il "nostro" cielo non è soltanto bello: alla sua luce abbiamo aperto gli occhi, alle sue stelle spesso abbiamo confidato segreti e speranze … perciò lo sentiamo intimo, unico.

Del nostro paese conosciamo ogni strada, ogni portale, ogni luogo, ogni panchina, ogni aiuola, ogni albero della nostra Piazza: ci muoviamo come nella nostra casa, ne sentiamo ogni angolo come parte della nostra stessa vita.

E gli ulivi: minuti, contorti, che spuntano da un terreno pietroso che scorre sempre più giù verso il fiume, se ne tocchi i tronchi, entri nella loro inerzia.

Chi non ha provato il senso di appartenenza del proprio luogo, percorrendo d'autunno il viale della Forraina e sentir sotto i piedi il crepitio delle foglie secche e, salendo più su, per i sentieri dei castagneti, sentire il profumo dei funghi e ascoltare le prime voci del vento?

Chi, scendendo verso Maurino o verso Parrutta, non è rimasto colpito dai bellissimi colori autunnali delle vigne che, dal monotono verde estivo, si trasformano in una sinfonia di colori che vanno dal verde marcio, al giallo, al marrone, al rosso rubino?

Il tuo paese non è il luogo dove resti pietrificato una vita e nemmeno il luogo che abbandoni e cancelli; ti resta per sempre, irraggiungibile ma pur sempre vicino nella sua lontananza.

Un paese vuol dire non essere soli, sapere che nella gente, nelle piante, nella terra c'è qualcosa di tuo, che anche quando non ci sei resta ad aspettarti, dice Cesare Pavese.

È il tono particolare, l'anima, il modo originale di vivere con le persone che conosci a una a una, che ti fanno sentire come un filo, per quanto esile, di una tela più grande che avvolge e comprende noi e gli altri, nella sua splendida trama di uomini e di cose.

Se con questo lavoro siamo riusciti a trasmettere anche a voi lettori questi sentimenti, saremo felici di aver speso bene il nostro tempo.

Trecchina, 29 dicembre 2015

                           L'A.

Capitolo I

Il territorio

1. Generalità

Ubicata all'estremo lembo sud-occidentale della Basilicata, a ridosso di Maratea, Trecchina è adagiata su un pianoro, tra le falde di una catena di monti che degradano verso la riva destra del fiume Noce a nord-est e verso il vallone Prodino Grande a nord ovest.

Essa è delimitata dal predetto fiume, che la separa dai comuni di Nemoli e Lauria. In corrispondenza della confluenza del torrente Torbido con il Noce, la linea di confine col Comune di Lauria, s'inerpica sulle falde del monte Messina fin sopra Balzorosso, per proseguire, sempre verso sud, fino al monte Mancosa a quota 952 m., ove incrocia il vertice dei confini con Trecchina-Lauria-Tortora. A questo punto abbandona il confine con Lauria e segue quello con Tortora (Calabria). La linea prosegue in discesa lungo il crinale del monte fino a riprendere la mezzeria del fiume Noce in corrispondenza della confluenza col torrente Pizinno, per proseguire (a quota 59 m.) fino alla località Pantano della Saporitana ove incrocia il vertice di tre confini: Trecchina, Tortora, Maratea.

Da quel punto, la linea di demarcazione separa il territorio trecchinese da quello di Maratea seguendo il crinale dei monti Sant'Angelo (quota 835 m.), Maiorino (quota 988 m.), Serra Pollino dov'è il santuario della Madonna del Soccorso (quota 1099 m.), la cima della Serra Cappellera (quota 1067 m.), la cima del monte Crivo (quota 1277 m.), il più alto.

Il territorio visto da nord

La linea di confine con Maratea scende poi fino al Passo della Colla a quota 587 m., per risalire sul monte Coccovello (che con i suoi 1500 m. di quota è il monte più alto della catena) ove piega verso nord (a quota 1218 m.), abbandonando il confine con Maratea e prendendo quello con Rivello, parallelo al crinale, fino a quota 1240 m. In quel punto scende sul torrente

Prodino Grande che lo percorre in mezzeria fino a incontrarsi di nuovo col fiume Noce, a confine con Nemoli.

Trecchina ha lo sbocco a mare a ovest, attraverso il Passo della Colla, e a sud-est lungo la Valle del Noce.

L'intero territorio si sviluppa su un terreno scosceso, raramente pianeggiante, franoso, per una estensione di 37,71 chilometri quadrati.

Il sistema fisiografico di riferimento, nell'ambito del territorio comunale, è quello tipico del "versante montuoso-pedemonte-collinare-fondovalle fluviale".

Sotto il profilo geologico generale, il suddetto sistema è caratterizzato dall'affioramento di formazioni geologiche e litologiche diverse.

Il centro abitato è posto su un pianoro alle falde della Serra Pollino e del Coccovello, in una magnifica posizione che domina la Valle del Noce, a quota 500 metri sul livello del mare[1].

Ha due frazioni di antico impianto, poste entrambe lungo la

Il centro abitato - Archivio APT Basilicata

---

1 Quota misurata al centro della Piazza del Popolo.

destra del fiume Noce: Parrutta e Piano dei Peri (l'insediamento più antico), che si raggiungono agevolmente sia dalla Strada Provinciale n° 44, sia dalla strada di fondovalle.

Vi sono, inoltre, altri nuclei abitati, sparsi sul territorio: Bolago, Turchio, Colla, Foresta, Maurino, Pietra, Pietramorta, Ronzino, Fallacca, Santi Quaranta, Ortigliolo, Scaloni, Starsia, Camporotondo.

Il paese dista ventuno chilometri dall'autostrada Salerno-Reggio Calabria (svincolo Lagonegro Nord), trenta chilometri dalle stazioni sciistiche del Sirino, sedici dalla stazione ferroviaria di Maratea e diciassette dal mare di quel comune (spiagge di Fiumicello e di Castrocucco).

2. La vegetazione

Il territorio è caratterizzato da un'area particolarmente accidentata, con un dislivello altitudinale di circa 1217 metri tra la cima del monte Crivo e il punto più basso del fondovalle (Pantano della Saporitana).

Essendo esso posto tra alte e strapiombanti pareti rocciose, i cui vertici ospitano nidi di uccelli rapaci, e avendo un clima quasi marino sul fondovalle ove fioriscono i limoni, ne consegue che il suo habitat è eterogeneo.

Il bosco ricopre principalmente quelle zone che, per l'acclività o per l'altimetria, non possono essere utilizzate per colture agricole.

È da rilevare che la superficie a bosco è in aumento. Questo si sta insediando, infatti, anche sui terreni una volta coltivati e ora abbandonati perché in frana o perché su di essi non è possibile la coltivazione meccanizzata o, infine, per i rimboschimenti a opera dell'Ente Regione.

Una piaga degli ultimi decenni sono gli incedî estivi, prevalentemente dolosi, che non si riescono né a prevenire né ad arginare del tutto e che riducono, di anno in anno, sia la flora sia la fauna dell'intero territorio.

La vegetazione forestale dell'area è rappresentata in gran parte da boschi dominati da leccio, castagno (oggi coltivato a bosco ceduo per la maggior parte), cui sporadicamente si associa l'ontano, il carpino, l'acero, il frassino, la quercia.

Lungo i versanti dei valloni, vegetano in prevalenza il cerro, la roverella e l'acero napoletano.

L'area direttamente interessata dall'alveo del fiume è carat-

Strada nel bosco

terizzata da ontano e pioppo, cui si associano frequentemente altre specie arboreo-arbustive come l'orniello e i salici. Tali formazioni caratterizzano tutto il tratto fluviale.

Gli elementi di maggiore interesse floristico sono quelli che caratterizzano gli habitat rupestri e i ghiaioni calcarei, ricchi in genere di specie endemiche o ad areale ristretto. Tra queste sono state rilevate la campanula fragilis, elemento endemico appenninico che caratterizza fitocenosi rupicole del dianthion rupicolae, la putoria calabrica e l'elaeoselinum asclepio, entrambi elementi mediterranei strettamente legati all'habitat rupicolo.

3. La fauna

Tra i volatili rapaci vi era l'aquila, che pare cominci a frequentare di nuovo le alte vette, dopo molti anni di assenza; il falco pellegrino; il nibbio bruno. Sono ancora presenti: l'albanella reale, l'allocco, il picchio verde e il picchio nero, il calandro, la quaglia, la cinciallegra, la gazza, la starna, il cardellino, il merlo, il pettirosso, la capinera, i passeracei in genere, il pipistrello, la civetta, il gufo comune.

La presenza di gazze, notevole negli ultimi anni, ha ridotto la riproduzione di cardellini ed altri passeracei perché il volatile bianconero si nutre prevalentemente di uova e nidiacei di altri uccelli.

È ricomparso il lupo; vi è stata una presenza continua del cinghiale (anche in conseguenza del ripopolamento a fini venatori). Vi sono la lepre, la volpe, la martora, lo scoiattolo, l'istrice, la rana italica, la raganella e tante altre specie che sono ampiamente diffuse in tutto il Lagonegrese.

Tra i rettili è da segnalare la presenza della vipera, entità endemica dell'Italia meridionale.

Le libellule risultano importantissime per vari uccelli insettivori e testimoniano un'area esente (almeno apparentemente) dagli effetti degli insetticidi.

4. L'agricoltura

L'attività agricola è ancora presente, seppure di valore economico marginale, perché i terreni coltivabili, a causa della loro morfologia, sono molto ridotti e fortemente dissestati. Le coltivazioni più importanti, comunque esigue, sono quelle dell'oliveto, del vigneto, del frutteto in genere e delle colture cerealicole.

Oggi si osserva un progressivo, triste abbandono dei terreni coltivati, a causa del basso reddito che se ne ricava.

È ancora presente, ma in maniera esigua, la pastorizia di bovini, ovini e caprini.

5. La Valle del Noce

Il territorio di Trecchina comprende un lungo tratto del bacino del fiume Noce.
Tale corso d'acqua (Baletum per i Romani),[2] scaturisce dalle Murge del Principe (1398 m.), un gruppo di altopiani che può considerarsi uno sperone avanzato a nord del Sirino, e ha una lunghezza di circa cinquanta chilometri.

Esso è il più importante fiume del sistema montuoso Sirino-Papa che, con le sue due vette, del monte Sirino (1907 m.) e del monte Papa (2005 m.), segna lo spartiacque appenninico tra i bacini dei fiumi Agri e Sinni a est e dei fiumi Calore e Noce a ovest. Il regime idrologico del fiume Noce è caratterizzato da una grande varietà delle portate dovuta, fra l'altro, alle rilevanti pendenze della rete idrografica e alla modesta ampiezza del bacino.

Con andamento prevalente verso sud, il fiume presenta un corso incassato e attraversa colline caratterizzate in maggioranza da boschi di sclerofille e macchia mediterranea, allargando poi notevolmente il suo fondovalle nel tratto terminale, dopo aver intercettato le acque di svariati affluenti, tra i quali i torrenti Bitonto, Carroso, Prodino Grande, e il Torbido.

Giunto presso l'abitato di Parrutta (frazione di Trecchina), il fiu-

---

2   Biagio Moliterni, *Laos: fiume e città negli scritti, nella cartografia e nella ricerca archeologica dal XVI al XX secolo*, in "Archivio Storico per la Calabria e la Lucania", Anno LXXV (2008/2009), Associazione Nazionale per gli Interessi del Mezzogiorno d'Italia - Roma, pp. 101 e 102: *In passato, il corso d'acqua fu conosciuto con i nomi di "Trecchina" e "Rivello", comuni situati lungo il suo percorso, e come "fiume Nero", "Torbido" e "Talao". Cfr. L. PAGANO, Studii sulla Calabria, edito «per cura del prof. Vincenzo Pagano» a Napoli nel 1892, vol. I, pp. 43-44: "Il primo fiume di Calabria, che sbocca nel mare Tirreno, è la Trecchina, che è il limite attuale tra le provincie della Basilicata e della Calabria Citeriore dal 1571 sino a noi (Barrio). Il Rizzi Zannoni nel 1808 chiamollo Trecchina e Noce, e gli diede per fiume influente il fiume di Ajeta. Pietro Razzano, morto nel 1494, il disse Cucco o Cocco [scil. Castrocucco], e il Vanni nel 1750 chiamollo fiume Nero ovvero Torbido". A Tortora è chiamato «Fiume grande» per distinguerlo dalla più piccola «Fiumarella».*

me scorre più incassato, con sembianze di fiumara.

Più a sud costituisce il confine tra Basilicata e Calabria e riceve prima le acque del torrente Pizinno, proveniente dalla località San Sago di Tortora e poi, a destra, quelle del Serrieturo e, infine, quelle affluenti dalla Fiumarella di Tortora, per sfociare, dopo qualche chilometro, alla piana di Castrocucco di Maratea, nel mar Tirreno, a otto chilometri a sud dal centro del paese.

Ha un bacino di 380 km² circa e una portata media di 6,94 m³/s.

Il fiume Noce in località Pizinno

Il fiume ha un regime spiccatamente torrentizio, con notevoli variazioni di portata, specialmente nella stagione invernale, quando è spesso in piena. Nonostante ciò, la sua portata è perenne, prossima ai due metri cubi al secondo anche in estate.

La situazione geologica del bacino è decisamente complessa, con diffusione prevalente di argilliti, argilloscisti, arenarie quarzose, calcari, arenacei e marnosi. Nella parte centrale sono presenti calcari, dolomie e sabbie prevalentemente quarzose.

Nel fiume Noce vi è la presenza di trote, trote iridee, cavédani, anguille. Pare che sia ricomparsa anche la lontra.

5.1. La grotta Sant'Angelo

Un pugno di case sulla riva sinistra del fiume Noce, ove una volta si accedeva dal paese percorrendo una precipitosa mulattiera per circa quarantacinque minuti attraversando, poi, un malfermo ponticello sul fiume: è questo il magnifico borgo di Camporotondo, abitato da poche ospitali famiglie.

Posto alle falde del monte Messina, detto anche Mancosa perché il sole sorge alle sue spalle e lo irradia solo nella tarda mattinata e fino al primo pomeriggio, il borgo oggi è lambito dalla strada di fondovalle.

La zona era abitata da pastori e lì, durante il decennio della dominazione francese del primo Ottocento, si annidarono i briganti che da quel posto, non visti, potevano controllare la valle e raggiungere sia Lauria sia Tortora, dall'altro versante della montagna.

In quel borgo i suoi abitanti mostrano ancora, scavate in una roccia, due buche perfettamente cilindriche in cui i briganti preparavano la polvere da sparo.

Da questo punto s'inerpica un impervio sentiero che conduce a metà del monte (Balzorosso), laddove una roccia ferrigna scende a strapiombo, interrompendo la vegetazione,

Ubicazione Grotta S. Angelo

Grotta Sant'Angelo

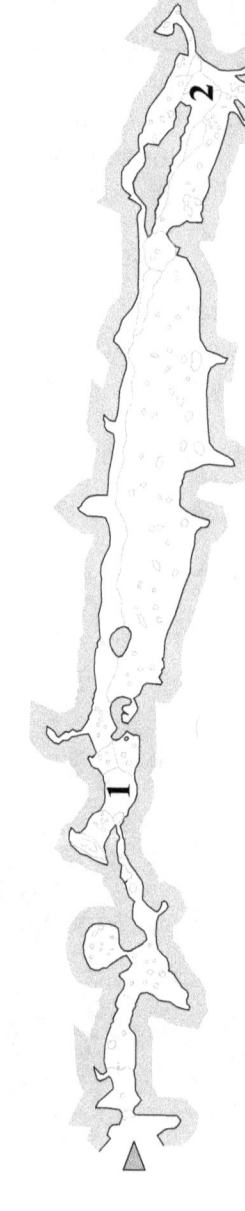

Pianta

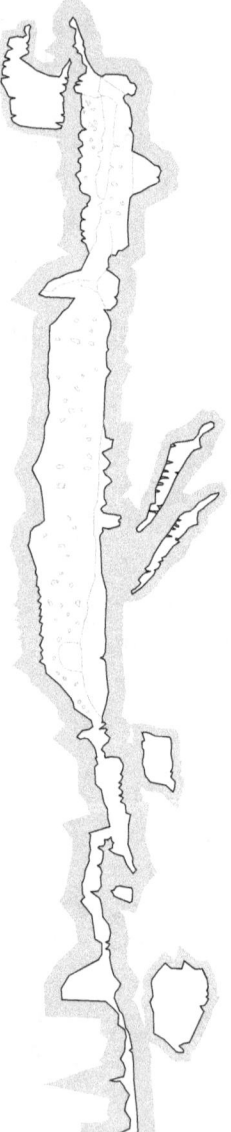

Sezione

Disegno del geom. Giuseppe Conte

a quattrocento metri sul livello del mare. Dopo circa un'ora di cammino, si apre una cavità triangolare, nascosta da un folto cespuglio: è la grotta Sant'Angelo.

Il sentiero per raggiungerla è molto accidentato e pericoloso per chi non ha mai frequentato la montagna o soffre di vertigini, perché è anche molto stretto e, nell'ultimo tratto, è a strapiombo sul fiume, con un dislivello di circa trecento metri.

Per accedere nella grotta bisogna essere molto esperti e avere idonea attrezzatura; meglio se accompagnati da speleologi qualificati.

Una volta entrati, si percorre il primo tratto di una cinquantina di metri e si raggiungono tre sale. In quella centrale vi è un foro naturale che si trova al centro della volta di una sottostante grotta alta sei metri. Per accedervi, quindi, è necessario calarsi con una scala di corda. (1) Giunti sul fondo, ci si trova in una splendida sala, sulla cui sinistra vi è una vasca naturale dalle acque limpide e freschissime. Essa, nei mesi invernali, aumenta di quota, a giudicare dai segni evidenti sulle pareti.

Sulla destra e sul fondo vi sono delle bianchissime pareti calcaree ricoperte da numerose stalagmiti.

Dietro questa colata si sviluppa una lunga galleria scavata in un interstrato e con un'inclinazione piuttosto accentuata verso la sinistra del percorso di andata.

Interno grotta: "La strega"
(Per gentile concessione di Elio Limongi)

La via principale prosegue in linea prevalentemente retta, ma si percorre con difficoltà perché è in pendenza ed è molto scivolosa. Ai suoi lati, si osservano magnifiche stalattiti e stalagmiti che incantano per la loro bellezza.

Verso metà percorso, si può ammirare un curioso fenomeno: al centro vi è una stalattite della formazione millenaria che, secondo la visione degli speleologi che la videro per la prima volta, ha l'aspetto della testa di una strega barbuta, figura che si addice alla bellezza da favola di quel luogo.

Proseguendo, si giunge nella sala terminale (2). Quest'ultima è la più bella. Il pavimento è ricoperto da vaschette di bianco calcare. Due maestose colonne, dell'altezza di sei metri, completano il fantastico scenario.

Risalendo sulle concrezioni per cinque o sei metri, si accede al piano superiore della cavità. Da questo punto, percorrendo una nuova galleria, sempre scavata fra gli strati della roccia, si incontra una stretta fessura il cui fondo è interamente ricoperto da cristalli di bianchissimo calcare. Superato l'allargamento della galleria, le pareti sono ricche di concrezioni e colate che costituiscono uno spettacolo entusiasmante. Questo ramo della grotta poi, dopo una cinquantina di metri, si ricollega a quello principale, pochi metri pri-

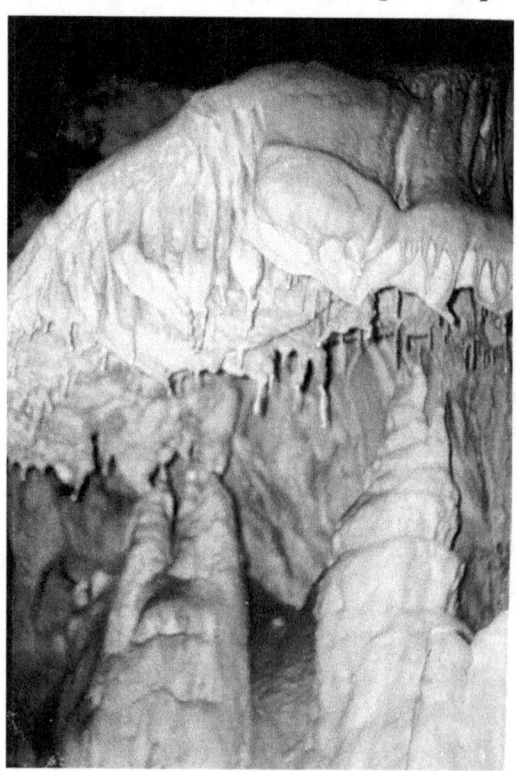

Interno grotta: "Le colonne"
(Per gentile concessione di Elio Limongi)

ma di una frana.

La lunghezza complessiva della grotta è di circa settecento metri, un percorso di visioni stupende, di emozioni da fiaba vissuti in prima persona, giacché chi scrive ebbe la ventura di accompagnare gli speleologi in una delle loro escursioni nell'ormai lontano 1976.

La grotta era conosciuta dai pastori da sempre, almeno nella parte iniziale, ma la sua notorietà si deve alla perspicacia del compianto ragioniere Peppino Limongi che ne ebbe notizie dettagliate dagli abitanti del luogo. Successivamente lo ragguagliò, con una descrizione particolareggiata, il signor Vincenzo Agrelli che vive in Francia e che, durante le vacanze estive, tornava a Trecchina. In occasione di uno di questi brevi soggiorni, fornito di attrezzatura, fu il primo a ispezionare la grotta tutta intera.

Ci fu riferito dal ragionier Limongi che l'Agrelli, nella "sala del laghetto", trovò uno scheletro con a fianco tre lucerne di coccio (mancava la quarta) che ci furono mostrate e che, a giudicare dalla foggia, risalgono all'Ottocento.

Lo scheletro era privo del cranio. Con molta probabilità si trattava di un cadavere di qualche brigante decapitato altrove e lì ricomposto dai suoi compagni.

Il ragionier Limongi, all'epoca corrispondente del quotidiano "Roma" di Napoli, dette molta pubblicità al fatto e si rivolse al Ministero del Turismo e dello Spettacolo che, a sua volta, interessò la Federazione Italiana Escursionismo la quale coinvolse la propria commissione speleologica.

Finalmente nel mese di settembre del 1975, componenti di tre gruppi speleologici veneti, organizzarono una spedizione per esplorare e rilevare la grotta, facendo un ulteriore sopralluogo nel mese di gennaio dell'anno successivo.

Il sindaco dell'epoca, Errichetto Marotta, fece allestire un progetto di massima per la valorizzazione turistica della grotta e chiese insistentemente finanziamenti agli enti preposti che, però, non risposero mai alle richieste.

È veramente un peccato che tanta bellezza, ancora oggi, resti senza alcuna valorizzazione che potrebbe portare un utile concreto al paese, e invece rischia di essere sfregiata da azioni vandaliche.

6. Il clima

Il clima di Trecchina è tipicamente mediterraneo, ma con una piovosità accentuata anche a quote basse (1600-2000 mm/anno). Questo dato dipende dalla morfologia dell'area, caratterizzata dai rilievi costieri che provocano la risalita dell'aria umida proveniente dal mare, favorendone le precipitazioni abbondanti, per cui l'area è certamente una delle più umide e piovose del territorio della regione Basilicata.

La temperatura scende al di sotto dello 0° d'inverno, prevalentemente di notte, e supera di poco i 30° d'estate.
Spesse volte, d'inverno, la neve scende fino al di sotto della quota del centro abitato.

Emilio Larocca: *"Ulivi"*

7. Scheda sintetica

Regione Basilicata
Provincia Potenza

Popolazione 2316 abitanti al 31/12/2015
Superficie 37,71 km²
Densità 61,42 ab./km²

Altitudine 500 m s.l.m.:   min. 60 (Fiume Noce - confine con Maratea)
                            max 1.277 (Monte Crivo)
(Misura espressa in metri sopra il livello del mare del punto in cui è situato il capoluogo, con l'indicazione della quota minima e massima sul territorio comunale).

Coordinate Geografiche
Sistema sessagesimale
40° 1' 39,36" N
15° 46' 31,80" E
Sistema decimale
40,0276° N
15,7755° E

Pericolosità sismica 2
Zona con pericolosità sismica media, dove possono verificarsi terremoti abbastanza forti.

Zona climatica D
Periodo di accensione degli impianti termici: dal 1° novembre al 15 aprile (12 ore giornaliere), salvo ampliamenti disposti dal sindaco.
Gradi giorno: 1.808. Il Grado Giorno (GG) è l'unità di misura che stima il fabbisogno energetico necessario per mantenere un clima confortevole nell'abitazione.

Frazioni, Località, e Nuclei Abitati
Bòlago, Turchio, Colla, Foresta, Maurino, Pietra, Pietramorta, Ronzino, Fallacca, Santi Quaranta, Ortigliolo, Scaloni, Starsia, Parrutta, Piano dei Peri, Camporotondo.

comuni Confinanti
Maratea, Rivello, Nemoli, Lauria e Tortora (Calabria).

Capitolo II

Il toponimo

È ardua, se non impossibile, una fondata ricostruzione delle origini di un borgo che non ha avuto, nel lontano passato, insediamenti tali da lasciare tracce certe che testimoniassero un minimo di antropizzazione collettiva sul territorio.

I pochi rinvenimenti archeologici sino a oggi scoperti, non hanno una consistenza tale da poterci indurre a ipotizzare un'origine certa della comunità.

Una ipotesi ce la potrebbe fornire il toponimo, ma chi si occupa di storia locale, molte volte finisce con l'affezionarsi all'interpretazione più fantasiosa e nobile, diventando poco obiettivo.

Tutto quello che per ora si sa di certo è che la località *Trìclina* compare per la prima volta all'inizio del 900 d.C. già come castello longobardo:

*Nei centri fortificati dai Longobardi, Tricarico, Tolve ... **Triclina** [Trecchina], Rapolla ... rafforzati nella prima metà del secolo X, dal principe longobardo Gisulfo.*[3]

---

3   Raffaele Licino, *Castelli medievali Puglia e Basilicata: dai Normanni a Federico II e Carlo I d'Angiò*, CaratteriMobili, Bari 2010, p. 28.

Da questo dato si può dedurre che, se il "castello" fu rafforzato nella prima metà del X secolo, esso esisteva anche in precedenza.

Le origini di Trecchina, però, potrebbero essere più remote, se questo toponimo fosse connesso alla città greca *Trachinia*.

Giuseppe Antonini[4], infatti, citando a conforto della sua tesi Erodoto e Pausania, asserisce che, verosimilmente, questo luogo fu fondato dai Greci che avevano le montagne vicino alle Termopili, chiamate anche Trachinie[5].

Tali Greci, sempre secondo il predetto storico, abbandonarono quei luoghi nella guerra peloponnesiaca (agosto 480 a.C.) e

...ricorsi 'a Tarantini, questi co' loro buoni uffizj ottennero da coloro, che queste contrade abitavano, il luogo accennato come il più somigliante all'abbandonato, di cui lo stesso Erodoto al libro VII ampia descrizione chiara idea ci diede.[6]

Ad avvalorare l'origine greca del toponimo interviene Gherard Rolfs che cita la bolla di Alfano I del 1079, in cui compare *Triclina*, e propone una origine dal greco "Triclinos", di tre letti; ma non è chiaro l'aspetto semantico.[7]

Altri studiosi, invece, ritengono che il toponimo abbia origine

---

4   Giuseppe Antonini, La *Lucania*, vol. I, appresso Francesco Tombelli, Napoli 1795, Disc. XI, p. 429, nota 3 e Disc. XII, p. 441.

5   Di fatto la città era consacrata a Ercole il quale volle esservi portato prima che morisse bruciato. A tale proposito vedi la struggente tragedia "*Le Trachinie*" di Sofocle. Cfr. anche *Dissertazioni lette nell'adunanza della Pontificia Accademia romana di archeologia,* tomo I, parte I[a], in Roma, nella Stamperia De Romanis, MD.C.CCXXI, p. 531 e sgg.

6   Per affrontate i Greci, Serse I decise di acquartierarsi sulle fertili pianure della città di Trachinia, a ovest delle Termopili, ove era il passo che gli consentì di invadere la Grecia. Gli abitanti della città che riuscirono a fuggire, cercarono luoghi più sicuri nella Magna Grecia, come successe anche a tanti altri fuggiaschi da altre guerre. La città, dopo il 426 a. C., fu chiamata Heraclea Trachinia, in onore di Ercole (Heraklês).

7   Gherard Rohlfs, *Nuovi scavi linguistici nell'antica Magna Grecia*, Istituto Siciliano di Studi Bizantini e Neoellenici, Palermo 1972.

latina.

Giovan Battista Pacichelli, infatti, ipotizza che questo nucleo sarebbe sorto da uno stanziamento di una guarnigione romana, durante la seconda guerra sannitica (327-304 a.C.) e che fu chiamato Terenziana, corrottosi poi nell'attuale nome.[8]
Mentre a Trecchina è attestata la presenza romana, come si dirà in seguito, la corruzione di Terenziana in Trècchina (o, meglio, in Trìclina) ci sembra francamente improbabile.

Il Racioppi afferma che il toponimo deriva

... dal latino Trichinus, che aggiunto a nomi locali significa luogo densamente intricato di pruni, sterpi e fratte.[9]

Il Colella scrive che ... *forse è da pensare al "Trachius" dell'epoca bizantina, "luogo aspro e selvaggio".*[10]

Come si vede, le ultime due ipotesi coincidono e sembrano le più probabili.

Alessio, partendo dall'etimo Triclinos e menzionando anche una attestazione dell'aa.1275-1277 *"Triclina"*, ritiene possibile una formazione del latino regionale Trìclina (domus) dal greco "Triclinos (oicos) Triclinon", stanza da pranzo con tre letti, con conservazione dell'accento greco, e non direttamente dal greco,

---

8 Giovanni Battista Pacichelli, *Il Regno di Napoli in Prospettiva*, nella stamperia di Michele Luigi Mutio, Napoli 1702, vol. I, p. 300. Vi sono stati alcuni ritrovamenti archeologici (una fornace di tegole in località "Tarantino" scoperta dalla Soprintendenza Archeologica a fine anni Novanta del Novecento) che confermano la presenza romana, ma quei reperti risalgono al periodo imperiale, quindi almeno a trecento anni dopo la seconda guerra sannitica.

9 Giacomo Racioppi, *Storia dei Popoli della Lucania e della Basilicata*, vol. II, Ermanno Loescher & C.°, Roma 1889, p. 76: "Trecchina: è dal latino *Trichinus,* che aggiunto a nome di luogo significa luogo intensamente intricato di pruni, sterpi e fratte".

10 Giovanni Colella, *Toponomastica pugliese dalle origini alla fine del medioevo*, Vecchi, Trani 1941.

come supposto da Rohlfs.[11]

Per completezza, bisogna aggiungere che Pasquale Schettini ipotizza che

... attorno all'anno 500 d. C. una colonia greca della distrutta città di Anglona venne a stabilirsi sulle rive del fiume Noce,[12]

formando il primo nucleo del paese. Egli basa questa ipotesi su tre circostanze.

La prima è che nel 1875 i trecchinesi si recavano a Tursi per il baratto di merci. La seconda è che in quella cittadina vi è una località chiamata Trécchina e la terza è che entrambi i paesi hanno in comune i culti della Madonna del Soccorso e di S. Michele Arcangelo.

La circostanza della colonia greca non può essere vera giacché Anglona, sorta sulle rovine di Pandosia, era città medievale distrutta dai Goti nel 410 d.C.[13] Nel 500 d.C., non esistevano

---

11 Giovanni Alessio, *Lexicon etymologicum*, Supplemento di dizionari etimologici latini e romanzi, Napoli 1976. Qui, in verità, non si capisce cosa c'entri la stanza da pranzo con tre letti. Per la maggior parte di quanto fin qui ipotizzato, si veda, per tutti: AA. VV., *Dizionario di toponomastica,* UTET, Torino 1990, p. 665.

12 Pasquale Schettini, *Trecchina nel presente e nel passato -1936*, Tipografia Ferrari - Ocella & C., Alessandria 1947, p. 45.
   PASQUALE SCHETTINI (Trecchina, 28.7.1879-19.12.1948), discendente da una famiglia notabile di Trecchina, fu maestro della scuola elementare. Avendo constatato che la cultura locale era priva di notizie storiche sul passato, si accinse alla loro ricerca con i soli libri e documenti di famiglia che aveva a disposizione, non avendo avuto la possibilità di condurre indagini in biblioteche e archivi. Egli si avvalse, altresì, della memoria storica e degli archivi parrocchiali. Gli siamo, comunque, grati per aver iniziato un lungo percorso di ricerca che continua, per ora, con il presente modesto lavoro.

13 Pandosia era una città della Magna Grecia e sarebbe stata distrutta nelle guerre sociali da Silla o da Lucio Papirio attorno all'81 a.C. Sulle rovine di Pandosia, nei primi secoli della cristianità, nacque la città di Anglona. Nel 410 si verificò una prima distruzione del centro abitato ad opera dei Goti di Odoacre. Nel IX secolo fu invasa dai Saraceni che furono responsabili dell'abbandono della città. Verso la fine del IX se-

più colonie greche nell'Italia Meridionale da molti secoli e non esisteva più neanche l'Impero Romano di Occidente.

La prima ipotesi (*nel 1875 i trecchinesi si recavano a Tursi*[14] *per il baratto di merci*) tratta di fatti moderni, peraltro non documentati, per cui non si vede il nesso con quella fantomatica colonia greca.

La seconda ipotesi (la località "Trecchina" a Tursi) è parzialmente vera. Infatti a circa tre chilometri dal centro abitato di Tursi, vi è ancora la masseria denominata "*Latrécchina*", dal cognome dei vecchi proprietari, un'antica famiglia gentilizia. Questa circostanza, però, non costituisce neanche un indizio per affermare che i fondatori di Trecchina provenissero da Anglona-Tursi. Quanto, infine, alle comunanze dei culti, c'è da chiarire due cose.

La prima è che il culto della Madonna di Anglona risale al VII-VIII secolo. La leggenda racconta del ritrovamento della statua da parte di un pastorello, leggenda comune in tutto il Sud per il ritrovamento di altre Madonne in altri luoghi.

Ad Anglona e, quindi, a Tursi, si venera la Natività di Maria, cui è dedicata la famosissima cattedrale.

La statua ha una iconografia completamente diversa da quella della Madonna del Soccorso il cui culto, a Trecchina, si diffuse solo intorno al XVI secolo.[15]

La seconda, infine, è che il culto di S. Michele Arcangelo, fu imposto dai Longobardi, dopo la conversione della regina Teo-

---

colo, con la riconquista dei Bizantini, la popolazione si accentrò sempre più a Tursi, mentre Anglona andava spopolandosi. Ora è una frazione di Tursi.

14 Tursi fu fondata dagli abitanti della distrutta Anglona.
15 Il culto della Madonna del Soccorso fu istituito a Palermo nel 1306, in seguito all'apparizione della Vergine al padre agostiniano Nicola La Bruna. Secondo la tradizione, il monaco, affetto da male incurabile e ormai in fin di vita, fu guarito dalla Madonna, che, in cambio, gli chiese di diffondere la notizia del miracolo e di farla invocare col nome di Madre del Soccorso. Da quel momento gli Agostiniani diffusero il culto della Madonna del Soccorso in tutta l'Italia e in altri paesi europei.

S. Maria di Anglona (XI-XII sec.)

dolinda.

Essi, dal VI all'XI secolo, avevano assoggettato la maggior parte della Lucania.

A partire dal VII secolo, Monte S. Angelo sul Gargano (dov'era sorto il culto dell'Arcangelo instaurato dal vescovo Lorenzo Maiorano di Siponto il 29 settembre 493) divenne il santuario nazionale dei Longobardi. La devozione per San Michele, quindi, si impose in tutte le città e i paesi conquistati o ricostruiti da questo popolo, Trecchina compresa.[16]

Lo Schettini propone, infine, per quanto riguarda il toponimo, oltre l'ipotesi del Racioppi, un'interpretazione popolare secondo cui il nome Trecchina deriverebbe dalle *tre chine* che si trovano a ridosso e a sud dell'attuale centro abitato.[17]

Il numero delle "*chine*", però, varia a seconda della posizione da cui si guardano e, nella migliore delle ipotesi, se ne contano quattro; ma se si guarda, poi, dai paesi alla sinistra del Noce, se ne contano molte di più.

Ciò che fa escludere, però, questa fantasiosa interpretazione, è che il nome latino del paese - e quindi il primitivo - è *Trìclina*,

---

[16] Alla fine del V secolo, il culto si diffuse rapidamente in tutta Europa, anche in seguito all'apparizione dell'Arcangelo sul Gargano in Puglia. Secondo la tradizione, infatti, l'Arcangelo indicò a Lorenzo Maiorano, vescovo di Siponto, la grotta sul Gargano dedicata al culto pagano, invitandolo a dedicarla al culto cristiano. In quel luogo sorge tutt'oggi il santuario di San Michele Arcangelo, meta di numerosi pellegrinaggi. La chiesa di S. Michele Arcangelo di Tursi è molto antica e già nel 1060 vi si tenne un sinodo dei vescovi.

[17] Pasquale Schettini, op. cit., p. 46.

come si riscontra in tutti i documenti, almeno dal 900 d.C. in poi e, in alcuni atti, fino al Milleottocento, anche sui timbri della Parrocchia. Il nome *Trìclina*, quindi, non c'entra per nulla con le *tre chine*.

Inoltre, se il primo nucleo del paese, secondo fonti storiche (vedi capitolo seguente), sorse lungo il fiume Noce, non si vede cosa c'entrino le *tre chine*, giacché quel luogo (Balzo Castello o Castello della Mancosa) è situato in una profonda gola.

Infine (e concludiamo su questo argomento) il borgo antico - il "Castello" - fu costruito su una propaggine rocciosa del monte Maiorino, che è il primo della catena di monti che prosegue verso ovest, guardando dall'attuale Piazza del Popolo.

Dopo questa lunga disamina, anche se siamo portati a innamorarci dell'origine che più ci affascina, dobbiamo concludere che, non avendo alcun documento che attesti l'origine del nome, nessuna delle ipotesi di cui siamo venuti a conoscenza e fin qui analizzate, è da ritenersi certa, meno che mai quella delle *tre chine*.

CAPITOLO III

Lo sviluppo urbanistico

1. Il Centro antico - Rione Castello

Rione Castello (Foto Biagio Cozzi)

Oltre tre secoli dopo la fondazione del nuovo nucleo fortificato, il nome *Trìclina* compare di nuovo nell'anno 1079, come comunità appartenente alla diocesi di Policastro. *A tale anno risale, infatti, una lettera inviata dall'arcivescovo metropolita Alfano di Salerno ai fedeli e al clero della diocesi di Policastro, nella quale l'alto prelato ricordava l'avvenuta nomina del vescovo "Pietro" a capo della locale comunità religiosa, indicava i centri posti sotto la sua giurisdizione, con le relative pertinenze ...*[18]

---

18 Biagio Moliterni, *Alfano, Pietro e la diocesi di Policastro*, in "Archivio

In quel periodo il paese era certamente ubicato al rione Castello e aveva una sua chiesa il cui primo impianto risalirebbe all'Ottocento.[19]

Per parlare dello sviluppo urbanistico di Trecchina, non si può prescindere dalla stampa dell'incisore Francesco Cassiano de Silva che la eseguì alla fine del Milleseicento e che, insieme con altre stampe, illustra il libro di Giovan Battista Pacichelli,[20] "*Il Regno di Napoli in prospettiva*" pubblicato a Napoli nel 1702-1703, dopo la morte dell'autore.

Sì, perché in sei secoli, una minuscola comunità con vocazione agropastorale, non poteva avere esigenze e possibilità di modificare il povero assetto urbanistico che, peraltro, era costituito da minute, misere case, spesso di un solo vano che fungeva sia da dormitorio sia da ricovero degli animali da cortile.

Per renderci conto dell'assetto urbanistico del paese, almeno fino al Settecento, ci riferiremo, quindi, alla predetta incisione del De Silva.

Storico per la Calabria e la Lucania", Anno LXXIX (2013), Associazione Nazionale per gli Interessi del Mezzogiorno d'Italia, Roma, p. 6. Ecco i paesi che costituivano la diocesi di Policastro nel 1079: Palecastrum, Portu [Sapri], Lacunigru, Revellu, Castellum quod dicitur de Madelmo [Licusati], Cammarota, Arriusu, Caselle [in Pittari], Turturella, Turracca, Triclina, Ylice [Lauria], Soluci, Latronicu, Agrimonte, Sanctum Athanasium [nei pressi d CGIL i Latronico], Vimanellum [Viggianello], Rotunda, Laguenum [Lagonegro], Trolotinu [nei pressi di Papasidero], Avena [nei pressi di Papasidero], Regione Abbatemarcu, Mercuri, Ursimarcu [Orsomarso], Didascalea [Scalea], Castrucuccu, Turtura, Laita [Aieta], Marathia.

19 Antonio Capano, *Note storiche,* in Antonio Capano-Giuseppe Guerra, *Trecchina e il suo castello tra contesto storico e risultanze archeologiche,* "BollStoBas" n. 26/2010, p. 174, nota 79.

20 Giovan Battista Pacichelli, op. cit., p. 300.

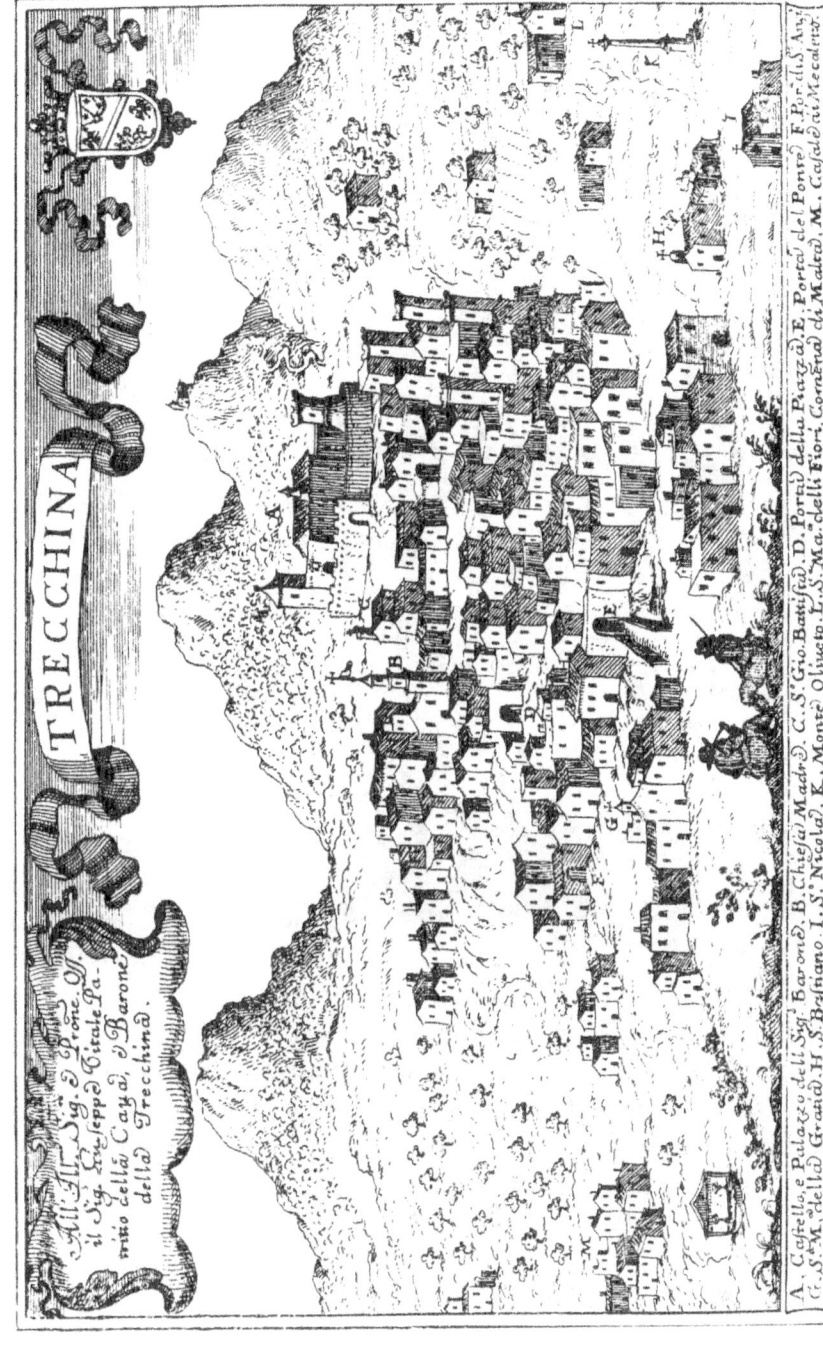

Trecchina - Incisione di Francesco Cassiano de Silva - In G.B. Pacichelli, *Il Regno di Napoli in Prospettiva*, op. cit. p. 301

Il luogo è pressoché imprendibile. Infatti alle spalle vi è la montagna, sul lato est è protetto da un precipizio di oltre centodieci metri e per la restante parte è delimitato dal fosso della Forràina e da mura di cinta.

Torre di guardia lungo le mura - Secolo XIII

Sul lato ovest le mura erano dotate di tre torri di guardia (allo stato ve ne è solamente una, databile intorno al Milleduecento) mentre la parte del precipizio a est era inespugnabile; nondimeno le case che affacciavano sul costone, verso Porta S. Angelo, avevano le finestre solo al primo piano ed erano molto strette, quasi feritoie, proprio per proteggersi da eventuali ardimentose intrusioni.

Vi erano tre porte: due d'ingresso al paese mentre una terza era all'interno delle mura e immetteva alla parte alta, vicino al castello.

Alla principale (Porta del Ponte) si accedeva da un ponte sul fossato che, in origine, doveva essere levatoio, ma che poi fu costruito in muratura, con un arco a tutto sesto. Questo accesso era l'ingresso principale per chi proveniva dal piano e, quindi, anche il più praticato.

Vi era, poi, la Porta S. Angelo che si apriva a est, verso la valle. La Porta della Piazza, che si trovava nel centro abitato, a monte della chiesa, consentiva un ulteriore filtro per accedere al castello.

Le costruzioni importanti erano quelle del potere politico (il castello) e quello del potere spirituale: la chiesa madre ed altre chiese e cappelle.

Entro le mura vi era ancora un'altra chiesetta, forse la più antica, dedicata a San Giovanni Battista. Aveva orientamento est-ovest, sulla via che conduceva al castello e nei suoi pressi.[21]
Ci sentiamo di escludere la sua natura basiliana sia perché i monaci "greci" non vivevano nei centri abitati, sia perché i Longobardi, che avevano ricostruito il fortilizio, nutrivano una particolare devozione anche per il Battista.
Nell'anno 1880, la chiesetta era semi diruta per cui il Consiglio Comunale, sentito il parere dell'autorità ecclesiastica, con delibera n. 164 stabiliva

vendersi il suolo ed il materiale di fabbrica della mezza diruta Cappella di S. Giovanni nell'abitato Castello dietro ottenuto permesso dell'Autorità Ecclesiastica, e col risultato di tale vendita, costruirsi un altare sotto il titolo di S. Giovanni nella cennata Chiesa di patronato Comunale posta nello stesso abitato Castello comunale ove pure verrà trasportata la statua di S. Giovanni.

Durante la sua infelice demolizione, dentro una nicchia sull'altare (che evidentemente in precedenza era stata murata) fu

---

21 Pierluigi Montalbano, *Orientamento astronomico delle chiese*, in "Quotidiano Honebu di Storia e Archeologia" dell'11.11.2011: "Prima del XII d.C. le Chiese erano edificate secondo i canoni costruttivi e soprattutto di orientamento, stabiliti già nelle Costituzioni Apostoliche redatte nei primi secoli del cristianesimo. Sin dagli albori del cristianesimo era diffusa la tradizione di orientare i templi o più in generale i luoghi di culto verso la direzione cardinale est (Versus Solem Orientem) in quanto per i cristiani la salvezza era collegata alla generica direzione cardinale orientale. Infatti Gesù aveva come simbolo il Sole (Sol justitiae, Sol invictus, Sol salutis) e la direzione est era simbolizzata dalla croce, simbolo della vittoria. Nel Medioevo le chiese erano di norma progettate a forma di croce, generalmente latina, con l'abside orientata ad est. L'ingresso principale era quindi posizionato sul lato occidentale, in corrispondenza dei piedi della croce in modo che i fedeli entrati nell'edificio camminassero verso oriente simboleggiando l'ascesa di Cristo."

trovato un "idolo" di cui non si seppe il nome e che finì presso l'antiquario Vincenzo Limongi.[22]

La chiesa era absidata e può anche darsi che l'abside fosse stata chiusa nel tempo con altro muro. Durante la demolizione, poi, sarebbe venuta fuori questa statuina che, molto probabilmente, raffigurava un San Giovannino, quindi con iconografia diversa da quella tradizionale (la croce, il cartiglio, l'agnello, ecc.).
Una nicchia simile fu scoperta, in fase di restauro, nella chiesa di San Vito nel centro storico di Maratea, anch'essa al centro dell'abside murata e, quando il muro fu demolito, al di sopra del vecchio altare, sul fondo comparve un affresco raffigurante il santo.

Della chiesa di San Giovanni, fino a pochi anni or sono, erano ancora leggibili tutte le mura a livello del terreno, per cui qualche indagine archeologica ci avrebbe potuto fornire notizie ulteriori, ma la costruzione di una discutibile strada cancellò inesorabilmente anche questa antica testimonianza.

La vie principali erano tre, gradonate perché seguivano tutte la massima pendenza del luogo. Si dipartivano dalla Porta del Ponte e confluivano tutte alla chiesa, per proseguire fino al castello. Le vie secondarie seguivano le curve di livello tra la schiera di case inferiori e quelle superiori. Per effetto della forte pen-

Torri e loggiato (Foto Biagio Cozzi)

---

22   Pasquale Schettini, op. cit., p. 48.

denza del terreno, le case poggiano su terrazzamenti in modo da avere la profondità di un solo vano a piano terra, di due al primo piano e di tre al secondo piano che diventava, così, il piano terra della strada a quota più alta.

Tra le piccole misere case del ceto subalterno, vi erano alcuni "palazzi" di famiglie notevoli quali Grisi, Rispoli, Iannini, Caracciolo, Schettini, Marotta, Rotondano.

1.1. Il Castello

Un castello, in genere, rispondeva principalmente allo scopo di proteggere gli abitanti e il loro signore dagli attacchi militari dei nemici e da bande brigantesche. Esso doveva presentare, quindi, una struttura architettonica massiccia, in grado di resistere a prolungati assedi. Costruito prima in legno e poi in pietra, nacque semplicemente come mastio, una torre circondata da una

Ruderi Castello Baronale (Foto Biagio Cozzi)

palizzata.

Osservando, ingrandita, l'incisione di Francesco Cassiano de Silva, si nota che il castello di Trecchina (quello più recente, certamente ricostruito nel 1530, sui ruderi del primo maniero, dal conte Giovanni Antonio Palmieri, barone di Latronico e di Trecchina) in parte era circondato da mura e in parte da palizzata.

Al suo interno vi era il mastio, cioè un torrione massiccio, costruito vicino all'edificio padronale, che rappresentava l'ultima difesa in caso di caduta delle restanti protezioni.

Al "Palazzo del Signor Barone", si accedeva dalla corte ad un'altra corte, tramite una porta sulla cui facciata è visibile, nella stampa, lo stemma nobiliare. Sul cantone orientale, osserviamo una torre di guardia che affacciava sulla vallata.

Quando si parla di castelli, la nostra fantasia corre a tesori nascosti, a fantasmi, trabocchetti, ambientazioni tetre e fitte di mistero, di streghe e maghi, una presenza inquietante e per molti spaventosa, di voli notturni di pipistrelli, gufi e civette il cui verso lugubre e sinistro rappresentava annuncio di sventure.

A volte la fantasia corre, viceversa, a feste sontuose, a dame affascinanti, amori, tradimenti, fughe amorose, fatti d'armi ...

A Trecchina probabilmente non successe nulla di tutto questo, tranne un rapimento di cui parleremo più avanti.

Nel corso delle indagini archeologiche eseguite negli anni 2008-2009, furono trovati solo pochissimi reperti: elementi di ferro, di cui è chiaramente identificata solo una punta di dardo da balestra, costituito da una corta cuspide piramidale a sezione triangolare; un denaro in bronzo molto consumato, databile tra il XIV e il XVI secolo e una serie di reperti ceramici collocabili intorno al XV secolo.[23]

Per quanto riguarda il castello, l'archeologo Giuseppe Guerra, che eseguì le indagini in loco, ci riferisce che:

---

23   Giuseppe Guerra, *L'indagine archeologica del Castello di Trecchina. Rapporto preliminare*, in Antonio Capano-Giuseppe Guerra, *Trecchina e il suo castello... cit.*, p. 192 e sgg.

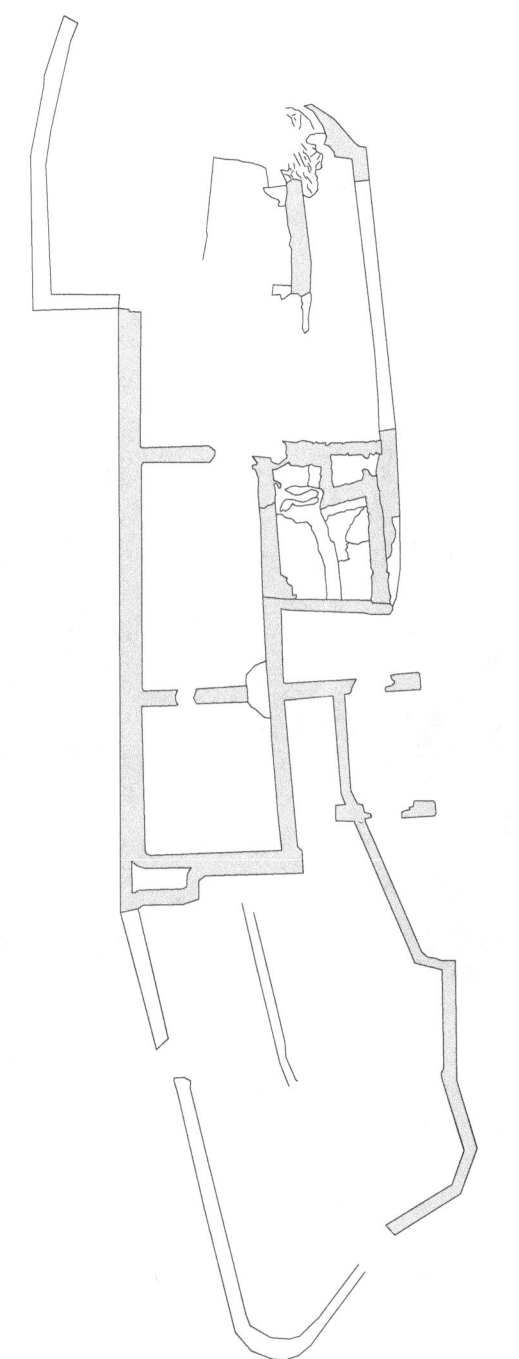

CASTELLO BARONALE DI TRECCHINA - Planimetria generale
Giuseppe Guerra, *L'indagine archeologica del Castello di Trecchina...* cit., p. 200

Da campanile a campanile (Foto Mimmo Longobardi)

L'area sulla quale si impiantano le strutture relative al "castello di Trecchina" occupa una superficie di circa 1600 m². I confini di quest'area risultano determinati ad est da uno strapiombo, a nord e ad ovest dell'abitato dell'odierno centro storico, in gran parte allo stato di rovine... La posizione sopraelevata rispetto all'abitato, così come l'evidente strutturazione del pianoro sommitale, sono il segno dell'ineludibile ruolo di centro politico e militare svolto dal castello di Trecchina nel corso dei secoli passati. Seppure ampiamente ridimensionati durante le epoche successive, gli antichi apprestamenti difensivi, come nel caso di Trecchina, si caratterizzano principalmente per la loro posizione topografica. Quasi sempre soggetti a molteplici ristrutturazioni, molti di essi, inoltre, si contraddistinguono per l'irregolare morfologia dell'assetto planimetrico.[24]

---

24   *Ivi*, p.176 e sgg.

Ci risulta che fino al XIV secolo, qualcuno lo abbia abitato nel periodo svevo e nel periodo angioino.

Nel periodo aragonese e spagnolo, i feudatari di Trecchina, come la maggior parte di quelli che facevano parte del regno aragonese o del vice regno spagnolo, appartenevano alla nobiltà napoletana e non abitarono mai il castello, se non sporadicamente, per una fugace visita ai loro feudi. Essi preferivano vivere a Napoli, ove potevano fare vita mondana ai piedi del trono e ottenere altri privilegi dal re o dal viceré di turno.

Meno che mai essi esercitarono lo *jus primae noctis*[25], diritto che, secondo gli storici più accreditati, sarebbe un'invenzione letteraria.

Di fatto, però, pare che a Gallicchio, in provincia di Potenza, alla fine del XVI secolo, un giovane sposo abbia ucciso il feudatario che aveva con inganno esercitato tale preteso diritto.[26]

Il maniero di Trecchina, così come risultava dopo la ricostruzione del barone Antonio Palmieri nel 1530, era di dimensioni limitate, composto da due piani.

Il piano terra aveva otto vani con un lungo corridoio centrale, ed era destinato ai depositi, alle cucine, alla servitù ed agli armigeri, mentre il piano nobile era composto di sei vani e un vasto salone.[27]

---

[25] Lo *jus primae noctis* era il diritto che il feudatario accampava di giacere con ogni novella sposa del paese.

[26] P. Tito Robortella - Rocco Robortella, *Nuove luci lucane*, parte I, Editrice Menna, Avellino 1984, p. 123 e sgg. Secondo la tradizione, il Principe Decio II Coppola, feudatario di Gallicchio, che aveva potuto, per tanto tempo e impunemente, profanare la verginità di molte spose gallicchiesi, trovò un giorno la vendetta di un giovane marito che lo uccise. Un tale Gennaro Diletto, infatti, allontanato la sera delle nozze dal Principe con il pretesto di dover portare un plico al signore di Stigliano, intuendo l'inganno, si appostò con un fucile in un boschetto dirimpetto al palazzo baronale. Non appena il Principe si presentò soddisfatto e sazio sul loggiato, che si trovava sulla cappella di S. Sebastiano, dove era solito lavarsi e trattenersi dopo aver passato la notte con la vittima, Gennaro prese la mira e fece partire un colpo che ferì gravemente il Principe alla coscia. Trasportato con una portantina, nel castello di Missanello, egli morì il giorno dopo di tetano.

[27] Pasquale Schettini, op. cit., p. 51.

Molto probabilmente il castello riedificato non fu costruito a regola d'arte e fu abbandonato perché, due secoli dopo, era già in rovina nel 1750 e crollò definitivamente col terremoto del 1783.

1.2. La Chiesa

Altro edificio importante è l'ex chiesa madre, già dedicata a S. Michele Arcangelo.
Essa fu edificata intorno all'Ottocento.
La dedicazione all'Arcangelo deriva dal fatto che il paese, come si è detto, fu ricostruito dai Longobardi, popolo guerriero, che si convertì definitivamente al cattolicesimo sotto il regno della regina Teodolinda (dal 589 al 616) ed elesse a suo patrono proprio l'Arcangelo Michele cui attribuì le virtù guerriere un tempo divinizzate nel dio scandinavo Odino.[28]
Certamente era di stile romanico, ma i rimaneggiamenti e gli ampliamenti nei secoli ne hanno snaturato il suo antico impianto e cancellato anche gli affreschi che erano sulla parete dell'abside. Rimane originale soltanto il campanile, privato, però, della torretta terminale.
Di questa chiesa parleremo diffusamente nel capitolo dedicato ai luoghi di culto.

---

28 All'Arcangelo Michele i Longobardi dedicarono diverse chiese in tutti i territori conquistati. Nel territorio del ducato di Benevento sorgeva il santuario di San Michele Arcangelo sul Gargano, fondato prima dell'arrivo dei Longobardi. Essi, però, lo adottarono come santuario nazionale appena conquistarono il Gargano. La devozione all'Arcangelo rimase tra le più sentite durante l'intero regno longobardo, unitamente a quelle di San Giovanni Battista e di San Giorgio, altro santo "guerriero".

2. Il Centro storico

Il nuovo paese, a mano a mano, cominciò a espandersi fuori le mura, intorno alla fine del Milleseicento.

Le prime case sorsero in prosieguo della via che conduceva alla Porta del Ponte, di fronte e a fianco della chiesa del Rosario, a schiera, fino al "Poggio", verso i castagneti della Forraina, mentre a valle si fermarono nel bivio, ove un viottolo sulla sinistra conduceva a una piccola sorgente, verosimilmente la fonte di acqua potabile più prossima all'abitato.

Le nuove costruzioni cominciarono a essere edificate lungo la Via del Rosario, Via del Monte (ora Via Pasquale Schettini), Via Medania, scendendo per Via Santa Domenica (oggi Via Marconi), fino all'incrocio con Via Medania.

Sul versante est, le nuove costruzioni si espansero in Via Valle (più vicina a Porta S. Angelo), a partire dal basso.

Il Piano, attuale Piazza del Popolo, originariamente era un castagneto che fu disboscato per renderlo coltivabile, prevalen-

Veduta aerea (Foto Biagio Cozzi)

temente a vigneto.

È verosimile che il Piano appartenesse al feudatario e fosse stato ceduto successivamente alla famiglia Iannini che, dal Seicento, amministrava i beni del feudo. Questa famiglia, quindi, nell'anno 1720 lo concesse in enfiteusi al Comune[29] che lo affrancò nel 1868, pagando al proprietario, d. Biasino Iannini fu Angelo, il capitale in denaro corrispondente al valore dello stesso canone, così come la legge prevedeva.[30]

Parte del Piano era stata anche ceduta (non sappiamo a quale titolo) alla Congrega dei Cavalieri di Malta, come risulta dal Cabreo di cui parleremo più avanti, a proposito della chiesa di Santa Maria dei Fiori.

Le prime costruzioni al Piano potrebbero essere state casa Caricchio, nello slargo al fianco destro della chiesa, ora Piazza can. Biagio Pignataro, a giudicare dalla data incisa sulla chiave di svolta del portale d'ingresso (1758), ora di proprietà del signor Enzo Del Vecchio, e il palazzo della famiglia Iannini già menzionata, il più imponente fino all'inizio del Novecento.

Il patrimonio edilizio del centro antico, al rione castello, dalla seconda metà del Settecento, andò man mano degradandosi.
Le famiglie possidenti, infatti, cominciarono a trasferirsi al Piano, vendendo o fittando a braccianti le case abbandonate nel vecchio borgo. Queste case venivano cedute anche a contadini che si trasferivano in paese dalle campagne circostanti o, prevalentemente, a operai forestieri che si trovavano a Trecchina per la costruzione della ferrovia a Maratea o che venivano a zappare le vigne o, infine e sino agli anni Quaranta-Cinquanta del Novecento, a boscaioli e carbonai provenienti da altri paesi, perché l'industria boschiva, a quei tempi, era molto fiorente.

Il rione si trovò, quindi, a essere abitato da famiglie provenienti, in prevalenza, dalla Calabria, dall'Abruzzo e dal Salernitano che, a mano a mano, si integrarono con gli abitanti del Piano.

---

29 Il Comune ottenne l'enfiteusi pagando un canone annuo in derrate, consistenti in ettolitri (sic) due di grano (circa 170 kg), al lordo della ritenuta del quinto. Vedi Delibera consiliare del 29 ottobre 1868.

30 Delibera consiliare del 29 ottobre 1868.

Fino a qualche decennio fa, quando il rione era abitato intensamente, c'era solo qualche cognome di origine trecchinese.

Oggi è abitato da poche famiglie che vivono in case ristrutturate e confortevoli.

Sulla realizzazione dell'immensa piazza (circa diciottomila metri quadrati), costituita dalle case edificate attorno, quasi a voler rappresentare una grande aia, non abbiamo, ad oggi, alcuna notizia ma, di certo, non può essere stata una creazione urbanistica spontanea.

Sicuramente fu realizzata con un'idea precisa e furono lottizzati i terreni su cui le case sarebbero dovute sorgere.

Lo Schettini, citando le memorie del sac. Giacomo Schettini, riferisce che il barone Nicola Vitale, insigne giureconsulto, fu sapiente, giusto e l'uomo più caritatevole che il feudo abbia mai avuto[31] ed

> *... ebbe, fra gli altri meriti, quello di favorire, nel 1700-1710, la prima espansione del casale di Trecchina dalla rocca o poggio al Nuovo Piano, che era allora coltivato.*[32]

Se così fosse - e la cosa è verosimile - egli avrebbe progettato (o fatto progettare) gli spazi per il nuovo insediamento, prevedendo lotti piuttosto stretti e lunghi, affinché tutti avessero potuto godere di un affaccio sul grande piano ed usufruire di un orto con pozzo dietro casa. Sarebbe stato sempre il barone a far concedere il terreno necessario in enfiteusi al Comune di Trecchina, dalla famiglia Iannini che amministrava i beni dei baroni Vitale.

D'altra parte il barone Nicola Vitale era l'unico che aveva l'autorità per far realizzare un progetto del genere e, soprattutto, che aveva la larghezza di vedute e la cultura per prevedere uno sviluppo urbanistico razionale nella grande piazza.[33]

---

31   Pasquale Schettini, op. cit., p. 62.

32   F. Bonazzi, *"Le ultime intestazioni feudali"*, parte V - Basilicata, in Pasquale Schettini, op. cit., p. 62.

33   Nell'annotare la sua morte nei registri parrocchiali dei defunti, l'arciprete d. Eligio Grisi lo definisce *"... illustre perché aveva approfondito la sapienza di Salomone"*.

Di fatto, a pensarci bene, le nuove case costituivano uno spazio chiuso sostituendo, così, le vecchie mura del centro antico e racchiudendo, come quelle, l'intero paese: una nuova concezione urbanistica per continuare a tenere unita, in un unico luogo di aggregazione, l'intera popolazione.

La maggior parte delle costruzioni furono edificate con pietre recuperate alle falde dei monti circostanti, mentre per malta si usò terra impastata con calce. I tramezzi furono eseguiti con intelaiature di legno su cui poggiava una muratura di piccole pietre e malta di calce (in dialetto: *mesarta*). Il tutto veniva poi intonacato con malta di calce.

Intelaiatura per tramezzo (detta mesarta)

Solo le costruzioni delle persone più abbienti, nell'Ottocento, usarono la sabbia al posto della terra, prelevarono le pietre calcaree al Passo della Colla ove esisteva una cava, e usarono i mattoni forati per i tramezzi.

Agli inizi dell'Ottocento la Piazza era già circondata da molte case e altre se ne costruirono.

Era un enorme piano in leggero declivio con orientamento sudest-nordovest che, nell'estate, diventava un grande prato di camomilla profumata, assordato dal frinire delle cicale durante il giorno e punteggiato di lucciole durante la notte.

Il mercato di povere cose si svolgeva all'ombra del gigantesco e secolare olmo, poco discosto dalla croce, circondato da un gradone di pietra: lì sopra, infatti, si svolgeva un mercatino di povere cose, in attesa che qualche anima pia le comprasse. E su quel gradone, prima dell'alba, sedevano i braccianti, quelli senza terra, in attesa che qualche proprietario terriero comprasse la loro fatica, almeno per quel giorno. Essi venivano, poi, scelti ogni mattino, per la zappatura delle terre o per altri lavori campestri, dopo aver constatato la loro prestanza fisica e contrattato il salario. Chi rimaneva senza lavoro si fermava ancora lì perché sarebbe giunto il proprietario furbo che l'avrebbe "comprato" per un misero piatto di minestra.

L'olmo, questo secolare monumento naturale, era il punto di incontro dell'intero paese ma, ahimè, fu fatto abbattere nel 1941 dal podestà dell'epoca, Biagio Niella, senza giustificarne il motivo, commettendo un grave oltraggio ai cittadini e uno sfregio alla piazza.[34]

La croce di marmo, che sormonta la colonna con basamento di pietra locale, è del 1609 e fu restaurata nel 1709, come si legge sul basamento stesso.

Quella croce rappresentava il limite del territorio appartenuto alla chiesetta di Santa Maria dei Fiori della congregazione dei Cavalieri di Malta, ubicata alla fine di Via Armando Diaz, luogo

L'olmo della Piazza - Archivio Michelino Larocca

---

34 Ancora si racconta in paese che costui, approfittando del potere che gli conferiva il fascismo, aveva anche proibito il transito di persone e animali nell'attuale Piazza Biagio Pignataro (Parco Giochi) in cui aveva deciso di far pascere il proprio cavallo, perché su quel luogo si affacciava la propria casa.

L'olmo abbattuto nel 1941 (Archivio Michelino Larocca)

su cui oggi sono poste tre croci, come si dirà in seguito.

Il collegamento con i paesi vicini si sviluppava nel seguente modo.

La strada per raggiungere Maratea si dipartiva dall'attuale Via Medania (Viale degli Emigranti) e sfociava su un tratturo, in corrispondenza dell'incrocio con l'attuale Via Ercole Schettini, seguendo più o meno il tracciato dell'attuale strada provinciale. Sul vallone della Scala vi era un ponticello in muratura, ancora visibile sotto l'attuale ponte della Provinciale.

Per raggiungere i paesi della valle, dalla piazza si imboccava Via S. Martino che più a valle si biforca. A sinistra, si andava verso Rivello (Via Comunale Formica), e a destra, passando per il cimitero attuale, si imboccava più a valle la Via Comunale Scaloni, dopo aver attraversato l'attuale Strada provinciale.

La strada rotabile Trecchina-Rivello fu completata nel 1882.

Il collegamento Maratea-Valle del Noce, passando da Trecchina, era l'attuale Via Pozzodonato che proseguiva su Via Beato Domenico Lentini, fino ad intersecare Via della Formica.

Per raggiungere i villaggi, vi era una mulattiera ancora visibile, che si dipartiva dall'attuale stradina, Via Parrutta e Piano dei Peri, a quota più bassa di Via Valle, o altra via che da Porta Sant'Angelo giungeva fino al Casale di Micaletto ove incrociava la predetta mulattiera.

La strada provinciale che collega Trecchina con i villaggi Parrutta e Piano dei Peri, fu eseguita negli anni Cinquanta del Novecento, mentre il suo collegamento con la strada di FondoValle del Noce fu eseguito quando venne costruita tale arteria stradale, nei successivi anni Sessanta.

Abbattimento della polvere sulla strada

La strada che collegò Maratea e Trecchina con i paesi della Valle, fu inaugurata nel 1882.

Anche questa volta gli amministratori del tempo si dimostrarono lungimiranti, facendo passare l'arteria per il centro della piazza, in modo da servire tutto il paese. Si dovette abbattere una casa all'imbocco di quella che poi diventò Via Ercole Schettini, per farla proseguire in un solo asse rettilineo.

Nell'esecuzione di quest'ultima, però, si presentò un inconveniente.

A quel tempo la piazza aveva pendenza unica tra le case di Viale Jequié e quelle di Viale Michele Marotta. Il tracciato stradale, attraversando la piazza, formò una trincea che in alcuni punti creava delle scarpate di circa un metro e mezzo e, comunque, lo scavo tagliava in due la piazza in modo che una parte non era raggiungibile dall'altra.

Il Comune, con delibera consiliare n. 46 del 28 ottobre 1884, invitò il presidente della Provincia a provvedere allo spianamento della Piazza sia a monte sia a valle della strada, in modo da raccordarla al livello di quest'ultima.

Il terrazzamento, con muri in pietra, con cui furono creati i viali Jequié e Michele Marotta, fu eseguito quando si realizzò la villa, negli anni Cinquanta del secolo scorso.

Finita la strada provinciale che attraversa la Piazza, ai suoi lati furono messe a dimora le piante di robinia pseudoacacia in quadruplice fila, per formare i due viali ancora esistenti. Altro viale fiancheggiato da due file degli stessi alberi, si dipartiva dalla Via Marconi (già Via Santa Domenica) e conduceva alla nuova chiesa. Quest'ultima fu realizzata durante la lunga arcipretura del sacerdote Francesco Orrico (1840-1878) che, con il suo impegno, iniziò la fabbrica al Piano, secondo un progetto che richiamava la cattedrale di Policastro.

Nel primo periodo, cioè tra il 1841 e il 1847, si realizzò la navata, mentre i lavori del presbiterio si completarono solo nel 1875.

La Piazza negli anni Trenta

Nel 1888 si installò l'orologio pubblico sul frontespizio della chiesa, ove oggi si nota un rosoncino. Esso fu spostato nella posizione attuale dopo la costruzione del campanile, edificato tra il 1903 e il 1904.

La chiesetta di S. Antonio esisteva già quando il paese si trasferì al Piano, ed era privata.

Alla fine dell'Ottocento, la piazza era pressoché racchiusa dalle case; vi era solo qualche lotto, qui e là, che venne edificato nel corso del secolo successivo.

Con la costruzione della strada provinciale per Maratea, si lottizzarono anche i terreni di Via Ercole Schettini le cui prime abitazioni sorsero tra la fine dell'Ottocento e i primi decenni del Novecento.

Il paese, poi, si espanse per Via della Taverna (poi Corso Umberto I), la "Carrera" di Postacca (Via Palazzo), ancora lungo la Provinciale a valle (*le Forge,* ora Via Roma) e lungo Via S. Elena (in parte Via A. Diaz), Via Pozzodonato (vecchia direttrice per Maratea), Via Medania.

Intorno agli anni Venti-Trenta del Novecento si verificò un grande fermento edilizio nella Piazza.

La maggior parte degli emigranti che tornarono dal Brasile, come si dirà nel capitolo dell'emigrazione, volle godersi ciò che aveva guadagnato con tanti sacrifici: costruì o ricostruì la propria casa che aveva lasciato tanti anni prima, trasformandola in palazzina, dotandola di impianto di riscaldamento e bagno, facendola spesso decorare all'interno da Mariano Lanziani, noto pittore e decoratore di Lauria.

A Trecchina vi è Viale Jequié che ha uno dei più bei prospetti del paese: per brevità si accenna alla palazzina Maimone, realizzata dagli stuccatori Sarubbi di Lauria, in autentico e tardo liberty e che conserva, al suo interno, le decorazioni originali: nel suo genere è la più bella di quell'epoca, anche se all'interno è stata operata qualche manomissione.

Ricordiamo anche la palazzina Scarpitta, quasi una torre, realizzata da Domenico Sorrentino, costruttore di Sala Consilina

Palazzo Maimone

(che a vent'anni aveva già eseguito la costruzione del campanile della chiesa matrice).

Su Via Marconi vi è l'imponente palazzo degli eredi di Michele Schettini, pure realizzato dal Sorrentino, con soffitti alti cinque metri e splendide decorazioni del Lanziani, tra le più belle e meglio conservate di questo pittore.

Palazzo Michele Schettini

Su Via Medania si affaccia la palazzina Barbieri, il cui prospetto fu parzialmente deturpato da un incendio. Aveva anch'essa gli arredamenti d'epoca.

Quasi tutte le nuove case e quelle ristrutturate, oltre alle decorazioni Liberty, all'interno conservavano (e in parte conservano ancora) l'arredamento e i lampadari dello stesso stile. Molte altre sono state profondamente rimaneggiate e svuotate di bellissimi mobili, spesso opere di artigiani di Lauria (Cartolano) e

Nemoli (Bianco), perdendo ogni connotazione primitiva. Questo è successo per palazzi dei secoli scorsi, a cominciare dall'enorme caseggiato del Seicento in Via del Rosario, originariamente appartenuto alla famiglia Larocca e che fu sede di mandamento durante il decennio napoleonico; il palazzo dei Iannini in Piazza Biagio Pignataro, risalente al Settecento, il palazzo d'Onofrio ... e qui l'elenco diventerebbe troppo lungo per continuare.

Bei portali in pietra si osservano un po' dappertutto, eseguiti da scalpellini locali.

2.1. La Villa

Negli anni Cinquanta del Novecento, nel pieno della ricostruzione, l'avvocato Errichetto Marotta, sindaco del paese, fece sistemare l'intera Piazza del Popolo, eliminando la pendenza sud-nord. Furono creati, così, i due viali, denominati in seguito "Jequié" a monte e "Michele Marotta" a valle.

Sorse, allora, l'esigenza di ornare la Piazza con giardini, quale espressione massima della natura nell'urbano. Nacque così la "villa" oggi intitolata a quel sindaco che ebbe la sensibilità di creare una delle più belle piazze della Basilicata.

La sistemazione formale e vegetale fu intensiva: furono messe a dimora essenze particolari quali cedrus deodara, cedrus atlantica, cedrus libani, nerium oleander, lagerstroemia, magnolia obovata e magnolia denudata, hibiscus, calycanthus, thuja.

Venne realizzata anche la fontana in pietra locale, sul versante di valle.

Tutti gli spazi furono separati dalla viabilità perimetrale con siepi di bosso e nuove piante di robinia pseudoacacia.

Questa caratterizzazione non voleva essere occupazione sistematica di quell'ampio spazio, ma il voler trovare una identificazione interiore dei segni che lo definiscono: un insieme di armonia, colore, luce, collegato alle forme architettoniche, su quella scia di ricerche formali, tipiche del "giardino all'italiana" che ebbero nel Rinascimento la loro massima espressione.

La Villa - Archivio APT Basilicata

Negli anni Novanta del Novecento, tutta la villa fu pavimentata in mattoncini di cotto e le aiuole (i cui contorni di mattoni erano ormai distrutti) furono ridefinite con pietra locale, migliorando la viabilità pedonale tra il verde.

La Piazza sul versante est della chiesa fu contornata da una siepe verde e furono messe a dimora, perimetralmente, essenze di nerium oleander, lagerstroemia e thuja.

Ciò per destinare lo spazio a pubbliche rappresentazioni e al gioco dei bambini: in quel luogo non si vollero piantare essenze di alto fusto per non nascondere, sul fondo, la quinta bassa delle case e il palazzo Iannini sul versante est.

Quello spazio è diventato ora un parco-giochi per la felicità dei più piccoli, specialmente nella stagione estiva.

La garbata piazzetta sul versante ovest della chiesa, Piazza Madre Teresa di Calcutta, è stata sistemata di recente e costituisce un piccolo anfiteatro che valorizza i bei prospetti delle case che la racchiudono.[35]

---

35 Nell'anno 2001 la Villa fu intitolata all'avv. Errichetto Marotta nel ven-

3. La zona di espansione

L'espansione del paese fu individuata a ovest del centro abitato, come suo naturale prosieguo, nella cosiddetta "Piana di Pozzodonato", diventata tale a seguito della bonifica di tutta la zona - una volta acquitrinosa - avvenuta negli anni Cinquanta del Novecento.

Nei successivi anni Settanta i piani urbanistici iniziarono a regolamentare tale espansione ma, ancor prima che essi diventassero vigenti, cominciarono purtroppo a sorgere le prime lottizzazioni abusive e, quindi, le prime case illecite che non tennero conto delle destinazioni d'uso urbanistiche previste dal Programma di Fabbricazione per quelle determinate aree.

Il successivo Piano Regolatore, non tenne in alcun conto lo stato di fatto generato in quegli anni e, non solo non riuscì a ricucire all'interno del tessuto di quell'area le spaccature create dall'abusivismo ma, anche e soprattutto, non garantisce al nuovo insediamento il minimo degli standard urbanistici previsti per norma, pur di mantenere illeciti ormai compiuti. E dunque, ancora oggi, purtroppo, non vi sono aree sufficienti destinate a verde, a strade (quelle eseguite sono larghe appena sei metri e alcune addirittura sono cieche) o a parcheggi, perché precedentemente occupate.

Un altro grave errore è stato quello di non prevedere, nelle norme di attuazione del piano regolatore, delle linee guida costruttive per regolamentare le tipologie edilizie.
Gli edifici, quindi, sono stati e continuano a essere costruiti con elementi architettonici e di finitura completamente diversi e contrastanti. Possiamo notare, infatti, tentativi di originalità e rottura, quali coperture con falde poste nel verso del centro del fabbricato, e nostalgici esempi di neoclassicismo con apposizione di colonne, con l'uso di balaustre e di ingressi trionfali su piani rialzati cui si accede da ardite scale.

---

tennale della sua morte e su proposta del Rotary Club di Lauria, essendo egli stato ideatore e fautore di quell'opera, oltre che attivo socio e presidente di quel club.

Edifici che, presi singolarmente, possono avere anche una loro originalità, seppure spesso di gusto kitsch ma, messi insieme, sembra di leggere, guardando il tessuto urbano dall'alto, la cementificazione disordinata e parossistica dell'Italia post industriale raccontata da Italo Calvino nella "*Speculazione edilizia*".

È mancata purtroppo la capacità (o la volontà) di caratterizzare la zona di espansione urbanistica, di dare, cioè, un assetto moderno che raccordasse l'esistente col nuovo, in modo che si completassero a vicenda con criteri e lungimiranza: gli stessi che, oltre due secoli prima, i nostri antenati avevano applicato per realizzare il centro storico, senza l'ausilio di urbanisti, ma seguendo solo la loro sensibilità e il buon senso.

4. Le Frazioni

4.1. Parrutta

Parrutta e la Valle del Noce

È uno dei primi insediamenti sul territorio, probabilmente precedente alla costruzione del castello.

Il villaggio è ubicato lungo il fiume Noce per cui gli abitanti sono vissuti in simbiosi con esso, tanto più che le sponde del corso d'acqua erano anche la via naturale per raggiungere Lauria e Tortora. Il fiume, inoltre, forniva un alimento di sostentamento mediante la pesca.

Tutto il territorio è ricco d'acqua; un tempo vi si coltivavano ortaggi (gli orti di Parrutta erano famosi) e vigne (rinomato era il Barbera). Anche la coltivazione del grano doveva essere copiosa se vi era la presenza di un mulino di cui ancora resta qualche traccia (il Mulino del Prete).

Da un punto di vista urbanistico, il villaggio non ha avuto una caratteristica particolare; le costruzioni sono sorte in maniera spontanea, molte sono sparse sui terreni agricoli.
Un agglomerato di case si sviluppò nei pressi della chiesa, attestata nel XVII secolo.

Negli anni Cinquanta del Novecento fu costruita la strada che dal paese raggiunge sia Piano dei Peri, sia Parrutta. Quest'ultima, dieci anni dopo, fu collegata alla Strada del Noce che congiunge l'autostrada con la statale n. 18 delle Calabrie.
Da quel periodo, gli abitanti hanno cominciato a frequentare Tortora Marina e Praia a Mare ove molti hanno trovato lavoro, anche stagionale, e qualcuno vi si è anche traferito.

4.2. Piano dei Peri

Antichissimo villaggio, è certamente uno dei primi, se non il primo insediamento di Trecchina[36] e rimane ancora oggi l'ultimo angolo di paese.

---

36 Una storia, che non trova riscontro, fa risalire la fondazione di Lauria (Iriae), in epoca precedente il 400 a.C., a un insediamento di coloni greco-cretesi guidati da Teocle e Menippe che lì giunsero, dopo essersi insediati a Piano dei Peri. Cfr. Raffaele Viceconti, *Vicende storiche della città di Lauria,* Tipografia «Don Marzio», Napoli 1918.

Adagiato su di un gradone di roccia, con il monte Sant'Angelo che lo sovrasta quasi in verticale e il fiume che scorre a valle, sembra un piccolo villaggio alpino.

Ha una piazzetta graziosa e accogliente, attorno a cui si sviluppano case dall'architettura spontanea e molto graziose anche se alcune, con gli interventi di ristrutturazione eseguiti dopo i terremoti, sono state manomesse, perdendo le loro caratteristiche.

Un villaggio ospitale che ti accoglie con garbo e, se sei fortunato, ancora qualche vecchietta ti racconta dei briganti che una volta imperversavano nella valle o quando i suoi avi videro passare lungo il fiume le Camicie Rosse garibaldine.

Vi era, nel villaggio, una buona produzione di olive; infatti ancora esiste, nella piazzetta, un vecchio frantoio con macina di pietra, ormai fatiscente da molti anni.

Ottima è la cucina e, in occasione della festa patronale di S. Giuseppe (1° maggio), le donne preparano squisiti cannoli.

La piazzetta di Piano dei Peri

Capitolo IV

Le origini

La presenza dell'uomo sul nostro territorio è accertata almeno dall'eneolitico, il periodo che segna il passaggio dall'età della pietra levigata (neolitico) all'età del bronzo, tra la fine del terzo millennio e l'inizio del secondo millennio avanti Cristo.

Reperti di quel periodo si sono trovati in abbondanza, tra l'altro, nella grotta del Cervaro a Lagonegro, in quella di Praia a Mare (santuario della Madonna della Grotta), in quella di Fiumicello di Maratea, oltre che sul promontorio detto "Capo la Timpa" situato a ridosso dell'odierno porto turistico. Questo luogo era diventato uno scalo di scambio, coinvolto in traffici con le isole Eolie (che distano da Maratea solo 137 km), come attestato dal ritrovamento di ossidiana nella zona delle frazioni Massa e Brefaro. Il commercio di tutta l'area della Valle del Noce si avvaleva dell'approdo di Maratea con viabilità interna che passava necessariamente per Trecchina.

Dal mare si raggiungeva tutta l'area della valle, attraversando il Passo della Colla e lungo il vallone "Prodino Grande", per andare a nord e collegarsi con Rivello, Lagonegro, Lauria.

Da quest'ultima località, attraverso il passo del "Cavallo", ci si collegava con la Valle del Sinni che porta allo Ionio.

Sul territorio vi fu anche la presenza romana, come ci racconta Pasquale Schettini che parla di:

... esistenza di tombe romane, l'una nei pressi della distrutta cappella di S. Maria dei Fiori, al Rione S. Elena e l'altra in contrada Colla, i cui cimeli e cioè anfore, candelabri [forse lucerne] *e marmi furono raccolti dallo stesso antiquario*[37].

Molto probabilmente, tali tombe si potrebbero riferire al periodo della seconda guerra sannitica (326-304 a.C.), quando vi sarebbe stato uno stanziamento militare romano[38].

Altro ritrovamento recente è stato fatto dalla Soprintendenza ai Beni Archeologici, in località "Tarantino" ove è stata rinvenuta una fornace di tegole, risalente al periodo imperiale.

Con la decadenza di Roma e, quindi, con le invasioni barbariche, le popolazioni, specialmente quelle rivierasche, si trasferirono verso l'interno, non lontano da corsi d'acqua, arroccati su alture pressoché inaccessibili e fortificate. E ciò per evitare sia gli eserciti barbari sia i Saraceni i quali ultimi, oltre ad infestare tutto il Mediterraneo, penetravano all'interno della Penisola depredando, incendiando e riducendo in schiavitù la popolazione attiva.

Per quanto ci riguarda, con molta probabilità, i primi abitanti di Trecchina si stabilirono sul Castello della Mancosa, alla sommità di un balzo, sulla sinistra di un'ansa del fiume Noce ove la roccia cade a picco, lambito dal corso d'acqua almeno per due terzi.[39]

Trecchina fu roccaforte gotica e poi luogo fortificato longobardo, distrutta dai Saraceni e ricostruita dal Longobardi di Salerno.[40]

---

37 Pasquale Schettini, op.cit., p. 48.
38 Giovanni Battista Pacichelli, op. cit., p. 300.
39 In quel punto, probabilmente, era sbarrato il lago pleistocenico che aveva per invaso l'intera Valle del Noce.
40 *Luoghi Storici d'Italia*, Allegato a "*Storia Illustrata*" n° 184, p. 101; Cfr. anche T.C.I., *Basilicata e Calabria (Guida d'Italia)*, Milano 2005, vol. 20, p. 283.

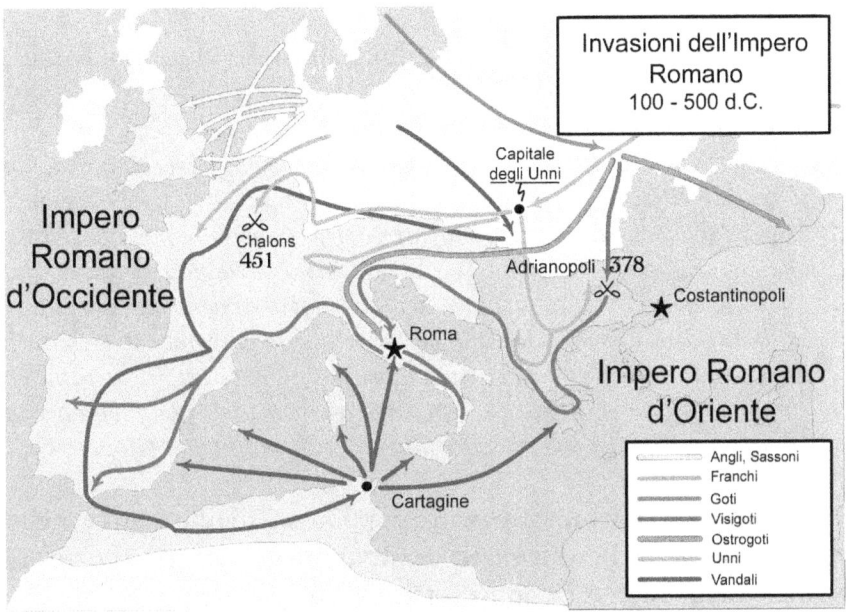

Le invasioni barbariche

È ipotizzabile che Alarico, re dei Visigoti (370-410), dopo aver preso e saccheggiato Roma il 24 agosto 410, dirigendosi a Reggio Calabria con l'intenzione di proseguire per l'Africa (ove non sarebbe mai giunto), durante il suo passaggio abbia edificato tale roccaforte.

Non è escluso che, succesivamente, vi trovò rifugio parte degli abitanti di Blanda, antica città enotria poi lucana e infine romana, che sorgeva sul colle Palecastro di Tortora, sulla sinistra del Noce e poco lontano dalla sua foce, forse saccheggiata e distrutta dallo stesso Alarico all'inizio del V sec. Nella roccaforte del Castello della Mancosa, infatti, ancora oggi vi sono resti significativi di grosse mura in pietra che testimoniano l'esistenza di un'antica fortezza: nella tradizione orale, il luogo è detto *Trecchinella*.

Gli abitanti della contrada sostengono che, nel coltivare il terreno, fu scoperta una lastra di pietra sotto cui furono rinvenute ossa umane.

Un'ulteriore conferma ci viene dallo studioso Onorato Tocci[41]:

Secondo informazioni raccolte sul posto, questo centro (che non compare sulle carte dell'I.G.M.) doveva essere la sede di Trecchina, che poi però fu costruita altrove; è detto "il Castello", senz'altra specificazione. Il "Castello" sorgeva sulla riva sinistra del Noce, con le pendici settentrionali a strapiombo sul fiume, sì che da questa parte non c'era bisogno di fortificazioni. Un muro di cinta, in cui si apriva almeno una porta fortificata, tagliava la sommità della collina ..., e da entrambe le estremità giungeva al dirupo. Entro la cortina muraria, nessun resto di strutture e pochissimi frammenti fittili: ciò è in singolare contrasto con l'imponenza del muro di cinta, che per spessore non ha confronti nella regione.

Il muro, infatti ha uno spessore di poco più di due metri e, nella parte integra, è alto due metri e cinquanta centimetri e corre sul crinale della collina facendo vertice sulla sua sommità. Pare che mura di tale spessore fossero costruite dai Longobardi.

Con molta probabilità fu questo il luogo distrutto dai Saraceni, che poi i Longobardi di Salerno, intorno all'Ottocento, ricostruirono sull'attuale Castello, alle falde del Maiorino, e che nella prima metà del Novecento fu fortificato dal principe longobardo Gisulfo di Salerno.

Ci auguriamo che presto si possano eseguire indagini archeologiche su quel sito, per accertare la reale giacenza anche di quanto si trova nel sottosuolo.

---

41 Onorato Tocci, *La Calabria nord-occidentale dai Goti ai Normanni. Insediamenti e vie di comunicazione*, Pellegrini Editore, Cosenza 1989, p. 86.

La collina detta "Castello della Mancosa" o " Trecchinella"

*Un tratto delle mura ben conservato
(Foto Michele Agrelli)*

*Un terminale della sommità
delle mura (Foto Michele Agrelli)*

Capitolo V

I basiliani e loro presenza a Trecchina

San Basilio il Grande
Icona greco-ortodossa

Nel 726 l'imperatore bizantino Leone III Isaurico emanò un editto con il quale ordinava la distruzione delle immagini sacre in tutte le province dell'Impero.

Mosaici e affreschi furono distrutti a martellate, le icone fatte a pezzi e gettate nel fuoco; furono distrutte molte opere d'arte e uccisi diversi monaci basiliani. Motivo del provvedimento era di stroncare il commercio delle immagini e combattere una venerazione considerata come superstizione e idolatria.

Questa lotta, detta iconoclasta, mise in fuga dall'Oriente migliaia di monaci bizantini che si rifugiarono nelle estreme regioni meridionali dell'Italia.

Provenienti dalla Sicilia, perché scacciati dagli Arabi, essi si diressero verso le zone dell'Italia meridionale longobarda (Calabria settentrionale, Lucania, Campania) perché le regioni italiane direttamente dominate dai Bizantini, erano tenute all'osservanza delle stesse leggi vigenti nelle zone orientali dell'Impero: se in Oriente era proibito il culto delle immagini, questo era proibito ugualmente nelle regioni bizantine italiane.

Nacquero allora i primi stanziamenti monastici anche sull'attuale confine calabro-lucano.

I basiliani, per scampare alle persecuzioni, furono costretti a nascondersi in luoghi solitari come grotte, foreste e sulle pendici delle colline, che divennero luogo d'alloggio e di preghiera. Questi rifugi naturali, adattati a dimore, furono chiamati laure. Qui i monaci continuarono a praticare il loro culto prevalentemente di rito greco-ortodosso.

*San Costantino
Basilica di S. Sofia-Istanbul*

Furono detti basiliani perché s'ispiravano alla regola dettata da San Basilio Magno (Cesarea in Cappadocia, 329 - 379), anche se spesso sono indicati erroneamente come basiliani tutti i monaci cattolici di rito greco.

Il monachesimo bizantino passò attraverso tre stadi di sviluppo: in origine fu eremitico: il monaco è veramente tale, vive, cioè, nella più completa solitudine. Diventò, quindi, lauritico: il monaco vive solo, per lo più in una grotta, ma in altre grotte vicine vivono altri monaci, e in alcune occasioni particolari, come feste, uffici e preghiere speciali, tutti si riuniscono insieme.[42] Il terzo stadio consiste nel cenobitismo: si ebbe, cioè, come dice il nome stesso, una vita in comune in un cenobio propriamente detto; nel cenobio vi è un superiore e tutto è in comune, persino gli indumenti.

---

42 La laura indicava originariamente, per la cristianità ortodossa, un agglomerato di celle o di grotte di monaci, con una chiesa e, a volte, un refettorio nel mezzo.

A Trecchina la presenza dei monaci basiliani fu notevole, anche se non vi è rimasta traccia di chiese. L'unica superstite, secondo quanto ci è stato riferito da qualche residente, era a Piano dei Peri, in località Boccaglie ma, essendo di proprietà privata, anni or sono fu inglobata in un fabbricato residenziale di maggiore consistenza.

Sono rimasti, invece, toponimi significativi: Santi Quaranta e Campo dei Monaci,[43] nelle contrade omonime, lungo il Vallone Prodino Grande, che inizia al Passo della Colla e sfocia nel fiume Noce; Sant'Elia, lungo la riva destra del fiume Noce; Acqua dei Lauri, a valle di Piano dei Peri, anch'esso lungo la riva destra del Noce, di fronte al "Castello della Mancosa", e dove ancora vi è una fonte omonima; S. Costantino,[44] lungo la strada per Maratea, poco distante dall'attuale centro abitato, nei cui pressi vi è un'antica fonte.

La grancia[45] di S. Costantino apparteneva al cenobio italo-bizantino di San Giovanni Battista del comune di San Giovan-

---

43   Quest'ultimo si trova sul confine fra Trecchina e Rivello, sulla sponda destra del vallone "Prodino Grande" e in prossimità della località S. Quaranta.

44   I basiliani, tra i vari culti orientali, diffusero anche quello di San Costantino Magno (Imperatore romano), che si affermò, però, solo in alcuni luoghi e cioè nell'Italia meridionale, in Sicilia e in Sardegna. Il nome di Costantino non è presente neppure nei cataloghi degli antichi agiografi occidentali, fatta eccezione per il Catalogus Sanctorum di Petrus de Natalibus, nel quale si legge: «I Greci gli tributano culto solenne, ma i latini, pur riconoscendolo grande e santissimo imperatore, non gli tributano alcun culto». La Chiesa cattolica, invece, proclamò santa la madre di Costantino, Elena, cui a Trecchina è intitolata una via. Questo è un altro elemento che testimonia la presenza numerosa di monaci basiliani. Flavia Giulia Elena, in latino: Flavia Iulia Helena (Elenopoli, 248 ca - Treviri, 329), è stata "augusta" dell'Impero romano, concubina (o forse moglie) dell'imperatore Costanzo Cloro e madre dell'imperatore Costantino I. I cattolici la venerano come Sant'Elena Imperatrice.

45   Grancia o grangia era una costruzione rurale sui terreni di un'abbazia per la custodia dei prodotti agricoli, e in seguito (sec. XII) trasformata, per il lavoro manuale dei monaci stessi, in una piccola comunità monastica governata da un rappresentante dell'abate.

ni a Piro,[46] così come è documentato nella "Platea[47] dei Beni e Rendite della Badia di S. Giovanni a Piro del 1695", redatta dal notaio apostolico Domenico Magliano.
In tale platea, conservata nella Biblioteca Diocesana di Policastro Bussentino, tre pagine sono dedicate a Trecchina. Eccone uno stralcio:
Die x.ma quinta mensis...1695 in terre Tricchine Provincie Basilicate et Diocesis Policastrens. [...] in detto territorio della Terra della Trecchina vi è una cappella alquanto diruta sotto il titolo di S.to. Costantino. Questa Cappella, seu grancia, è unita et ammessa all'Abbadia della Terra di San Gio: a Piro, et possiede d'infatti censi renditi da diversi cittadini di questa Terra della Tricchina.[48]

Detta grancia aveva ventitré terreni agricoli (diciotto terreni misti, un bene "vario", un castagneto e tre vigneti) uniti alla "Cappella di S. Costantino", descritti minuziosamente nella

---

46 Nel 1587, passò alle dipendenze della Cappella del SS. Presepe fatta erigere da papa Sisto V (da cui ha assunto il nome di Cappella Sistina) nella Basilica di Santa Maria Maggiore.

47 Platea (o Cabreo) indicava gli inventari dei beni delle grandi amministrazioni ecclesiastiche (ad es. i cabrei dell'Ordine dei Cavalieri di Malta) o signorili e l'insieme dei documenti che li formavano: mappe, elenchi dei beni mobili e immobili, dei diritti, delle servitù, del valore della proprietà, mappe delle singole particelle, ecc.

48 Domenico Magliano, *Platea di beni e rendite della Badia di S. Giovanni a Piro*, 1695 - ff. 148-149, "Trichinae". Ecco, in sintesi, il nome dei coloni con i beni relativi: D. Giovanni Biase Schettino (Serra Longa), D. Fabio Schettino (Serra Longa), Domenico Pesce (Serra Longa), Domenico Pignataro (La Cona [forse Colla]), Giovanni Battista, Giovanni Berardino e D. Giacomo Rotondale ed eredi (La Cona), Domenico Schettino (La Cona), Notar Grazio Rotondale (La Cona), Pietro D'Andrea (Li Prati), Andrea di Grisa (Li Prati), Francesco Pesce (Li Prati), Giuseppe Schettino (Malluzzo), Pietro Paolo Schettino (Malluzzo), Biase Schettino (Malluzzo), Paolo Ferraro (Le Strette), Domenico Maimone (La Sellata), Francesco Di Napoli (casa), Giovanni Battista Rotondale (Li Pedali, il Trocchio [*Turchio*]), Giacomo Schettino (La Cona), Francesco Rotondale (Li Prati). Tutto in tomoli 13.3.10 annotato il 15 novembre 1695. Altre grancie vicine erano: S. Nicola a Maratea, S. Filippo a Lauria e S. Biase a Rivello, coll'Ospedale di S. Maria del Poggio, pure descritte nella suddetta Platea.

suddetta platea redatta dal citato notaio apostolico il 15 novembre 1695, alla presenza di due procuratori, Berardino Schettino e Giovanni Battista Rotondale.

Nel documento sono riportate anche le relative rendite per ciascun terreno e le posizioni e i nomi dei coloni locali. I terreni avevano, complessivamente, una estensione di tomoli 13.3.10. Segue l'elenco dei coloni con, a fianco, le località in cui si trovano tali terreni.[49]

---

[49] Pietro Marcellino di Luccia, *La Abbadia di San Giovanni a Piro,* in Roma, l'anno del Giubileo MD.C.C, nella Nuova Stamperia di Luca Antonio Chracas. La grancia, che in precedenza, molto probabilmente, era annessa all'archimandritato di S. Elia e S. Anastasio di Carbone, da papa Sisto V fu unita alla Cappella del Santissimo Presepe della Basilica di S. Maria Maggiore in Roma.

Capitolo VI

Il periodo longobardo
(774-1076)

1. Generalità[50]

I Longobardi, entrati in Italia nel 568, oltre ad occupare il Nord e la Toscana nel VII secolo, conquistarono anche buona parte del Mezzogiorno, sottraendolo ai Bizantini - che vi si erano insediati sin dal VI secolo, dopo la vittoria di Giustiniano sugli Ostrogoti - fondandovi i ducati di Spoleto e di Benevento. L'autonomia di Benevento divenne vera e propria indipendenza politica quando il Nord fu conquistato da Carlomagno nel 774, e il vecchio regno longobardo, col ducato di Spoleto, fu incluso nell'impero carolingio.

Dello stato longobardo autonomo, a quel punto, non sopravviveva che il ducato beneventano, il quale si trasformò in principato quando il duca Arechi II si proclamò principe di Benevento.

All'inizio i Longobardi si indebolirono militarmente perché non furono in grado di fronteggiare gli attacchi dei Saraceni che, tra l'827 e il 902 conquistarono la Sicilia e le maggiori città costiere dell'Italia meridionale.

---

50   Il primo paragrafo di questo capitolo e i successivi primi paragrafi dei capitoli dall'VIII al XIII, il XV e il XVII e XVIII, sono scritti con carattere diverso perché riportano una brevissima sintesi del contesto storico dell'Italia meridionale nel periodo preso in considerazione. Ciò per una migliore comprensione dei fatti narrati nei paragrafi successivi.

I centri più importanti del Principato erano Salerno e Capua che, col tempo, crearono principati separati (a. 849), ma sempre nel solco delle tradizioni dei Longobardi dell'antico ducato beneventano. Queste tradizioni ebbero lunga vita, almeno fino all'affermarsi dei Normanni in Italia meridionale.

Nel 1076-78, infatti, dopo un lungo assedio, Salerno fu presa da Roberto il Guiscardo, mentre Benevento diventò città pontificia.

L'Italia Meridionale nell'anno Mille

2. Trecchina nel periodo longobardo

Certamente in quel periodo i Saraceni distrussero anche il Castello della Mancosa di Trecchina che, però, fu ricostruito dai Longobardi in altro luogo (presumibilmente nei primi anni dell'800), più sicuro, più strategico e meno accessibile, in una posizione che domina la vallata, alle falde del monte Maiorino, su un'alta rocca, a picco sulla valle, ove oggi si trova il rione Castello.[51]

Dopo l'anno 946 e prima del 977 (periodo del principato di Gisulfo) compare per la prima volta, in un documento longo-

---

51 T.C.I., *Basilicata e Calabria (Guida d'Italia)*, Milano T.C.I. 1980, in *Luoghi Storici d'Italia...*, cit., p. 101.

bardo, il nome *Trìclina,* come centro fortificato da Gisulfo I,[52] principe longobardo di Salerno.[53]

Nell'Ottocento d. C. il nucleo del Castello era già abitato, poiché la chiesa fu edificata in quel periodo[54] e qualche decennio dopo le mura erano state rafforzate, appunto, dal principe longobardo.

Cavaliere longobardo
(Lastrina in bronzo dorato dello Scudo di Stabio, VII secolo).

---

52   Gisulfo I (maggio 930 - 977 o 978) fu principe longobardo di Salerno 946 al 977 (o 978). Maggiore dei figli di Guaimario II e della seconda moglie Gaitelgrima di Capua, fu associato al trono dal padre nel 943 e gli successe alla sua morte nel 946.

53   Vedi cap. I, nota 1.

54   Antonio Capano, op. cit., p. 174.

Capitolo VII

Il periodo normanno
(1076-1194)

I Longobardi di Salerno furono definitivamente sconfitti dai Normanni che si affermarono in Italia meridionale nel 1071-1076 con la presa di Salerno da parte di Roberto il Guiscardo.
Popolo di Vichinghi provenienti dalla Scandinavia, essi si insediarono nella regione a nord della Francia che da loro prese il nome di Normandia.

Dediti alla pirateria e poi all'agricoltura, un gruppo di loro si diresse verso l'Italia meridionale prestando ser-

Il Regno Normanno di Sicilia (1154)

Cristo incorona Ruggero II
(Mosaico nella chiesa della Martorana - Palermo)

vizi per vari compiti, come la protezione a pagamento dei pellegrini che si recavano o tornavano dal santuario di San Michele a Monte Sant'Angelo nel Gargano.

Successivamente furono ingaggiati come mercenari nella difesa delle città costiere dagli attacchi dei Saraceni e soprattutto nelle ribellioni antibizantine in Puglia.

Ottenuto un piccolo feudo ad Aversa,[55] riuscirono a conquistare il principato longobardo di Salerno, da cui partì la loro conquista di tutta l'Italia meridionale. Scacciati i Saraceni dalla Sicilia, nella notte di Natale del 1130, Ruggiero II d'Altavilla fu incoronato dal papa, nella cattedrale di Palermo, re di Sicilia e duca di Puglia e di Calabria.

La loro fortuna consisté nell'avere la protezione del papato che era in cerca di alleanze durante la difficile disputa contro l'impero tedesco.

Ruggero II estese il dominio normanno nell'Italia meridionale con la conquista del Ducato di Napoli.

Il Regno di Sicilia, nato nel 1130 e comprendente gran parte dell'Italia meridionale, dopo alterne vicende, sopravvisse come

---

[55] Rainulfo Drengot, detto anche Ranulph, Ranulf, o Rannulfo (? - † giugno 1045), soldato di ventura, si alleò con il duca Sergio IV di Napoli. Dopo ripetuti successi, nel 1030 il duca Sergio gli offrì l'ex roccaforte bizantina di Aversa, a nord di Napoli, insieme al titolo di conte e alla mano di sua sorella.

unità territoriale, per ben sette secoli, fino al 1861 quando, come Regno delle Due Sicilie, fu annesso al Regno di Sardegna.

All'inizio della conquista normanna, il papa era Gregorio VII[56] che, oltre alla nota lotta per le investiture, mise in atto una profonda riforma della Chiesa, battendosi contro la simonia, a favore del celibato dei preti e dell'unità della Chiesa cattolica. Data anche la massiccia presenza di monaci di rito greco sul nostro territorio, nel 1079, su indicazione del papa Stefano IX, fu redatta

... una lettera inviata dall'arcivescovo metropolita Alfano[57] di Salerno ai fedeli e al clero della diocesi di Policastro, nella quale l'alto prelato ricordava l'avvenuta nomina del vescovo "Pietro"[58] a capo della locale comunità religiosa, indicava i centri posti sotto la sua giurisdizione, con

---

56 Papa Gregorio VII, Ildebrando Aldobrandeschi di Soana (Soana, 1020/1025) varca la soglia pontificia nel 1073 e si impegna per una moralizzazione dei costumi ecclesiastici e per la supremazia della Chiesa nei confronti dell'Impero. Nel 1076, scomunica l'imperatore Enrico IV, costretto, per riottenere i privilegi regali, all'umiliazione di Canossa. Nel 1084, Enrico IV nomina papa Clemente III e assedia Gregorio a Roma. Questi, asserragliato a Castel Sant'Angelo, è soccorso dalle truppe normanne di Roberto il Guiscardo, che però saccheggiano e distruggono la città. Muore in esilio a Salerno nel 1025.

57 Alfano, arcivescovo di Salerno. Di nobile famiglia legata alla dinastia longobarda dei principi di Salerno (Salerno tra il 1015 e il 1020 - ivi 1085). Uomo coltissimo nelle lettere e nella medicina, fattosi monaco (1054), dopo un breve periodo trascorso nel monastero beneventano di S. Sofia, dal 1056 si stabilì a Montecassino; nominato arcivescovo di Salerno da Stefano IX nel 1058, fu del partito riformatore. Ma la sua fama è soprattutto legata alla sua attività di poeta, dal latino elegante, riecheggiante i classici.

58 Pietro Pappacarbone (santo) fu secondo successore di S. Alferio alla guida della quasi millenaria abbazia della Trinità di Cava, fondata nel 1020. Egli era nipote del santo fondatore, ambedue della nobile famiglia Pappacarbone e congiunto di sangue con i principi longobardi di Salerno, dove nacque nel 1038. Entrò giovane fra i benedettini di Cava. Fu nominato vescovo di Policastro dal principe di Salerno Gisulfo II ma, dopo due anni di intensa opera pastorale, rinunziò alla carica. Riprese la sua vita ascetica e, alla morte dell'abate S. Leone I, subentrò nella carica di abate di Cava e delle sue numerose dipendenze, governando con fermezza e sapienza. Pietro morì a 85 anni il 4 marzo 1123.

le relative pertinenze, e stabiliva sia i criteri da seguire nella selezione del clero e nella ripartizione delle offerte, sia i giorni nei quali amministrare i battesimi e ordinare i sacerdoti, i diaconi e i suddiaconi.
Il documento è noto come "Bolla di Policastro" …. L'intento di latinizzare l'intero comprensorio traspare, oltre che dal contesto storico in cui fu scritta la lettera, anche da alcuni elementi inseriti in essa …[59].

In tale lettera sono indicate tutte le parrocchie della diocesi, tra le quali *Triclina*.

Questa è la seconda volta che il nome del paese compare in un atto ufficiale.

*Roberto il Guiscardo
sottomette la Calabria*

---

59 Biagio Moliterni, *Alfano, Pietro e la Diocesi di Policastro*, cit., p. 5 e sgg. La lettera dell'arcivescovo Alfano contiene anche importanti norme riguardanti le ordinazioni sacerdotali. Per esempio è imposto il divieto dell'ordinazione sacerdotale a uomini sposati due volte o che non abbiano sposato una donna illibata, *virginem*, a quelli che devono scontare una condanna grave, ai condannati dal vescovo, ai viziosi e agli analfabeti.

Capitolo VIII

Il periodo svevo
(1194-1266)

1. Generalità

Federico II con il falco
(Dal suo trattato
"De ars venandi con avibus")

Morto Ruggero II re di Sicilia (1095-1154), dopo circa quarant'anni di un susseguirsi di regnanti e di battaglie, l'imperatore Enrico IV - figlio di Federico Barbarossa e pretendente al trono di Sicilia per aver sposato l'ultima figlia di Ruggero II, Costanza d'Altavilla - il 25 dicembre del 1194, dopo aver sottomesso la Sicilia col sostegno delle flotte genovesi e pisane e con la forza delle armi, venne incoronato re di Sicilia.

A lui succedette il figlio Federico II, che fu proclamato anche Imperatore del Sacro Romano Impero (1194-1250).

Il giovane imperatore ricostruì l'Impero, organizzò il primo Stato centralizzato e imbrigliò le ambizioni temporali della Chiesa. Adottò inoltre tutta una serie di misure volte a risollevare le condizioni economiche del regno, facilitando gli scambi e garantendo la sicurezza delle strade. Inoltre, volendo potenziare l'apparato burocratico-amministrativo dello Stato e avendo bisogno, per questo, di giuristi e di funzionari ben preparati, nel 1224 fondò a Napoli la prima Università statale del mon-

Federico II e Bianca Lancia
"Codex Manesse - Canzoniere medievale - XIV sec."

do occidentale che da lui prese il nome di Federiciana, concedendo facilitazioni di vario tipo a chi volesse frequentarla; dette impulso alla famosa Scuola Medica Salernitana; promulgò le "Costituzioni Melfitane" che dettero l'ossatura giuridica al suo Stato centralizzato, promosse le scienze e le arti. Alla sua corte nacque la famosa "Scuola Siciliana" che fu la premessa letteraria del "Dolce Stilnovo" di dantesca memoria, contribuendo, così, ad elevare "il volgare" alla dignità di lingua nazionale. Riconosciuto come *Stupor mundi*, Federico II è considerato uno dei più grandi uomini della storia.

Alla sua morte (1250), sul trono di Sicilia gli succedette il figlio naturale Manfredi (Venosa 1232 - Benevento 1266).

Manfredi detenne i domini degli Svevi in Italia come luogotenente del fratello Corrado IV che, morendo, affidò la Sicilia a Bertoldo di Hohenburg. Questi lasciò la reggenza a Manfredi che, scomunicato da Innocenzo IV (1254), tenne il regno per il nipote Corrado (Corradino), ancora minorenne, mentre truppe pontificie invadevano la Campania.

Nel 1258, sparsa la voce che Corradino era morto, Manfredi si fece incoronare re di Sicilia a Palermo e fu ben presto riconosciuto capo dei ghibellini d'Italia. Fu scomunicato dal papa nel 1259 e di nuovo nel 1260. Papa Urbano IV offrì allora la corona di Sicilia, usurpata da Manfredi, a Carlo d'Angiò, fratello di Luigi IX il Santo, re di Francia.

Carlo venne in Italia nel 1265 e, incoronato a Roma re di Sicilia da Clemente IV (1266), mosse contro Manfredi che era appoggiato dai Saraceni e da poche truppe tedesche. Il 6 febbraio 1266, nella battaglia di Benevento, Manfredi fu sconfitto e morì nel conflitto.

Carlo I d'Angiò si insediò a Napoli che divenne capitale del nuovo regno, mentre i notabili normanni ripararono in Aragona, presso il re Pietro III che, come si è detto, aveva sposato Costanza, figlia di Manfredi.

Manfredi sconfitto a Benevento
Battaglia di Benevento - miniatura della Nuova Cronica di Giovanni Villani

2. Trecchina nel periodo svevo

Il paese fece parte della contea di Lauria con GIBEL († ca. 1250), da cui discese RICCARDO DI LAURIA[60] († 26 febbraio 1266).

Alla morte di Riccardo i feudi furono confiscati dagli Angioini. Già al tempo dei Longobardi, come abbiamo visto, i feudi più piccoli erano obbligati a contribuire alla manutenzione di al-

---

60   Riccardo di Lauria fu ucciso da Jeronimo Sambiase nella battaglia di Benevento (26-2-1266). Re Manfredi morì nella medesima occasione tra le sue braccia. Riccardo, Signore di Lauria dal 1254, Signore di Scalea nel 1266, aveva feudi in Basilicata (1239) e in Calabria, era Viceré e Capitano di guerra in Terra di Bari, Gran Privado del re Manfredi di Sicilia. Sposò Paliana di Castrocucco in prime nozze e, in seconde nozze, Bella (o Isabella), figlia di Guglielmo d'Amico e di Macalda Scaletta, Signora di Ficarra. Alla morte del marito, Bella seguì la regina Costanza d'Aragona, figlia di Manfredi, in qualità di governante (o dama di compagnia). Con lei vi era il figlio dodicenne RUGGERO DI LAURIA, erede dei ventinove Castelli di Riccardo e che diventerà poi il celebre ammiraglio, tra i maggiori protagonisti della guerra del Vespro. Per la genealogia dei Signori di Lauria, vedi anche: *Libro d'oro della nobiltà mediterranea,* URL consultato il 23.1.2015.

tri castelli. Tale disposizione fu emanata anche da Federico II, che stilò l'elenco di paesi soggetti a fornire gli *homines* al bisogno.

Ecco quello che riguarda Trecchina:

Stemma di Ruggiero di Lauria

Lacus Nigri, Rivelli et Tricline [Trecchina], *devono provvedere al Castrum di Lacus Nigri e gli homines Maractie, Bianelli* [Viggianello]*, Rotundae, Vallis Layni, Castellucci, Loriae* [Lauria]*, Ayete, Torture, Castri Cucti* [Castrocucco]*, Pappasideri et Avene al Castrum Maractie, mentre al Castello di Policastro erano assegnati homine Bigelli*[61] *et Tricline* [Trecchina].[62]

Nel 1239 Enrico de Morra prese in consegna alcuni prigionieri lombardi. Quaranta di essi furono assegnati a feudatari del Giustizierato della Basilicata, tra i quali *Guido de Lacunigro, Riccardo de Loria* [Lauria], *Petrus dominus Triclini* [Pietro signore di Trecchina] e *Gilbertus dominus Turture*.[63]

Pietro, signore di Trecchina, è il primo feudatario di cui abbiamo notizia.

Lauria - Ruderi del castello di Ruggiero

---

61   Brigetto (Brigettum). Secondo Tommaso Pedio, fu un "casale su versante tirrenico non individuabile". Federico II dispose che gli *homines Brigetti et Tuclani qui sunt in Iustitieratu Basilicatae* sono tenuti a riparare il castello di Policastro. Cfr. Tommaso Pedio, *Centri scomparsi in Basilicata*, Ed. Osanna, Venosa 1990, p.48.

62   Antonio Capano, op. cit., p. 164,

63   *Ibidem.*

Capitolo IX

Il periodo angioino
(1266-1441)

1. Generalità

Carlo d'Angiò dominò tutta l'Italia meridionale con un potere enorme, avendo un fratello re di Francia (Luigi IX *Il Santo),* e francesi erano sia il papa Clemente IV, sia molti cardinali e francese era lui stesso che, inoltre, era vassallo della Chiesa. Del territorio conquistato avrebbe potuto fare, quindi, un regno potente.

Egli, però, governò con arroganza e ingordigia. Tassò senza pietà i contadini; migliaia di esattori riscuotevano le tasse e, a chi non le pagava, erano confiscati il bestiame e i terreni, oppure veniva inflitta la prigione. Il re si disinteressò dei sudditi, svuotò le casse dello Stato per armare l'esercito e sostenere la guerra del "Vespro" che lo dissanguò, indebitandosi anche con il papato.

La fortissima pressione fiscale, i soprusi dei funzionari regi, tutti francesi, lo spostamento della capitale del Regno da Palermo a Napoli crearono un enorme scontento popolare, cui si aggiunse-

Carlo I d'Angiò incoronato da papa Clemente IV

ro gli esuli ghibellini che erano andati in esilio in Aragona, ospiti di Pietro III. Quest'ultimo, infatti, rivendicava il possesso della Sicilia poiché la moglie Costanza era figlia di re Manfredi di Svevia.

La scintilla scoppiò a Palermo, all'ora della funzione religiosa del Vespro, nel tardo pomeriggio del 30 marzo 1282, lunedì dell'Angelo.

A generare l'episodio fu - secondo la ricostruzione storica - la reazione al gesto di un soldato dell'esercito francese, tale Drouet, che si era rivolto in maniera irriguardosa a una giovane nobildonna accompagnata dal consorte, mettendole le mani addosso, con il pretesto di doverla perquisire. A difesa di sua moglie, lo sposo sottrasse la spada al soldato francese e lo uccise. Tale gesto costituì la scintilla che dette inizio alla rivolta. Durante la serata e nella notte che ne seguì, i palermitani - al grido di *"Mora, mora!"* - si abbandonarono a una vera e propria *"caccia ai francesi"* che dilagò in breve tempo in tutta l'isola, trasformandosi in una carneficina. I pochi francesi che sopravvissero al massacro vi riuscirono rifugiandosi sulle loro navi, attraccate lungo la costa.

Il governo dell'isola fu, quindi, affidato dai Siciliani a Pietro III d'Aragona (1276-1285), la cui moglie Costanza, figlia di Manfredi, ne vantava il possesso. Gli Angioini perdettero, così, la Sicilia che tornerà unita a Napoli molti anni dopo, al momento della conquista aragonese.

Ne seguì una guerra ventennale (1282-1302), detta del "Vespro", che si concluse con la pace di Caltabellotta: la Sicilia (Regno di Trinacria) fu assegnata a Federico d'Aragona, figlio di Pietro III, con l'impegno che, alla sua morte, sarebbe stata restituita agli Angioini. Ma la restituzione non fu attuata e l'unità monarchica dell'Italia meridionale venne meno.

Alla metà del secolo XIV le lotte interne fra gli eredi Angioini, soprattutto fra i rappresentanti dei tre rami in cui era divisa la casa d'Angiò, provocarono una grave crisi e un lungo periodo di conflitti fra i candidati alla successione sul trono di Napoli.

Si sviluppò allora la fase terminale dello scontro fra Angioini e Aragonesi. La vittoria finale di Alfonso d'Aragona (1442) su Renato d'Angiò sancì la riunione delle regioni meridionali e della Sicilia sotto la dinastia aragonese.

I Vespri Siciliani (Framcesco Hayez, 1822)

2. Trecchina nel periodo angioino

2.1. I Feudatari

Con la pace di Caltabellotta del 1302, la maggior parte dei feudi furono restituiti a RUGGERO DI LAURIA,[64] figlio di Riccardo di Lauria e, quindi, erede di quella contea di cui faceva parte Trecchina.

Ruggero, che si era ritirato nel suo feudo di Valencia, morì tre anni dopo.

I feudi passarono, verosimilmente, a suo figlio RUGGIERO BERENGARIO DI LAURIA (†1325-1328) cui succedette, dopo la morte, il cugino BARTOLOMEO DI LAURIA (†1340) e, quindi, la figlia dell'Ammiraglio Ruggiero, ILARIA (o Maria) DI LAURIA (1285 ca. - 1342/1343).

Ruggero di Lauria
Disegno per il monumento a Tarragona

---

64 Ruggero di Lauria nacque verso il 1250 a Lauria o a Scalea, figlio di Bella (o Isabella) d'Amico, nutrice di Costanza di Svevia (figlia di Manfredi e di Beatrice di Savoia e moglie di Pietro III d'Aragona) e di Riccardo di Lauria, luogotenente di Manfredi di Svevia. Il padre morì a fianco di Manfredi nella battaglia di Benevento e Ruggiero crebbe alla corte degli Aragonesi. Nel 1283, a seguito della guerra del Vespro, Pietro III d'Aragona lo nominò ammiraglio di Catalogna e Sicilia. In tale veste sconfisse più volte la flotta angioina riuscendo a far prigioniero finanche il figlio del re Carlo d'Angiò, Carlo II Lo Zoppo. Intanto sul trono della Sicilia era salito il figlio di Pietro III, Giacomo, che poi lasciò l'isola al fratello Federico, in qualità di Reggente, perché egli diventò re d'Aragona. Nel 1287, per motivi non del tutto chiari, Ruggero venne a diverbio con re Federico e passò al servizio degli Angioini, alleati col papa Bonifacio VIII e Giacomo d'Aragona, fratello di Federico, per muovere guerra a quest'ultimo e far riconquistare la Sicilia agli Angioini. Anche in questa nuova veste però, Ruggiero vinse tutte le battaglie navali contro i Siciliani. La pace di Caltabellotta (1302) pose finalmente fine alla guerra fratricida. Ruggiero fu reintegrato nei suoi possedimenti e rientrò a Valencia, suo feudo, ove morì il 17 gennaio 1305. Per sua volontà, fu seppellito ai piedi della tomba di Pietro III d'Aragona, nel monastero cistercense delle Sante Creus ad Aiguamurcia, in Catalogna.

Ilaria di Lauria
Affresco nel Convento
di S. Francesco in Cuccaro

Nel 1313 Ilaria sposò Enrico Sanseverino (1275 ca. - 1314), conte di Marsico, Gran Connestabile del Regno di Napoli, figlio di Tommaso II Sanseverino, fondatore della Certosa di Padula.

Dal matrimonio nacque TOMMASO SANSEVERINO che nel 1340 ebbe in dono dalla madre i feudi del padre di lei.

Il feudo di Lauria passò, quindi, alla potentissima famiglia Sanseverino che lo deterrà fino all'anno 1507, come vedremo in seguito.

È da rilevare che i feudi dei signori di Lauria, dal 1266 al 1302 furono confiscati dagli Angioini e restituiti a Ruggero solo con la pace di Caltabellotta (1302). Ma egli non ritornò mai a Lauria (probabilmente non c'era mai stato), si ritirò a Valencia, suo feudo, ove morì tre anni dopo, nel 1305. I suoi feudi, quindi, passarono direttamente agli eredi.

Stemma dei nobili Sanseverino

2.2. Altre notizie nel periodo angioino

Nel 1270 RICCARDO, signore di Trecchina e suo figlio Sisto furono esonerati dal servizio militare per soccorrere i possedimenti del principe di Acaja, Guglielmo II di Villehardoui perché possedevano un feudo non integro.[65]

Riccardo è il secondo feudatario di Trecchina di cui conosciamo il nome.

---

65 Antonio Capano, op. cit., p. 165. Nel ventennio della guerra del Vespro, i feudi dei Lauria furono assegnati ad altri feudatari.

Nel 1277 Trecchina era tassata per 47 fuochi[66] (11 once, 28 tarì e 4 gr.). Gli abitanti, quindi, erano all'incirca 300.[67]

Sappiamo, ancora, che nel 1278-79 Riccardo di Tortora (era lo stesso, ma evidentemente fu anche signore di quella terra) era morto e che la vedova Luisa, insieme con i figli Sisto e Giovanni, era diventata signora di Trecchina.[68]

∞

Intanto il re di Sicilia, Federico (III) d'Aragona, unitamente a Ruggiero di Lauria, con una guerriglia estenuante, riconquistò molte terre in Calabria.

In alcuni territori, invece, comprese Trecchina, Lauria e i feudi vicini, fu inviato certo Matteo Fortuna nel 1284 a capo di duemila Almogàveri[69].

Almogaveri a Maiorca

Carlo Pesce, citando l'Amari della "Storia del Vespro", riferisce:

---

66 *Ibidem.*

67 Un "*fuoco*" indicava una famiglia di 5-6 persone. Probabilmente gli abitanti erano di più. Infatti, quando passavano i funzionari regi per contare i *fuochi* ai fini fiscali, molte famiglie spegnevano il fuoco, chiudevano le case e vivevano nelle campagne finché i funzionari non ripartivano.

68 Antonio Capano, op. cit., p. 165.

69 Almogàveri (dallo spagnolo *almogàvar*, che deriva dall'arabo *al-mughàwir* «incursore, razziatore»). Soldati di fanteria di ventura, rapidi e abilissimi nell'uso delle armi da lancio contro la cavalleria, che compaiono in Aragona nel sec. XIII. In Italia, durante la guerra del Vespro, costituirono l'armata di Ruggero di Lauria, capaci, com'erano, nella lotta corpo a corpo, di combattere in maniera efferata. Per paga prendevano soltanto il bottino di guerra.

Matteo Fortuna, condottiero di duemila Almugàvari, impavido era rimasto tutta la state [1284] nelle occupate terre di Basilicata. Una piovosa notte d'un sol colpo guadagnava Morano e poscia Laino, Rotonda, Castelluccio, Lauria, Lagonegro ed altre terre di Val di Crati e Basilicata.[70]

In tale occasione la cittadinanza di Trecchina dichiarò di non poter pagare la colletta e certamente la soldataglia degli Almogàveri razziò tutto quello che poté, violentando e uccidendo, com'era suo costume.

Nel 1306 il paese chiese e ottenne, dopo la verifica, l'esonero per quattro anni dal pagamento.[71]

Il 20 febbraio 1323, i Trecchinesi protestarono presso il re perché costretti dal loro signore a servirsi unicamente del forno baronale.[72]

Nel 1347, mediante navi mercantili provenienti dall'Oriente, si diffuse la "peste nera", un'epidemia di peste bubbonica (di cui parla il Boccaccio nel Decameron), che dilagò in Europa con effetti devastanti per tre lunghi anni, seminando morte e distruzione. Interi ordinamenti sociali furono annullati.

Alla malattia seguì il disordine civile, la carestia e la fame.

Nel 1348 Enrico della Morra, signore di Trecchina (non sappiamo se fu lo stesso cui fu rapita la moglie [vedi par. 2.5]) stipulò il contratto di promessa di matrimonio del proprio figlio Jacobello, con Giovanna, figlia di Matteo de Stampis di Potenza che assegnò alla sposa una dote di 150 once d'oro.[73]

---

70 Carlo Pesce, *Storia della città di Lagonegro,* 1913, copia anastatica s.d. a cura delle Tipografie Neograf, Lagonegro e Dino Ricca, Diamante, p. 190. A. Spagnuolo, *Lauria*, tipografia Vincenzo De Alfieri, Napoli, p. 35.

71 Antonio Capano, op. cit., p. 165.

72 *Ibidem* - Notare l'ingordigia e il sopruso angioino.

73 *Ibidem.*

2.3. Condizioni dei sudditi nel periodo medievale

Da questi pochi episodi che siamo riusciti a reperire su quel periodo, possiamo capire la secolare miseria dei sudditi cui li riducevano i baroni di turno, tenendoli in stato di subordinazione e di vessazione.

I sudditi: persone umili, sfruttate e ignorati, contro cui si perpetravano torti e angherie, finanche quella di doversi servire solamente del forno baronale, e non del proprio, per dover pagare un iniquo balzello pure per confezionare il nutrimento primario.

La causa principale di quella miseria era dovuta a una vita rurale caratterizzata dallo sfruttamento dei feudatari, dall'ignoranza, dalla cattiva alimentazione, dalle condizioni abitative insalubri (la famiglia viveva spesso in un unico vano insieme con gli animali da cortile), dalle monocolture, dalla bassa produttività, dalle terre scarse, erose dalle frane e prive di irrigazione.

La miseria non comportava e non comporta solo la perdita o mancanza di capacità di avere i mezzi di sopravvivenza, ma comportava e comporta soprattutto la perdita di competenze (saper fare, saper vivere, saper pensare) che rende sempre più fragili, disorientati e vulnerabili, causando la perdita della propria identità e, più di ogni altra cosa, l'annullamento della dignità umana.

Parabola del ricco e del povero (miniatura del Codex Aureus Epeternacensis)

Per il feudatario, il povero è laido, fa paura; lo si ritiene malvagio e anche i cani lo attaccano.

Spregevole, il povero in quell'epoca è disprezzato dai ricchi. Le miniature lo rappresentano a testa bassa, isolato in angolo della porta o a distanza rispettosa dal suo "benefattore". Umiliato, che umilia anche gli altri con il suo contato, povero, perciò non ha amici. Le sue attitudini sono quelle dell'indegnità e della colpevolezza e rare sono le sue reazioni di collera, perché sa che, comunque, soccombe: solo la fuga è il suo scampo.

2.4. Lo spopolamento

Tra l'XI e il XII secolo la Basilicata subisce uno spopolamento massiccio delle campagne, dovuto alle incursioni saracene e alle lotte tra i popoli che si alternavano nella conquista del Sud.

Non era, quindi, più possibile vivere indifesi e lontani dai centri fortificati.

Come abbiamo visto, a Trecchina nel 1277 si contavano solo 300 abitanti circa mentre in Basilicata, fino al XVI secolo, scomparvero decine di centri abitati.[74]

Dobbiamo attendere la conquista degli Aragonesi per avere un incremento della popolazione.

2.5. Il rapimento della castellana Lauretta

Nel 1316 viveva nel castello di Trecchina, in qualità di feudatario, Enrico della Marra, di nobile famiglia di origine normanna.[75]

---

74 Vedi cap. VIII, par. 2.

75 Questa famiglia assurse alle più importanti cariche del Viceregno con Angelo I della Marra, detto il Vecchio (1205-?), che fu Viceré e, nel 1239. Custode del Tesoro Imperiale per l'imperatore Federico II di Svevia, con il pronipote Risone II della Marra, che fu Viceré di Roberto d'Angiò, Re di Napoli dal 1309 al 1343.

Questi aveva sposato una giovane donna di nome Lauretta, celebre per la sua bellezza.

La coppia si era certamente incontrata una o più volte, in qualche circostanza di carattere mondano o politico, con il conte Ugo Chiaromonte della contea omonima,[76] un aitante e ricco giovane trentenne, sposato con Margherita di Lauria, figlia dell'ammiraglio Ruggero di Lauria.

Nel focoso conte si scatenò una passione tanto travolgente per Lauretta che bramò di possederla ad ogni costo.

Decise, quindi, di rapirla.

Una notte il conte si presentò, con alcuni famigli, nel castello di Trecchina verosimilmente poco custodito. Entrato nella residenza del feudatario, aggredì in maniera violenta il malcapitato Enrico della Marra, che rimase a terra tramortito *("... dopo aver ben acconciato il marito pè dì delle feste «turpiter expulit eum»"* ci racconta lo storico, cioè lo scacciò in maniera vergognosa), rapì Lauretta, la mise in groppa al suo cavallo e galoppò a scavezzacollo giù per la valle, fino al fiume, seguito dai suoi sgherri, proseguendo verso Lauria per raggiungere il Passo del Cavallo, sulla valle del Sinni, fino al castello di Senise, ove tenne prigioniera la povera Lauretta.[77]

Enrico della Marra, oltraggiato e vilipeso, ricorse al re Roberto d'Angiò che ingiunse al conte di restituire la "preda" (così fu definita la giovane rapita), sotto pena di trecento once, a lui cui

---

76 Antonio Giganti, *Francavilla nella media Valle del Sinni*, Capuano Editore, Francavilla in Sinni 1997. Ugo Chiaromonte (1285 ca. - 1319) V Conte di Chiaromonte e successore di Riccardo alla guida della Contea di Chiaromonte, Conte di Senise, San Chirico, Noia, Castronuovo, Torremare, nel 1309 aveva sposato Margherita di Lauria (1294 ca. - post 1343), figlia dell'Ammiraglio Ruggero, Signora di Gerba e Kerkel (donate dal fratello e fatte restituire per "diritto ereditario" da papa Giovanni XII nel 1325), Ciambellana della regina Sancia di Napoli nel 1331. Portò in dote mille once d'oro più quattrocento donatele da re Carlo II d'Angiò.

77 Matteo Camera, *Annali delle Due Sicilie dall'origine e fondazione della monarchia fino a tutto il regno dell'Augusto Sovrano Carlo III di Borbone,* vol. II, dalla Stamperia e Cartiere di Fibreno, Napoli 1860, p. 249.

la sola moglie gliene aveva portati in dote millequattrocento di once d'oro.

Lo storico non ci riferisce come andò a finire la vicenda, ma è certo che il conte Ugo fu ucciso, non si sa come né da chi, nel suo castello di Senise nel 1319, tre anni dopo.[78]
Chissà se non fu il nobile Enrico della Marra a far provvedere a tanto.

La sorella di Ugo, Margherita di Chiaromonte, moglie di Giacomo Sanseverino, nel marzo del 1319, chiese e ottenne l'autorizzazione dal papa Giovanni XXII di fondare il monastero di S. Francesco nel castello di Senise, sul luogo dove fu ucciso il fratello,[79] mentre Margherita di Lauria, rimasta vedova del conte Ugo, nel luglio del 1338 avrebbe sposato il settantenne Bartolomeo di Capua, potente protonotario del regno angioino.[80]

---

78   *Ibidem.*

79   Antonio Giganti, *Francavilla* ... op. cit., p. 135.

80   Il secondo matrimonio con Bartolomeo di Capua è probabile ma non documentato. Cfr. *genmarenostrum.com/pagine-lettere/letteral/lauria. htm*, URL consultato il 14.11.2014.

Capitolo X

Il periodo aragonese
(1441-1504)

1. Generalità

Nel 1441 Alfonso V (detto il Magnanimo) conquistò Napoli e ne divenne re col nome di Alfonso I di Napoli, riunificando il territorio dell'antico Stato normanno-svevo con il titolo di *rex Utriusque Siciliae*,[81] designando Napoli quale capitale e imponendosi nello scenario politico italiano.
Fu l'inizio dell'amministrazione aragonese, che portò sviluppo economico, civile e culturale alla città che recepì gli ideali dell'arte rinascimentale.
Nel 1458 gli successe il figlio Ferrante, mentre la Sicilia fu assegnata all'altro figlio Giovanni.
Il sovrano dovette fronteggiare numerosi tentativi di congiura ordite dai baroni del regno, i quali avevano consolidato un potere tale da mette-

Miglionico - Il Castello del Malconsiglio

---

81 Re di entrambe le Sicilie, cioè re delle Due Sicilie.

Roberto Sanseverino

re in seria discussione l'autorità regia. Famosa fu la congiura nel 1485 del castello del Malconsiglio di Miglionico, in provincia di Matera, le cui conseguenze, per i feudatari, furono gravissime: molti furono privati dei feudi e altri furono uccisi.

Ferrante fu un buon re e un fine legislatore. Alla sua morte, nel 1493, sul trono salì Alfonso II, che presto abdicò in favore del figlio Ferrandino, il quale non poté opporsi a lungo all'esercito francese di Carlo VIII che, ritenendosi un discendente degli Angioini, il 20 febbraio 1495 entrò in Napoli mentre Ferrandino si rifugiò a Ischia. Solo quando Carlo VIII ritornò a Parigi, lasciando a Napoli alcune guarnigioni, l'aragonese riuscì a riprendere possesso della città.

Ferrandino morì il 7 ottobre del 1496 e, in mancanza di eredi diretti, il trono passò allo zio Federico, fratello di Alfonso II.

In tre anni il regno di Napoli aveva visto la presenza di ben cinque re.

Intanto Luigi XII di Francia, succeduto a Carlo VIII[82], vantando anch'egli una lontana parentela con gli Angioini di Napoli, intraprese la spedizione del 1499-1500 in Italia.

Nell'estate del 1501 la città fu conquistata ma, sopravvenuto il disaccordo tra gli alleati e la conseguente guerra tra Francia e Spagna, la spedizione finì in un completo disastro per i Francesi. Dopo quasi due anni di resistenza, essi furono sconfitti presso il Garigliano (1503) e il Trattato di Lione (1504) sancì il loro insuccesso.

Passati anche gli Aragonesi, Ferdinando II il Cattolico[83] si impossessò dell'intero Regno di Napoli, annettendolo alla corona di Spagna e amministrandolo attraverso un viceré.

---

82   Carlo VIII morì a 27 anni, il 7 aprile 1498, per un incidente nel castello di Amboise: batté la testa contro l'architrave di pietra di una porta mentre, a cavallo, si recava ad assistere a una gara di *jeu de paume*: nel giro di due ore entrò in coma e morì per emorragia cerebrale.

83   In effetti fu re II (V) d'Aragona, III di Napoli, II di Sicilia.

2. I Feudatari nel periodo aragonese

Si è detto che il subfeudo di Trecchina passò al figlio di Ilaria di Lauria, TOMMASO III SANSEVERINO, conte di Marsico, e continuò ad appartenere ai suoi discendenti.

Nel 1463 Ferdinando d'Aragona approvò la donazione del subfeudo[84] che VENCESLAO SANSEVERINO, conte di Lauria, non avendo discendenza maschile, concesse in dote a sua figlia Luisa, sposa del cugino BARNABA SANSEVERINO[85-86], fratello di Roberto, principe di Salerno.[87]

I discendenti detennero il subfeudo di Trecchina fino a quando a ROBERTO II SANSEVERINO (Napoli, 1485-1509), figlio di Antonello[88], fu confiscato dal re Ferdinando d'Aragona, a seguito della Congiura dei baroni. Nel 1493 il sovrano lo donò a GIROLAMO VENATO[89] che ne divenne barone fino al 1507 quando, per

---

84 Pasquale Schettini, op. cit., pp. 49-50. L'atto di donazione è del 12 febbraio 1462. Lo Schettini riferisce anche che tale donazione risulta dal *"... quinternione III prodotto dalla stessa università di Trecchina in banca dell'attuatario (notaio) Filippo D'Oria e di tal concessione trovasi ampia notizia nell'opera di Giovanbattista Thoro"*.

85 Il matrimonio avvenne nel Palazzo Marchesale di Castelluccio il 7 giugno 1464. Cfr. *palazzomarchesalecastelluccio.blogspot.it*, URL consultato il 23.1.2015.

86 Treccani, L'Enciclopedia Italiana: *Barnaba Sanseverino, conte di Lauria, Barone del Regno di Napoli (m. Napoli 1490 circa). Partecipò alla congiura dei Baroni (1485) contro Ferdinando I d'Aragona; con altri congiurati, fu vinto dal duca di Calabria, figlio del re, e condotto a Napoli. Finì miseramente, dopo lunga prigionia: chiuso in un sacco, fu gettato in mare dai suoi carcerieri.*

87 Pasquale Schettini, op. cit., pp. 49-50.

88 Antonello Sanseverino (1458-1499) fu II Principe di Salerno (dal 1474 fino alla confisca del 1486), Conte di Marsico, Grande Ammiraglio del Regno di Napoli (dal 1477). Fu a capo della Congiura dei Baroni del 1485.

89 Quella dei Venato fu un'antichissima famiglia napoletana, probabilmente di origine greca, che possedette molti feudi: Bagnuli, Baraggiano, Binetto, Casabattota, Castelluccia, Cella, Crispano, Lavello, Trecchina e fu investita di vari titoli.

Stemma dei nobili Venato

la pace conseguita con il re di Francia Luigi XII, lo dovette restituire a Roberto II Sanseverino, donando a Ferrante Venato,[90] erede di Girolamo, centocinquanta ducati l'anno.

Intanto nel 1495, il re francese Carlo VIII, prima di abbandonare definitivamente Napoli, in quello stesso anno, aveva confermato il feudo a BERNARDINO SANSEVERINO.[91]

Nel possesso del Venato, quindi, ci fu una brevissima interruzione.

Per completezza bisogna aggiungere che, con la discesa di Luigi XII a Napoli (che la conquistò nel 1501, ma fu sconfitto nel 1503), il feudo di Trecchina fu donato dal nuovo re a tal MICHELE RICCI[92], celebre avvocato napoletano che, nominato da

---

90   G. Celico, *I Principi Sanseverino di Bisignano*, manoscritto inedito: Ferrante (†13.7.1556) "... *sposò Gerolama o Girolama Sanseverino, dei potenti Sanseverino calabro-lucani e che, essendo lo stesso Ferrante patrizio "napolitano", possedeva in feudo alcuni corpi fiscali su Corigliano. Ferrante morì il 13.7.1556 e gli subentrò il figlio Scipione, morto il 1°. 2.1580, marito di Vittoria Giuliocesare Brancaccio dalla quale non ebbe figli maschi ma una femmina di nome Giulia, che sposò Fabrizio Gargano dei baroni di Casal di Principe"*. Cfr. anche *nobili-napoletani.it*, URL consultato il 23.1.2015.

91   Mario Pellicano Castagna, *La storia dei feudi e dei titoli nobiliari della Calabria*, Frama sud, Chiaravalle Centrale 1984. Carlo VIII, con diploma del 1.5.1495, da Napoli riconobbe a Bernardino Sanseverino tutti i feudi, tra cui, il 4 giugno, anche Trecchina, insieme ai titoli e ai privilegi, con Laino, Castelluccio, Lauria, ecc.

92   Francescantonio Soria, *Memorie storico-critiche degli storici napolitani - tomo II*, in Napoli, nella Stamperia Simoniana MD.C.CLXXX, p. 521 e sgg. Cfr. anche: Carlo Borrelli, Ferdinando Ughelli, *Difesa della nobiltà napoletana Contro il libro di Francesco Elio Marchesi Volgarizzata dal P. Abate D. Ferdinando Ughelli*, in Roma appresso l'Herede di Manello Manfi MD.C.LV, p. 245: *"La casa Riccia venne da Castello a mare ... non è priva di ornamenti, peròche signoreggiò nella Basilicata Castel Franco e Trechina. Michele poi hebbe in tanto alto grado la gratia*

Ferdinando I avvocato del Real Patrimonio, passò prima con disinvoltura al servizio dell'invasore francese Carlo VIII e poi del suo successore Luigi XII.

Pare che il Ricci non avesse mai preso possesso del feudo perché Luigi XII, come detto, rimase solo due anni sul trono di Napoli ed egli lo seguì in Francia divenendo, in seguito, ambasciatore.[93]

---

del Re Luigi XII, ch'è per mezzo di quella non vi fù posto di honore e dignità, ch'è non conseguisse".

93 Girolamo Tiraboschi, *Storia della letteratura Italiana: dall'anno MCCCCC fino all'anno MD.C, tomo VII, parte seconda*, Giovanni Muccis, Napoli 1781, p. 314:*"Michele Ricci Gentiluomo, e Giureconsulto napoletano, onorato, pel suo sapere, … da re Francesi, quando furono Signori di parte del Regno, ma costretto poi ad uscire con essi nelle rivoluzioni … ritiratosi perciò in Francia, e adoperato in varie onorevoli ambasciate, fino all'anno 1515, in cui morì a Parigi …".*

Capitolo XI

Il periodo spagnolo
(1503-1735)

1. Generalità

Dal 1503 il meridione d'Italia, insulare e peninsulare, divenne possedimento dei sovrani spagnoli fino al 1713 (guerra di successione spagnola e trattato di Utrecht).

Per oltre due secoli, la Spagna esercitò il suo potere sul Regno di Napoli, come una qualsiasi delle sue colonie, con cupidigia e ponendo a capo dell'amministrazione una miriade di viceré avidi e spesso pure incapaci, angariando il popolo con imposizioni di tasse, che dissanguavano i sudditi, già martoriati da imposte e gabelle feudali.

Il periodo spagnolo si contraddistinse anche per le numerose guerre in cui i soldati napoletani dovevano combattere per la corona spagnola: ad esempio la guerra in Puglia contro Venezia, la spedizione africana a Tunisi, la famosa

G. Vasari - La battaglia di Lepanto

battaglia di Lepanto, che vide sconfitti definitivamente i Turchi, e altre, perfino oltre oceano, nel Nuovo Mondo.

Le carestie furono un'altra costante della dominazione spagnola.

Tra le tante, si ricorda quella del 1531, quando il prezzo del grano aumentò di circa il 140%[94], e quella del 1544.

Nel 1585, il grano cominciò a scarseggiare, perché una grande quantità dovette essere inviata in Spagna. Il prezzo del pane aumentò in modo vertiginoso. Il popolo scese allora in rivolta nelle strade e accusò il proprio rappresentante governativo, Giovan Vincenzo Starace, di non aver saputo impedire l'aumento del prezzo. Il magistrato fu catturato, denudato e crivellato di ferite mortali. Il suo corpo fu

"strascicato" per le vie della città, mutilato ed evirato a espiare la trista fama di affamatore della popolazione.[95]

Poi la plebaglia gli tagliò la testa, il resto del cadavere fu fatto a pezzi, alcuni dei quali furono cannibalizzati, altri portati in giro su picche ed aste per le strade della città, mentre un gruppo di rivoltosi gli saccheggiava la casa.

Masaniello

Nel 1647, il pescivendolo Masaniello si pose a capo di una rivolta antigovernativa, scatenata dall'esasperazione delle classi più umili verso la gabella imposta sulla frutta fresca, gabella che si aggiungeva ad altre sugli alimenti. Gli si oppose una congiura di aristocratici, sostenuti dal cardinale Filomarino, che lo fece passare per pazzo - forse lo era diventato - e lo assassinò barbaramente. La rivolta continuò fino al sei aprile 1648, quando fu domata da don Giovanni d'Austria, figlio naturale di Filippo IV, che riprese il controllo della città.

Tra il 1656 e il 1658, tutto il regno fu colpito da un'epidemia di peste bubbonica devastante, di cui parleremo in seguito.

Seguì la guerra di successione spagnola; gli austriaci occuparono Napoli nel 1707. Nel 1713 il trattato di Utrecht assegnò il Regno di Napoli e la Sardegna a Carlo VI d'Asburgo e la Sicilia ai Savoia. In seguito, con il trattato dell'Aia (1720), la Sicilia passò di nuovo al Regno di Napoli sotto la corona austriaca, il Regno di Sardegna diventò possesso dei Savoia e

---

94 Pietro Ebnier, *Chiesa, baroni e popolo nel Cilento,* vol. I, Edizioni di Storia e Letteratura, Roma 1982, p. 79.

95 Antonio Vaccaro, *Carlo Gesualdo Principe di Venosa l'uomo e i tempi,* Osanna, Venosa 1998.

Carlo di Borbone, figlio di Filippo V di Spagna, fu designato erede al trono nel Ducato di Parma e Piacenza.

Durante la guerra di successione polacca (1733-1735), la Spagna riconquistò il Regno delle Due Sicilie che non fu riannesso, però, alla corona spagnola. Infatti, il suo sovrano, re Filippo V di Borbone, lo cedette a suo figlio Carlo, avuto dalla seconda moglie, l'italiana Elisabetta Farnese.

Carlo di Borbone (1716-1788), fece il suo ingresso a Napoli il 10 maggio 1734, appena diciottenne.

Fu incoronato *rex utriusque Siciliae*[96] il 3 luglio 1735.

Carlo III di Borbone

---

96   Re di entrambe le Sicilie.

2. Trecchina nel periodo spagnolo

2.1. I Feudatari

Si è detto che nel 1507 il feudo passò di nuovo a Roberto II Sanseverino, il quale trasferì le terre di Trecchina e Castelluccio,

Stemma Famiglia Cicinello

il 19 agosto 1507, al marito della figlia Antonia, GIOVANBATTISTA CECINELLO[97] (o Cicinello, Cicinelli o Ciciniello), nobile napoletano che, a sua volta, le donò al figlio GALEAZZO[98], insieme alle terre di Castelluccio. Nel 1528 Galeazzo morì in battaglia e gli successe il figlio ANTONIO CECINELLO che

... ereditò le funzioni e l'impegno civile del padre nel Seggio di Montagna, succedendo a lui ed al nonno Gio. Battista nelle terre di Carpinone, della Trechina, del Castelluccio e di Pettorano. Come ambasciatore del seggio si recò in Spagna presso Carlo V che seppe apprezzarne le virtù civili conferendogli una medaglia.[99]

Il feudo di Trecchina giunse, poi, in eredità al barone GIOVANNI ANTONIO PALMIERI[100],

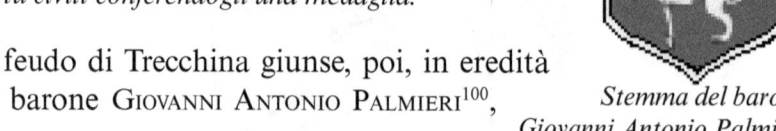

Stemma del barone Giovanni Antonio Palmieri

---

97   Pasquale Schettini, op. cit., p. 50.

98   Anna Cristiana, *Le Stanze del Fuscano sovra la bellezza di Napoli*, Edizione critica - Dottorato di ricerca in Filologia moderna, Ciclo XVII (2002-2005), Università degli Studi di Napoli Federico II, Dipartimento di Filologia moderna 2005, p. 278, nota 2: «*Signore di Pettorano, Galeazzo Cicinello, riuscì a conquistare il favore popolare, nonché il rispetto dei magistrati reali, evidentemente in forza delle proprie capacità politiche. Morì nel 1528 durante l'assedio del Lautrec...*».

99   Ibidem, nota 1.

100 Sposò, in seconde nozze, Laura Caracciolo, figlia di Bernabo Caracciolo, signore di Sicignano. A Napoli, nella sesta cappella di destra a navata unica, all'interno della chiesa di San Lorenzo Maggiore in Via dei Tribunali con facciata prospiciente la piazzetta di San Gaetano, all'apice della "Via dei Presepi" a San Gregorio Armeno, si ammirano

insieme con Castelluccio, Latronico e Agromonte.

A lui si deve la ricostruzione del castello di Trecchina nel 1530.[101]

Il Palmieri morì nel 1563 senza lasciare eredi, essendogli premorto un figlio ventunenne, per cui le predette terre passarono al Regio Fisco che le mise all'asta. Nel 1570, se le aggiudicò CAMILLO PESCARA DI DIANO DUCA DELLA SARACENA[102], con atto per notar Cesare Benincasa di Napoli.

Stemma dei nobili Pescara - Duchi della Saracena (URL: palazzo marchesale Castelluccio)

Nel 1587 il feudo di Trecchina fu ereditato da GIOVANBATTISTA CRESCI[103] che contrasse molti debiti, per cui i suoi creditori, nel 1615, lo vendettero di nuovo ai Pescara di Diano.

Questa volta lo acquistò GIOVAN BATTISTA PESCARA DUCA DELLA

---

i monumenti rinascimentali di Giovanni Antonio Palmieri, barone di Latronico, e del figlio morto ventunenne. Alla dipartita del Palmieri avvenuta nel 1563, non essendoci stati eredi, la cappella passò di patronato alla famiglia Campulo. Cfr. *storiacity.com/art/cappella-santissima-annunziata-a-san-lorenzo-maggiore-di-napoli*, URL consultato il 5.2.2015.

101 Pasquale Schettini, op. cit., p. 50.

102 I Pescara di Diano, discendenti del "miles Riccardus De Diano" (1155), di provenienza francese, dettero origine al casato dei Marchesi di Castelluccio, Baroni di Agromonte, Duchi di Saracena e di Trecchina (questa passò poi ai Vitale). La duchessa Giovanna Pescara di Diano si unì in matrimonio con Alessandro Vitale, barone di Trecchina, matrimonio celebrato nel palazzo marchesale di Castelluccio il 25 dicembre 1734.

103 Pasquale Schettini, op., cit., pp. 51-52. Di questo feudatario non siamo riusciti a trovare alcuna notizia e neanche perché divenne erede dei Pescara di Diano. Giovan Battista Pescara, duca della Saracena, fu Governatore delle Udienze di Abruzzo e Calabria e membro della Collaterale nel 1654.

SARACENA,[104] marito di Giovanna Raimonda Zufia.[105]
Giovan Battista Pescara divenne Preside dell'Udienza di Calabria Citra e fu amico dei Serra di Cassano, nobile famiglia napoletana.
La tradizione vuole che il duca e la duchessa, per la malferma salute di lei, abitassero a lungo il castello di Trecchina, ma, allo stato, la circostanza non è stata attestata da nessun documento.

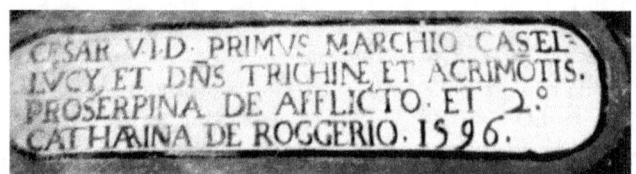

Cesare Pescara - Signore di Trecchina
(URL: palazzo marchesale Castelluccio)

Il diciannove agosto 1665 i duchi Pescara vendettero il feudo di Trecchina al barone ONOFRIO DE STEFANO[106] che il 26 luglio 1674 sposò Eugenia D'Alitto, figlia del barone Paolo residente in Maratea.
Anche il De Stefano si indebitò col Regio Fisco che, per rientrare nei suoi crediti, nel 1684 lo mise di nuovo all'asta.

---

104 Carlo Celano, *Notizie del bello, dell'antico e del curioso della Città di Napoli,* vol. IV, Stamperia di Nicola Mencia, Napoli 1859, p. 585.

105 Giovanna Raimonda Zufia era la seconda figlia di d. Diego Bernardo Zufia, Reggente della Cancelleria, sposato con Anna Maria Quintana. Di origine spagnola, molto vicino al principe di Cellammare per interessi politici e di affari, accorto mediatore nei mesi critici della rivolta masanielliana, lo Zufia fu nominato, nel 1653, Presidente del Sacro Regio Consiglio e diventò, sin dai primi anni del governo del Peñarada, l'uomo più importante dell'amministrazione centrale del Regno.
Cfr. Elisa Novi Chavarria, *Monache e gentildonne - un labile confine - Poteri politici e identità religiose nei monasteri napoletani sec. XVI-XVII,* Ed. Franco Angeli. Storia, Milano 2001, p. 142. Cfr. *nobili-napoletani.it/Ciccarelli.htm,* URL consultato il 5.4.2014: "Francesco Ciccarelli († 1881), marchese di Cesavolpe dal 1857, acquistò per dimora della propria famiglia il monumentale palazzo appartenuto alle sorelle Giovanna Raimonda Zufia, moglie di Giambattista Pescara duca di Saracena, e Isabella Zufia.

106 Di questo signore non abbiamo recuperato alcuna notizia.

Le terre di Trecchina furono aggiudicate, per ottomila ducati, a DIEGO VITALE,[107] Patrizio di Cava, che divenne primo barone di Trecchina.
Iniziò, così, il lungo dominio sul territorio trecchinese di questa famiglia (1684-1806).
Diego Vitale ebbe almeno due figli: Nicola Vitale, suo successore, e Agnello Vitale.
Quest'ultimo morì nel castello di Trecchina il 4 gennaio 1702 e fu sepolto nella chiesa parrocchiale.
Qui di seguito trascriviamo l'annotazione della morte riportata nel registro parrocchiale dei defunti:

Don Agnello Vitale della città di Cava, degli Illustrissimi Baroni della Terra di Trecchina, in comunione con la Ill.a e Santa Chiesa, rese l'anima a Dio, [dopo essersi] confessato, beneficiato dal SS.mo Viatico e corroborato dal Sacro olio dell'unzione, da me Don Giovanni Biase Del Vecchio Arcipresbitero di detta terra ed è stato sepolto in una tomba scavata nella Chiesa Matrice di S. Michele Arcangelo di detta terra, vicino alla Porta Grande, al limite con il restante pavimento secondo le sue umilissime volontà.
Il giorno undici gennaio 1702.[108]

A Diego Vitale, barone di Trecchina e di Tortora, successe il figlio primogenito, barone NICOLA VITALE, nato nel 1666 e morto a Trecchina il 19 agosto 1719.[109]
Abbiamo rinvenuto, nei registri parrocchiali, anche l'annotazio-

---

107 Diego Vitale, nobile di Cava; 1° barone di Trecchina e 1° barone di Tortora, per acquisto dai Ravaschieri, con regio assenso del 26-10, esecutoriato il 25-10-1697 e registrato nel Quint. 179, f. 190; relazione finale di accompagno della vendita 29.11.1698.

108 Traduzione dal latino.

109 Agnello Polverino, *Descrizione istorica della Città fedelissima della Cava,* D. Rosselli, Napoli, 1716-1717. Nicola Vitale aveva sposato donna Caterina Altomare o Altomari dei baroni della Valle del Cilento, figlia di don Biagio Altomari o Altomare barone della Valle del Cilento, Regio Consigliere, Grande Genealogista e Storico. Nicola Vitale ebbe tre figli: Giuseppe, Alessandro Maria e Agnello Bartolomeo Maria Francesco Vitale, Nobile di Cava, nato il 10 settembre 1702 e diventato sacerdote.

ne della morte di quest'ultimo, che qui di seguito riportiamo:
Il giorno 19 agosto 1719
L'Ill.mo Signore D. Nicola Vitale, Barone e tenutario, e utile Signore di questa terra di Trecchina, e Tortora, illustre perché aveva approfondito la sapienza di Salomone, ecc., all'età di 53 anni, e in unione con nostro Signore, ha reso l'anima a Dio, e il suo corpo è stato tumulato nel Sepolcro dell'Ill.mo Signore Agnello Vitale, suo fratello, nella Chiesa di S. Michele Arcangelo nella terra di Trecchina, dopo aver ricevuto il Viatico, l'Olio Sacro, corroborato dall'unzione, dal rev. D. Jacobo Rotondano, sacerdote della stessa chiesa. Il sepolcro ora si trova al centro della chiesa per effetto dell'ampliamento della stessa fatto dall'Università. Arch. Eligio Grisi. 20 agosto.1719.[110]

In effetti, la chiesa fu ampliata dopo la morte di Agnello Vitale, di venticinque piedi (circa m. 7,50), eseguendo un ordine che già aveva dato il vescovo di Policastro nel 1635, in occasione di una sua visita pastorale, *"avanzandone la facciata"* e inglobando parte della piazza antistante. Fu così che il sepolcro, scavato a ridosso della soglia d'ingresso, si trovò al centro della chiesa.

É da ritenere che sia il barone Nicola Vitale sia il fratello Agnello, abbiano soggiornato nel castello di Trecchina e che il primo si sia particolarmente interessato allo sviluppo urbanistico del paese, come argomentato nel precedente capitolo III.

---

110 Traduzione dal latino. Alcuni testi e siti web affermano che Nicola Vitale, essendo premorto al padre, non fu barone di Trecchina e che il titolo passò direttamente al fratello Alessandro Maria. Dall'annotazione della morte più sopra riportata, invece, risulta che egli era *"Barone e tenutario, e utile Signore di questa terra di Trecchina, e Tortora"*. Essendo, la predetta annotazione, un documento autentico e quindi certo, sono da ipotizzare due circostanze: o che il padre, prima di morire, cedette al figlio il titolo e le terre, oppure che lo stesso premorì al figlio (com'è più verosimile) e non viceversa.

I VITALE Baroni di Trecchina

GIUSEPPE VITALE
Nobile di Cava
↓
DIEGO VITALE
I barone di Trecchina dal 1684
e I barone di Tortora dal 1697 (†1728?)

↓ ↓

NICOLA VITALE
II barone di Trecchina e di Tortora
(1666 - † Trecchina 19.8.1719)

AGNELLO VITALE
† Trecchina, 4.1.1702
premuore al padre

↓ ↓ ↓

GIUSEPPE VITALE
III barone di Trecchina dal 1719 e
duca di Tortora
† 1731

ALESSANDRO-MARIA VITALE
IV barone di Trecchina dal 1731
e duca di Tortora
† 3 (o il 13) 11.1767

AGNELLO Bartolomeo
Maria Francesco
Sacerdote (n. 10.9.1702)

↓

FRANCESCO NICOLA VITALE
V barone di Trecchina
marchese e duca di Tortora dal 1767 - † ?

↓

ALESSANDRO VITALE
VI barone di Trecchina, II marchese di Tortora
Napoli 22.5.1772 - † 23.4.1822
ultimo feudatario (1806)
sposa

↓

CARMELA BONITO
Principessa di Casapesenna
→ Sposa in seconde nozze → **FERDINANDO DE VARGAS MACHUCA**
Napoli, 1797 - 1885

↓

TOMMASO DE VARGAS MACHUCA
(Napoli, 1832 - 1917)

ARMA: "Di oro alla banda d'azzurro sinistrata da un destrocherio movente dalla banda vestito di ermellino con la mano di carnagione indicante tre stelle di rosso ordinate nel centro sinistro del capo ed addestrata da un'aquila bicipite con le ali spiegate di nero".

2.2. La chiesa di Santa Maria dei Fiori

A monte dell'attuale Via Armando Diaz, ove oggi sono collocate tre croci, agli inizi del Seicento la Congregazione dei Cavalieri di Malta edificò la propria chiesa, intitolandola a Santa Maria dei Fiori.

Secondo la già citata stampa di Francesco Cassiano de Silva, riportata nel libro del Pacichelli, il luogo si chiamava Monte Oliveto. Infatti, esso era in posizione più alta rispetto al Piano di circa dodici metri e dominava gran parte della Valle del Noce.

La sua costruzione risale, quasi certamente, al 1609. Tale data è leggibile sul basamento della colonna in pietra locale su cui si erge la croce di marmo, di fronte all'attuale chiesa madre. Il manufatto, prima della sistemazione della Piazza, si trovava più a ovest e costituiva il limite delle pertinenze della chiesa di S. Maria dei Fiori.[111]

Su un altro lato di tale basamento si legge "R 1709" cioè la data in cui probabilmente fu restaurata. Sulla croce vi è scolpito Gesù Crocifisso da un lato e la Madonna (dei Fiori?) dall'altro. Molto probabilmente il lato con la Madonna scolpita era rivolto verso quella chiesa.

Le notizie dettagliate dell'edificio sacro le possiamo ricavare dalla lettura del *Cabreo della Commenda di Castrovillari del Sovrano Militare Ordine di Malta*[112] cui la chiesa di Santa Maria dei Fiori apparteneva come grancia.[113]

---

111 Tali croci, come limite di pertinenza a edifici sacri, si trovano ancora in molti luoghi: a Trecchina, oltre a quella suddetta, ve ne è un'altra nella piazzetta di fronte all'ex chiesa madre del rione Castello; a Maratea è di fronte alla chiesa del Rosario, in Piazza Europa; a Lauria Inferiore è di fronte alla chiesa del convento dell'Immacolata, e così via.

112 Gustavo Valente, Il *Cabreo della Commenda di Castrovillari del Sovrano Militare Ordine di Malta*, in "Archivio Storico per la Calabria e la Lucania", Anno XL, Collezione Meridionale Editrice, Roma 1972, p. 230 e sgg. Abbiamo già detto, a proposito dei Basiliani, che il Cabreo, o Platea, indicava l'inventario dei beni delle grandi amministrazioni ecclesiastiche come, appunto, i Cabrei dell'Ordine dei Cavalieri di Malta.

113 Vedi grancia di San Costantino al prec. cap. V.

Nel 1743 il balì[114] fra Ettore Marullo, infatti, ordinava la confezione del cabreo della Commenda di Castrovillari e delle sue grancie e, a tal fine, conferiva incarico al notar Pietro d'Alessio di Castrovillari.

Quest'ultimo, insieme al dottor Francesco Caterini, deputato e procuratore che assisteva, vigilava e interveniva alla confezione del cabreo, giunse a Trecchina[115] il 25 giugno 1746, ove trovò "Sabbato" Marotta che aveva provveduto a tutti gli adempimenti, come attestava Egidio Jannini, per dar corso alla compilazione del cabreo. La ricognizione finì il 28 giugno, come dichiararono il Magnifico don Camillo Mazzei, Governatore della Terra e il "Magnifico Notar" Egidio Jannini.

Da una lettura attenta del documento, possiamo dedurre, con dovizia di particolari, sia la consistenza della chiesa, sia le innumerevoli terre appartenute alla congregazione gerosolimitana.

A circa un quarto di miglio dal paese, si legge, vi era una *Grancia* della *Commenda* [di Castrovillari] sotto il titolo di *Santa Maria li Fiori*, con due porte e due finestre vecchie, da riparare. All'interno era collocata una croce con tutti i *Misteri di Nostro Signore*, mentre l'altare era ben disposto per celebrare la messa.

Sull'altare vi era un'antica statuetta di legno della Beata Vergine dei Fiori; a sinistra un'immagine dell'Annunciazione e a destra quella dell'Arcangelo Gabriele.

Segue la descrizione dei paramenti liturgici, poveri e usati. Il tutto era conservato da mastro Giovanni Conte che aveva in consegna anche la chiesa, dotata di un campanile con due campane.

Contigue alla chiesa vi erano tre piccoli vani, una saletta e due fondaci *"abitabili mediocremente"*, per cui si rendeva necessaria la loro riparazione.

Uscendo da tali vani, ci si immetteva in un orto, dietro la chiesa, a uso di chi aveva cura della stessa.

---

114 Grado altissimo in taluni ordini cavallereschi e religiosi, tra cui in particolare l'Ordine di Malta.

115 Il capitolo che riguarda Trecchina è intitolato TRECCHIANA, mentre il paese è detto Trecchina nella parte relativa al lavoro preparatorio della compilazione del cabreo.

C'è da rilevare che anni or sono, nell'eseguire lavori di scavo nei piani terranei della casa del maestro Emilio Larocca, furono rinvenuti resti di un muro e frammenti di resti umani.
Evidentemente vi era un luogo di sepoltura, probabilmente sotto il pavimento della chiesa.

Non ci è dato di sapere se lì vi seppellivano i defunti appartenenti alla confraternita (cosa molto probabile) oppure i cadaveri di persone decedute durante la peste del 1656-1657.
Fin qui la descrizione della chiesa.

Segue, poi, un lunghissimo elenco di terre sparse in tutto il paese, circa settanta, con la relativa rendita di ciascuna e il nome dei coloni che le avevano in consegna.

Di questi terreni, circa la metà erano in località Santa Maria dei Fiori, cioè nell'attuale Piazza del Popolo, coltivati prevalentemente a vigna, con qualche orto, un oliveto, un castagneto e uno "*scarazzo*" [ovile].

Circa venti altri terreni erano in contrada S. Marco, con un querceto, un gelseto, vigneti e seminativi; due si trovavano in contrata Maurino, uno a Parrutta e gli altri sparsi in contrada S. Caterina, Acqua dei Fieri [?], Trimpone [Temponi], Ronzino e Valle dei Monaci (ora Campo dei Monaci).

Di tale chiesa dà conto, nella visita pastorale del 1614, il vescovo Giovanni Antonio Santonio che riferisce essere retta da don Angelo Comite.[116] Nel 1624, in altra visita, rileva che questa chiesa è retta da don Rocco d'Orrico, che era fornita di buoni arredi indorati ed era di patronato della Religione Gerosolimitana.[117]

Da altra visita pastorale, del 1629,[118] veniamo a conoscenza che

---

116   Archivio diocesano di Policastro (d'ora in poi APD), *Visita pastorale del vescovo Giovanni Antonio Santonio,* 27.9.1614, ff. 235-236.

117   ADP, *Visita pastorale del vescovo Giovanni Antonio Santonio,* 27.4.1624. f. 172 e sgg. Gero Solimitano (antico: iero olimitano, deriva del nome latino di Hierosoly ma) Ordine militare e religioso di S. Giovanni di Gerusalemme, detto poi dei Cavalieri di Rodi e successivamente dei Cavalieri di Malta.

118   ADP, *Visita pastorale del vescovo Urbano Feliceo,* 14.12.1629, ff. 4, 5 e 46.

S. Maria dei Fiori aveva una rendita di undici carlini lasciati da Fabio Pesce a Ferrante Pignataro e Santo di Rivello.

Ferrante Bosco, invece, lasciò un legato[119] di sedici ducati per il maritaggio di povere zitelle e dieci ducati per dodici messe annue. Ogni due anni, quindi, si sorteggiavano dieci zitelle a cui erano assegnati trenta ducati, fino ad esaurimento del legato.[120]

Del legato restarono ducati 30. Allora il sindaco Francesco Marotta e i decurioni Domenico Roggerone, Fabio Schettini, Domenico Ferrare e Giovanni Bernardino Di Ruccio s'impegnarono a provvedere al maritaggio di Maria Bruno.

Altra notizia della chiesa si ha nel 1671,[121] a seguito della visita pastorale del vescovo Giacinto Camillo Maradei il quale annota che

… già diruta, fu restaurata e ornata da Domenico Pignataro per sua devozione.

In discrete condizioni, come abbiamo visto, era ancora quando fu compilato il cabreo, nel 1743. Pare che nel 1772 assumesse il nuovo titolo dell'Annunziata.

È probabile che, a seguito della costruzione della nuova chiesa madre al Piano, le chiesette e le cappelle che esistevano in zona, furono abbandonate. Il tempo e i terremoti fecero il resto.

Con delibera del ventiquattro aprile 1893, il Consiglio Comunale, su richiesta di privati, dette in concessione l'intero suolo, compresi i ruderi, al fine di aprire una strada (quella che oggi collega Via Diaz con Via S. Elena) che

… per la posizione incantevole in pochi anni quella contrada si vedrebbe interamente abitata per i fabbricati che vi si costruirebbero".[122]

Fu così che la chiesa di S. Maria dei Fiori scomparve definitivamente.

---

119 Il legato è una disposizione testamentaria con cui il soggetto attribuisce a una persona (non necessariamente erede) un determinato bene o un determinato diritto.

120 ADP, *Visita pastorale del vescovo Urbano Feliceo*, 14.12.1629, f. 45 e sgg.

121 ADP, *Visita pastorale di Giacinto Camillo Maradei*, 22.4.1671, ff. 63-66.

122 Delibera consiliare del 24 aprile 1893.

2.3. La peste

L'avvenimento più grave e particolarmente disastroso fu la peste che colpì il paese negli anni 1656-1657.[123]
Quello della peste è sempre stato uno dei flagelli più temuti e catastrofici che hanno colpito l'umanità in ogni tempo e in ogni angolo del mondo. Spesso le epidemie ebbero dimensioni tali da stravolgere l'assetto sociale ed economico di intere aree geografiche.

I fattori decisivi che permettevano la diffusione rapida del morbo furono prevalentemente la mancanza di igiene nelle case e nelle strade e la qualità dell'acqua, la scarsa cura della pulizia e dell'igiene personale e la circolazione spesso a cielo aperto degli scarichi, che andavano a confondersi con le acque destinate agli usi domestici, favorendo la diffusione di ratti e di parassiti.

L'epidemia di peste del 1656 colpì, in particolare, il Regno di Napoli, in cui pare fosse arrivata dalla Sardegna, con una nave carica di soldati spagnoli appestati. Essa si irradiò, poi, secondo un processo spontaneo e con una crisi di mortalità molto elevata, nella maggior parte dell'Italia centromeridionale, provocando circa 240.000 morti su un totale di 400.000 abitanti.

Nel resto del regno il tasso di mortalità oscillò fra il cinquanta e il sessanta per cento della popolazione.

A Trecchina cominciò con la morte della signora Giovannella Schettino e dei suoi tre figli Francesco, Pietro e Patta. Il medico diagnosticò una febbre terzana, tipica della malaria. Dopo pochi giorni, però, al superstite marito e padre dei deceduti, Sabato Schettino, comparvero dei bubboni e poco dopo fu trovato morto in casa.

La popolazione fu posta in allarme e, per decidere sul da farsi, fu costituita una commissione sanitaria composta dal sindaco (o

---

123 Le notizie che riguardarono Trecchina durante questa grave sciagura, se non diversamente indicato nelle note a piè di pagina, sono state tratte dall'opera di Pasquale Schettini, più volte citata, non avendo potuto rinvenire altre fonti se non dai registri parrocchiali dei defunti di quegli anni.

Morti appestati - Sanguigna su carta bianca (Biblioteca Zelantea, Acireale)

dai sindaci, perché in quel periodo ne erano eletti almeno due[124]), dal chirurgo Nicola Francesco di Grisi, dal parroco Giovanni Pietro Schettino, dal rappresentante del duca (verosimilmente Paolo Iannini, vice intendente), dallo speziale e da due barbieri, che fungevano da chirurghi.

Data la gravità della situazione, la commissione decise che le famiglie si chiudessero in casa, senza varcare i confini del paese, pena la condanna a morte; e ciò per evitare il contagio agli altri paesi in cui, comunque, già si stava diffondendo il male.

La commissione dispose ancora che i cadaveri fossero seppelliti fuori le mura, nelle varie chiesette esistenti o intorno ad esse, a una conveniente profondità e con spargimento di calce[125]; che gli abiti dei defunti fossero dati alle fiamme e che i nuovi appestati fossero visitati dai cerusici[126] e dallo speziale, i quali avrebbero

---

124 SIUSA, Sistema Informatico Unificato per le Soprintendenze Archivistiche, *siusa.archivi.beniculturali.it*, URL consultato il 18.3.2015. Durante il viceregno spagnolo (1503-1707), sia nelle terre feudali che demaniali le università erano rette dall'Assemblea o Parlamento che eleggeva i Sindaci in numero variabile di 2 o 3.

125 Can. Biagio Marotta, *Brevi cenni di storia della mia Parrocchia di Trecchina*, manoscritto inedito, 1944, di proprietà degli eredi. Nell'eseguire lavori di scavo nei locali terranei della casa del maestro Emilio Larocca, in Via Diaz (S. Elena), in prossimità del sito ove sorgeva la chiesa di S. Maria dei Fiori della Confraternita dei Cavalieri di Malta, furono trovati resti di ossa umane (Vedi cap. XI, par. 2.2). Ancora, durante l'apposizione di un palo di rete elettrica, molti anni or sono, sul sito ove sorgeva la chiesa di S. Giovanni (sito ora sepolto da una strada), furono trovati resti umani, verosimilmente appartenenti ad appestati defunti e, con molta probabilità, ve ne potrebbero essere anche sotto il pavimento della chiesa del Rosario, o nelle sue mura.

126 Il cerusico era persona che nei secoli passati eseguiva interventi di pic-

dovuto riferire subito al medico.

Anche il clero si adoperò per alleviare le sofferenze dei moribondi, ma il male cresceva in un macabro andirivieni di becchini, sacerdoti, funerali e sepolture.
Tra i morti di peste vi furono, tra gli altri, l'arciprete Giovan Pietro Schettino, il vicario foraneo don Giovanni Biase Bruno e quattro sacerdoti, i due barbieri, il chirurgo Nicola Francesco Grisi e i suoi quattro figli, tutti nell'adempimento del loro dovere. L'ultimo morto di peste fu Giovan Battista Bruno.[127] Alla fine dell'anno si contarono circa duecentottanta famiglie colpite dal male e ben seicentoquarantasei defunti, mentre nell'anno successivo i morti complessivi scesero a sei, nel 1658 a tre e nel 1659 ne morirono solo due, come risulta dal registro parrocchiale dei defunti di quegli anni.

Dai dati in nostro possesso (vedi demografia in Appendice) risulta che nell'anno 1648 (otto anni prima della peste) gli abitanti erano circa 1230, mentre nel 1669 (tredici anni dopo) essi si erano ridotti a soli 465 circa.

Di fatto dal 1648 al 1669 la popolazione era diminuita di 765 unità, cioè del 62%.

2.4. Altri avvenimenti

I primi documenti ecclesiastici manoscritti, di sicuro rilievo storico che conosciamo, risalgono al XVI secolo.
In essi vi sono anche i resoconti delle visite pastorali, cioè le visite di un vescovo a luoghi e a persone della sua diocesi, che avevano lo scopo di «propagare la dottrina sacra e ortodossa estromettendo le eresie, difendere i buoni costumi, correggere quelli cattivi e esortare il popolo alla devozione, alla pazienza e all'innocenza».

---

cola chirurgia, come praticare salassi, estrarre denti ecc. Poteva essere anche un barbiere.
127 Registri parrocchiali dei defunti.

Questa disposizione fu emanata dal Concilio di Trento (1545-1563) in cui veniva definita la riforma della Chiesa cattolica (Controriforma) e la reazione alle dottrine del calvinismo e del luteranesimo (Riforma protestante).
Da tali resoconti si possono ricavare le seguenti ulteriori informazioni:

- Nel 1513 a Trecchina vi erano 10 sacerdoti[128]. Vi si trova poi annotato un inventario dei beni terrieri della chiesa di S. Michele Arcangelo e la loro ubicazione nelle rispettive località.
- Il 31 marzo del 1599 si ha per la prima volta notizia scritta della chiesa di *S. Maria dello Succurso* in località *"Lo Monte vicino la Croce"*, con confraternita di uomini e di donne, alla quale furono assegnati un terreno di 10 tomoli all'Aria della Vallata (?).[129]
- Con la bolla *"Absoluta"*, del 1° novembre 1597, si istituì il seminario di Policastro. In tale occasione la parrocchia di Trecchina contribuì con otto ducati. Tra i primi dodici seminaristi vi fu Giovanni De Vita di Trecchina.[130]
- Nel 1614 esistevano in paese le seguenti chiese, oltre alla chiesa matrice:[131]
S. Maria della Gratia (ora del Rosario), S. Maria dei Fiori (confraternita dei Cavalieri di Malta), S. Sebastiano fuori le mura[132], e le cappelle di S. Pietro e S. Caterina (questa, forse, nella contrada omonima), S. Giacomo, S. Maria degli Angioli, S. Marco, forse nei pressi della via omonima. Molte di que-

---

128 ADP, *Documenti Antichi*, vol. I.
129 ADP, *Visita pastorale del vescovo Filippo Spinelli*, p. 188.
130 ADP, *Ivi*, vol. III, 3ª foliaz. sett. - nov. 1597, pp. 19-20, 27.
131 ADP, *Visita pastorale del vescovo Giovanni Antonio Santonio*, del 29.9.1614, ff. 235-237. La confraternita della Madonna del Rosario, con alterne vicende, rimase in vita fino agli anni Sessanta del Novecento.
132 Questa chiesa, riportata anche sulla stampa del De Silva, non siamo riusciti a localizzarla.

ste potrebbero essere state delle edicole votive che, trascurate, nel tempo scomparvero del tutto.
- Nel 1624 fu eretto un Ospedale, con due stanze e letti per l'accoglienza dei poveri, presso la cappella di Santa Maria della Gratia (ora del Rosario), cui era annessa una confraternita diretta da Diologuardi De Vita.
- Nel 1635 il vescovo Urbano Feliceo ordinò al Comune (*Universitas*) di riservare uno spazio sufficiente per l'ingrandimento della chiesa parrocchiale, avanzandone la facciata.[133]
- La cappella di S. Antonio di Padova, custodita da tale Pietro Schettino, è attestata nella visita pastorale del 5 novembre 1672, dal vescovo Vincenzo De Sylva.
- Agli inizi del Settecento la chiesa matrice era

... da riparare al soffitto, al pavimento e alle pareti, fu ampliata con prolunga di nuove pareti, tolti i muri interni. La sagrestia, col soffitto cadente, pure fu rifatta a spese del Comune, nella piazza pubblica, adiacente alla cappella della Presentazione.[134]

---

133 ADP, *Visita pastorale del vescovo Urbano Feliceo*, a.1635, f. 181 e sgg. a.1635.

134 ADP, *Visita pastorale del vescovo Marco Antonio de Rosa*, 1.7.1707, f. 179 e sgg.

Capitolo XII

Il primo periodo borbonico
(1735-1806)

1. I re Borbone

Carlo di Borbone
(Madrid, 20.1.1716 - 14.12.1788; Re di Napoli e di Sicilia 3.7.1735 - 6.10.1759)

*Stemma del Regno
Delle Due Sicilie*

Si è detto che Carlo (poi Carlo III di Spagna dal 1759 fino alla morte, 1788), fece il suo ingresso a Napoli il 10 maggio 1734 e fu incoronato il 3 luglio 1735.

Con il primo re dei Borbone si realizzò la riforma dei servizi dell'amministrazione centrale e una riduzione drastica del personale. Non vi furono invece cambiamenti di rilievo nelle istituzioni periferiche e in quelle municipali napoletane.[135]

---

[135] Vi erano le Università (cioè i Comuni), normalmente controllate da un "Governatore" scelto dal Barone proprietario del feudo.
L'amministrazione era gestita dal "Sindaco" e da alcune persone elette dai cittadini convocati con l'assenso del Governatore in "pubblico parlamento" (l'organismo era formato da tutti i capifamiglia incensurati). Esistevamo, poi, le "Libere Università", cioè comuni "non infeudati" che avevano potuto riscattare con laute somme di denaro la propria in-

Carlo era figlio di Filippo V di Spagna e della sua seconda moglie Elisabetta Farnese[136] la quale esercitò una forte e positiva influenza sulla politica spagnola e su quella napoletana, dopo l'arrivo del figlio su questo trono[137].

Con Carlo di Borbone, Napoli si ritrovò capitale di uno stato indipendente e divenne uno dei centri culturali e demograficamente più importanti d'Europa, seconda solo a Parigi per numero di abitanti.

Dopo venticinque anni di regno, nel 1759 Carlo III cinse la corona di re di Spagna per la morte del padre, lasciando suo successore il figlioletto terzogenito Ferdinando, di soli 8 anni.

Carlo di Borbone fu amato dal popolo più di ogni altro dei suoi successori, nessuno dei quali si dimostrò alla sua altezza.

Ferdinando IV
(Napoli, 12.1.1751 - 4.1.1825; Re delle due Sicilie dal 6.10.1759 al 4.1.1815, eccetto il breve periodo della Repubblica Napoletana [1799] e il periodo della dominazione napoleonica [1806-1815]. In entrambi questi periodi fu solo re di Sicilia).

Fu re di Napoli col nome di Ferdinando IV, dal 1759; col nome di Ferdinando III, come re di Sicilia e, da ultimo, dal 1816, col nome di Ferdinando I, come re delle Due Sicilie.

Data la sua giovane età, rimase sotto la tutela di un Consiglio di reggenza fino a sedici anni, quando raggiunse, secondo le leggi del tempo, la maggiore età.

---

feudazione, liberandosi dalle angherie dei baroni. È evidente che, anche se la nuova monarchia era aperta alle tendenze illuministiche, all'interno del territorio del regno permanevano ancora mentalità e situazioni di tipo feudale che opponevano forte resistenza ad ogni tentativo di riforma.

136 Federico II di Prussia, ebbe a dire di lei: «Il cuore energico di un romano, la fierezza di uno spartano, la pervicacia di un inglese, l'astuzia di un italiano, la vivacità di un francese concorsero a formare questa donna singolare. Ella cammina audacemente al compimento dei suoi disegni; non vi è cosa che sappia sorprenderla, nessuna che sappia arrestarla».

137 Carlo di Borbone sposò Maria Amalia di Sassonia, principessa della casata di Wettin, da cui ebbe diciotto figli, molti dei quali morti in tenera età. Donna molto colta, influenzò il marito nella trasformazione urbanistica ed edilizia di Napoli e, nel 1743, col marito re Carlo, fondò la Real Fabbrica dando inizio alla tradizione della famosa maiolica, all'interno della celebre Reggia di Capodimonte, oggi museo.

Sposò Maria Carolina, figlia di Maria Teresa d'Austria e sorella della regina Maria Antonietta, moglie di Luigi XVI re di Francia. Donna colta e raffinata, Maria Carolina si trovò a vivere con un re incolto, che parlava solo in napoletano e trascorreva il più del suo tempo nella caccia agli animali e alle donne di qualsiasi ceto.

2. La Repubblica Partenopea

Lo scoppio della rivoluzione francese del 1789 non impensierì per nulla Ferdinando IV e Maria Carolina, poiché il marchese Bernardo Tanucci, primo ministro, aveva perseguito una politica neutrale.

I fatti luttuosi del 1793 (quando Maria Antonietta, regina di Francia e sorella della regina Maria Carolina, fu ghigliottinata), preceduti dalla nascita della Repubblica Francese nel 1792, destarono, però, non poca preoccupazione nei sovrani di tutta Europa. La regina Maria Carolina rimase profondamente sdegnata per la condanna a morte della sorella. Ferdinando, quindi, aderì alla lega anglo-napoletana del 12 luglio 1793.

Nell'aprile del 1796 l'esercito francese, sotto il comando di Napoleone, invase la penisola italiana entrando dal Piemonte, col pretesto di esportare la rivoluzione ai popoli fratelli. Il 15 maggio entrò in Milano e marciò, quindi, sullo Stato Pontificio.

Il generale francese Jean Étienne Championnet, dopo aver cacciato da Roma re Ferdinando IV (che, alla testa di un esercito, aveva maldestramente tentato di rimettere il papa sul trono), si diresse, con il suo esercito, verso Napoli alle cui porte dovette sostenere un violento scontro con i lazzari,[138] prima di poter conquistare la città.

In questo frangente, re Ferdinando IV non trovò miglior soluzione che darsi a una precipitosa fuga verso il mare, a Palermo, il 23 dicembre 1798.

I lazzari, lasciati soli, si batterono strenuamente, ma nulla poté fermare, il 23 gennaio del 1799, l'ingresso in città del generale Championnet.

A Napoli, ove già dai primi del '94 serpeggiavano movimenti liberali, fu proclamata la Repubblica, che durò solo cinque mesi ed ebbe due governi, uno provvisorio e un altro definitivo.

Mario Pagano

---

[138] Con il termine lazzari (o anche lazzaroni) si indicano i giovani dei ceti popolari della Napoli del XVII-XIX secolo, persone per lo più pigre, scansafatiche, sudice e cenciose. Particolarmente famoso fu il ruolo da loro svolto nella difesa della città contro la Repubblica Napoletana nel 1799 sostenuta dalla Francia.

Essa vide tra le sue fila i maggiori intellettuali napoletani, come il Lauberg, Vincenzo Porta, Gabriele Manthonè, Riario Sforza, Domenico Cirillo, Mario Pagano, Giuseppe Serra di Cassano e Luigi Carafa, ma si dibatté tra difficoltà finanziarie e focolai insurrezionali.

La rivoluzione "giacobina" però, ad avviso di Vincenzo Cuomo, fu passiva, perché non sentita, ma subita dal popolo che continuò ad amare il suo "Re Lazzarone".

Quando le truppe napoleoniche furono costrette a lasciare la città, in seguito alla VI coalizione antifrancese (1799), la Repubblica si trovò priva di ogni sostegno.

Dalla Sicilia Ferdinando IV inviò sul continente il cardinale Fabrizio Ruffo, Vicario Generale del Regno, con l'incarico di restaurare la monarchia.

2.1. La restaurazione della monarchia borbonica

Il cardinale Fabrizio Dionigi Ruffo dei duchi di Bagnara e Baranello organizzò una spedizione con truppe popolari capitanate da Fra' Diavolo,[139] Mammone,[140] Stoduti[141] e Necco, costituite in prevalenza da calabresi di tutte le estrazioni, ma dove

---

139 Michele Pezza, soprannominato "fra' Diavolo" (Itri, Latina, 1771 - Napoli 1806) entrò nell'esercito borbonico dopo aver commesso due omicidi. Nel 1799, postosi a capo delle bande contadine, si oppose all'avanzata dei francesi nel regno di Napoli e, durante la riconquista del territorio a opera del cardinale Ruffo, guidò le bande calabresi contro la Repubblica Partenopea. Nominato colonnello da Ferdinando IV re di Napoli, nel 1806, ostacolò, con le sue azioni di guerriglia, la nuova conquista francese, battendosi in Calabria, in Abruzzo ed in Campania. Sconfitto dal generale J. Hugo, padre dello scrittore francese, e catturato in provincia di Salerno, per il tradimento di un contadino, fu impiccato a Napoli. La sua figura, è divenuta leggendaria per la spericolata audacia da lui mostrata in combattimento e l'estrosità di certe sue imprese che compì travestito da frate (da cui il soprannome).

140 Gaetano Mammone (Sora 1756 - Napoli 1802) fu un protagonista minore di quel tragico evento storico che fu la Repubblica Napoletana del 1799. Di mestiere mugnaio, Mammone fu già brigante di strada e, a onore delle sue "gesta", fu nominato sul campo "generale" dell'esercito "sanfedista" da Sua Eminenza il cardinale Fabrizio Ruffo di Calabria. Si distinse unicamente per la ferocia ed efferatezza della sua furia distruttrice di giacobini e repubblicani delle province (soprattutto in Terra di Lavoro) e della capitale del Regno o di chiunque fosse sospettato come tale. Per dare credibilità alla terribile fama del personaggio, Vincenzo Cuoco scrive *"Io ho veduto egli stesso beversi il sangue suo dopo essersi salassato, e cercar con avidità quello degli altri salassati che erano con lui. Pranzava avendo a tavola qualche testa ancora grondante sangue; beveva in un cranio ..."*. Fu definito da Re Ferdinando IV come *"nostro buon amico e generale, il vero sostegno del Trono"* e insignito di decorazioni borboniche.

141 Rocco Stoduti, nato a San Cristoforo o Torraca nel Cilento nel 1756, fu capobanda nelle masse organizzate dal vescovo Ludovisi di Policastro, che seguivano il cardinale Ruffo, e da costui fu destinato alla segregazione della zona compresa tra Lauria, Policastro, Lagonegro e Marsico. In seguito all'occupazione francese, fu capomassa e combatté nelle più cruente battaglie contro gli invasori nel Cilento e in Basilicata, insieme con il figlio Francesco. Dopo la presa di Lauria e la tenue resistenza di Castelluccio e Campotenese, si ritirò in Sicilia ove morì nel 1826.

predominavano ergastolani, avventurieri e briganti (le cosiddette *masse*). Tali truppe furono chiamate *"cristianissime"*, perché affermavano di combattere *per la religione ed il Re*: era l'*Esercito della Santa Fede in Nostro Signore Gesù Cristo*, nome con il quale è conosciuta nella storiografia italiana l'Armata Cristiana e Reale: mai la denominazione di un'armata fu più blasfema, se si escludono le Crociate.

Il cardinale Ruffo ordinò ai vescovi meridionali di reclutare altri uomini per unirsi al suo improvvisato esercito.

Il cardinale Fabrizio Ruffo

... nel Lagonegrese ... le truppe della Santa Fede venivano organizzate sotto la direzione del Vescovo Ludovico Ludovici, destinato dal cardinale Ruffo come "generale dell'armata cristiana e ministro plenipotenziario della Calabria Citra.[142]

Monsignor Ludovici raccolse gruppi di volontari dediti alla causa sanfedista, ponendoli sotto il comando di Rocco Stoduti di Torraca e fu impegnato in prima persona nella lotta, combattendo tra le schiere del cardinale Ruffo in Basilicata a Tito, Picerno e Muro.

E, ancora

Nell'occasione egli [il cardinale Ruffo] *fu sostenuto dal vescovo di Policastro, mons. Ludovici.*[143]

L'intero Lagonegrese fu allora teatro di stragi ad opera di

---

[142] Maria Antonietta Rinaldi, *La Diocesi di Policastro al tempo del Lentini*, in Gabriele De Rosa e Francesco Volpe, *Il Venerabile Lentini nella storia sociale e religiosa della Basilicata*, Edizioni di Storia e Letteratura, Roma 1987, p. 203.

[143] Maria Antonietta De Critofaro, *La Parrocchia di S. Nicola di Bari in Lauria tra Settecento e Ottocento*, in "*Il Venerabile Lentini ...* cit., p. 165.

avventurieri, comandati da Rocco Stoduti, che saccheggiarono Trecchina[144], Rivello e Maratea.

Era un esercito che, risalendo la Calabria, si rafforzava sempre più e che passò alla storia per le atrocità, le violenze e le ruberie perpetrate lungo il percorso di avvicinamento a Napoli, nella riconquista del regno, nel nome dei Borbone e della Santa Fede.

Vi annuncio, li aveva rassicurati il Cardinale, scendendo dal suo quartier generale nella Sila, *che se a qualcuno di voi, ispirato dalla fiamma divina, accadesse di trucidare i vecchi, o le donne dei giacobini, in virtù del mio sacro ministero, io gli accordo la piena assoluzione della Chiesa.*[145]

Quella masnada non se lo fece ripetere due volte. Quando conquistarono Altamura, che si era generosamente difesa contro un esercito di circa sedicimila sanfedisti, Gennaro Rivelli[146] guidò l'assalto al monastero delle Orsoline e permise che lì dentro si commettessero atti orrendi.[147]

---

144 *Ibidem.*
145 Maria Antonietta Macciocchi, *Altamura: la strage degli innocenti,* in "Corriere della Sera" del 17 febbraio 1999, p. 33.
146 Gennaro Rivelli fu compagno d'infanzia di Ferdinando IV. Figlio della nutrice del re, era un ragazzo molto robusto, brutto, di istinti feroci e dedito ai vizi. Le cronache dell'epoca riferiscono che "Ferdinando venne da costui iniziato a vita incresciosa, e con esso lui ebbe comuni gli istinti rozzi, plebei ed impuri".
147 Maria Antonietta Macciocchi, *Altamura: la strage...* op. cit.
"Rivelli ordinò alle suore di imbandire le mense e di portare dei panni neri per coprire le finestre e togliere ogni luce a quel luogo. La badessa, alta e bella, si oppose. Lui affondò il pugnale nel bianco seno. Poi ordinò alle suore, che avevano rifiutato di cantare il *Te deum* per accogliere l'arrivo di Ruffo, che intonassero il *De profundis* per la superiora morta. "Sono vocine così belle, cantano come cigni!", disse uno dei briganti. E Rivelli: "Ma i cigni sono bianchi e queste sono vestite di nero. Ora le facciamo diventare bianche come i cigni". Cominciò lui squarciando con un coltello le vesti delle suore e mettendole a nudo ghignava "Guardate come sono più belle vestite di bianco, con la loro pelle di latte!". Le suore imploravano: "Dateci la morte! Uccideteci, piuttosto!". Ma il demone della lussuria e la sete del sangue aveva invaso i briganti dopo

Ad aprile, la flotta inglese aveva ripreso Ischia, Capri e Procida e il 13 giugno l'esercito sanfedista entrò in Napoli.

I repubblicani si asserragliarono a Castel Sant'Elmo e vi uscirono solo dopo la firma di un patto che, a fronte dell'esilio in Francia, prometteva la salvezza. L'ammiraglio Nelson, però, complice la regina Maria Carolina, rinnegò il patto, impiccò l'ammiraglio Caracciolo e, con l'assenso di Ferdinando, giustiziò i rivoluzionari che erano, in gran parte, gli uomini migliori che Napoli e il Meridione potevano vantare in quel tempo.

La loro vera "colpa" fu quella di credere, ingenuamente, di poter riscattare in breve tempo la miseria, l'ignoranza e le superstizioni che attanagliavano la plebe meridionale.

Eleonora Pimentel Fonseca

Tra le decine di vittime che furono uccise per impiccagione o decapitazione, vi furono, oltre all'ammiraglio Francesco Caracciolo, Eleonora Pimentel Fonseca, Domenico Cirillo e altri e, tra i lucani, Mario Pagano di Brienza, Nicola Carlomagno di Lauria e Cristoforo Grossi di Lagonegro.

Ferdinando IV ritornò a Napoli il 9 luglio: era la fine della Repubblica Napoletana.

Nonostante il parere contrario del cardinale Ruffo, anche su istigazione della regina, su circa 8000 prigionieri, 124 furono mandati a morte (impiccati o decapitati), 6 graziati, 222 condannati all'ergastolo, 322 a pene minori, 288 alla deportazione e 67 all'esilio.

---

l'assassinio della badessa. Iniziarono i loro accoppiamenti lubrichi e le violenze sessuali avvennero sulle stesse mense imbandite. Alla fine, eccitati dall'oscenità, tirarono fuori i coltelli e quaranta cadaveri di suore si ritrovarono sul pavimento della chiesa".

3. Trecchina nel primo periodo borbonico

3.1. Eligio Grisi
(1655-1727)

Agli inizi del Settecento, visse a Trecchina un sacerdote particolare, l'arciprete don Eligio Grisi, amico del barone e che, nel 1713, sul libro dei defunti, annotò una sua breve biografia:

Gesù-Maria-Giuseppe
A lode e gloria di Dio Onnipotente, Beata Maria sempre Vergine, S. Michele Arcangelo, e tutti gli altri Santi.
Io Eligio Grisi di Trecchina, servo dei servi di Dio, peccatore pentito e indegno suo servitore, Dio Onnipotente, dopo la morte di Anna Carelli della terra di Morigerati, mia moglie, nel 59 anno della mia età, non per i miei meriti, ma per la sua sola benevolenza e la sua misericordia, sono stato fatto degno di essere chiamato all'ordine sacerdotale, e anche alla dignità Arcipresbiterale, e Curato della Parrocchiale Chiesa di S. Michele Arcangelo della stessa terra, della quale ho preso possesso nel giorno 13 agosto 1713.[148]

In effetti, Eligio Grisi, appartenente a famiglia notabile del paese, da giovane si dedicò alla carriera militare. Sposò Anna Carelli, una sua pari di Morigerati, in provincia di Salerno. La moglie, però, morì prematuramente per cui egli si dedicò al servizio della Chiesa, diventando sacerdote e, dopo qualche tempo, parroco di Trecchina. Dalla moglie ebbe quattro figli: Giovan Biagio, Aloisia, Tecla ed Emilia.[149]

La statua di S. Antonio di Padova, che si venera nella chiesa parrocchiale, apparteneva alla sua famiglia.[150]
Il vicario foraneo così scrisse di lui:

---

148 Registro parrocchiale dei defunti, 1713.
149 Pasquale Schettini, op. cit., pp. 102-103.
150 Can. Biagio Marotta, op. cit.

Rev.mo Signore Eligio Grisi, Arcipresbitero della Chiesa matrice e Parrocchiale di S. Michele Arcangelo. Lasciò questa terra, all'età di settantadue anni e ventinove giorni, dopo aver vissuto in questo (tempo) secolare con Nobiltà, tutore e difensore della Patria, dei giovani, dei poveri e delle vedove, fino al 1713, mese di aprile di quell'anno, precedente per la morte della Grande Anna Carelli, sua moglie, si accostò all'ordine del Sacro Presbiterato; essendo vedovo nella predetta Chiesa, nel mese di agosto dello stesso anno, fu "assunto" alla dignità di Arcipresbitero, nella quale, fino al giorno sopra indicato del ventuno aprile, vivendo nel corrente anno, così con esemplare condotta e con umiltà come si può qualificare la vita mondana. Il Signore, così ha disposto per il Divino Ufficio, nel giorno 15 del corrente mese, dopo la celebrazione del sacro ed incruento Sacrificio, seconda festività della solennità Pasquale, essendo intervenuta una infermità febbrile, si ammalò. Confessato dal Rev.do Sacerdote Don Leonardo Schettino, avendo ricevuto la Sacra Comunione della Eucarestia, e l'Olio Sacro degli infermi nonché l'unzione dallo stesso, nella notte della seconda domenica in Albis, nell'ora ottava ..., dopo due giorni e due notti, mentre si recitavano i Salmi e gli Inni a Dio Onnipotente, alla Beata Maria Vergine, a S. Nicola, a S. Francesco di Paola, a San Michele Arcangelo e agli altri Santi concluse la vita terrena in quell'ora con il nome di Gesù, e offrì in modo esemplare l'anima a Dio suo Creatore, il suo corpo (fu) trasportato nella predetta Chiesa "sua Sposa", con tutto il popolo che accorse, deplorante la morte [per aver preso] *di tanto difensore* [dei poveri]*, con le solite esequie e Cerimonie della Sacra Madre Chiesa Cattolica, fu sepolto nel Sepolcro dei Sacerdoti secondo il Rito Romano, in quella chiesa, prima di maggio.*[151]

Al sacerdote Eligio Grisi fu intitolata una via al rione Castello.

3.2. I Feudatari

Alla morte del barone Nicola Vitale, il feudo passò al figlio primogenito Giuseppe Vitale, III barone di Trecchina dal 1719 e duca di Tortora dal 1728, insigne giureconsulto, morto in giovane età nel 1731.[152]

---

151 *Ibidem.*

152 Nicola Vitale ebbe tre figli: oltre a Giuseppe e Alessandro Maria, nacque anche Agnello Bartolomeo Maria Francesco Vitale, Nobile di

A Giuseppe Vitale successe il fratello minore, Alessandro Maria Vitale, dal 1731 IV barone di Trecchina e duca di Tortora, ivi morto il 3 o il 13 novembre 1767. Fu sepolto nel convento della cittadina calabrese.

Alessandro Maria Vitale, III barone di Tortora (1731), *maritali nomine*[153], si fregiava del titolo di "duca", avendo sposato la duchessa donna Caterina Pescara di Diano dei Marchesi di Castelluccio.

Ereditò il feudo il terzogenito di Alessandro Maria (altri due figli morirono in tenera età), Francesco Nicola Vitale, V barone di Trecchina (1767) e di Tortora (24 febbraio.1768), poi 1° marchese (dal 1782),[154] duca di Tortora il 24 febbraio 1768.[155]

A questi successe il proprio figlio, che fu anche il più celebre di tutta la discendenza della nobile famiglia, Alessandro Vitale, VI barone di Trecchina e II marchese di Tortora, morto il 25 aprile 1821. Fu l'ultimo feudatario, essendo state proclamate le leggi eversive della feudalità nel 1806.

Riportiamo, qui di seguito, quanto risulta dalle ricerche effettuate dagli storici Giovanni Celico e Biagio Moliterni su Alessandro Vitale:

Alessandro Vitale nacque a Napoli il 22 maggio 1772 e fu educato nel Collegio dei Nobili, fondato dal Marchese Giovan Battista Manso, sotto la direzione dei Padri Somaschi.

Diligente nello studio delle lingue e della poesia, dopo il collegio, approfondì le scienze filosofiche e, infine, si applicò alla giurisprudenza: terminato il corso, intraprese la carriera del foro criminale, sotto la direzione

---

Cava, il 10 settembre 1702.

153 Il titolo *"maritali nomine"* era quello assunto dal matrimonio di un nobile con una ereditiera di titolo. Ad esempio, se una donna era l'erede di un titolo di duca, il marito, sposandola, assumeva quel titolo. Occorre però, per la legislazione di merito, far riferimento a quella dello Stato in cui tale titolo era riconosciuto, correlandosi essa alla successione del titolo.

154 Non si conoscono gli estremi di concessione del titolo di Marchese di Tortora, goduto dalla famiglia.

155 Si ignorano i dati anagrafici di questo feudatario.

del celebre avvocato dell'epoca Giuseppe Raffaelli.
Nel 1796 vestì l'abito di cavaliere di Malta e, nel corso degli avvenimenti del 1799, fu ricercato, ferito e cacciato in "orrida prigione": ottenuta la libertà andò esule in Italia ed in Francia, da dove ritornò nel 1805.
Nell'esercizio della professione difese, con felice esito, diversi "rei politici" e, nel marzo 1806, fu nominato Commissario di Polizia del Quartiere di S. Lorenzo a Napoli, e, nel 1807, scelto come Socio ordinario di storia ed antichità dall'Accademia Ercolanese.
A novembre 1808 fu eletto giudice della Gran Corte Criminale di Teramo, ma, avendovi rinunciato, fu trasferito ad Avellino e, nel 1814, fu richiamato all'esercizio della giurisdizione proprio nella Gran Corte Criminale di Napoli.
Nel 1791 diede alle stampe, a Napoli, un libretto intitolato "Rime e prose in onore di Ferdinando I, e Maria Carolina d'Austria Sovrani delle due Sicilie", con varie poesie italiane, una elegia latina ed un discorso con riflessioni sopra alcuni principali articoli della legislazione di S. Leucio, emanata da re Ferdinando.
In successione, produsse "Le lettere eroiche di Ovidio tradotte in versi italiani", in due volumi, pubblicati a Napoli nel 1807, e "I libri cinque de' Tristi di Ovidio similmente tradotti in versi Italiani", in due volumi, che videro la luce nel 1818. Altre sue opere, purtroppo, sono rimaste inedite.
Dal 1820 incominciò a "soffrire un'alienazione mentale" che indebolì, progressivamente, le sue "facoltà intellettuali".
Dai medici gli fu consigliato di respirare l'aria di Posillipo, ma, dopo il trasferimento in quella amena località, invece di migliorare, perse del tutto il ben dell'intelletto, tanto che, in un momento di grande sconforto, si lanciò da una finestra e morì il 22 aprile 1821: con lui, di fatto, si estinse quella nobile schiatta dei feudatari di Trecchina e Tortora.[156]

Alessandro Vitale sposò la nobildonna Carmela Bonito, principessa di Casapesenna e duchessa d'Isola, ma la coppia non ebbe figli.

Rimasta vedova, la principessa sposò in seconde nozze, il 5

---

[156] Giovanni Celico e Biagio Moliterni, *I Vitale di Trecchina e di Tortora. Il tramonto di una dinastia*, in"Eco di Basilicata Calabria Campania", anno VII (2008) n. 9, p. 23. Cfr. AA.VV., *Biografia degli uomini illustri del regno di Napoli, duca di Tortora, insigne letterato e Poeta, Alessandro Vitale*, presso Nicola Gervasi Calcografo, Napoli XD.C.CCXIX, Tomo VI, ad vocem.

settembre 1824, il cugino Ferdinando de Vargas Machuca (Napoli, 1797-1885), secondogenito di Tommaso, marchese di San Vicente e Vatolla, conte del Porto.

Dall'unione nacque Tommaso, marchese di S. Vicente e Vatolla, conte del Porto e di Ugel (Napoli, 17.6.1832 - 24.2.1917).

Ferdinando Vargas Machuca e il figlio Tommaso vendettero, poi, le terre a facoltosi cittadini del paese.[157]

3.3. La famiglia Iannini

Giànnina, o Ioànnina in greco, oggi è una città di circa 44.800 abitanti, situata nell'Epiro, sulla sponda nord occidentale del lago omonimo.

Nel 1612, vi fu una insurrezione contro i Turchi guidata dal vescovo di Trikala, Dionisio Scilosofo, aiutato, pare, dai Veneziani. Tale insurrezione provocò una violenta persecuzione dei cristiani e la distruzione delle loro chiese.

In quel frangente - com'era successo prima e com'è successo fino a qualche tempo fa - i profughi ripararono sulle coste pugliesi. Tra questi vi fu una famiglia certamente di origini nobili, forse addirittura signori della città nel periodo normanno, giacché portavano il nome Giannini o Iannini, evidente coruzione di Giannina o Ioannina, quindi eponimo, cioè famiglia che dava il proprio nome alla città.

È certo che Diego Iannini, nel 1621, fu barone della Foresta Maggiore di Lecce, mentre altri membri della stessa famiglia emigrarono a Lucera e a Trecchina. Da una lapide del 1820, posta nel primo chiostro dell'opera di S. Croce in Firenze, sappiamo che alcuni Iannini emigrarono anche in quella città.

A Trecchina giunse Felice Iannini, in anno imprecisato, ma verosimilmente dopo il 1615 e prima del 1635, anno della sua morte, e qui sposò una trecchinese, tale Anna Grisi.

Essendo di nobile stirpe, Felice fu nominato vice intendente

---

157 Pasquale Schettini, op. cit., p. 63.

del feudo di Trecchina dai duchi di Saracena, Camillo Pescara e Giovanna Zufia, che detennero il possedimento fino al 1665.
Tale carica divenne ereditaria, fu rinnovata dai feudatari successivi e fu conservata fino alle eversioni feudali. Ultimo intendente fu Pasquale Iannini (1703-1840) fino al 1806. Successivamente si occupò della vendita dei beni della principessa di Casapesenna, moglie dell'ultimo feudatario, Alessandro Vitale. Pasquale Iannini fu anche sindaco di Trecchina, come lo fu, prima di lui, il fratello Biagio.

Dinastia con stemma

Altro Pasquale Iannini, nipote del primo, fu capitano di cavalleria e primario dell'Ospedale "de Lieto" di Maratea, al quale succedette Luigi (1878-1961).

Il ramo maschile di Trecchina si estinse con il figlio di quest'ultimo, Pasquale, deceduto nel 1983, senza eredi maschi, ma con un'unica figlia, la signora Serafina, che ora vive in Abruzzo.

In quattro secoli, nella famiglia Iannini si distinsero molti membri: Francesco, sacerdote (†1650), che giunse a Trecchina col fratello Felice e istituì una cappellania; Giuseppe (1734-1812), giudice; Felice (1767-1815), sacerdote e rettore del conservatorio "S. Pietro a Maiella" di Napoli.

In famiglia si distinsero, inoltre, altri preti, notai, farmacisti, avvocati. Francesco Iannini (1795-1849) fu il più illustre della famiglia, giurista e "Socio Corrispondente" delle prestigiose accademie Pontaniana e dei Georgofili.

Gli esponenti del ramo principale, negli ultimi secoli, abitarono il palazzo al Piano, nell'attuale Piazza del Popolo, costruito ai primi del XVIII secolo. Esso ha una superficie di circa seicento metri quadrati sviluppati su tre livelli. Più volte rimaneggiato all'interno, diviso tra gli eredi, conserva in parte le linee architettoniche del prospetto principale, l'imponente portale di pietra locale, finemente lavorata, e lo scalone d'ingresso.

Pochi sanno che, se a Trecchina vi è quella immensa e bellissi-

ma piazza, lo dobbiamo unicamente a questa famiglia, perché il suolo apparteneva a essa e su quel suolo costruii il palazzo di cui si è detto. Subito dopo furono iniziate altre costruzioni, incoraggiate dal barone Nicola Vitale.
La famiglia Iannini, quindi, concesse in enfiteusi al Comune, che poi la riscattò, quella che è oggi l'intera Piazza del Popolo (vedi cap. III).[158]

Nel consultare, ormai molti anni or sono, il voluminoso archivio di questa antica famiglia (unico di tutte le famiglie notevoli di Trecchina), a chi scrive capitò tra le mani un documento che tuttora riveste un certo interesse.

Si tratta di una sfida a duello di cui don Luigi Iannini (penultimo della dinastia) fu testimone, anzi, padrino. Nel verbale di scontro, da lui stilato il 15 ottobre 1900 alle ore 22, la sera prima dell'avvenimento nella caserma Montebello di Milano, si spiega come il sergente Bernabò Nestore, essendo stato offeso dal collega D'Amelio Romeo, "per un epiteto ricevuto", conferisce incarico a due commilitoni di riferire all'offensore che l'offeso lo sfida a duello per la "riparazione d'onore".

Luigi Iannini

A sua volta, quest'ultimo nomina altri due commilitoni (e tra essi Luigi Iannini, all'epoca ventiduenne) per riferire allo sfidante che accetta il duello.

I quattro rappresentanti nominati dalle parti stabiliscono, quindi, che il duello *"avrà luogo con la sciabola, escludendo i colpi di punta e i col-*

---

158 Meritevole di essere ricordato è ancora il penultimo Iannini, don Luigi, possidente, che sembrava sentire su di sé quasi il peso della storia della vetusta famiglia dal passato illustre. Portamento aristocratico, baffi ben curati, occhiali a pince-nez, il parlare forbito, un po' sussiegoso e paternalistico, era solito ricordare enfatiche e un po' improbabili gesta degli antenati. Dedito alla letteratura e alla composizione poetica (corrispondeva in versi con un suo amico di Sala Consilina), custode di una cospicua biblioteca di famiglia, era orgoglioso del suo cavalierato e del suo essere stato capitano di cavalleria. Di fede monarchica fu, per breve tempo, anche amministratore comunale. Chi lo ha conosciuto, lo ricorda come uomo probo e orgoglioso del suo onore di galantuomo.

pi di testa; ogni assalto dovrà durare non meno di quattro minuti; i duellanti faranno uso di fazzoletto bagnato legato intorno al polso; lo scontro avrà luogo nella caserma Montebello alle ore 7.30 dell'indomani e avrà termine alla prima ferita riconosciuta dal medico, tale da mettere il ferito in condizione inferiore di forze".

Nel verbale si stabilisce, infine, a chi tra i quattro "padrini" spettasse rispettivamente la direzione dello scontro, la scelta del terreno, quella delle armi e del loro esame.

Segue, poi, il verbale di avvenuto scontro, stilato da Iannini il mattino successivo, in cui si prende atto che, al terzo assalto, il sergente Bernabò (l'offeso) aveva riportato una ferita all'avambraccio destro, giudicata guaribile in … "giorni tre". Di fatto, si trattava di un graffio!

Il verbale conclude *"Gli avversari si sono attenuti strettamente alle regole della più pura cavalleria e si sono cordialmente riconciliati".*

Anche questo raro episodio, per il buon don Luigi, sarà stato uno dei ricordi più significativi della sua lunga e serena vita.

3.4. Epidemia di vaiolo

Alla fine del Settecento, una grave epidemia di vaiolo colpì tutto il regno e interessò in maniera particolare i bambini, pur non essendo una malattia specifica dell'infanzia.
Tra il sette ottobre 1777 e il diciannove settembre 1778, il morbo colpì l'intera popolazione di Trecchina e quella dei paesi vicini.
In quei dodici mesi, infatti, morirono settantotto persone di cui ben cinquantaquattro bambini e qualche adolescente.

Nell'annotazione di morte l'arciprete Michele Schettino non specifica la causa, ma scrive solo che il morto, se piccolo, era in *tenerissima* o *tenera etate*, oppure *infans* o *puer,* o *in pueritia;* a volte aggiunge *morbo tabefactus,* distrutto dal morbo e, se era vecchio, era *in eius senescenza* oppure in *decrepita etate.*

Nel mese di ottobre del 1777 morirono cinque bambini, poi il numero andò aumentando, per giungere a dieci decessi a gennaio del 1778 e tredici a febbraio. In seguito andò a mano a mano diminuendo di numero, fino a settembre di quell'anno in cui morì solo la piccola Lucia Coppola.

In quel periodo (undici dicembre 1777) morì anche Giuseppe Iannino, *in sua iuventute,* cioè in età giovanile, colpito da una malattia, *in vulgo dicta vaiuolo*; questa è l'unica volta in cui compare il motivo del decesso, mentre nella vicina Tortora, per esempio, colpita dallo stesso morbo, a fianco al nominativo del bimbo morto era specificata la morte per "vaiuolo".

Il morbo si presentò ancora otto anni dopo, il 10 settembre 1786, con la morte di Cristina de Orrico per giungere, tra il giorno ventiquattro settembre e il giorno otto ottobre a ben undici decessi.

Dal mese di settembre del 1786 alla fine di quell'anno morirono complessivamente diciannove persone di cui nove bambini.

Ancora l'anno successivo, nel 1787, dal trenta agosto al trenta settembre morirono ventinove persone, di cui ventidue bambini e due adolescenti.

In definitiva, in tredici mesi, morirono complessivamente quarantotto persone tra cui trentuno bambini. [159]

3.5. Altri episodi registrati nel XVIII secolo

Frana

Nell'inverno del 1731, a sud est del Piano e a seguito di copiose piogge torrenziali e persistenti, si manifestò una vasta frana fino al fiume, sconvolgendo tutti i terreni e trascinando con sé alberi, vigne e tantissime case di contadini e lambì le case poste su Via Marconi e Viale Jequié.

La popolazione, atterrita per diversi giorni, rivolse suppliche alla Madonna del Soccorso.

---

159 Registri parrocchiali dei defunti. Nel periodo tra il 1778 e il 1783 morirono anche tre figli del re Ferdinando I, rispettivamente di tre, quattro e due anni.

Processione del 10 febbraio 1731 (Emilio Larocca)

Il dieci febbraio finalmente la frana si arrestò proprio al limite delle case, il giorno in cui fu portata la statua della Madonna in processione solenne sul posto, dal parroco don Gennaro De Vita, passando per i luoghi più esposti al pericolo; il popolo le attribuì il miracolo di aver salvato il paese.[160]

Anche il Decurionato[161] attribuì il fenomeno al miracolo della Madonna e deliberò far celebrare ogni anno una messa con processione e offrire una torcia, per ringraziamento di questo miracolo, nel giorno della ricorrenza della presentazione di Maria Vergine al Tempio, che si celebra il 21 novembre. Tale celebrazione si ripete ancora oggi.

I danni causati da quella frana si desumono anche dalla seguente notizia:

---

160 Can. Biagio Marotta, op. cit.
161 Il Decurionato costituiva l'insieme delle persone che si occupavano dell'amministrazione comunale. Era costituito da un numero ristretto di eletti per sorteggio e sottoposto a un rigoroso controllo dell'Intendente, che rappresentava il potere regio.

Nel catasto onciario di Trecchina del 1753 non sono pochi i casi di cittadini che risiedono in pagliai "per essere caduta la sua casa sita dentro questa terra l'anno passato", probabilmente da riferire ad uno smottamento.[162]

Crollo del Castello

Con la morte del barone Nicola Vitale, il castello fu abbandonato, perché gli ultimi discendenti abitarono tra Tortora (nel palazzo cosiddetto di Casapesenna) e Napoli. Alla fine del 1750 esso era in rovina e crollò del tutto con il terremoto del 1783.[163]

Siccità

Dal sei gennaio 1779 fino al mese di luglio non cadde neanche una goccia d'acqua in tutto il Regno di Napoli.
Molti devoti rivolsero fervide preghiere.

Furono non pochi i divoti che, per l'aspra penitenza da loro pubblicamente fatta, s'ammalarono e parte ne morirono. Anche in questa patria vennero eseguite pubbliche ed aspre penitenze, forse per l'addietro non con tanta umiliazione e fervore.[164]

Terremoto

Il cinque febbraio del 1783, iniziò uno sciame sismico che durò fino al mese di maggio successivo, con una scossa così forte, la sera del ventotto marzo, da far oscillare il campanile e provocare il suono della campana dell'orologio più volte, oltre a danneggiare la struttura e far crollare il castello, già abbandonato.[165]

---

162 Antonio Capano, op. cit., p. 170.
163 Pasquale Schettini, op. cit., p. 51.
164 Sac. Giacomo Schettini, *Libro del Sacerdote D. Giacomo Schettini pel registro di notizie sue particolari formato a 1° Gennaio 1858*, manoscritto. Per gentile concessione degli eredi.
165 Pasquale Schettini, op.cit., pp. 59-60. Certamente si trattò dei seguen-

Secondo Pasquale Schettini in quella occasione sarebbero morte quattrocento persone su 1400 abitanti.[166]
Non sappiamo da dove lo Schettini abbia attinto tale notizia, ma essa non ci risulta vera.

È certo, invece, che in quell'anno a Trecchina i morti furono tre nel mese di gennaio, uno nel mese di febbraio e sette nel mese di marzo, ma nessuno di essi in quest'ultimo mese morì il giorno ventotto.[167]

Circa tre mesi dopo quel ventotto marzo,

... cioè dal 19 Giugno al 20 Luglio si sparse per l'aria sì densa caligine che il sole sembrava nascosto tra nebbie, ne si vide per un'ora sola la chiarezza del giorno, e solo mediante lo scoppio di altro terribile tremuoto, specialmente in Calabria Ultra, venne interamente ogni caligine dissipata. In seguito sebbene per i nostri contorni non si intese che lentamente, pure nelle Calabrie sempre più forte, per guisa che il nostro Re cessò dal riedificarla, per quindi ripigliare l'opera dapodichè Dio fermate ne avesse le fondamenta.[168]

3.6. La Repubblica Partenopea a Trecchina

La notizia della proclamazione della Repubblica Partenopea, si diffuse con celerità in tutto il regno.

La Repubblica fu strutturata sul modello delle leggi francesi,

---

ti terremoti avvenuti in Calabria in quel periodo: 5.2.1783, magnitudo 6,9, registrato in oltre 350 siti. Inizia la "crisi simica": epicentro vicino a Oppido Mamertina; 07.02.1783, magnitudo 6,5, epicentro tra Sorianello e Arena, avvertito da Messina a Matera; 28.03.1783, magnitudo 6,9, registrato in oltre 300 siti, chiude la "crisi sismica calabrese" del 1783, con epicentro a nord-est di Vallefiorita. Seguiranno repliche per circa tre anni. La crisi sismica lasciò un territorio devastato: crolli, frane, faglie, spaccature nel terreno, crateri, nuove sorgenti e laghi. In totale furono valutati circa 25mila morti.

166 *Ibidem.*
167 Registro parrocchiale dei defunti, anno 1783.
168 Sac. Giacomo Schettini, op. cit.

per cui in ogni Comune furono istituite le municipalità, le guardie civiche e l'obbligo della piantagione dell'Albero della Libertà:[169] il tutto in forza del motto *Libertà, Uguaglianza, Fratellanza,* che rappresenta un valore così grande da travalicare i confini della Francia, perché di rilevanza universale.

A Trecchina vi furono molti "liberali" borghesi che, già nutriti delle idee illuministe e rivoluzionarie,[170] incitarono la popolazione a piantare l'albero e ad aderire alla nuova Repubblica.

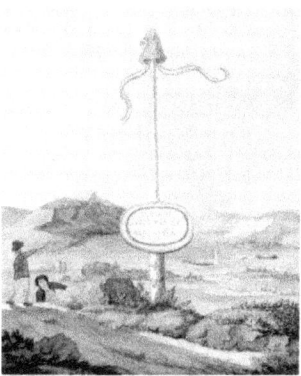

L'albero della libertà

Tra coloro che piantarono o incitarono a piantare l'Albero della Libertà e che, comunque, appoggiarono la nuova realtà politica, troviamo registrati i fratelli:
- GIUSEPPE SCHETTINI, nato a Trecchina verso il 1776, farmacista.

Nel 1796 *proclamò al Popolo a favore de' Francesi seducendo il Popolo a piantare l'albero.*

Arrestato dopo la caduta della Repubblica Napoletana, *uscì coll'indulto*. Affiliato alla Carboneria, *effervescente* nel 1820, dopo l'abrogazione della Costituzione venne esonerato dal servizio nella Guardia Urbana. Nel 1828 fu nuovamente iscritto nella *lista degli eleggibili* alle cariche comunali e fu nominato sindaco di Trecchina. Ricoprì tale carica sino al 1832,

---

169 L'Albero della Libertà era piantato nella piazza principale di ciascun comune. Un decreto della Convenzione del 1792 ne regolava l'uso e l'addobbo: l'albero della libertà, di fatto, era un palo sormontato dal berretto frigio rosso e adorno di bandiere. Era usato per cerimonie civili: giuramento dei magistrati, falò di diplomi nobiliari. L'albero della libertà rimase un simbolo della ideologia liberale repubblicana. Tutti gli "alberi" furono sradicati dai sanfedisti qualche mese dopo, con la caduta della Repubblica.

170 La maggior parte di essi aveva studiato nell'Università di Napoli e aveva, quindi, ben recepito le idee di Antonio Genovesi, Ferdinando Galliani, Gaetano Filangieri, Mario Pagano e altri illuministi partenopei.

anno in cui venne esonerato per avere «oltrepassato l'età».[171]
- MICHELE SCHETTINI, nato a Trecchina, si ignora quando. Fu arciprete del paese dal 1774 al 1801. Si distinse nell'assistenza durante il morbo che infierì nel 1778 e che causò la morte di cinquanta bambini. Si distinse ancora nel 1783, in occasione del terremoto che sconvolse Trecchina. Nel 1799 *proclamò a favore de' Francesi* e *ebbe premura per la piantagione dell'albero*.

Dopo la caduta della Repubblica Napoletana «si presentò, uscì coll'indulto» e fu incluso nel *Notamento dei rei di Stato*. Morì a Pescopagano nel 1801. È ricordato come «ottimo oratore quaresimalista, dotto in letteratura e in diritto romano».[172]

Altri *Giacobini*[173] furono:

- NICOLA SCHETTINI nato a Trecchina il 19 ottobre 1761. Sacerdote. Coinvolto in un procedimento a carico dei promotori di una manifestazione popolare contro il governatore del suo paese, nel 1799
proclamò a favore dè Francesi e contro la Sovranità seducendo il Popolo a piantare l'albero. Mandò a chiamare il Commissario organizzatore D. Gennaro Rascio che stava in Maratea.
Dopo la caduta della Repubblica Napoletana *si presentò e fu liberato coll'indulto*. Fu incluso nel *Notamento dei rei di Stato.*[174]
- FRANCESCO GAETANO VITA (noto come **don Ciccio**), nacque Trecchina il 19 dicembre 1762, dottore fisico, capo eletto del

---

171 Tommaso Pedio, *Dizionario dei patrioti lucani artefici ed oppositori (1700-1870)*, Vecchi & C., Trani 1969, vol. V, *ad vocem*.
172 *Ivi*, vol. V, *ad vocem*.
173 Sostenitori del movimento rivoluzionario sviluppatosi nel triennio 1796-1799, sull'onda della Rivoluzione Francese, con l'avvento delle armate napoleoniche in Italia.
174 Tommaso Pedio, *Dizionario dei patrioti... cit.*, vol. V, *ad vocem*.

paese. Nonostante nel 1796 si fosse opposto ai contadini di Trecchina, che chiedevano la quotizzazione dei demani della Università, secondo le norme sancite dalla prammatica del 23 febbraio 1792, qualche anno dopo li guidò nella *scandalosa incisione di alberi fruttiferi del valore di ducati 672 in danno dell'Università di Trecchina.*

Nel 1799 *proclamò a favore de' Francesi contro la Monarchia seducendo il Popolo a piantare l'albero.*

Dopo la caduta della Repubblica Napoletana *si presentò e fu liberato coll'indulto* e incluso nel *Notamento dei rei di Stato.*[175]

E ancora:

- BIASE GRISI, nacque a Trecchina il 26 maggio 1771 da Giovanni e da Angelica De Vita. «Massaro di campo», aveva sposato Anna Maria Orrico. Nel 1799 si schierò con il movimento repubblicano e, dopo la caduta della Repubblica Napoletana, fu *carcerato e uscì coll'indulto.*[176]

- BIASE IANNINI, nacque in Trecchina verso il 1770 dal dottore in *utroque jure* Giuseppe e da Dorotea Iannini. Notaio, rogò in Trecchina dal 1794 al 1842. Nel 1799 si schierò con il movimento repubblicano. Arrestato dopo la caduta della Repubblica Napoletana, venne *escarcerato coll'indulto e incluso tra i rei di Stato.*

  Ricoprì cariche amministrative, fu sindaco e, nel 1829, capo urbano di Trecchina nei cui ruoli dei contribuenti era iscritto per un imponibile di 128,33 ducati.[177]

- GIUSEPPE IANNINI, di cui non possediamo altre notizie se non il nome riportato dal sacerdote Biase Caricchio, come chiariremo più avanti.

A questi filo-francesi bisogna aggiungere l'intera famiglia Marotta che aderì anch'essa alla Repubblica Partenopea. Uno di loro, Gaetano, fu protagonista mandamentale durante il Decennio francese.

---

175 *Ivi,* vol. V, *ad vocem.*
176 *Ivi,* vol. II, *ad vocem.*
177 *Ivi,* vol. II, *ad vocem.*

Ecco le note biografiche dei tre:
- DONATO MAROTTA, nacque a Trecchina il primo luglio del 1753 da Carmelo e da Serafina di Capua. Appartenente a famiglia gentilizia distintasi sin dal XVII secolo con il notaio Giacomo Antonio, fu avviato agli studi di medicina che completò a Napoli. Rientrato in paese, partecipò attivamente alla vita amministrativa e nel 1799 *proclamò a favore dei Francesi e contro la Monarchia*. Arrestato dopo la caduta della Repubblica Napoletana, *uscì coll'indulto* e fu incluso nel *Notamento dei rei di Stato*. Aveva sposato Caterina Ginnari di Maratea. Morì nel 1820 in Napoli, dove aveva vissuto con i figli Ferdinando e Gaetano.[178]
- CARMINE MAROTTA (1773-?), figlio di Donato e Caterina Ginnari, fu sacerdote dal 1797.[179]
  Partecipò attivamente al movimento repubblicano anche dopo l'Unità;
- GAETANO MAROTTA nacque a Trecchina il 21 marzo 1775 da Donato, dottore fisico, e da Caterina Ginnari. Avviato agli studi giuridici che completò in Napoli, nel 1799 aderì al movimento repubblicano insieme con il padre. Arrestato dopo la caduta della Repubblica Napoletana, fu condannato all'*esportazione per anni dieci*. Esule in Francia, rientrò in Italia meridionale dopo la pace di Firenze e si ritirò a Trecchina dove tenne scuola privata. Durante il Decennio napoleonico ricoprì cariche amministrative e partecipò attivamente alla lotta contro il brigantaggio.

  Arrestato al ritorno dei Borbone, dopo breve detenzione, ottenne di potersi trasferire a Napoli dove si erano già stabiliti il padre e il fratello Ferdinando. Alto dignitario massonico e affiliato alla Carboneria, nel 1820 fu eletto deputato al Parlamento Napoletano. Rimase estraneo agli avvenimenti rivoluzionari svoltisi nel 1848. Morì a Napoli il 9 maggio del 1854.[180]

---

178 *Ivi*, vol. III, *ad vocem*.
179 Archivio Diocesano di Policastro.
180 Tommaso Pedio, *Dizionario dei patrioti...* cit., vol. III, *ad vocem*.

- Gaetano Marotta ebbe un figlio, Francesco, nato a Trecchina nel 1818, sacerdote. Aderì al movimento liberale e nel 1860 fu segretario del Comitato insurrezionale costituitosi in paese. Affiliato successivamente alla Società Emancipatrice Italiana, nel 1862 fu presidente del Comitato di Provvedimento costituitosi a Trecchina.[181]
- Ferdinando (Giovanni) Marotta, nacque in Trecchina il 15 febbraio 1777 dal dottore fisico Donato e da Caterina Ginnari. Dottore in utroque jure, nel 1799 aderì al movimento repubblicano insieme con il padre e il fratello e, dopo la caduta della Repubblica Napoletana, fu «Indultato» e incluso nel *Notamento dei rei di Stato*. Sebbene residente a Napoli, dove si era trasferito durante il Decennio francese, ricoprì cariche amministrative in Basilicata: consigliere distrettuale nel 1818, anno in cui fu nominato consigliere provinciale.[182]

Il sacerdote Biase Caricchio (all'epoca chierico diciottenne) nel brogliaccio di famiglia[183] annota quanto segue:

Al 1800 Mille ottocento Il Sig. D. Donato Marotta con due suoi figli D. Gaetano e D. Ferdinando, D. Nicola Schettino e due suoi f.lli Don Giuseppe e M.to Michele, notar Biase Iannino e D.r Fisico D. Ciccio Vita e D. Biase Grisi e D. Giuseppe Iannini sono stati processati come Giacobini. L'esito non si sa.

---

181 *Ivi*, vol. III, *ad vocem*.
182 *Ivi*, vol. III, *ad vocem*.
183 Trattasi di un *brogliaccio* di una famiglia benestante trecchinese, su cui erano annotati, in ordine cronologico, gli acquisti di terreni e di animali, a volte anche mediante dichiarazione di notai e, per i sacerdoti, il numero di messe che avrebbero dovuto celebrare per parenti defunti. La prima annotazione è del "Magnifico don Lonardo Domenico Schettino" (1683-1750), sacerdote. Seguono le annotazioni degli eredi, a mano a mano che le generazioni si susseguono. Tali annotazioni partono dall'anno 1683 e si chiudono nel 1816. L'unico erede che annota tre avvenimenti storici (l'arresto dei liberali trecchinesi nel 1800, l'incendio di Lauria e la costruzione della chiesa al Piano) è Biase Caricchio, sacerdote, nato il 1782. Il manoscritto, da cui mancano i primi tre fogli, è in discreto stato di conservazione ed è di proprietà di chi scrive.

1.Novembre Tutti sono furono liberati eccetto D. Gaetano Marotta [detto] *Solone, che fu condannato a 25 anni, ma poi venne indi poi liberato per Beneplaceto Regio.*

In definitiva, a Trecchina aderirono attivamente alla Repubblica Partenopea, tanto da essere processati e condannati al rientro a Napoli di Ferdinando IV, almeno dieci cittadini di cui un farmacista, tre sacerdoti, tre medici, due avvocati, un "massaro di campo" e un Iannini di cui non conosciamo la professione.

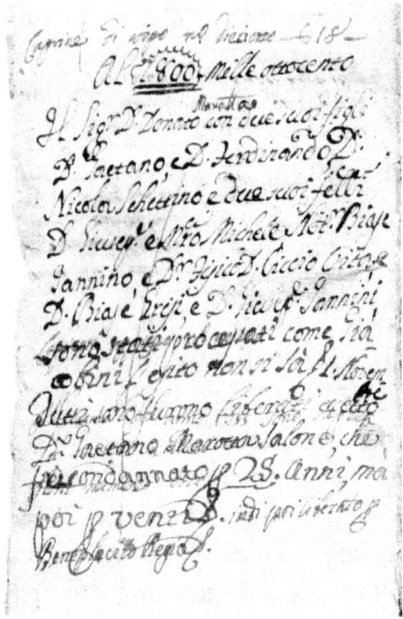

Annotazione del sac. Biase Caricchio sul brogliaccio di famiglia

3.6.1. Il sacco di Trecchina

Quando nel 1799 l'orda guidata dal cardinale Fabrizio Ruffo, come si è detto in precedenza, passò su questo territorio

… l'intero Lagonegrese fu teatro di stragi ad opera di avventurieri comandati da Rocco Stoduti che saccheggiarono Trecchina, Rivello e Maratea.[184]

Non abbiamo, purtroppo, notizie particolareggiate su questo sciagurato evento ma, a giudicare da quello che fecero in altri luoghi i seguaci del cardinale Ruffo, possiamo immaginare le efferatezze e le ruberie che subirono gli abitanti.

---

184 Francesco Volpe, *Territorio, popolazione e ambiente a Lauria tra '700 e '800*, in Gabriele De Rosa e Francesco Volpe, op. cit., p. 165.

Capitolo XIII

Il Decennio Napoleonico
(1806-1815)

1. La conquista del Regno delle Due Sicilie

Ferdinando IV, venendo meno al trattato di neutralità stipulato con la Francia, fornì il pretesto a Napoleone per inviare a Napoli un esercito al fine di *"punire i tradimenti della regina"* Maria Carolina ma, di fatto, per conquistare l'ultimo pezzo dell'Italia.

All'approssimarsi delle truppe francesi, Ferdinando IV fuggì per la seconda volta in Sicilia il ventitré gennaio 1806, lasciando a Napoli il principe ereditario Francesco che, di lì a poco, lo avrebbe raggiunto seguendo la strada consolare della Calabria.

Intanto Giuseppe Bonaparte, (fratello e luogotenente dell'imperatore di Francia), nominato re di Napoli, spedì un esercito di dodicimila uomini per inseguire le truppe borboniche che, in verità, non furono capaci di opporre una resistenza efficace.

Una nutrita guarnigione dell'esercito francese rimase a Lagonegro e dette sacco al paese.

Il grosso dell'armata, invece, guidato dal generale Reynier, proseguì per le Calabrie, ma incontrò notevoli difficoltà a causa di guerriglie organizzate da piccole bande filo borboniche.

Vista la situazione, il generale francese André Masséna fece rientrare il contingente dalla Calabria e, a fine luglio, su ordine di Napoleone, si mise a capo di una spedizione per cingere quella regione in un assedio. Per mettere fine a una guerra civile alimentata dai contadini e costantemente sostenuta da Ferdinando IV, ci vollero oltre due anni.

L'accanita resistenza trovata in Basilicata e in Calabria indispettì il Masséna che reagì con durezza verso alcuni paesi.

Giuseppe Bonaparte avviò le riforme dell'amministrazione, prendendo a modello quelle francesi.

Il due agosto 1806, promulgò la legge 130 dell'eversione della feudalità, un mirabile esempio innovativo di trasformazione in senso capitalistico della proprietà fondiaria, su cui si basava il potere della nobiltà, la quale ne rimase scossa ma non abbattuta in quanto, pur conservando i titoli, venne privata dei privilegi.[185]

Fu fondata l'istruzione pubblica, sottraendo, così, al clero la gestione delle scuole. In ogni città e paese fu obbligatoria la presenza di maestri e maestre per una istruzione pubblica e gratuita accessibile a tutti.

Furono soppresse le istituzioni confessionali che gravavano sulla civica amministrazione, si ebbero l'emanazione di provvedimenti umanitari e igienici che la rivoluzione aveva divulgato, la introduzione del nuovo codice, tutte leggi che contribuirono a risvegliare la coscienza dei diritti e dei doveri nel cittadino.

Vennero, altresì, istituite scuole speciali (di belle arti, musica, accademie militari, di storia e di antichità).

Nel 1808 Giuseppe Napoleone lasciò Napoli per insediarsi sul trono di Spagna e il quindici luglio del 1808 Napoleone Bonaparte nominò il cognato Gioacchino Murat re di Napoli e Sicilia, con il nome di Gioacchino Napoleone, il quale continuò la politica riformatrice di Giuseppe Napoleone.

La guerra interna condotta dalle bande dei briganti e appoggiata dal re Borbone, rimaneva, tuttavia, attiva. Murat decise perciò di conferire pieni poteri al giovane generale Charles Antoine Manhès il quale iniziò la sua opera cominciando dal Cilento e dagli Abruzzi.

Le misure intraprese contro il brigantaggio furono spaventose (in Calabria Manhès fu, per questo, soprannominato "lo sterminatore"), ma risultarono molto efficaci. Nel settembre del 1809 Manhès stabilì il suo quartier generale a Potenza, organizzò la lotta al brigantaggio in Basilicata e in Calabria e, agendo con risolutezza, spietatezza e atrocità, riuscì a ripulire le province di tutti i briganti e dei loro favoreggiatori. In appena sei mesi il brigantaggio cessò di essere un problema.

---

185 La legge dell'8 novembre 1806 sull'eversione della feudalità nel Regno di Napoli, emanata da Giuseppe Bonaparte, all'art. 1 recita: «La feudalità con tutte le sue attribuzioni resta abolita. Tutte le giurisdizioni sinora baronali, ed i proventi qualunque che vi siano stati annessi, sono reintegrati alla sovranità, dalla quale saranno inseparabili»

Dopo la sconfitta definitiva di Napoleone, avvenuta il 18 giugno del 1815, a Waterloo, ad opera della "Settima Coalizione" (Regno Unito, Austria, Prussia e altri), si tenne il Congresso di Vienna svoltosi dal primo novembre del 1814 al 9 giugno del 1815 e a cui parteciparono tutti gli stati europei per restaurare l'ordine politico precedente al "disordine" portato dal ciclone napoleonico.

2. Il Decennio Napoleonico nel Lagonegrese

2.1. L'incendio di Lauria

Come accennato più sopra, a mano a mano che scendeva a sud, l'esercito napoleonico trovava resistenza da parte delle *"masse"* finanziate da Ferdinando IV, coadiuvato dalla marina inglese che, nel Golfo di Policastro e sulla costa calabrese, trasportava armi e uomini. La resistenza fu così accesa che procurò una sonora sconfitta all'armata del generale francese Reynier.

Per debellare definitivamente la resistenza calabra, Napoleone in persona ordinò al generale André Masséna di intervenire personalmente nelle operazioni. Questi scese nel meridione con un rinforzo di novemila soldati.

Intanto a Lauria, al passaggio del Reynier, furono lasciati, a presidio della città, sessanta soldati francesi. Questi, il tredici luglio 1806, furono provocati da un gruppo di filoborbonici (probabilmente quelli che stavano confluendo a Lauria dai paesi vicini). Dopo qualche scaramuccia, sopraggiunsero altri ribelli e i francesi furono costretti alla fuga.

Nel frattempo si diffuse la notizia che giungevano da Castelluccio duecentosessanta soldati polacchi che scortavano la cassa militare.

Questi malcapitati militari che erano al servizio dei francesi, furono presto sopraffatti dai ribelli: cinquantuno di essi morirono, diciannove rimasero feriti e vennero rinchiusi nel monastero, compreso il colonnello, mentre gli altri si dettero alla fuga. I trentamila ducati della cassa militare furono divisi tra una decina di capi della rivolta.

Il generale Masséna, nel frattempo, giunse a Lagonegro il quattro agosto e volle subito proseguire per la Calabria con il suo esercito che doveva necessariamente passare per Lauria. Ne conseguì che tutte le *masse,* con i loro capi, compreso il Mandarini[186] di Maratea, confluirono a Lauria, convinti di poter fermare e sconfiggere un esercito ben organizzato e guidato dal più grande generale dell'esercito napoleonico. Ciò sapendo, essi si organizzarono come meglio seppero e costruirono una barricata sul ponte Caffaro, a Lauria Inferiore - su cui avrebbe dovuto transitare l'esercito francese - grazie all'opera dei capimassa Cucco, Trigliocco e Pecorone.[187]

L'otto agosto 1806 il generale Masséna, partito da Lagonegro, giunse in località Seta e, conoscendo le intenzioni dei cittadini di Lauria, istigati dalle centinaia di rivoltosi ivi giunti, inviò un drappello di dieci soldati per spiegare ai capi rivoltosi che l'esercito voleva solo passare per giungere in Calabria e che, quindi, non aveva intenzioni bellicose. I messaggeri però furono ricevuti a colpi di fucile e soltanto due riuscirono a tornare vivi.

Il Masséna, cui interessava raggiungere la Calabria ed evitare un inutile spargimento di sangue, inviò una vivandiera dell'esercito con un messaggio scritto. La donna ritornò, con la richiesta respinta.[188] A questo punto ai francesi non restava che attaccare.

---

186 Alessandro Mandarini (Maratea, 17 luglio 1762 - San Lucido, 20 settembre 1820) fu capomassa durante la discesa delle armate napoleoniche del 1806. Di famiglia facoltosa, studiò a Napoli all'Accademia Militare. Tornato a Maratea, fu più volte sindaco del paese. Di fede borbonica, nel 1806 fu nominato governatore di Maratea e fu presente, con una massa di mille uomini, al sacco di Lauria. Difese strenuamente il Castello di Maratea, a capo di circa 2500 rivoltosi, confluiti dalla Valle del Noce e dal Cilento, trattando una dignitosa capitolazione. Rifiutò le allettanti proposte di passare al servizio dei francesi e si trasferì a Cefalù. Con il ritorno dei Borbone sul trono, fu nominato intendente di Calabria Citra. Tenne la carica fino alla morte.

187 Ferruccio Policicchio, *Il Decennio Francese nel Golfo di Policastro,* Edizioni Gutenberg, Lancusi 2001, p. 54.

188 Raffaele Viceconti, *Vicende Storiche della città di Lauria*, tipografia Don Marzio, Napoli 1913, pp. 71-72.

Appena i soldati dell'esercito francese riuscirono ad aprirsi un varco sul ponte del Caffaro, cominciarono ad appiccare fuoco alle case: in due ore distrussero Lauria Inferiore.

Gli insorti annidati sui monti, vedendo la città bruciare e non avendo ricevuto i rinforzi promessi, non si lanciarono nella battaglia. Lo fecero i laurioti rimasti in paese per difendere le proprie case: la loro fu una difesa strenua, ma le forze erano impari.

Gioacchino Murat

Chi restò si difese con ogni mezzo, il fucile fu sostituito dalle scuri, dalle pietre lanciate dai tetti o dall'acqua. Tutta la notte Lauria fu in preda agli orrori del saccheggio. Solo il Vescovo e qualche notabile sfuggì alla vendetta provocata dai ribelli.[189]

Il giorno dopo:

Si trovano dentro Lauria 417 cadaveri, tra i quali vi erano quelli di 12 cappuccini e 5 preti; 317 insorti perirono fuori città, 341 restarono prigionieri. Quindi, di un corpo di 1500 uomini reclutati, un piccolo numero sfuggì.[190]

E ancora:

Più di quattrocento case subirono i gravissimi danni dal fuoco; mentre di centosessantotto altre non rimasero che gli scheletri anneriti, ricolmi, fin quasi all'altezza del pian terreno, di macerie e rottami e di travi e mobili carbonizzati.[191]

---

189 Ferruccio Policicchio, *Il Decennio* ... cit., p. 57.
190 E. Gachot, *Histoire Militaire de Masséna. La troisième Campagne d'Italie (1805-1806)*, Plon-Nourrit et C., Paris 1911, in Ferruccio Policicchio, *Il Decennio*... cit., p. 57.
191 Raffaele Viceconti, cit., p. 82 e sgg.

Tra i partecipanti allo scontro vi furono anche alcuni cittadini di Trecchina. In particolare vi andarono sia filoborbonici sia briganti, e cioè:
don Giacomo Caracciolo, don Pietro Jannini, Luca Conte, Pellegrino Vecchio, Mastro Raffaele Maiolino, Michele Vita, detto Scianchetta, Antonio Perotta e Nicola Pesce, detto Nicchio.

Dalla parte avversa, al seguito di don Gaetano Marotta (che già aveva piantato l'Albero della Libertà nel 1799), andarono trecchinesi filofrancesi. Alcuni di essi morirono in battaglia, come ci attesta il Registro parrocchiale dei defunti:

Michele Vita e Giuseppe Larocca, che furono presenti alla tumulazione dei corpi, riferirono che Fortunato Lamberti, marito di Rosa Vita; Michele Larocca, marito di Anna Pesce, e Stefano Conte, marito di Anna Maria Rotondano, tutti di Trecchina, si scontrarono a Lauria, essendosi consociati per un fine comune con D. Gaetano Marotta, il quale aveva nella sopra detta terra di Lauria portato i suoi contro l'esercito del nostro re Giuseppe, il tutto si svolse presso il ponte civico di Lauria; e i sopradetti cittadini di Trecchina furono uccisi e dopo alcuni giorni i loro corpi furono tumulati nella terra vicina al ponte, prossimo a Lauria Inferiore.[192]

In effetti costoro cercarono di sfondare la barricata che era stata costruita sul ponte del Caffaro, dove la battaglia fu più aspra. Ma la mattanza continuò nei giorni successivi. Ecco altri eccidi di trecchinesi:
Il sacerdote annota quanto segue nei registri parrocchiali di Trecchina:

Il ventiquattro agosto 1806

Giuseppe Orrico fu Pasquale e di Santa Maimone, Carmelo Riccardi di Fabrizio, Pasquale Messuti, giudice a contratti, e originario di Lauria, tutti di Trecchina, "propterea violentam morte" furono uccisi.[193]

---

192 Archivio Parrocchiale di Trecchina, *Registro dei defunti*, 1806. Traduzione dal latino.
193 *Ivi.*

Il quattro settembre 1806:

Michele Lamberti fu Ignazio, marito di Rosa Orrico, Francesco Martino fu Michele e di Rosa Schettino, Aloysio Niella di Januario e di Rosa Schettino, di 23 anni, Januario Dattolo di Nicola e di Angela Antonia Schettino di 22 anni, Domenico Maimone di Jacobo e di Maria Schettino di circa 60 anni, Pietro Antonio Siano fu Nicola e fu Carmela Larocca, marito di Anna Russo, e il Magnifico Carlo Jannini del Notaio Nicola Francesco e di Marcella Caricchio, di circa 50 anni, quest'ultimo tumulato "in diruto saccello S. Mariae in loco ditto il Placco", tutti di Trecchina, furono uccisi, "igneis armis", (con armi da fuoco).[194]

I giustiziati del 24 agosto e del 4 settembre furono certamente coloro che parteciparono ai fatti di Lauria aggirandosi, poi, nelle campagne circostanti.

E ancora:

Pietro Antonio Iannini. Nacque a Trecchina, galantuomo. Fautore dei Borboni, nel 1799 si schierò contro la Repubblica Napoletana e nel luglio del 1806 partecipò a moti antifrancesi. Catturato dopo la repressione di quei moti, venne giustiziato a Trecchina.[195]

Annota ancora il sacerdote Biase Caricchio nel *Brogliaccio* citato:

…

Nel dì tredici Luglio 1806. Li abitanti della vicina Città di Lauria disfecero da circa trenta Francesi, che stavano in det-

Annotazione del sac. Biase Caricchio sul brogliaccio di famiglia

---

194 Ibidem.
195 Tommaso Pedio, *Dizionario … cit.*, vol. II, *ad vocem*.

ta Città. Avutone l'avviso il Comandante della Piazza di Lagonegro, il dì seguente con novanta soldati andò il Lauria [?] suddetto per fermare il passo dato da' Laurioti, ma questi li fugarono, ne fecero di Prigionieri, e ne ammazzarono. Poco dopo, nel suddetto seguente dì disfecero un battaglione di duecento cinquanta; Finalmente Lauria fu brugiata dai Francesi nel giorno 8 Agosto dello stesso Anno e vi era il Generale Massena.

Dal contesto appare evidente che il sacerdote ebbe informazioni sommarie e confuse.
Ci informa, invece, Pasquale Schettini che:

… come la tradizione vuole, i trecchinesi si recarono sul poggio S. Elena per vedere il terrificante spettacolo dell'incendio di questo paese a opera del Masséna.[196]

2.2. Il secondo sacco di Trecchina e l'assedio di Maratea

Le masse guidate dal Mandarini seguirono costui a Maratea per presidiarla, passando per Trecchina,

… avvenne probabilmente il [suo] saccheggio … per necessità di vettovagliamento o per rappresaglie da parte degli insorti.[197]

Nel 1806 questo paese venne invaso da 1200 briganti, che sparsero da per tutto terrore, mettendo a sacco ogni cosa, tutto il popolo fu costretto a fuggire nei monti lasciando la casa … e quanto vi era di mobilia a discrezione dei briganti nell'abitato il terrore e la morte.[198]

Gli abitanti ripararono per molto tempo sui monti vicini o nella campagne. Molti furono vittime di atrocità, altri subirono dei ricatti.

---

196 Pasquale Schettini, op. cit., p. 68.

197 *Ivi*, pp. 67-68.

198 Sac. Giacomo Schettini, op. cit.

Alessandro Mandarini

Carmine Schettini, convinto che i briganti avessero lasciato il paese, scese dai monti insieme con il figlio ma, in località Forràina, fu aggredito da quattro briganti, messo faccia a terra e spogliato persino della camicia, mentre il figlio Leonardo, che portava sotto le ascelle cinque posate d'argento e 160 ducati, riuscì a fuggire.

Quei soldi salvati, però, servirono a pagare il riscatto del sacerdote don Biase d'Andrea, ostaggio dei briganti.[199]
Trecchina, quindi, subì il sacco per la seconda volta.
Intanto il generale Lamarque, proveniente dal Cilento ove aveva sconfitto gli insorti, ebbe l'incarico di prendere Maratea.

Si contarono circa tremila combattenti al comando del Mandarini,[200] di cui circa milleduecento nel Castello, mentre un drappello comandato dal Necco si installò sulle alture di Castrocucco per proteggere la piazza da sud, e un altro, al comando del Falsetti, controllava la costa per avere libera la comunicazione con le navi.

Il quattro dicembre il generale Lamarque, con quattromilacinquecento soldati, quattro cannoni e un obice cominciò ad accerchiare il Castello che, per la sua posizione naturale, era inaccessibile, mentre inviò al Passo della Colla cinquecento soldati per bloccare eventuali "corpi volanti", comandati dal Necco.

Il castello di Maratea

---

199 *Ivi.*

200 Alessandro Mandarini fu nominato colonnello dal re Ferdinando IV quando lo pose a capo della resistenza antifrancese durante l'assedio del Castello di Maratea.

Gli assediati possedevamo poca artiglieria: solo due cannoni di piccola gittata, due spingarde e un trombone.

Il Castello si dimostrò imprendibile. Lamarque avrebbe dovuto soltanto attendere qualche altro giorno perché i borboniani finissero le poche munizioni e il vettovagliamento.

Egli, però, aveva necessità di portare in Calabria le truppe dove ancora la resistenza ai francesi era forte e determinata, per cui spedì un altro invito di resa al Mandarini, il quale rispose ponendo delle condizioni di resa onorevoli.

In attesa della risposta di Lamarque, fu stabilita una tregua. Durante la notte, però, fu collocata dai francesi una mina per aprirsi un varco nelle mura. I borboniani accusarono i francesi di tradimento e Lamarque, prima dell'alba del giorno nove, ordinò l'assalto generale, facendo trasportare - favoriti dal buio - molti barili di polvere da sparo per aprirsi una breccia nel muro.

L'artigliere Luigi Coppola, che stava di guardia sulla porta della città con un cannone, li vide, aspettò che giungessero a tiro e sparò un colpo che uccise tutti quei soldati. Contemporaneamente un plotone di volontari uscì dalla boscaglia e assalì gli ignari francesi dei quali molti furono uccisi e molti furono fatti prigionieri.

L'assalto costò ai francesi duecento morti e parecchi feriti sotto le mura.

Lamarque inviò un ufficiale per una ulteriore trattativa. Il Mandarini constatò che le munizioni e i viveri erano pressoché finiti, la resistenza era stata eroica senza l'aiuto della popolazione ma non giungevano gli aiuti dalla flotta borbonica che avrebbe dovuto rifornire la città di viveri e munizioni e che, invece, si era allontanata dalla costa. Per questi motivi, il giorno dieci dicembre 1806 decise, consultato il consiglio dei sottoposti, di consegnarsi al nemico alle seguenti condizioni:

che gli ufficiali si rinviassero in Sicilia e, sulla loro parola d'onore, non servissero più S. M.; che i soldati al comando del Mandarini

...debbono essere considerati tali per averli così dichiarati S. M. Ferdinando IV. Ne consegue che essi debbono essere, a loro piacimento, imbarcati per la Sicilia o ritornare nelle loro case. La truppa francese darà libero passaggio fino al luogo d'imbarco a quella borbonica, facendola scortare da ufficiali. Sarà rispettata la vita e la proprietà di tutti.[201]

I patti furono rispettati e il generale Lamarque rientrò a Lagonegro, lasciando una guarnigione nel Castello di Maratea per fare abbattere le mura di difesa.

Tra i briganti di Trecchina presenti nella massa di Mandarini sono stati accertati Luca Conte,[202] Giacomo Caracciolo.[203] e Michele Grisi[204] figlio di Domenico.

2.3. La suddivisione del territorio

La provincia di Basilicata, in principio, fu divisa in tre distretti: Potenza, Maratea e Lagonegro... Nel 1811 i Distretti passarono a quattro, venne elevato Melfi e Lagonegro fu ridimensionato.[205]

I Circondari della zona rimasero identici: Trecchina, Maratea e Lauria. Maratea, però, venne privata degli uffici giudiziari e del ruolo di capoluogo del locale circondario e, insieme con Lauria, fu aggregata a una nuova circoscrizione con capoluogo

---

201 Ferruccio Policicchio, *Il Decennio ... cit.,* pp. 89-94.

202 Ne parleremo diffusamente nel capitolo seguente.

203 Ne parleremo diffusamente nel capitolo seguente.

204 «Grisi Michele nacque in Trecchina da Domenico. "Civile", fautore dei Borbone, partecipò alla resistenza opposta a Maratea dagli armati raccolti intorno ad Alessandro Mandarini. Nel luglio del 1806 partecipò ai moti antifrancesi». (Tommaso Pedio, *Dizionario ... cit.,* vol. II, *ad vocem*). Il Pedio, *ad vocem*, porta presente anche il padre Domenico Grisi, ma questi fu ucciso il precedente nove luglio, in contrada Galdo, come risulta dal registro parrocchiale dei defunti di Trecchina.

205 Ferruccio Policicchio, *Il Decennio ... cit.,* p. 230.

Trecchina,[206] la più piccola delle tre cittadine, allo scopo di umiliare le popolazioni di Maratea e di Lauria, che si erano ribellate ai francesi.[207]

A Trecchina rimase la pretura fino al 1838, quando fu soppressa e accorpata a quella di Maratea.[208]

Durante il mandamento, ricoprirono la carica di giudici Aloise Lebotti, Giuseppe Iannini, Gennaro Ferrari e un tale Cocco, prima della soppressione del mandamento.[209]

A governatore del circondario fu posto Gaetano Marotta di cui già abbiamo parlato a proposito dei fatti inerenti alla Repubblica Napoletana a Trecchina.

Molto probabilmente il fratello, Ferdinando Marotta, fu governatore del circondario di Lagonegro (che comprendeva Lagonegro, Rivello e Bosco) perché in tale veste ordinò l'inventario di tutto ciò che si trovava nel Convento degli Osservanti di Rivello, sotto il titolo di S. Antonio, convento che fu soppresso dai francesi e il cui inventario dei beni mobili fu stilato il 17 agosto 1808.[210]

---

206 Gli uffici del Circondario e quelli giudiziari furono allocati nel palazzo secentesco di Via del Rosario, ora, in parte, di proprietà Colamarco e Carlomagno.

207 Trecchina rimase sede di pretura che comprendeva la giurisdizione di Maratea e Lauria.

208 Nel 1867 e poi nel 1890, il Consiglio Comunale fece voti affinché fosse riconcessa a Trecchina la sede della pretura, ma le richieste non ebbero alcun riscontro.

209 Pasquale Schettini, op. cit., p. 84.

210 Ferruccio Policicchio, *Il Decennio ...* cit., p. 609.

Capitolo XIV

Il brigantaggio antifrancese

1. Ribelli e briganti

Ribellandosi ai giacobini napoletani, ai Borbone, che non avevano distribuito le terre come promesso dal cardinale Ruffo, ai francesi, che erano venuti a conquistare l'Italia, i ribelli meridionali brandirono le armi per difendere il loro paese e le loro famiglie, certi dell'intervento inglese, illudendosi di poter respingere le armate straniere che avevano occupato l'intero territorio con la forza e il terrore.

Erano, per la maggior parte, contadini e pastori che insorsero anche contro i possidenti del proprio paese, versando in condizioni di spaventosa miseria e abbrutimento, vittime dell'egoismo dei grandi proprietari. A essi si unì parte della borghesia locale (i lealisti), preoccupata di perdere l'ordine economico-sociale esistente e le loro proprietà.

Il movimento catalizzò gruppi di soldati sbandati, disertori, armigeri, facinorosi e quanti erano rimasti privi di ogni mezzo di sostentamento, quali gli uomini d'arme dei baroni, i galeotti liberati,[211] incoraggiati dalla prospettiva del saccheggio e dal desiderio di vendetta.

A ingrossare le fila di un così composto movimento insurrezionale, si aggiunsero, poi, i briganti veri e propri.
Alla fine del Settecento, infatti, le Calabrie e la Basilicata erano infestate di banditi che infierivano sulla popolazione, operando razzie e grassazioni, sequestrando cittadini benestanti per chiedere un riscatto, aggredendo per derubare i procacci, cioè coloro che svolgevano servizio postale e di trasporto valori con garanzia dello Stato.

A costoro si aggiunsero quei criminali e assassini che Ferdinando IV fece uscire dalle carceri, prima delle sue fughe precipitose in Sicilia (1799 e 1806), molti dei quali raggiunsero i più alti gradi nelle raccogliticce masse filoborboniche, diventando capimassa assoldati dal Borbone o dai vescovi, per la riconquista del regno al comando del cardinale Ruffo.

Oltre ai famigerati Fra' Diavolo, Mammone e Stoduti, di cui abbiamo parlato nel cap. XII, vi furono anche Giuseppe Costantini, detto Sciabolone, capomassa che passò, poi, al servizio dei francesi col grado di capitano; Gerardo Curcio detto Sciarpa,[212] ma soprattutto l'efferato Giuseppe Necco[213] di Scalea:

---

211 Durante il periodo borbonico, per reclutare soldati, fu introdotto l'istituto del *truglio*, che consisteva nel commutare la pena detentiva in prestazione di servizio militare.

212 Sciarpa è ricordato per aver partecipato attivamente sia alle lotte sanfediste del 1799 che a quelle filo-giacobine, cambiando spesso appartenenza politica a seconda dell'opportunità del momento. Ferdinando IV di Borbone gli conferì il grado di colonnello e gli attribuì il titolo di barone sulla tenuta di Campigliano.

213 Giuseppe Necco di Scalea, "brigante e ufficiale", seguì il cardinale Fabrizio Ruffo che nel 1799 riconquistò il Regno di Napoli per conto di Ferdinando IV. Con il ritorno dei francesi nel 1806, fu di nuovo al servizio dei Borbone come capo massa, partecipando a tutte le battaglie antifrancesi che si svolsero nel Lagonegrese e nell'alto Tirreno cosentino. Fu un uomo efferato e senza scrupoli. Trasferitosi a Napoli con il ritorno dei Borbone e nominato capitano di polizia da Francesco I, morì in quella città.

Giuseppe Necco, che aveva preso parte alla battaglia di Campotenese dopo la disfatta volle rientrare, come fecero anche gli altri, al suo paese: Scalea. Qui giunto, mostrando di aderire al movimento francese, riuscì a diventare amico del capitano della compagnia polacca accasermata al palazzo Pallamolla. Egli invece tramava la distruzione dei francesi e la vendetta dei «galantuomini» che avevano aderito alla nuova dominazione. Infatti un bel giorno, scendendo dalle Case Cadute, tirò un colpo di archibugio al comandante polacco di fronte al portone del palazzo su citato, colpo che fallì, mentre uccise con un altro colpo un galantuomo repubblicano che gli stava a fianco. Inseguito da tre persone raggiunse la riva del mare, e saltando su una barca a remi fuggì su una nave inglese, stazionante nel porto...[214]

Il ventidue marzo 1806:

Necco sbarca a Scalea con 12 uomini e, senza perdere tempo, assale le abitazioni dei tre infelici giovani che lo avevano inseguito per la fucilata al capitano polacco e fa mozzar loro il capo. Le teste, prese per i capelli, furono trasportate alla riva del mare, ove, scarnite, ne fecero bocce da gioco. Questa atroce vendetta intimorì tutti gli abitanti, che in parte si diedero alla campagna, in parte fuggirono nei paesi vicini ove non vi era sintomo di rivoluzione.[215]

Necco si vendicò così, barbaramente, dei tre uomini di Scalea[216] e Ferdinando IV lo elevò al grado di maggiore dell'esercito regio.

Questa masnada, che abbiamo già visto al seguito del cardinale Ruffo nell'esercito della Santa Fede nel 1799, fu certamente causa dell'incendio e sacco di Lauria, dell'assedio di Maratea, e delle altre tante battaglie antifrancesi tra Campania, Basilicata e Calabria. Quando non si opponeva agli invasori francesi, sciamava nelle campagne derubando e razziando.

---

214 C. Giordanelli, *A me Necco il Calabrese*, in Giovanni Celico, *Santi e Briganti del Mercuriom*, Editur Calabria, Diamante, 2002.
215 *Ibidem*.
216 C. Manco, *Scalea prima e dopo: cenni storici*, in Giovanni Celico, *Santi ...* cit.

Il capomassa Francesco Antonio Rusciano

Non vi è dubbio che queste bande svolsero un ruolo decisivo nella lotta contro i francesi: nel 1799, in funzione reazionaria, con l'insurrezione delle masse al seguito del cardinale Ruffo contro la borghesia giacobina e riformatrice, e nel 1806, come protagoniste nella rivolta più ampia e drammatica.

Degno di nota fu il capomassa Francesco Antonio Rusciani (Terranova di Pollino, 1771-1813). Ufficiale borbonico, si distinse per aver lottato le bande di briganti che infestavano la Basilicata e la Calabria.[217]

Per quanto riguarda il nostro argomento, segnaliamo che egli, nella notte del trentuno gennaio 1776, riuscì ad arrestare sessanta individui con i loro capi Jacovo Antonio Di Stefano, di Trecchina, Francesco Antonio Furago, alias *Lo Cuccio* e Domenico Grisi, alias *Paesano*, sempre di Trecchina. E, ancora, furono presi i fratelli Cucci di Lauria che avevano formato una banda di ventiquattro briganti, specializzata a derubare i procacci, e condotti nelle carceri di Matera, da dove uscirono per seguire il cardinale Ruffo.[218]

Anche il Rusciani seguì il cardinale Ruffo in Puglia ove rimase con una guarnigione. Al ritorno dei francesi, il capomassa partecipò alla battaglia di Campotenese. Dopo la sconfitta, organizzò la guerriglia antifrancese con i popoli del Pollino, della valle del Sarmento, nei paesi della costa jonica e in quelli delle valli del Sinni e dell'Agri.

Arrestato con l'accusa di brigantaggio, fu graziato da Murat nel 1811. Si ritirò al suo paese, dove poco dopo morì povero, avendo profuso i suoi averi per la causa borbonica.

---

217 Eliana Rusciani, *Biografia di un capomassa, Francesco Antonio Rusciani*, Rubettino Editore, Soveria Mannelli 2006.

218 *Ivi*, p. 24 e sgg.

Oltre ai celebri capimassa fin qui menzionati, ve ne furono altri di minore importanza che capeggiarono masse familiari costituite dagli appartenenti a un unico nucleo, con le persone che gravitavano intorno all'orbita economica della famiglia: contadini, servitori, braccianti.

In questo secondo caso, data l'esiguità numerica dei componenti le bande, queste tendevano a collegarsi tra di loro o con le masse più grosse e potenti.

Personaggio minore che dominò la zona fu Carmine Antonio Perrone, la cui banda controllava le montagne del Pollino e di Campotenese oltre i paesi di Lauria e Castelluccio.[219]

Sulle montagne di Lauria, Trecchina e Tortora dominava la banda di Biagio Palladino con influenza su tutta la Valle del Noce,[220] soggetto alla famiglia degli Strappa, cui si aggregarono Giacomo Caracciolo e Luca Conte, entrambi di Trecchina.

L'elenco (*Notamento*) dei briganti di Trecchina che il governatore di Maratea, il già citato Gaetano Marotta, inviò al Tribunale Speciale delle due Calabrie e Basilicata, sulla base delle informazioni avute dal sindaco e dal parroco, fu il seguente:
Pellegrino Vecchio e mastro Michele Majolino, don Giacomo Caracciolo, don Pietro Antonio Jannini, Francesco Grisi *Cursore*, Giuseppe Mensitiero, Luca Conte, Domenico Grisi di Michele e Michele Grisi (padre e figlio), Michele Vita *Scianghetta*, Antonio Perrotta e Nicola Pesce *Nicchio*.[221]
Di questi, Pellegrino Vecchio e mastro Michele Majolino furono amnistiati perché si costituirono, mentre:
- don Giacomo Caracciolo fu giustiziato a Lagonegro il 6 agosto 1807;
- don Pietro Antonio Jannini fu giustiziato a Trecchina nel 1807;
- Francesco Grisi *Cursore*, padre di Michele, fu giustiziato il 16 giugno 1807;

---

219 Ferruccio Policicchio, *Il Decennio* … cit., p. 134.

220 *Ibidem*.

221 *Ivi*, pp. 189 e 197.

Fucilazione del 3 maggio 1808 (Francisco Goya)

- Giuseppe Mensitiero fu giustiziato a Lagonegro il 26 giugno 1807;
- Luca Conte morirà in una imboscata il 25 luglio 1807;
- Domenico Grisi, marito di Carmela Vecchio, morì di "morte cruenta" alla località Galdo di Lauria, come testimoniarono Gianuario Schettino e Carmelo Pignataro.[222]

Degli altri presenti nel *Notamento* non abbiamo notizia.
Con l'incarico conferito al generale Charles Antoine Manhès, come si è detto in precedenza, il brigantaggio cessò o, almeno, non fu più un grosso problema.

---

[222] Le date e i luoghi di morte sono stati rilevati dai registri parrocchiali dei defunti. Grisi Domenico era già brigante nel 1776, nella banda di Jacovo Antonio Di Stefano di Trecchina ed era presente nella *massa* del Mandarini durante l'assedio di Maratea, come abbiamo visto in precedenza.

2. Il brigante Luca Conte

Figlio di Domenico e Ursola Balbi, Luca nacque a Trecchina e fu tenuto a battesimo il giorno tre ottobre 1777[223] da persona che godeva gran prestigio in paese: il dottor Donato Marotta (padre di quel Gaetano che sarà poi il giovane governatore del circondario e di cui abbiamo già parlato a proposito della Repubblica Partenopea) e da sua moglie, donna Caterina Ginnari della famiglia gentilizia marateota da cui discenderà anche l'omonimo cardinale Casimiro (1839-1914).
Non si hanno notizie sulla prima gioventù né della sua professione.

Per ciò che concerne la sua vita privata, riportiamo quanto ci racconta Pasquale Schettini il quale, a margine dei fatti, cita come fonte le memorie del sacerdote Michele Maimone (forse in suo possesso, ma mai pubblicate né riprodotte) e notizie raccolte nei villaggi.[224]

Egli viveva con Caterina Maimone figlia del maestro Pietro Antonio, così come è noto.[225]

Lo Schettini, avendo consultato i registri parrocchiali per sua stessa ammissione, sapeva che i due non erano sposati ma conviventi, nondimeno afferma che Caterina Maimone era la moglie e omette di indicare il nome e il cognome di lei, forse per una forma di perbenismo d'epoca, essendoci dei discendenti ancora in vita nel periodo in cui egli scriveva (a. 1936).

Luca Conte, però, dovette essere un grande amatore se è vero quanto ci racconta Pasquale Schettini, cioè che egli aveva una seconda amante.

---

223 Archivio parrocchiale, *Registro dei battesimi,* 1777. Presumibilmente fu battezzato il giorno della nascita o quello successivo, come si usava all'epoca.

224 Pasquale Schettini, op. cit., p. 76, nota 1.

225 Archivio parrocchiale, *Registro dei morti.*

La Maimone, venuta a conoscenza della tresca, avrebbe ammonito sia lui sia la rivale. Visto, però, che la relazione non cessava, una sera si sarebbe nascosta nelle vicinanze della casa di lei e, mentre Luca vi entrava, avrebbe sparato in aria un colpo di fucile.
L'intimidazione però non avrebbe sortito alcun effetto, per cui Caterina una sera avrebbe atteso che la rivale rientrasse a casa, e le avrebbe sferrato un mortale colpo d'ascia, liberandosene definitivamente.

Quando in paese si incominciò a fare il nome dell'autrice del delitto, la coppia pensò bene di cambiare aria, riparando presso alcuni "compari" nella campagna di Tortora, sulla riva sinistra del fiume Noce, rimanendovi ospiti per un paio d'anni, finché il chiacchiericcio non cessò.

Tornati in paese, si stabilirono, prudentemente, ai suoi margini, nel villaggio di Piano dei Peri, da dove era molto facile raggiungere la montagna e i "compari" oltre il fiume.

Qualche mese dopo, le persone che li avevano ospitati, si presentarono per chiedere a loro volta ospitalità, perché compromessi in delitti.

In questo modo si sarebbe costituito un primo nucleo di banda che, poco dopo, si dette alla macchia.

A Trecchina, per effetto delle nuove leggi emanate dai francesi, fu eletto il capo urbano, cioè colui che doveva comandare la guardia nazionale per la repressione del brigantaggio, nella persona di don Michele Bosco, medico e figlio del giudice a contratti Pietro e di Grazia Schettino.
Pare che questa persona fosse stata scelta per la tenacia e la violenza, tanto che avrebbe avuto i voti, secondo lo Schettini, soprattutto dal partito avverso, nella fondata speranza che sarebbe stato ucciso dai briganti.

Avvenne che un giorno un fratello seminarista della compagna di Luca, di cui lo Schettini tace volutamente il nome, passando a poca distanza dal capo urbano Bosco, non lo ossequiò, forse per distrazione o per timidezza. Richiamato, il giovane seminarista fu da questi aspramente rimproverato e preso a schiaffi.

Tornato a casa della sorella, raccontò l'accaduto a Luca Conte che pensò bene di vendicare l'onta fatta alla famiglia.

La sera stessa, quindi, si appostò in un cespuglio, di fronte alla casa di Michele Bosco, armato di fucile e in attesa che egli rientrasse. Accortosi però che il capo urbano era già in casa, non disarmò e attese ancora. Dopo poco vide il medico uscire, forse per effettuare una visita domiciliare.

Luca lo aspettò pazientemente e, quando lo vide ritornare, mentre metteva la chiave nella serratura, gli sparò una schioppettata che però non andò a segno.

L'attentatore, forse riconosciuto dal Bosco, si dette subito alla macchia con i suoi amici ospiti e, unendosi ai tanti briganti che, in quel periodo, scorrazzavano nella Valle del Noce, prese contatti con la famigerata banda del brigante lauriota Biagio Palladino della famiglia degli Strappa.

Lo Schettini afferma che Luca Conte fu a capo di una banda di circa cento briganti. Dai documenti citati in questo capitolo, appare certo che fu gregario di don Giacomo Caracciolo di Trecchina che, come detto in precedenza, aveva organizzato una banda che operava nei paesi lucani del versante tirrenico, sulla strada delle Calabrie e che già era gregario del Palladino. Tuttavia ciò non esclude che Luca Conte possa aver agito anche per conto proprio.

Tutti e tre, comunque, li troveremo insieme in altri atti di brigantaggio, con a capo il Palladino.

Questi briganti, molto probabilmente, avevano il loro rifugio nella grotta Sant'Angelo, posta sul versante occidentale del monte Messina (Mancosa), a mezza costa e di difficile accesso, ma dalla quale si controllava buona parte del fondovalle.

È attestato, come già abbiamo visto, che Luca Conte prese parte sia al sacco di Lauria sia alla difesa del Castello di Maratea, con le masse del Mandarini.

Egli, il giorno cinque maggio 1807, era componente di una banda di briganti di Tortora, Lauria e Trecchina, che catturò diversi cittadini di Tortora, tra cui i Mazzei nella loro casa e il giorno seguente li fucilò. Uno degli uccisi era comandante della civica locale.[226]

Il capo urbano e il governatore Gaetano Marotta, intanto, davano una caccia spietata alla banda che imperversava lungo il Noce.

Secondo quanto scrive lo Schettini, la compagna di Luca, Caterina Maimone, fu più volte interrogata e torturata dal capo urbano perché si ostinava a non svelare il nascondiglio del compagno.

Fu organizzato, perciò, un accerchiamento del monte Messina ove si annidavano i briganti. Tre colonne di soldati, l'otto maggio 1807, partirono rispettivamente da Castelluccio, Praia a Mare e Trecchina, quest'ultima al comando del capo urbano Michele Bosco, secondo lo Schettini, o del tenente Scudieri, secondo il Pedio.[227] Il dottor Bosco partecipò comunque alla spedizione.

Le colonne di Castelluccio e Praia a Mare, non avendo una guida e non conoscendo i luoghi, si dispersero. La colonna partita da Trecchina, composta da ventisei uomini algerini, si trovò ad affrontare il combattimento essendo inferiore di numero.

La banda aveva già avvistato la colonna dei soldati che scendeva da Trecchina verso la valle, l'aspettò sul greto del fiume Noce e, indietreggiando, l'attirò alla confluenza col torrente Pizinno e l'accerchiò.

I soldati, per difendersi meglio, si rifugiarono in un ovile, ove era depositato anche il foraggio, e dalle cui finestre continuarono a sparare.

Luca Conte, a sua volta, appiccò il fuoco allo stabile che fece circondare dai compagni in modo che nessuno potesse sottrarsi alla cattura. Costretti a uscire da quell'inferno di fumo e di fiamme, i soldati si arresero e furono fatti prigionieri.

---

226 Giovanni Celico, *Santi* ... cit., p. 147.

227 Molto probabilmente lo Scudieri avrebbe dovuto coordinare l'azione di tutte e tre le colonne.

Lo stesso Luca Conte catturò Michele Bosco e gli legò mani e piedi. Inviò, poi, un brigante a chiamare la compagna a cui, una volta giunta sul luogo, porse un pugnale affinché lei stessa uccidesse colui che l'aveva torturata, per estorcerle notizie sul nascondiglio del compagno. Pare che Caterina eseguì l'operazione con grande soddisfazione.

Lo Schettini riferisce che fu proposto, poi, al Comando militare francese, di stanza a Lagonegro, uno scambio di prigionieri che però fu rifiutato. Allora - sempre secondo lo Schettini - per risparmiare le munizioni,

...si vuole che la moglie [compagna, nda] *di Luca Conte, messosi un grembiale per non sporcarsi di sangue, recise ad uno ad uno la testa dei soldati algerini.*

Fin qui il racconto di Pasquale Schettini.[228]

Secondo Raffaele Viceconti, più attendibile perché più documentato, la banda era comandata da Pietro Palladino e non da Luca Conte.

Il racconto dei fatti, tra i due autori, diverge a partire dalla resa dei soldati dopo che uscirono dall'ovile in fiamme.
Secondo Raffaele Viceconti, i briganti furono condotti ai piedi della Serra della Spina, tra i ruderi di un vecchio fabbricato, in un luogo chiamato la "Valle dell'Inferno".
Colà, legati mani e piedi, furono scannati dal brigante Pietro Grillo, uno a uno, su una grossa pietra, tra l'esultanza e le acclamazioni dei briganti.[229]

L'unico ucciso sul posto fu il capo urbano Michele Bosco. Lo

---

228 Pasquale Schettini, op. cit., pp. 69-75.

229 Raffaele Viceconti, op. cit., pp. 108-110. Pietro Grillo, brigante di Lauria, poco dopo questi fatti, su denunzia di certo Domenico Papaleo, fu arrestato e impiccato a Lagonegro. La banda si vendicò sul malcapitato delatore scaricandogli un fucile nell'addome, nel quale penetrò anche lo stoppaccio, seviziandolo nella lunga agonia.

rileviamo anche dal registro parrocchiale dei morti, nell'annotazione del 9 maggio 1807:

D. Michele Bosco, figlio del Giudice a contratti Pietro e di Grazia Schettino di Trecchina, fu ucciso proprio nel luogo "ubi socios et conductor ipsorum" si erano trasferiti, in territorio di Tortora, "ivi portato dai Regi Soldati" e "Angelo Vitarella di questa terra di Trecchina fu presente".[230]

Nulla si sa, invece, di cosa successe a Caterina Maimone. È certo, però, che ebbe una figlia riconosciuta da Luca Conte e che sposò un Caricchio di Piano dei Peri.

Le repressioni del brigantaggio si fecero più dure e i briganti ebbero una vita sempre più difficile. Nondimeno la banda del Palladino continuò a imperversare tra Castelluccio, Lauria e la Valle del Noce.

Poco tempo dopo i fatti sopra narrati, un convoglio francese partito da Lagonegro, attraversando il Piano del Galdo fu annientato. Del convoglio faceva parte anche la moglie del luogotenente francese Gérard che non venne risparmiata. Il convoglio trasportava uniformi per i soldati francesi che i briganti indossarono trionfalmente.[231]

Dopo la strage, i francesi studiarono un piano ardimentoso. Fu fatta circolare la notizia che il 25 luglio 1807, sarebbe passato un convoglio con le paghe alle truppe di stanza in Calabria.

La banda del Palladino, con Caracciolo e Luca Conte, avutane notizia, si nascose sulle alture in agguato. La colonna comparve sulla strada per le Calabrie, nei pressi del Lago della Rotonda: c'era un grosso carro carico di casse che contenevano non le paghe della truppa, ma polvere da sparo.

---

230 Traduzione dal latino.

231 Ferruccio Policicchio, *Il Decennio* ... cit., pp. 153-154. Qualche tempo dopo anche il Gèrard fu scannato a tradimento dai briganti sull'Aspromonte. *Ivi,* p. 154, nota 9.

Avvistata la carovana, i briganti si precipitarono giù dalle alture come una valanga, per aggredire la scorta e impossessarsi del carico. Immediatamente i soldati francesi dettero fuoco alla miccia, abilmente nascosta tra le casse, e si misero in salvo fuggendo. La banda giunse nei pressi del carro proprio quando esso scoppiò con una terrificante deflagrazione che fece tremare tutta la vallata.

Sul campo rimasero solo brandelli di carne umana, nessun cadavere fu trovato intero. Tra i resti fu rinvenuta una mano che aveva al dito mignolo un anello appartenente a tale Antonio (o Antonino) Lombardo cui, poco tempo prima, il re Ferdinando IV aveva conferito il grado di capitano.

Di Luca Conte fu riconosciuto soltanto uno stivale dalla sua compagna recatasi sul posto.

Per questo motivo in paese fu creata una imprecazione malevola che si usò fino al secolo scorso:

Te pòzzano recanosce d''e scarpe, com'a Luca Conte, cioè "Ti possano riconoscere dalle scarpe come fu per Luca Conte" cioè "Che tu possa fare la stessa fine di Luca Conte".

Ecco l'annotazione della sua morte com'è scritta sul registro parrocchiale, debitamente tradotta dal latino:

Luca Conte: (di) Conte Domenico, e di Ursula Balbi, finì la sua vita (vide il suo ultimo giorno) il 25.luglio.1807 nella Valle della Rotonda, come è stato dichiarato dai compagni, viveva con Caterina Maimone del maestro Pietro Antonio, così come è noto. Giorno due Agosto. Milleottocentosette. Biagio Vecchio Arch.[232]

Dalla strage si salvarono soltanto in due: Biagio Palladino e Giacomo Caracciolo che, nascosti in una grotta, riuscirono a curarsi alla meglio. Dopo qualche giorno, su delazione di un pastore, furono presi e trovati in possesso di molta argenteria derubata a un orefice sulla via del Galdo.

Al Palladino fu promessa dai francesi salva la vita in cambio

---

232 Traduzione dal latino.

di milletrecento ducati. La famiglia pagò la somma, ma i ducati valsero solo a commutargli il genere di morte: fu fucilato anziché impiccato. Per colmo della beffa, i soldati che eseguirono la condanna pretesero dal Comune anche un indennizzo di dodici ducati.

Don Giacomo Caracciolo fu tradotto a Lagonegro e lì fu impiccato il 6 agosto 1807.[233]

Ecco di seguito l'annotazione rilevata dal registro parrocchiale:

Giacomo Caracciolo, come a me, e a tutti è noto, morì (persolvit sensum naturae) nella Città di LagoLibero il giorno 6 agosto 1807, e del fatto [scrivo] *a futura memoria - Biagio Vecchio Arcipresbitero.*[234]

Dal raffronto delle date risulta inoltre che per il Viceconti l'esplosione avvenne il quattro agosto 1807 e per lo Schettini il venticinque luglio dello stesso anno.[235]

Ora, se è vero che il Palladino e il Caracciolo, sopravvissuti, si ricoverarono in una grotta per curarsi, derubarono l'orefice e poi furono presi, condotti a Lagonegro, processati e uccisi, è ragionevole supporre che dalla data dell'esplosione a quella della loro cattura e uccisione, trascorsero una decina di giorni. Infatti il parroco di Trecchina, come abbiamo visto, registra che la morte del Caracciolo avvenne il sei agosto. Con la stessa precisione, lo stesso parroco registra (il giorno 2 agosto) che la morte di Luca Conte avvenne il venticinque luglio, e cioè proprio il giorno in cui si verificò l'esplo-

---

233 Raffaele Viceconti, op, cit., pp. 111-114.

234 Traduzione dal latino. Pasquale Schettini, nella sua opera più volte citata, riporta i fatti leggermente diversi, riferendo che furono i briganti a sparare sulle casse per aprirle in fretta e non ci riferisce che l'agguato fu programmato dai francesi (pp. 75-76). Egli riferisce, inoltre, che il Caracciolo fu decapitato a Trecchina e che la testa fu esposta in cima a una picca per otto giorni nella pubblica piazza (p. 85), circostanza, questa, smentita dall'atto di morte stilato dall'arciprete Biagio Vecchio.

235 Lo Schettini desume la data dell'annotazione della morte di Luca Conte dai registri parrocchiali dei defunti sui quali, però, non rileva la data di morte di don Giacomo Caracciolo.

sione mediante la quale Luca e gli altri saltarono in aria.

Tutti questi rivoltosi furono bollati come briganti, un termine usato per la prima volta dai francesi quando, nel 1799, scesero in armi contro il potere costituito del Regno di Napoli. Da allora, l'espressione è stata usata unilateralmente, per applicare un marchio d'infamia ad avversari che invece, visti dall'ottica opposta, furono considerati patrioti, combattenti per la libertà, nemici della tirannide.

Questi ultimi però furono pochi e di essi vi fu chi combatté per difendere privilegi consolidati, ottenuti dal governo borbonico, più che per patriottismo, anche perché quel governo non assicurava alcuna libertà e la sua tirannide aumentò quando decadde la dominazione francese.

In gran parte, come abbiamo visto, furono avanzi di galera che, mettendosi al servizio del Borbone, cercarono di ottenere la grazia e privilegi, come successe per Giuseppe Necco, Rocco Stoduti, Gaetano Mammone, ecc.

Capitolo XV

Il secondo periodo borbonico
dalla restaurazione all'Unità
(1815-1861)

1. La Restaurazione

Dopo la caduta di Napoleone, fu convocato il Congresso di Vienna (1814-1815), ispirato da Metternich, rappresentante dell'Impero austriaco, cui parteciparono tutti gli stati che avevano sconfitto Napoleone: Austria, Inghilterra, Prussia, Russia e anche la Francia. L'obiettivo era di riportare l'Europa all'assolutismo e *all'Ancien Régime* che la caratterizzavano prima della Rivoluzione Francese e delle invasioni napoleoniche, fissando tre principi fondamentali: che i legittimi sovrani o i loro discendenti tornassero sui troni d'Europa; che nessuno stato europeo dovesse diventare troppo forte e che altri stati avevano il diritto ad intervenire se fossero scoppiati moti rivoluzionari.
Si creò così la Santa Alleanza, composta da Austria, Russia e Prussia.

L'Italia, in particolare, si trovò divisa in Regno Lombardo-Veneto, Regno di Sardegna, Regno delle Due Sicilie, Stato della Chiesa, Ducato di Parma, di Modena, Principato di Lucca, Ducato di Massa e Carrara e Granducato di Toscana, ognuno sotto influenze o occupazioni differenti, a prevalenza austriaca.

Il Congresso consentì a Ferdinando IV di riprendere possesso, il 7 giugno 1815, del Regno delle Due Sicilie. Ai Borbone, però, non furono

L'Italia dopo il Congresso di Vienna del 1815

restituiti Malta, che restò protettorato britannico, e lo Stato dei Presidî,[236] che fu assegnato al Granducato di Toscana. Ai re napoletani fu imposta una sovranità limitata dagli stati membri della Santa Alleanza.[237]

Alla fine del 1816, con la legge fondamentale del Regno delle Due Sicilie, Ferdinando, fino ad allora III di Sicilia e IV di Napoli, istituì una nuova entità statuale, il Regno delle Due Sicilie, e assunse il titolo di Ferdinando I Re del Regno delle Due Sicilie.

Tali variazioni, a un poeta napoletano buontempone, ispirarono il seguente epigramma:
«*Fosti Quarto, fosti Terzo / or t'intitoli Primiero / se continui questo scherzo / finirai per esser Zero*».

Uomo di carattere debole e ambiguo, conservò la Sicilia durante il Decennio napoleonico per merito degli inglesi che, però, costrinsero Re Na-

---

236 Così si chiamò un nucleo di territorio di piccola entità, ma di grandissima importanza strategica e militare, creato per volontà del re di Spagna Filippo II, costituito da Orbetello, Porto Ercole, Porto Santo Stefano, Talamone, Ansedonia e dal castello di Porto Longone con il suo distretto nell'isola d'Elba.

237 Il Congresso, memore dei gravi fatti di sangue di cui si macchiò Ferdinando IV nel 1799, nell'eliminare i fautori della Repubblica Napoletana, impose al sovrano anche di mantenere gli ufficiali e i funzionari di governo murattiani e rispettare la legislazione francese emanata durante il periodo napoleonico, con particolare riferimento alle eversioni feudali.

sone[238] a rinunciare ai suoi poteri, a nominare reggente suo figlio Francesco, a concedere una nuova Costituzione ispirata a quella inglese (1812) e ad allontanare la moglie Maria Carolina, che rientrò in Austria dove morì poco dopo.
Quando re Ferdinando riprese le sue funzioni, tollerò formalmente la Costituzione ma, di fatto, la fece decadere appena insediatosi a Napoli, con la motivazione che il Regno di Sicilia era stato soppresso.

Gli ultimi anni del regno di Ferdinando I di Borbone furono caratterizzati da fermenti carbonari e antiborbonici che, nel luglio del 1820, portarono ai moti avvenuti anche in altre parti d'Europa, durante i quali egli si vide costretto a firmare la Costituzione, ritirata subito dopo la repressione dei moti carbonari.
Ferdinando morì a Napoli il 4 gennaio 1825, all'età di settantatré anni, dopo sessantasei di regno.

2. I re Borbone

Francesco I
(Napoli, 19 agosto 1777 - 8 novembre 1830; Re delle due Sicilie dal 4.1.1825 al 7.11.1830)

Figlio di Ferdinando I e di Maria Carolina d'Austria, seguì il padre in Sicilia quando il Regno di Napoli fu invaso dalle truppe napoleoniche, diventando luogotenente. In tale veste fu costretto, con il padre, a concedere la Costituzione (1812).

Rimasto vedovo dell'arciduchessa Maria Clementina d'Austria, si risposò con la cugina Maria Isabella Borbone di Spagna. Visse anch'egli la Restaurazione, l'esperienza dei moti del 1820 e il "tradimento" del padre. Salito sul trono alla morte di questi, governò con dispotismo solo cinque anni.

Ferdinando II
(Palermo, 12 gennaio 1810 - Caserta, 22 maggio 1859; Re del Regno delle Due Sicilie dall'8 novembre 1830 al 22 maggio 1859).

Figlio di Francesco I e di Maria Isabella Borbone di Spagna, salì al trono il 1830, alla morte di suo padre.

---

238 A re Ferdinando IV furono affibbiati i nomignoli di *Re Nasone* e *Re Lazzarone* dai lazzari napoletani che, in giovane età, frequentava abitualmente.

Nei primi anni governò con molta moderazione.

Geloso della propria indipendenza, si chiuse in un isolamento diplomatico che si rivelò dannoso per l'economia del regno.

Non seppe approfittare degli entusiasmi liberali, anzi, nel 1837 fece reprimere con disumana severità la rivolta della Sicilia e nel 1844 fece fucilare i Fratelli Bandiera.

Nel 1848 fu il primo a concedere la Costituzione (29 gennaio), che però fu sospesa l'anno successivo.

Represse una nuova rivolta di Sicilia con tale ferocia da meritarsi il titolo di "Re Bomba".

Da allora instaurò un governo di polizia che sollevò indignazione anche all'estero.

Vedovo di Maria Cristina di Savoia[239], si risposò con l'arciduchessa Maria Teresa d'Austria.

Morì nel 1859, quando ormai i fermenti sociali erano diventati incontenibili e tutti miravano a una vera e propria indipendenza.

Ferdinando II nel maggio del 1859 lasciò il regno, ormai in sfacelo, al figlio Francesco II.

Francesco II
(Napoli, 16 gennaio 1836 - Arco, 27 dicembre 1894, Re del Regno delle Due Sicilie dal 22 maggio 1859 al 13 febbraio 1861)

Successe al padre all'età di ventitré anni. Il suo regno durò poco e si concluse con l'inutile fuga a Gaeta, ultimo baluardo all'inarrestabile avanzata delle truppe garibaldine e piemontesi. Con il suo esercito allo sbando e una buona parte di disertori, alla fine, rimasto isolato con pochi fidi uomini, l'11 febbraio 1860 si arrese.

Visse dapprima a Roma e poi a Parigi, dove morì nel 1894.

3. L'Unità d'Italia

Con la seconda guerra d'indipendenza (1859) gli eserciti franco-piemontesi, guidati da Napoleone III, sconfissero gli austriaci nelle battaglie di Magenta, Solferino e San Martino. In seguito all'armistizio di Villafranca, il Piemonte si annetteva la Lombardia, l'Emilia e il Granducato di Toscana, mentre Venezia rimaneva sotto il dominio austriaco, lo Stato Pontificio sot-

---

[239] Maria Cristina morirà dopo il parto di Francesco II. Nel 2014 la Chiesa cattolica le ha riconosciuto il titolo di beata.

to il governo del Papa e il Regno delle Due Sicilie sotto la monarchia dei Borbone.

Il Piemonte mirava ai territori del Meridione, ma voleva evitare di dichiarare una guerra che sarebbe stata un'aggressione ingiustificata; così incoraggiò segretamente Giuseppe Garibaldi che il cinque maggio 1860 salpò da Quarto, con i suoi volontari, e dette l'avvio alla Spedizione dei Mille.

La Spedizione innescò rivolte in tutta l'Italia meridionale per cui, dopo una serie di battaglie, nel 1861 il Regno delle Due Sicilie fu totalmente acquisito dal Regno di Sardegna. Il 17 marzo 1861 il parlamento nazionale riunito a Torino (capitale del nuovo stato) proclamò Vittorio Emanuele II Re d'Italia.

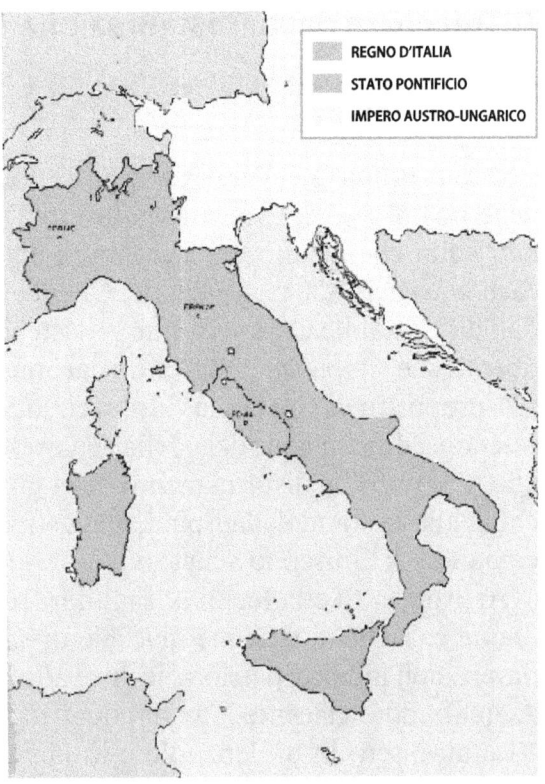

L'Italia nel 1861

Rimaneva il problema di Roma capitale, ma non fu possibile risolverlo attraverso trattative con Napoleone III e il Pontefice. Si comprese che bisognava ricorrere alle armi, perché Pio IX non riconobbe l'esistenza del nuovo regno. Mentre il governo sperimentava le vie diplomatiche, nel 1862 Garibaldi sbarcò a Palermo.

Passò, quindi, lo Stretto per dirigersi verso Roma ma venne fermato in Aspromonte dalle truppe italiane inviate da Urbano Rattazzi (29 agosto 1862). Garibaldi fu ferito, arrestato e inviato nel forte di Varignano, vicino a La Spezia. Successivamente fu liberato e rimandato a Caprera, mentre il ministro Rattazzi fu costretto a dimettersi.

4. Trecchina dalla Restaurazione all'Unità

4.1. I Carbonari

Nella prima metà dell'Ottocento non abbiamo riscontrato, nelle nostre ricerche, fatti accaduti in Trecchina degni di nota, né risulta che alcuno dei trecchinesi abbia partecipato ai moti carbonari del 1820 o a quelli del Cilento del 1828 e del 1848 guidati da Costabile Carducci, pur persistendo un nutrito gruppo di liberali che simpatizzò per i moti carbonari.

A proposito di Costabile Carducci, lo Schettini ci riferisce che, essendosi diffusa la notizia della sua presenza in zona, il dieci luglio fu inviato un distaccamento della guardia nazionale di Trecchina alla fontana della Spina, sulla strada per Acquafredda, al comando di Giuseppe Schettini.

Arrivati in quella località, i militari sentirono un puzzo nauseante e, seguendo alcune macchie di sangue, scoprirono il cadavere dell'infelice patriota in un vallone, a due chilometri da Acquafredda, giacente lì fin dal quattro luglio.

Lo avvolsero in un lenzuolo e lo portarono nel villaggio ove, dopo le constatazioni di rito eseguite dal giudice e da due periti pratici, lo seppellirono nella locale chiesa della Concezione ove si trova ancora oggi.[240]

Nel 1948 in Trecchina vi fu un fermento filo-carbonaro al quale presero parte i fratelli Gaetano e Giuseppe Schettini:
- GAETANO SCHETTINI di Michele nacque a Trecchina verso il 1822. Fu incluso tra gli attendibili politici[241] e sottoposto a sorveglianza di polizia perché nel 1848 *dava segni di sentito compiacimento per la costituzione e propagandava notizie politiche che*

---

240 Pasquale Schettini, op. cit., p. 86 e sgg.

241 Attendibili politici erano le persone da vigilare attentamente, tenute d'occhio dalla polizia e così chiamate, nel Regno delle Due Sicilie, perché sospette di liberalismo.

potevano ingenerare una maggiore esaltazione sulle menti.[242]

Gaetano Schettini fu impiegato come conduttore nella strada ferrata, sin dal suo inizio, sulla tratta Napoli-Torre Annunziata. Nel 1850, fu revocato dall'impiego dal governo borbonico, insieme con altri colleghi, perché accusati di nutrire sentimenti liberali e patriottici. Studiò poi legge con Gaetano Arcieri di Latronico e si recò a Potenza a esercitare la professione legale. Morì a Trecchina nel 1860, ancor giovane negli anni.[243]

- GIUSEPPE SCHETTINI di Michele, nato a Trecchina verso il 1826. Tenente della guardia nazionale nel 1848, accettò il programma del Circolo Costituzionale Lucano. Fu incluso tra gli attendibili politici e sottoposto a sorveglianza di polizia.[244]

Altri "carbonari" furono:
- DOMENICO VITA di Giacomo, nato a Trecchina, avvocato.
  Affiliato alla Carboneria, venne arrestato a Trecchina nel 1839 per
  ... discorsi sediziosi e parole oltraggianti contro il Real Governo.
Scarcerato dopo breve detenzione, rimase estraneo ai fatti del 1848. Accusato di riorganizzare le forze liberali del suo paese, fu arrestato nel 1859. Scarcerato nella primavera del 1860, si trasferì a Potenza, dove il figlio Giacomo aveva studio legale[245].

La maggior parte dei liberali trecchinesi soleva riunirsi nel retrobottega di una specie di Caffè gestito dalla "Garibaldina", una francese di idee progressiste, condotta a Trecchina da un emigrante, oppure nelle farmacie di Giuseppe Vita e di Fabio Schettini, a un'ora di notte, dopo aver sbarrato la porta d'ingresso.

Nella bella stagione, invece, questi amavano passeggiare lungo

---

242 Tommaso Pedio, *Dizionario* ... cit., vol. V, *ad vocem*.

243 Pasquale Schettini, op. cit., p. 117.

244 Tomaso Pedio, *Dizionario* ... cit., vol. V, *ad vocem*.

245 *Ivi*, vol. V, *ad vocem*; Pasquale Schettini, op. cit., p. 130.

la via della Taverna (oggi Corso Umberto I) fino alla *"Castagna do' Chiaddieddro"*, cioè all'incrocio di Via Pozzodonato con la strada provinciale.

Lì, seduti sull'erba, si aggiornavano "attraverso corrispondenze segrete o giornali clandestini" e proprio lì qualcuno di loro fu arrestato.[246]

4.2. La nuova chiesa al Piano

La sua costruzione ebbe inizio nel 1825 con la lunga arcipretura del sacerdote Biagio Del Vecchio (1802-1839), che si era già distinto nel soccorrere i cittadini nel 1806, dopo il sacco di Trecchina da parte dei briganti, ma i lavori furono ripresi e completati in pochi anni, con l'impegno del parroco Francesco Orrico, nel 1841.

La nuova chiesa al Piano (Foto Biagio Cozzi)

Della storia della nuova chiesa parleremo diffusamente nel capitolo dedicato ai luoghi di culto.

4.3. Lo "scisma" del clero

I fermenti politici, dopo i fatti del 1799, non cessarono più, poiché le armate napoleoniche, oltre a portare lutti e devastazioni, diffusero anche le idee libertarie della Rivoluzione Francese di dieci anni prima, tant'è che Ferdinando IV fu obbligato, dal

---

246 *Ivi*, p. 131.

Congresso di Vienna, a conservare gran parte delle leggi approvate durante il Decennio Napoleonico.

Queste idee libertarie si diffusero maggiormente nel numeroso clero, forse perché era la categoria acculturata più numerosa (si contava la presenza di circa trenta sacerdoti) in rapporto a qualche medico, a due farmacisti, un paio di notai e un gruppetto di avvocati. Ecco perché una grande maggioranza di clero di idee liberali e impegnata attivamente nella politica, reagì al potere borbonico fino a dopo l'Unità.

Quando morì il parroco Biagio Del Vecchio (1763-1839), il vescovo di Policastro era Nicola Maria Laudisio, redentorista, di dichiarata fede borbonica[247] e di grande prestigio. Essendo la maggioranza del clero trecchinese di fede liberale, il vescovo usò uno stratagemma per nominare il nuovo parroco. Indisse un concorso cui parteciparono il giovanissimo sacerdote Francesco Orrico e altri tre sacerdoti di buona cultura: Pietro Vita (detto Petrillo), Biagio Schettini e Achille Schettini, cantore, che pare fosse il più colto e, quindi, il favorito. Ma le cose andarono diversamente e il concorso fu vinto dal giovanissimo don Francesco Orrico, con comprensibile grave disappunto degli altri partecipanti e di buona parte del resto del clero trecchinese.[248] Era l'anno 1840 e il venti gennaio 1841 il nuovo parroco prese possesso dell'arcipretura.
Vediamo ora chi era il sacerdote Francesco Orrico.

Francesco Orrico nacque in Trecchina nel 1810 da Carmine. Arciprete del suo paese (1840-1978), nel 1860 si schierò contro il movimento insurrezionale e, promotore della costituzione di un Comitato borbonico in Trecchina, nell'ottobre del 1861 fu deferito all'autorità giudiziaria per «attentato contro la sicurezza interna dello Stato». Morì in Trecchina nel 1878.[249]

Giovane e rampante (aveva solo trent'anni), l'Orrico riprese

---

247 Nel Regno di Napoli, il vescovo era "segnalato" dal re e nominato dal papa che, per un tacito accordo, di norma, accettava tale segnalazione.
248 Can. Biagio Marotta, op. cit.
249 Tommaso Pedio, *Dizionario* ... cit., vol. III, *ad vocem*.

subito i lavori per la costruzione della nuova chiesa al Piano e riuscì a completare e rendere agibile la navata, dopo appena sette anni, e ad inaugurarla nel 1848, come si è detto in precedenza.

Le funzioni principali, però, continuavano ad essere celebrate nella vecchia chiesa. Il parroco, poco dopo, in data ventisette ottobre 1854, ottenne dal vescovo anche una bolla diretta al clero, alle autorità civili e al popolo, che dichiarava Parrocchia la nuova chiesa sita al Piano, sotto l'antico titolo di S. Michele Arcangelo, e sopprimeva come tale l'antica chiesa del Castello.[250]

I sacerdoti liberali, invece, si rifiutarono di frequentare la nuova chiesa e continuavano le celebrazioni in quella del Castello, disattendendo le disposizioni del parroco e del vescovo. Essi furono: Mattia Grisi, Francesco Caricchio, Alfonso Grisi, Vincenzo Maimone, Achille Schettini, Pietro Vita, ed altri.

Achille Schettini e Pietro Vita erano tra quelli che non avevano vinto il concorso.

A nulla valsero le minacce di sospensione *a divinis*[251] da parte del vescovo né i buoni uffici che alcuni maggiorenti del paese interposero.

Intervenne anche il Consiglio Comunale nella tornata del nove gennaio 1864, per far cessare lo "scisma" e invitare i dissidenti a conciliarsi con il parroco, presumibilmente su sollecitazione di quest'ultimo, visto che erano passati più di dieci anni e la questione non si era composta.

La deliberazione comunale[252], però, non fu approvata dall'autorità tutoria perché due consiglieri, il sacerdote Pietro Vita, già candidato arciprete, e Ercole Schettini, noto liberale, si opposero, sostenendo l'illegalità e l'infondatezza del provvedimento.[253]

D'altra parte, i preti liberali del Castello diventarono più in-

---

250 Can. Biagio Marotta, op. cit.

251 La sospensione (*a divinis*) è una pena prevista dal codice di diritto canonico della Chiesa cattolica. La locuzione latina *a divinis* tradotta letteralmente significa dai [ministeri] divini.

252 Quella delibera, purtroppo, è sparita dall'archivio comunale. Facciamo, quindi, riferimento al racconto di Pasquale Schettini, che sicuramente la consultò.

253 Pasquale Schettini, op. cit., pp. 110-111.

transigenti quando, nel 1860, l'arciprete promosse addirittura la costituzione di un comitato borbonico, come abbiamo visto più sopra, che si opponeva al Comitato Insurrezionale di cui facevano parte tutti i sacerdoti del rione Castello.[254]

In un anno imprecisato di quel periodo, poi, fu tesa un'imboscata a don Francesco Orrico. Quell'anno i preti del Castello fecero esposizione solenne del Santissimo (le cosiddette Quaranta Ore). Proprio la sera della chiusura di queste, mandarono a chiamare il parroco col pretesto che i fedeli desideravano la sua presenza.

Questi pensò che i dissidenti si fossero ravveduti e, perciò, si diresse fiducioso verso il Castello, quando s'imbatté nel giovane seminarista Biagio Schettini fu Michele, che gli correva incontro invitandolo a tornare subito sui suoi passi perché i "castellani", istigati da quei sacerdoti, lo aspettavano armati di pali per bastonarlo.[255]

La scisma finì, quasi certamente, con la morte naturale del parroco, avvenuta l'8 marzo 1878, all'età di sessantotto anni, quando i Borbone erano solo un ricordo. Infatti, la politica ecclesiastica diocesana si era adeguata alla nuova realtà sabauda, nominando parroco il sacerdote Biagio Schettini (1878-1909), conosciuto come Biasino, che nel 1860 aveva aderito al movimento insurrezionale e nell'ottobre di quell'anno «predicò per il Plebiscito».[256]

---

254 La lotta tra le due fazioni fu così forte che i "Castellani" misero in giro il seguente epigramma contro il malcapitato parroco, cui avevano dato il soprannome *"Sazicchia"* (Salsiccia): *"Sazi', non hai'a venì cchiù qua / Ca questo grande popolo / Non te fa cchiù contà. / Tu fuste fatto parroco / Pe' mmmerito? Gnornò! / Pe' oro, argiento e femmene; / te l'arreuorde o no? / Non magnerai cchiù nnespole, / nnè dorce o sangonaccio, / ma shkorce 'e rape e accio / solo t'hai 'a magnà!"* (Salsiccia, non devi venire più qui, perché questo grande popolo non ti farà più comandare. Fosti tu nominato parroco per meriti? - Signor no! [ma] solo per argento [soldi] e femmine: te lo ricordi, o no? Non mangerai più nespole, né dolci o sanguinaccio, ma scorze di rape e sedano solo dovrai mangiar!). Raccolta, in età infantile, da Emilio Larocca.

255 Can. Biagio Marotta, op. cit.

256 Tommaso Pedio, *Dizionario* ... cit., vol. V, *ad vocem*.

4.4. Il terremoto del 1857

Il sedici dicembre 1857, alle ore venti e quindici minuti, alle ore venti e diciotto minuti e alle ore ventuno e quindici minuti, tre violentissime scosse di terremoto devastarono una ampia area della Basilicata e una parte della Campania: in particolare furono colpite la provincia di Potenza e la zona centro-orientale di quella di Salerno. I danni più gravi si verificarono nelle zone montuose, in particolare nell'alta Val d'Agri.
Più di centottanta località, comprese in un'area di oltre ventimila chilometri quadrati, subirono danni gravissimi al patrimonio edilizio, tanto da rendere inagibili gran parte delle case.
Entro quest'area, più di trenta centri subirono danni disastrosi: interi paesi e villaggi sparsi su una superficie di tremilacentocinquanta chilometri quadrati furono rasi al suolo.
Negli attuali comuni di Montemurro, Grumento Nova (allora Saponara), Viggiano, Tito, Marsico Nuovo e Polla si ebbe il maggior numero di vittime. Complessivamente vi furono 3310 case crollate e 2786 divennero pericolanti e inabitabili.
Spaventoso fu anche il bilancio dei morti: secondo le stime ufficiali furono 10939, di cui 9732 nelle province lucane e 1207 nella provincia di Salerno. Le stime non ufficiali, ma più realistiche, calcolarono in 19000 il numero totale di vittime.
Giacinto Albini, noto patriota lucano di Montemurro,[257] sopravvisse miracolosamente, dopo essere rimasto sepolto dalle macerie di una casa per oltre ventiquattro ore.

A Trecchina non vi fu nessuna vittima ma il sisma causò danni ingenti che il governo quantificò, per difetto, in tremilaottocento ducati.[258]

---

[257] Giacinto Albini, con i rivoluzionari lucani, fu fautore della insurrezione della Basilicata contro i Borbone, facendo di essa la prima regione meridionale continentale ad annettersi al Regno di Sardegna. Giuseppe Garibaldi, incontrandolo ad Auletta il cinque settembre del 1860, nominò il patriota montemurrese "Prodittatore e Governatore della provincia di Basilicata" con poteri illimitati.

[258] Antonio Lerra, *Il terremoto del 1857 in Basilicata: il ruolo delle Istituzioni* in "Ricerche di storia sociale e religiosa", XIII (1984), n. 25-26, p. 73.

Nella tradizione orale, si narra che molti trecchinesi portarono i tini fuori di casa e vi dormirono dentro per parecchie notti.

4.5. I patrioti trecchinesi

A Trecchina vi fu una politica liberale molto attiva in cui i preti ebbero una parte preponderante.[259]

Con la discesa dei Mille, in paese si costituì un Comitato Insurrezionale organizzato e presieduto dal giovane prete RAFFAELE SCHETTINI (nato nel 1830). Questi era già stato arrestato nel 1859, per aver cercato di riorganizzare le forze liberali in paese, ed era stato liberato l'anno seguente.

Lo affiancò il fratello, FRANCESCO SCHETTINI, avvocato, arrestato nel 1859 per *cospirazione e detenzione di libri proibiti e carte settarie* e liberato nel luglio del 1960.
Altri componenti il Comitato Insurrezionale furono:
- GIUSEPPE ALAGIA, sacerdote;
- CLEMENTE E COSTANTINO DEL VECCHIO, fratelli, possidenti;
- GIUSEPPE GRISI, sacerdote;
- MICHELE GRISI, nato nel 1809, avvocato, che manifestò sempre sentimenti liberali e, dopo il 1860, rappresentò il Mandamento di Maratea nel Consiglio Provinciale della Basilicata;
- GIUSEPPE LAROCCA, sacerdote;
- VINCENZO MAIMONE, sacerdote, vice presidente del Comitato Insurrezionale;
- FRANCESCO MAROTTA, sacerdote, figlio di quel Gaetano Marotta, Governatore del Circondario nel periodo napoleonico. Fu segretario del Comitato Insurrezionale;
- MICHELE MAROTTA, avvocato;
- DOMENICO ORRICO, accorse a Potenza schierandosi con gli insorti;
- ACHILLE SCHETTINI, sacerdote, che abbiamo già incontrato come aspirante parroco nel 1840. Nell'agosto del 1860 aderì

---

259 Tutti i nominativi dei patrioti elencati qui di seguito, le loro generalità e le loro azioni politiche, sono rilevati dal più volte citato *Dizionario dei patrioti lucani artefici ed oppositori (1700-1870)*, ad vocem, di Tommaso Pedio.

al movimento insurrezionale e rispose all'appello del 7 novembre del vice governatore di Lagonegro ai sacerdoti del distretto, esortandoli a «*farsi catechizzatori politico-morali del Popolo*» spiegando alle plebi i vantaggi dell'annessione al Piemonte;
- BIAGIO SCHETTINI, conosciuto come Biasino, sacerdote. Nell'ottobre del 1860 «*predicò per il Plebiscito*». Arciprete del suo paese nel 1878, successe al sacerdote Francesco Orrico;
- DOMENICO SCHETTINI, sacerdote. Nell'agosto del 1860 accorse a Potenza e, con la Brigata Basilicata, raggiunse le forze garibaldine sul Volturno;
- ERCOLE SCHETTINI (1832-1889), studente in medicina a Napoli, sospettato di aver rapporti con elementi liberali, fu rimpatriato nel suo paese. Nel 1860 partecipò ai moti insurrezionali e nel 1861, ripresi gli studi, si laureò in medicina. Non nascose i suoi sentimenti radicali e aderì alla Società Emancipatrice che aveva il comitato a Trecchina. Ricoprì per dieci anni la carica di sindaco: fu giudice conciliatore e "la commissione per i danneggiati politici delle provincie napoletane gli concesse analogo sussidio per titolo proprio".
- FEDERICO SCHETTINI, notaio. Accettò il programma della Società Nazionale. Fu arrestato del 1859 per «*cospirazione ed attentato alla sicurezza interna dello Stato*». Scarcerato nel luglio del 1860, fece parte del Comitato Insurrezionale;
- PIETRO VITA di Biagio, sacerdote. Nel 1860 aderì al movimento insurrezionale. Cassiere del Comitato Insurrezionale, accettò il programma del Comitato d'Azione e nel 1862 fece parte del Comitato di Provvedimento a Garibaldi, costituito a Trecchina dagli Schettini;
- GIACOMO VITA di Domenico, avvocato, si trasferì a Potenza, dove aprì uno studio legale. Nel 1860 accettò il programma del Comitato dell'Ordine e, decurione di Potenza, partecipò alla seduta del diciannove agosto a conclusione della quale fu riconosciuto il Governo Prodittatoriale Lucano. Ricoprì cariche amministrative e fu consigliere comunale di Potenza. Era figlio all'avvocato Domenico Vita, già affiliato alla Carbone-

ria e arrestato nel 1839 e nel 1859. Scarcerato nella primavera del 1860, si trasferì a Potenza, presso il figlio.
- Pietro Vita di Biagio, nacque a Trecchina il 1815, sacerdote. Nel 1860 aderì al movimento insurrezionale.
- Angelo Vitarella, sacerdote.

Come può constatarsi anche in questa circostanza, si ebbero a Trecchina ben dodici sacerdoti e sette civili che lottarono per l'Unità d'Italia.

4.6. Il Comitato di Provvedimento a Garibaldi
Viaggio a Caprera

Il quattro gennaio 1861 fu convocato il Congresso in Genova dei rappresentanti dei vari comitati per soccorsi a Garibaldi, sotto la presidenza del marchese Vincenzo Ricci. Bertani lesse un lungo resoconto, che fu approvato da Garibaldi, con lettera di benestare del ventinove dicembre.
Il Comitato deliberò di intitolarsi "*di provvedimento per Roma e Venezia*", con presidente Garibaldi.
Nel mese di febbraio successivo, per iniziativa di Giacinto Albini, Carlo Gambuzzi, Nicola Mignogna ed altri, si costituiva in Napoli un Comitato Centrale, dipendente da quello di Genova, cui facevano capo le diverse provincie del Mezzogiorno.

Il governo preoccupato per la diffusione di questa Associazione che conta anche un nucleo femminile, vigila con maggiore attenzione le mosse garibaldine ed ordina una perquisizione nella sede del Comitato Centrale di Genova.[260]

Primo atto di questo Comitato fu di diramare un'ampia circolare nella quale si impartivano disposizioni perché ovunque gli

---

260 Tommaso Pedio, *L'attività del Movimento Garibaldino nel biennio 1861-62 attraverso le circolari dell'associazione dei Comitati di Provvedimento per Roma e Venezia,* in "Rassegna Storica del Risorgimento", 1861-1862, Garibaldini, anno 1954, p. 508.

amici di Garibaldi aderissero alla nuova associazione che si proponeva di compiere l'unità d'Italia sotto lo scettro costituzionale di re Vittorio Emanuele con Roma capitale e Venezia recuperata alla Patria comune.

«Comitati locali vennero istituiti nei centri più importanti del Mezzogiorno. In Basilicata Nicola e Raffaele Schettini ne costituirono a Lagonegro, Trecchina, Lauria e Noepoli; ...».[261]

Questo Comitato divenne subito inviso al governo che aveva il fondato timore che Garibaldi avrebbe agito per suo conto, compromettendo l'equilibrio che si era creato con il sovrano francese Napoleone III.

I Comitati, però, si diffusero un po' dappertutto. A Trecchina fu costituito da tutti i patrioti che avevano già creato, nel 1860, il Comitato Insurrezionale e ad essi se ne aggiunsero altri, tra cui Prospero Marotta, appartenente a ricca famiglia gentilizia.

Tale comitato fu presieduto da Francesco Schettini che nel 1861, in qualità di capitano della guardia nazionale, ebbe dal governo della provincia, l'incarico di epurare il corpo delle guardie nazionali di Trecchina.

Vice presidente fu il già ricordato sacerdote Francesco Marotta, che organizzò manifestazioni patriottiche pro Roma e Venezia. Per questo motivo fu perseguitato politicamente tanto che fu costretto a nascondersi, per oltre sei mesi, in casa di un certo Biagio Pignataro. Scoperto, dovette rifugiarsi a Rivello, presso alcuni parenti.[262]

Il sacerdote Raffaele Schettini, fratello di Francesco (che dopo il 1860 fu chiamato alla direzione della scuola magistrale di Lagonegro, quando aveva solo trent'anni), divenne tra i maggiori esponenti della Società Emancipatrice Italiana in Basilicata e responsabile del distretto di Lagonegro dei comitati di provvedimento a Garibaldi. Fu anche presidente del Comitato di Provvedimento di Lagonegro e di un Comitato Operaio che curava la

---

261 *Ibidem*, nota 2.
262 Pasquale Schettini, op. cit., p. 152.

raccolta per il Fondo Sacro di Roma e Venezia.

L'attività dei fratelli Schettini non sfuggiva alla sottoprefettura di Lagonegro la quale

... comunicava che il circondario è tranquillo, ma sordamente si agitano due partiti: quello dell'Azione il quale va insinuando li detti comitati denominati di Provvedimento ed anche Operai, e cerca in tutti i modi di screditare il Governo in ogni suo atto e creargli ostacoli per ogni verso, e quello borbonico-clericale che mentre sogna un passato che non tornerà mai più bucinando restaurazioni, per altra via soffia nel brigantaggio e si serve di questo per isfogare vendette private e per ingenerare malcontento... Li detti Comitati che si dicono di Provvedimento hanno per iscopo un reclutamento di volontari e l'armamento. Di questa natura è quello istituito in Trecchina dal Direttore di questa Scuola Magistrale [di Lagonegro] *signor Raffaele Schettini.*[263]

Di fatto Francesco Schettini si recò a Caprera per prendere contatti con Garibaldi circa il Comitato di Provvedimento.

Pasquale Schettini, nel suo libro da noi più volte citato, ne parla diffusamente, riportando una dettagliata documentazione, che certamente era in suo possesso, essendo egli un parente dei fratelli garibaldini cui dedicò il suo libro.

Francesco Schettini, il ventitré dicembre 1861, inviò una dettagliata relazione dell'incontro avuto con Garibaldi che lo "rivede" (evidentemente si erano incontrati in precedenza), dopo *aver perigliato della vita, perciocchè da Livorno sorse un vento e poi una tempesta che ha fatto spavento.*

Garibaldi si complimentò con l'associazione trecchinese e del fatto che era costituita per la maggior parte da preti e si lamentò del comportamento del Ricasoli.

Fissarono appuntamento per l'indomani mattina, intanto offrì allo Schettini un caffè e un sigaro che egli non vol-

Foto di Garibaldi a 59 anni

---
263 Tommaso Pedio, *L'attività ...* cit., p. 511, nota 1.

le fumare per conservarlo "*come reliquia di cosa santa*", per cui Garibaldi gliene offrì un secondo.

Lo Schettini descrisse anche brevemente la casa del Generale:

L'abitazione è rustica, ma decente: il soffitto non è pittato, il pavimento è di tavole, le pareti sono incolte, i mobili sono mediocri; in compenso *la cameriera di Garibaldi è molto bella.*

Il nostro concittadino, poi, chiese con urgenza altri soldi, avendo dovuto spendere più del previsto, e qui la nota delle spese diventa interessante, perché se ne ricava il percorso del viaggio che affrontò da Trecchina a Caprera.

Eccolo:

Trecchina-Lagonegro (0,50); viaggio in posta fino a Salerno (3,50); vitto a Salerno e dimora nella locanda (0,30); diligenza da Salerno a Vietri e vapore fino a Napoli (0,95); Viaggio da Napoli a Genova, 2ª classe (29,20); barchetta per salire al vapore (0,20); cittadina dal vapore alla Via Giulia (0,20) dimora e vitto nella locanda, 6 giorni (8,10); vapore da Genova alla Maddalena 2ª classe (13,80); barchetta dalla Maddalena a Caprera e ritorno (0,80); locanda e vitto alla Maddalena, dal 22 al 26, epoca della partenza del vapore (2,30).

Il giorno dopo, di ritorno a Caprera "*dal Dio della Terra*", come lo definisce Francesco Schettini, fu invitato a pranzo e mangiò:

Minestra al brodo di pasta, patate e fagioli, carne di maiale, pesce, frutta e vino.

Garibaldi consegnò al visitatore la missiva al Comitato di Provvedimento di Trecchina e gli conferì l'incarico di

...spingere l'armamento nazionale nelle provincie del Mezzogiorno, che egli [Francesco Schettini] tutte percorse costituendovi comitati di agitazione per Roma e Venezia e Società del Tiro a Segno.[264]

---

[264] La descrizione del viaggio di Francesco Schettini a Caprera è tratta da: Pasquale Schettini, op. cit., p. 163 e sgg.

Ecco, qui di seguito, la lettera di Garibaldi:

Al Comitato di Provvedimento di Trecchina

Grazie per le gentili vostre parole - e preghiera che ascoltiate una parola mia.

A voi, che dei primi gettaste il guanto ai tiranni del nostro paese - a voi toccano maggiori sventure. Tale è la sorte del merito. Vi resti il plauso della coscienza di aver fatto il dovere e l'inesorabile proposito di farlo ancora e presto.

I preti di Roma, chi li tollera e li protegge, sono causa delle nostre sciagure. - Essi abbisognano del pascolo di cadaveri per sostenersi. Io sarei stato con voi da molto tempo - e non venni per li stessi motivi che mi fecero lasciarvi.

Spero d'essere con voi. - Tra tanto armatevi tutti - col fucile, con un ferro qualunque. - Tra i prodi vostri concittadini voi troverete degli organizzatori. - Armatevi tutti - che l'esempio vostro sia seguito dalle altre provincie. Armatevi tutti, ed organizzatevi - spariranno i briganti ed i malfattori di ogni specie.

Sopratutto non abbandonate il programma che deve darci una patria forte «Italia e Vittorio Emanuele», e non ascoltate agli uomini di partiti. Tutti apparteniamo alla Nazione che vuol costituirsi - non a partiti. - E presto saremo pronti a ricordare ai prepotenti che lo dimenticarono: che questa è la terra dei Masaniello e del Vespro.

Caprera, 24 dicembre 1861.

Fir.: G. GARIBALDI[265]

---

265 La lettera integrale qui riprodotta è riportata in: *Vita di Giuseppe Garibaldi, scritta sopra documenti genealogici e storici, dalla sua nascita fino al suo ritorno a Caprera*, coi tipi di Felice Le Monnier, Firenze 1884, p. 252. In quella riportata nel libro di Pasquale Schettini, op. cit., pp. 167-168, è censurato il terzo paragrafo.

La relazione dettagliata che Francesco Schettini fece al suo rientro a Trecchina, il prestigioso incarico che gli era stato conferito dal Generale, unitamente alla lettera personale dello stesso al comitato cittadino, esaltarono l'entusiasmo dei patrioti trecchinesi.

Gli Schettini intensificavano la loro attività garibaldina e, accanto al Comitato di Provvedimento, che ebbe come vice presidente il sacerdote Raffaele Schettini, costituirono un Comitato Operaio che curava la raccolta per il Fondo Sacro di Roma e Venezia.

Il prefetto della provincia ne venne incidentalmente a conoscenza perché la notizia fu pubblicata dai giornali "Il Campidoglio" del quattro gennaio 1862 e "Il Corriere del Popolo" del sei gennaio.[266]

Francesco Schettini era da poco rientrato da Caprera quando il due febbraio del 1862 il viceprefetto di Lagonegro comunicava che nel Circondario era sparsa la notizia che due o più individui, dichiarandosi delegati speciali del generale Garibaldi, sarebbero arrivati a Sapri forse per mare. Il giorno successivo, infatti, Francesco Schettini, fratello di Raffaele, accompagnato da un ufficiale calabrese e qualificandosi ufficiale garibaldino e delegato speciale del generale Garibaldi, si diresse a Trecchina, dopo avere indirizzato al viceprefetto di Lagonegro un appello per chiedere l'appoggio delle autorità statali al fine di promuovere, nel Lagonegrese e negli altri paesi della Basilicata, una sottoscrizione in favore dei Comitati di Provvedimento.

A Trecchina, così come si legge nel comunicato inviato a Potenza dal viceprefetto di Lagonegro, lo Schettini fu accolto trionfalmente dalle autorità locali, dalla cittadinanza e dal presidio della guardia nazionale che venne passata in rivista. Nessun intralcio fu frapposto allo Schettini, il quale pronunciò veementi discorsi contro la politica francese e mosse aspre critiche al governo di Torino.[267]

---

266 Tommaso Pedio, *L'attività* ... cit., p. 511.
267 *Ibidem*.

Ma giunse il fatidico ventinove agosto 1862, quando Garibaldi fu fermato e ferito in Calabria, sull'Aspromonte, dalle truppe italiane.

Finì, così, il sogno di conquistare lo Stato Pontificio.

I volontari al seguito del Generale furono fatti prigionieri, i Comitati di Provvedimento furono sciolti e i loro presidenti arrestati.

Il sacerdote Raffaele Schettini che, come si è detto, ricopriva l'incarico di responsabile del distretto di Lagonegro dei comitati di provvedimento a Garibaldi, di presidente del Comitato di provvedimento di Lagonegro e di un Comitato Operaio che curava la raccolta per il Fondo Sacro di Roma e Venezia, fu destituito dall'incarico di direttore della scuola magistrale di Lagonegro e arrestato nel settembre del 1862, subito dopo i fatti di Aspromonte.

Morì di vaiolo, in carcere, pochi giorni dopo, l'otto ottobre 1862, quando aveva solo trentadue anni.

Capitolo XVI

Il brigantaggio postunitario
(1861-1870)

Nella primavera del 1860 Garibaldi con i Mille scese in Sicilia, occupò Palermo, promise le terre usurpate ai contadini e si accinse a passare lo Stretto.

Con trasformazione gattopardesca, la vecchia classe dirigente, che aveva sempre servito il Borbone, aderì al movimento liberale per evitare che in esso prevalessero elementi radicali i quali - contrari all'incondizionata annessione al Piemonte - avrebbero potuto provocare disordini e manifestazioni, tra cui l'occupazione delle terre.

Anche i briganti che vivevano braccati nei boschi del Mezzogiorno e che dal Borbone non avevano ottenuto la grazia, si illusero di averla dal nuovo regime.
Scesero dalle montagne nell'agosto del 1860 per mettersi a disposizione dei comitati insurrezionali: non chiesero nulla, solo la grazia che avrebbe consentito loro di rientrare nelle proprie famiglie.

Ottenuta tale assicurazione, parteciparono con entusiasmo ai moti insurrezionali e si batterono nell'esercito garibaldino, sul

Volturno, contro le brigate rimaste fedeli a Francesco II. Con i briganti ci furono anche i contadini più poveri.

Dopo l'Unità, però, ai briganti si negò la grazia promessa. Isolati, avviliti, irritati contro il nuovo stato, raccolsero l'appello dei contadini che reclamavano sia migliori condizioni di vita sia la terra che i galantuomini avevano loro usurpato: non volevano essere più braccianti, ma coltivatori diretti e affittuari.

A spingere i ceti subalterni contro il nuovo regime fu anche l'atteggiamento della classe dirigente, prevalentemente piemontese, che mantenne immutate le preesistenti condizioni economico-sociali del paese, opponendosi alle giuste e legittime richieste dei contadini.

Per opporsi a questo sistema inumano, per difendere la propria vita, per vendicare torti antichi e recenti, i contadini si riunirono in bande armate nelle quali entrarono anche fuorilegge evasi dalle galere, soldati sbandati dell'antico esercito napoletano e garibaldini delusi.

Carmine Crocco

Un fermento generale in tutta la regione: dai paesi, dai villaggi, dai borghi, dalle masserie, da ogni centro abitato accorsero armati per unirsi a Crocco.[268]

---

[268] Nato a Rionero del Vulture nel 1830, Carmine Crocco nel 1852 si era reso colpevole di diserzione dall'esercito borbonico dandosi alla vita di brigante, forse in seguito all'uccisione di un commilitone. Arrestato e rinchiuso nel bagno penale di Brindisi il 13 ottobre 1855, fu condannato a 19 anni di carcere. Il 13 dicembre 1859 riuscì ad evadere e appoggiò la campagna garibaldina, sperando di ottenere la grazia. Dopo la battaglia del Volturno, tornò a casa ma non ottenne la grazia, anzi fu arrestato per aver sequestrato il capitano della guardia nazionale. Arrestato di nuovo, riuscì a evadere e, insieme a Ninco Nanco, altro celebre brigante di Avigliano, organizzò una numerosa banda che si pose al servizio dei Borbone. Crocco, nel giro di pochi anni, divenne comandante di un esercito di duemila uomini. La consistenza della sua armata fece della Basilicata uno dei principali epicentri del brigantaggio postunitario nel Mezzogiorno. La promulgazione della "Legge Pica" e la discesa in campo di circa 117mila soldati dell'esercito regolare, affievolì notevolmente

Quest'esercito di straccioni si mosse il sette aprile del 1861 e occupò il castello di Lagopesole.

Insorsero Ripacandida, Venosa, Atella, Lavello, Avigliano, Ruoti.

La situazione degli insorti però, nonostante gli apparenti successi, divenne sempre più precaria. L'esercito piemontese intervenne in maniera massiccia e riconquistò, se pur con difficoltà, il controllo della situazione.

La povera gente, priva di protezione e nell'impossibilità di difendersi, fu vittima di una spietata, feroce azione attuata dai reparti militari che, assetati di sangue e di vendetta, sopraggiunsero in Basilicata assumendo anche il comando dei funzionari amministrativi locali.
Soprusi, angherie e violenze caratterizzarono una reazione spietata che non conobbe limiti.

I morti non si contarono. I prigionieri e coloro che si arresero furono passati per le armi.

Il brigantaggio fino a quel momento aveva presentato un aspetto politico. Esso era stato inteso come lotta aperta e dichiarata contro le ingiustizie sociali, i soprusi e gli abusi della nuova classe dirigente.

Da quel punto in poi, però, esso assunse una nuova posizione di fronte all'atteggiamento del potere centrale e, in Basilicata, si riorganizzò per accogliere José Borjes,[269]

José Borjes

---

l'insurrezione brigantesca. Crocco fu tradito da Giuseppe Caruso, un ex suo luogotenente, e catturato il 26 agosto 1864 a Roma, ove aveva cercato di chiedere aiuto al papa. Morì nel carcere di Portoferraio il 18 giugno 1905, all'età di 75 anni, di cui gli ultimi 29 passati in prigione.

269 Il 22 ottobre 1861, per ordine del generale borbonico Tommaso Clary, arrivò il generale catalano José Borjes, veterano delle guerre carliste, che incontrò Crocco nel bosco di Lagopesole. Il generale, reduce dal fallimentare tentativo di animare la reazione in Calabria, tentò di riuscirci in terra lucana, sperando di trovare in Crocco un valido aiuto per compiere l'impresa.

che venne al Sud per tentare una vasta insurrezione popolare e restaurarvi la deposta dinastia dei Borbone.

A novembre furono prese d'assalto Calciano, Garaguso, Salandra, Aliano, Craco.

Ovunque, questa volta, la violenza degli insorti non conobbe freno. Le popolazioni cominciarono, ora, a respingere l'assalto di Crocco e Borjès.

Quest'ultimo si accorse finalmente che i contadini lucani lottavano per un altro scopo, diverso da quello per cui si battevano i legittimisti e si convinse che la sua missione era fallita. Il ventinove novembre del 1861 abbandonò Crocco e si ritirò verso lo Stato Pontificio ma, braccato a Tagliacozzo, a pochi chilometri dalla salvezza, lui e i suoi compagni furono catturati e passarti immediatamente per le armi.

La banda di Crocco si sciolse, la maggior parte dei suoi uomini e quelli delle altre bande furono catturati e fucilati.

Molti non rinunziarono alla lotta intrapresa, mantenendo la regione nel terrore ancora per un decennio.

A seguito della Legge Pica[270] si cominciò a debellare il brigantaggio: le bande si sciolsero e, solo con l'emigrazione, il contadino poté trovare quel lavoro che nel suo paese gli era negato.

Pierluigi Ciocca, nel suo saggio parla della "decennale mattanza" e stima in circa ventimila il numero di caduti per mano dell'esercito italiano nel decennio 1860-1870.[271]

---

[270] La legge 15 agosto 1863, n. 1409 - nota anche come Legge Pica, dal nome del suo promotore, il deputato abruzzese Giuseppe Pica - fu emanata dal Regno d'Italia e fu concepita per contrastare il brigantaggio postunitario. Essa derogava dalle leggi che garantivano il principio di uguaglianza di tutti i sudditi dinanzi alla legge e dalla garanzia del giudice naturale. Le pene comminabili andavano dalla fucilazione, ai lavori forzati a vita, ad anni di carcere, con attenuanti per chi si fosse consegnato o avesse collaborato con la giustizia. La legge rimase in vigore fino al 31 dicembre 1865.

[271] Pierluigi Ciocca, *Brigantaggio ed economia nel mezzogiorno d'Italia, 1860-1870*, in "Rivista di storia economica", XXIX, n. 1 (aprile), Il Mulino, Bologna 2013, pp. 9-21.

Il brigantaggio, come abbiamo visto, si sviluppò soprattutto a nord della Basilicata, nel Vulture-Melfese, mentre nel Lagonegrese non vi furono battaglie di rivoltosi.

Nella nostra zona operò la banda del brigante Antonio Franco[272] che nel 1863, con uno stratagemma, fu sterminata a Lagonegro.

La banda di Antonio Franco

Nel 1861 a Trecchina vi furono più azioni combinate fra le guardie nazionali di Maratea e Trecchina. In particolare due compagnie, al comando dei capitani Leonardo Vita e Filippo Ginnari Satriani, coadiuvate da un reparto di Trecchina, al comando di Giuseppe Iannini con il suo luogotenente Domenico Iannini, che aveva servito l'esercito napoletano. Essi riuscirono nello scopo catturando in contrada Colla una ventina di briganti, oltre a diversi feriti (vi fu anche un morto) appartenenti alla banda del famigerato Antonio Franco.
Le azioni di rastrellamento, proseguite nei giorni successivi, portarono ad arresti di altri banditi e dei loro manutengoli.[273]

---

272 Antonio Franco, (Francavilla in Sinni, 8 ottobre 1832 - giustiziato a Potenza il 30 dicembre 1865). Soprannominato Lupo del Pollino, fu considerato, assieme a Carmine Crocco, il più grande capobrigante lucano della ribellione postunitaria. Agendo dalle zone del Pollino fino a Sapri, la sua banda era anche molto attiva nelle zone di Cosenza. Nella sua attività brigantesca fu affiancato dalla compagna Serafina Ciminelli.

273 *Memorie* del cav. Luigi Iannini, manoscritto, Archivio di famiglia.

In quel periodo operavano in zona anche altri briganti, tra cui:

Percuoco, ovvero Nicola Falabella, e Cancaricchio da Lagonegro; Campoluongo, alias Nicola Marino da Centola, che operò nel Lagonerese ed emigrò poi in Argentina, e Lestopede da Latronico.

Ancora nel 1872 circolavano gli ultimi briganti i quali, a San Costantino di Rivello, sul monte Coccovello, sequestrarono Michele D'Andrea e Angelo Ferraro, chiedendo il riscatto alle famiglie. Fu promossa, perciò, una sottoscrizione cittadina per raccogliere il denaro necessario alla loro liberazione ma, prima che la raccolta terminasse, le guardie nazionali di Trecchina e Rivello setacciarono l'intero territorio e riuscirono a rintracciare e liberare i prigionieri e ad arrestare i malviventi. Nel Comune ci fu una grande festa.[274]

Il brigantaggio, che si sviluppò in maniera più cruenta e per circa un decennio, contro l'annessione del Regno delle Due Sicilie da parte dei Piemontesi subito dopo l'Unità d'Italia, nacque certamente come reazione istintiva e primitiva ad una situazione di vessazione e di sfruttamento; quel brigantaggio fu chiaramente contro i padroni, in difesa dei cafoni, dei diseredati e degli ultimi, ma non propose nessun progetto di rinnovamento né economico né politico, salvo propagandare l'immediato ritorno sul trono del sovrano borbonico di cui, con il passar del tempo, ci si fidava sempre meno, anche da parte degli stessi briganti.
Per tali motivi essi, alla fine, furono abbandonati anche dai contadini.

E a quel punto, i briganti diventarono bande di criminali, che nulla ebbero in comune con le lotte per la libertà e il riscatto del popolo meridionale.

---

274 Pasquale Schettini, op. cit., pp. 82-83.

Capitolo XVII

L'emigrazione

1. Premessa

L'emigrazione italiana non incomincia, come si è portati a credere, nel secolo XIX, ma è un fenomeno molto più antico.

Fin dal Medio Evo, infatti, incontriamo colonie di mercanti italiani a Londra o a Costantinopoli, ad Anversa o a Siviglia, a Parigi o ad Aleppo; e non solo mercanti, ma anche pittori e musici, gelatai e carbonai, saltimbanchi e muratori. Insomma, dappertutto in Europa e fuori d'Europa ci è dato trovare, assai per tempo, gruppi di italiani che svolgono le attività più varie.

Già nella prima metà del XVI secolo si trova nel Nuovo Mondo la presenza italiana, con sei individui originari del Regno di Napoli.

È in questo primo nucleo che bisogna trovare le origini della presenza di italiani meridionali nelle Americhe.

Le ragioni dell'emigrazione dall'Italia sono state studiate da tutte le angolazioni e spesso in modo più che egregio, ma tutte possono essere ridotte a una sola: la miseria.

Una nazione gracile, che ha troppe bocche da nutrire, non può far altro che spingere i propri figli a partire.

Dopo il conseguimento dell'indipendenza da parte dei vari stati americani tra il 1810 e il 1825 (il Brasile la ottenne pacificamente nel 1822), l'emigrazione italiana verso il Nuovo Mondo divenne sempre più importante.

Concorsero a questa crescita quantitativa due fattori: il primo è che i nuovi Stati non frapposero più le difficoltà che la monarchia spagnola opponeva all'immigrazione straniera nelle sue colonie. Il secondo è che, alle vecchie ragioni, se ne aggiunsero di nuove: quelle politiche.

Non furono pochi i carbonari e, in genere, i "patrioti" italiani che, dopo il fallimento delle varie rivolte, sommosse, rivoluzioni, dal 1821 al 1848, trovarono rifugio in America.

Con l'Unità d'Italia, poi, il Meridione fu annesso al regno sabaudo e sorse la cosiddetta "Questione Meridionale".

Gli intellettuali del Sud non poterono fare a meno di considerare l'inasprimento insopportabile del gravame tributario, la rigidità amministrativa irriguardosa di mentalità e tradizioni, la legislazione complicata ed espoliatrice.

Per contro, gli intellettuali settentrionali furono pronti ed espliciti nel manifestare la loro delusione e la quasi irritazione nel vedere aggiunta al loro territorio, come un "peso morto", una massa di popolazione povera, anzi, misera e in condizioni di impressionante arretratezza civile.

Il brigantaggio cominciò a imperversare nuovamente nelle nostre zone. E questo duplice fenomeno, in dieci anni (1860-1870), ridusse l'ex Regno delle Due Sicilie, per morti, fucilazioni ed emigrazione, da nove a sei milioni di abitanti.

... dove grande è la miseria e dove grandi sono le ingiustizie che opprimono ancora le classi più diseredate dalla fortuna, è legge triste e fatale: o emigranti o briganti.[275]

Fino ai primi del Novecento la massa degli italiani era contadina, lavorava nelle campagne del padrone. Figliava e lavorava, si nutriva di fagioli o di patate e verdure; arava, seminava, zappava e potava per il padrone. Non aveva diritto al voto. Non era popolo, erano *"plebi e servitù della gleba"*. Per sottrarsi a questa situazione di servaggio e di fame, nella seconda metà dell'Ottocento e fino allo scoppio della prima guerra mondiale (1915), emigrarono ventinove milioni di italiani,[276] giovani soprattutto e in prevalenza dalle terre del Sud, ma non soltanto. Poi si scatenò la grande guerra: il bilancio fu di circa settecentocinquantamila morti e oltre un milione i feriti.[277] Finita la guerra ricominciò l'esodo verso le Americhe, fino agli

---

275 F. S. Nitti, *Scritti sulla questione meridionale*, Edizione Nazionale delle Opere, vol. I, Editori Laterza, Bari 1968, p. 364.

276 Eugenio Scalfari, *Chi comanda da solo piace a molti, ma ferisce la democrazia*, in "La Repubblica", editoriale di domenica 17 maggio 2015.

277 *cronologia.leonardo.it*, URL consultato il 6.11.2015. Circa il numero dei

La partenza

anni Cinquanta, con la parentesi della seconda guerra mondiale.
L'emigrazione era l'esistenza di un luogo, l'America, dove era possibile rifugiarsi per sfuggire alla fame e alla miseria, dove vi erano ricchezze ad ogni passo e lavoro per tutti, dove esisteva la possibilità di diventare ricchi.

Qualcuno metteva i suoi effetti personali in bauli di legno rinforzati agli spigoli da angolari di lamiera. I più si portavano le loro povere cose nei sacchi che si caricavano sulle spalle e partivano per raggiungere Napoli e imbarcarsi dal molo Beverello.

Dalla nave essi vedevano una folla di donne nere con i figli in braccio, che salutava per l'ultima volta i mariti in partenza che, molte di loro, non avrebbero mai più rivisto.

Scene che si ripeterono per molti lustri e che si ripeteranno ancora per decenni: lacrime di disperazione, fazzoletti che sventolavano, braccia che si agitavano, cappelli che volavano e, poi, l'assordante, cupo suono della sirena che copriva quel tragico trambusto, mentre la nave si avviava lentamente fuori dal porto, come un vecchio pachiderma ignaro del dramma.

---

morti e dei feriti della grande guerra, non si hanno ancora dati definitivi.

Navi vecchie e malandate, su cui anche ponti e stive erano sovraffollati e le condizioni igieniche diventavano disastrose già in partenza.

Dopo giorni di navigazione, finalmente si intravedeva la nuova terra: l'America!

Sulla nave

L'arrivo

L'ultimo saluto

2. L'emigrazione trecchinese

In questo movimento emigratorio italiano si inserisce quello di Trecchina.

Il paese si trova su un territorio limitato, in una valle franosa e improduttiva, con terreni sterili, senza infrastrutture, più che mai priva di qualsivoglia iniziativa produttiva e di commerci e, racchiusa com'è nella corona delle sue montagne, simboleggiava l'estremo limite della vita sociale.

Si legge ne *"Lo cunto de li cunti"* di Giovan Battista Basile, nella originale stesura del 1634-36:

E 'nsomma disse buono / chill'ommo de la Trécchiena / che iea vennenno nuce: / Non è tutto oro, no, chello che luce!.[278]

Da questi versi del novelliere napoletano, si riscontrano due fatti che interessano la nostra storia. Il primo è che un trecchinese, esperto nel commercio delle noci e prevenuto verso gli inganni, detta un proverbio che poi diventerà nazionale nella lingua parlata.

Il secondo dato, per quanto ci riguarda in questa sede, è più importante perché fornisce un periodo certo dell'emigrazione trecchinese.

Un paesano, povero venditore di noci, è così noto nella Napoli del Seicento, che è preso a esempio dal Basile, il più apprezzato narratore napoletano del secolo barocco.

È da questo periodo che, probabilmente, si può datare l'emigrazione del cittadino trecchinese e del suo imporsi per sagacia, coraggio e perseveranza nei luoghi ove egli va a cercare lavoro.

---

[278] Giambattista Basile (1566-1632), *Lo cunto de li cunti*, Garzanti, Milano 1998, p. 230. Alberto Asor-Rosa, *Giovan Battista Basile,* in Treccani, Dizionario Biografico degli Italiani, vol. 7: *"Nel 1621-22 fu governatore nelle terre di Lagolibero* [Lagonegro] *in Basilicata".* È verosimile che in questi luoghi egli abbia tratto spunto per qualcuno dei suoi racconti.

Si sa che la vicina Rivello da tempo immemorabile si è dedicata alla lavorazione del rame fino agli anni Sessanta del secolo scorso, ma pochi sanno che questa attività, insieme con quella dello stagnino, era praticata in quasi tutti i paesi della Valle del Noce, in particolare modo a Trecchina e a Maratea.

Avvenne così che, almeno dalla fine del Settecento in poi, molti ramai (o calderai) cominciarono a emigrare nell'Europa occidentale, ove una sorella lingua neolatina offriva maggiori possibilità di un più rapido inserimento: Francia, Spagna e, soprattutto, Portogallo.

Si sa anche che i calderai erano nomadi: si fermavano in ciascun paese che incontravano solo il tempo necessario a esaurire il bisogno contingente del luogo - vendere, riparare caldaie e stagnarle - per poi trasferirsi altrove. Così facendo, attraversavano la Francia, la Spagna e il Portogallo ove i rivellesi avevano già avviato accorsati laboratori per la lavorazione del rame e dell'oro.[279]

Calderaio

Della presenza di calderai trecchinesi in Portogallo alla fine del 1700, si ha notizia anche dalla trascrizione nei registi parrocchiali dei defunti di chi morì in quella nazione. Tra gli altri vi furono: Pietro Grisi di Raffaele (†1832); Francesco Conte di Michele; Nicola Schettini fu Michele; Nicola Vecchio, morti, questi ultimi, nel 1834; Pietro Paolo Mensitiero di Pasquale e Sabato Piscitelli di Pasquale, morti nel 1841.

In Spagna morirono gli emigranti Giuseppe Monso (†1832) e Nicola Bello di Gennaro (†1835)[280].

Una recente e interessante ricerca dello storico Carmine Cas-

---

279 B. Bellinfante, *Rivello insolita,* ciclostilato, Siviglia 1971.
280 Pasquale Schettini, op. cit., p. 23.

sino, ha portato alla luce le vicissitudini di una comunità trecchinese in Spagna nella prima metà del XIX secolo.[281]

Egli, attraverso lo studio delle unità archivistiche dell'Archivio di Stato di Napoli, l'Arquivo Nacional de Torre do Tombo e di altri documenti correlati, ha scoperto che nel 1826 un gruppo di emigranti ramai trecchinesi *"sbarcava a Tarragona (in Catalogna) su un brigantino spagnolo"*.
Si trattava di emigranti clandestini, presumibilmente partiti da Napoli che:

... giunsero in condizione di indigenza, provvisti solamente di qualche straccio, attratti da una meta che - è ipotizzabile - qualche loro conoscente aveva già raggiunto, incontrandovi qualche fortuna.

Il Cassino ha approfondito la ricerca, recuperato l'elenco dei ramai trecchinesi presenti sul brigantino e, con l'ausilio dei registri parrocchiali di Trecchina, ha individuato i dati biografici di questi artigiani.[282]

Due anni prima (nel 1824), si era creato addirittura un incidente diplomatico fra il Regno delle Due Sicilie e quello del Portogallo.

Le autorità portoghesi, infatti, espulsero cinque ramai trecchinesi,[283]

... dopo una dimora di molti anni in quel regno, guadagnandosi da vivere

---

281 Carmine Cassino, *Frammenti di emigrazione ottocentesca: vicissitudini dei calderai trecchinesi nel Portogallo di inizio secolo,* in Basiliskos, n. 1/2015, Edigrafema, Policoro, p. 65 e sgg.

282 *Ivi*, pp. 70-72. Essi erano: Fedele Vecchio, Prospero Puppo, Domenico Siano, Carlo Calabria, Biagio Giffoni, Giuseppe Vecchio (morto indigente in Galizia solo qualche anno dopo, nel 1830), Giovanni Schettino, Domenico Schettino, Giovanni Maimone, Michele Maimone, Giovanni Schettino, Gennaro Pignataro, Giuseppe Caricchio, Michele Vecchio, Michele Sciortino, Biagio Calabria, Prospero Maimone, Carmine Bartone (Martone).

283 *Ivi*, p. 73. Essi erano: Gennaro Menzitiero, Gennaro Martone, Giovanni e Nicolò Maimone (padre e figlio) e Antonio Lamberti.

girando di paese in paese lavorando del loro mestiere,
senza neppur consentir loro di recuperare i crediti che avanzavano dai loro clienti, né gli attrezzi del mestiere. Riparati a Badajoz, una cittadina spagnola al confine col Portogallo, questi artigiani ricorsero al vice console napoletano a Lisbona. Nonostante le proteste del Regno di Napoli, gli sventurati non riuscirono a rientrare in Portogallo e, molto probabilmente, si ricongiunsero al gruppo che era sbarcato a Tarragona.

Il Cassino attribuisce le persecuzioni dei nostri artigiani al sospetto - infondato - da parte delle autorità portoghesi, che questi fossero spie di fede liberale, in un periodo in cui imperversava la guerra civile tra i moderati, che facevano capo a Pietro IV, e il regime assolutista instaurato da Michele re del Portogallo.

La comunità italiana in Portogallo, in quel periodo, era la terza per numero, tra le presenti in quella nazione da cui, qualche decennio più tardi, partirono molti trecchinesi, prevalentemente alla volta di San Paolo del Brasile e, da lì, in varie direzioni.

Altri partirono dall'Italia, dopo l'Unità, tutti dal porto di Napoli. Tanti sostituirono il lavoro degli schiavi, altri andarono a lavorare con i primi arrivati.

Tra i primi a partire dal Portogallo, furono i calderai che già si trovavano in quella nazione: Francesco D'Andrea, detto il *Brasilero* (1860); Biagio Galizia (1863); Giovanni Rotondano (1866);Giuseppe Rotondano (1868) e Giuseppe Niella (1869) che successivamente si stabilirono, come vedremo, nel sud-est bahiano, in prossimità del Rio das Contas.

Altri contadini e artigiani partirono nell'ultimo ventennio dell'Ottocento e un ulteriore esodo avvenne tra gli anni Venti e Trenta del Novecento, dalla fine della prima guerra mondiale. Gli ultimi partirono nei primi anni Cinquanta, dopo la seconda guerra mondiale, raggiungendo parenti o paesani che lì si erano radicati.

2.1. L'emigrazione in Brasile

Giuseppe Rotondano: l'epopea di un ramaio e la nascita di una città

Giuseppe Rotondano nacque a Trecchina il 14 aprile 1847.
Era uno dei tanti giovani ramai emigrati in Portogallo a diciannove anni.

A Lisbona trovò occupazione in un negozio di ferramenta.
Il suo principale, due anni dopo, gli propose di andare ad avviare una "filiale" a Salvador, in Brasile. Egli accettò di buon grado e partì. Era il 1870.

Dopo essere passato per Rio de Janeiro, avviò l'attività a Salvador, ma si rese subito conto che il mercato in quella città era saturo, per cui si avventurò per le strade del sertão bahiano, come venditore ambulante, per proprio conto.

Il sertão è la terra semiarida del sud-est dello Stato di Bahia, caratterizzata da una vegetazione arbustiva con pochi alberi, al limite con la foresta e popolata da indiani, jagunços,[284] cangaçeiros,[285] ladri, pistoleri e persone di discendenza africana: un luogo in cui era molto pericoloso avventurarsi.

Accompagnato da un servo e due muli, Giuseppe Rotondano vendeva la sua merce in fattorie e villaggi.

Nelle sue peregrinazioni, [Rotondano] vende tessuti e scambia figure di santi e anticaglie, che vende a Curral Novo, Castanhão, Piabanha, Boca da Peça, Sapucaia, Sobrado, Jacaré e Jequié, perché questi luoghi facevano parte del suo peregrinare.[286]

---

284 Fuorilegge, uomini criminali o violenti, assunti come guardia del corpo da individui influenti (ad esempio, agricoltori e politici).

285 Coloro che erano colpiti dalla mano violenta del coronelismo, non trovando da parte delle istituzioni alcun appoggio per ottenere giustizia, cominciarono a organizzarsi per contrastare il potere assoluto di questi veri e propri Signori del Nord-est, creando un movimento che avrebbe portato ancora più morte, sofferenza e distruzione in quella regione del Brasile già martoriata dalle siccità periodiche: *il Cangaço*.

286 Emerson Pinto de Araújo, *La storia di Jequié*, ACIJ, Jequié 2000.

Egli vendeva anche ferramenta che acquistava dagli inglesi, i migliori venditori dello stesso settore nella città di Salvador.

Il primo viaggio gli procurò ottimi profitti per cui ritornò più volte in quei luoghi.

Prima si recò a vendere ad Areia (Ubaira), dove erano già alcuni italiani; successivamente andò a Maracás, a Pé de Serra e a Jaguaquara, ove decise di stabilirsi, attratto dalla prospettiva di nuovi profitti.

Intorno al 1878-1879 visitò Jequié, un villaggio che stava sorgendo, con cinque o sei capanne di paglia ricoperte di tegole.

Un viaggio non facile, fatto in otto ore di navigazione dalla città di Salvador a Cachoeira, impiegando un altro giorno di viaggio in treno fino a Tamburi.

Da Tamburi a Maracás il viaggiatore impiegava due giorni di cammino a dorso di mulo.

Da Maracás a Jequié ci volevano ancora più di altri due giorni, sempre a dorso di mulo. Giuseppe Rotondano intuì che il piccolo borgo Jequié,[287] circondato da colline, era destinato a un grande sviluppo, essendo la confluenza naturale di strade che provenivano dalla foresta e dalla savana, percorse da soldati e da mandrie che avevano quel luogo come tappa obbligatoria. Considerata la posizione privilegiata del posto, comprese che lì avrebbe potuto impiantare un negozio di generi vari che sarebbe diventato presto produttivo.[288]

Il piano di Rotondano si concretizzò solo dopo l'elevazione di Jequié a distretto di Maracás.

Il primo gennaio del 1882, nella città di Areia, oggi Ubaira, Giuseppe Rotondano costituisce una società col compaesano Giuseppe Niella.

---

[287] Il nome del villaggio, Jequié, deriva probabilmente da giaguaro, felino rappresentato nello stemma della città e presente in quella zona al limite tra la savana e la foresta, circondata da montagne e attraversata dal Rio das Contas, in parte navigabile con canoe. Il villaggio apparteneva al comune di Maracás.

[288] Dalla "*Gazeta do Sudoest*", ottobre 1995, p. 9.

Dopo aver iniziato le attività commerciali in un immobile preso in affitto, in tempo da record per l'epoca, edificò la Casa Grande, in Piazza Luìs Viana, che venne subito ampliata, fino a raggiungere la sponda del Rio das Contas.

La sua ditta diventò il grande propulsore del commercio in tutta la regione, con metodi moderni per l'epoca, perché praticava un sistema di vendita con pagamento rateale, in un periodo in cui non esistevano ancora agenzie bancarie in tutta la regione. Fu anche precursore della grande colonia italiana, originaria di Trecchina, che nel corso degli anni successivi dette una impronta vitale a Jequié, lasciando segni indelebili della sua presenza.

Ritratto di Giuseppe Rotondano di Giocondo Bissanti

L'azienda Rotondano & Niella, che si chiamò "Casa Confiança", cioè casa di fiducia, ottenne ottimi guadagni, nei primi anni successivi alla nascita, che oltrepassarono, con un grande margine, le previsioni più ottimistiche. Di conseguenza, il capitale da lui investito crebbe in modo esponenziale.

Unendo la sua visione pragmatica delle cose con il particolare fiuto per gli affari, Rotondano seppe sapientemente trarre profitto dalla situazione. Nella divisione dei compiti, egli era la mente dell'organizzazione, mentre Niella si occupava della gestione.

Acquistò terreni nelle *fazende* di Jequié, Porcos, Curral Novo, chiamando a Jequié altri trecchinesi, indicando loro le zone urbane e rurali in cui potevano stabilirsi e avviare attività produttive che lui finanziava, secondo le attitudini di ciascuno e i bisogni del luogo.

L'arrivo di altri paesani fu così numeroso, che in poco più di dieci anni oltrepassò le duecentocinquanta unità.

Una volta costruita, la *Casa Grande* (in cui vi erano anche alloggi gratuiti per i suoi impiegati e per i clienti che arrivavano da lontano) si trasformò in un vero e proprio simbolo di prosperità e vitalità del commercio di Jequié. Era sempre piena di ospiti, non mancava mai un letto e un pasto per chiunque giungesse.

Intanto che cresceva la colonia italiana a Jequié, molte famiglie brasiliane di Maracas, Lage, Ituaçu, Poções, Vitória da Conquista e di altre località, convergevano verso la nuova Mecca, attratti dalle prospettive di ricchezza.

Mentre tutto ciò accadeva, Giuseppe Rotondano diversificava sempre più le attività dell'azienda: si dedicò, infatti, all'agricoltura e all'allevamento del bestiame, contribuendo a popolare la foresta. Per prima cosa, favorì la produzione di tabacco e di cacao, finanziando le piantagioni di altri imprenditori agricoli.

Per quanto riguarda il caffè, intensificò la sua piantagione a Macuca, Bonita, Lagoa da Vaca, Brejo, Barbado, Riacho Seco, Pau Brasil, Limoeiro e Palmeira do Rio Preto.

Anche il cotone, la gomma, l'araroba,[289] il ricino, l'olio di copaive[290] rientrarono nel registro commerciale dell'azienda.

Per non restare a lungo dipendente dei proprietari e carovanieri per il trasporto della produzione, Rotondano organizzò in proprio una carovana per le sue aziende, molto ben attrezzata, composta da centoventi muli.

Con iniziative di questo tipo, egli entrò a far parte della galleria dei benemeriti del paese, gettando le basi della sua attività commerciale in una zona ad economia depressa, mediante un'attività molto diversificata.[291]

---

289 Nome indigeno di un albero del Brasile che fornisce la polvere di araroba, usata come veleno per la pesca di frodo.

290 Oleoresina che si estrae dal tronco di alcune di tali piante, usata in passato come antisettico urinario e che, per distillazione, dà due prodotti, l'olio di copaive, liquido oleoso incolore o giallo bluastro, ad azione terapeutica più blanda del balsamo stesso, e la resina di copaive, oleoresina giallo-bruna, trasparente e viscosa, adoperata specialmente nella fabbricazione di lacche e vernici.

291 Emerson Pinto de Araújo, *Capitoli sulla storia di Jequié*, dattiloscritto s.d.

Intorno alle sue iniziative si raccolsero decine di trecchinesi, i cui nomi ci ritornano familiari: Acierno, Bartilotti, Biondi, Caricchio, Colavolpe, Conte, D'Andrea, Ferraro, Fittipaldi, Grillo, Grisi, Labanca, Lamberti, Leto, Liguori, Limongi, Lomanto, Maimone, Marotta, Mensitieri, Miccuci, Orrico, Penza, Pesce, Pignataro, Roberto, Scaldaferri, Soglia, Schettini, Vita.

Stemma della città di Jequié

Nasceva, a poco a poco, la cittadina di Jequié ad opera di quei bei nomi che, con giusto orgoglio, possiamo definire dell'aristocrazia del lavoro.

Il potere economico della colonia trecchinese a Jequié fu così forte che per molti anni non furono prese iniziative senza il loro consenso, pur rimanendo, i suoi esponenti, lontano dalle lotte politiche e mantenendo l'equidistanza tra le fazioni di José Alves Pereira e Urbano Gondin.

In quello stesso tempo Giuseppe Conte, naturalizzato brasilia-

Il centro di Jequié

no, in varie occasioni entrò a far parte del Consiglio Comunale, al punto da essere considerato il rappresentante dei trecchinesi i quali divennero così importanti che persino la scelta di S. Antonio, quale patrono di Jequié, fu un compromesso tra loro e i brasiliani. Il santo, infatti, era nato in Portogallo ma vissuto e morto in Italia.

Persino il giorno di riposo settimanale e il servizio postale nacquero dall'impegno della ditta Rotondano & Niella.

L'assenza di agenzie bancarie nella regione costituì un nuovo terreno di sfida del gruppo italiano, con il risultato che, nel tempo, il sistema di credito fu da esso mantenuto in vita e divenne così importante che anche la pubblica amministrazione contrasse dei prestiti da loro per la realizzazione di opere pubbliche.

Il primo settembre 1923, con l'inaugurazione dell'agenzia locale del Banco del Brasile (al cui evento contribuì la ditta Grillo, Lamberti & C.), i commercianti brasiliani trovarono ottime condizioni per espandere la loro attività.

Nel tempo, Niella riornò a Trecchina perché malato. Alla "Casa

Il ritorno

Confiança" entrarono altri soci trecchinesi ed altri se ne uscirono; la presenza della banca, lo sviluppo della città e la concorrenza, sminuirono il potere economico e finanziario della Ditta.

Ma Giuseppe Rotondano era rientrato definitivamente, molto prima di quel periodo, nella sua Trecchina ove aveva costruito due belle palazzine per un figlio e una figlia. Egli si sistemò nella vecchia casa di famiglia ove morì a sessantanove anni, il venticinque febbraio 1916.

Oggi la città di Jequié ha una superficie di 3035 kmq e una popolazione di circa 137.000 abitanti.

2.2. Altri luoghi di emigrazione

Altri trecchinesi partirono e, oltre che nel nord-est bahiano, si sparsero per tutto il Brasile, in particolare sulla costa orientale. Quella nazione, però, pur avendo avuto il maggior numero di emigranti trecchinesi, non fu l'unica a riceverli.

Altre numerose presenze, infatti, si contano ancora oggi in Venezuela, Argentina, Perù, Colombia, Repubblica di Panama.

L'emigrazione verso le Americhe ridusse di molto le presenze di trecchinesi nell'Europa di lingua neolatina. Ma ancora molti vi rimasero e, da calderai, divennero argentieri, orafi, antiquari. Tuttora vi sono in quelle nazioni intere famiglie di loro discendenti.

Per i tanti che partirono, però, pochi ritornarono.

Molti si perdettero nelle foreste e furono ammazzati dagli indigeni, altri non diedero più notizie di sé, altri infine si crearono una nuova famiglia.

Ogni trecchinese ha avuto o ha ancora un parente emigrato in Brasile che non è più tornato. E ciò ha comportato, almeno fino alla seconda metà del secolo scorso, altri drammi come quello delle "vedove bianche", di quelle donne, cioè, che rimaste in paese, anche con figli, non ebbero più notizie dei mariti. Esse vissero nella più squallida miseria e spesso, per sopravvivere, accettarono anche rapporti occasionali.²⁹²

2.3. Effetti dell'emigrazione a Trecchina

Il sogno di chi partiva era di tornare: tutti partivano per ritornare, per avere un riscatto sociale, per crearsi una sorta di blasone, essere ricchi e rispettati. Tra quei pochi che tornarono, qualcuno si trasferì a Napoli, avviò altre attività, investì in immobili e conservò le ricchezze guadagnate in Brasile.

Palazzo Schettini - Trompe l'oeil su parete

Altri, la maggior parte, non fecero alcun investimento. Vollero godersi ciò che avevano guadagnato con tanti sacrifici: costruirono o ricostruirono la propria casa, vere e proprie palazzine, dotate di bagno e impianto di riscaldamento alimentato con carbone koke e decorate all'interno da Mariano Lanziani, noto pittore e decoratore di Lauria.

A quel punto i neoricchi, coloro che avevano avuto ciò che sognavano da generazioni, credettero di aver toccato finalmente il cielo con un dito.

---

292 Ecco uno di questi casi tristi. Il giorno 21 novembre 1898 nacque in questo Comune la bambina Maria Liporace da Teresa Gazaneo, che era sposata con Giuseppe Liporace il quale, parecchi anni prima della nascita della bimba, emigrò nelle Americhe senza fornire più alcuna notizia di sé, per cui si ignorava sia la sua dimora, sia se fosse vivo o morto. La madre, per sopravvivere con la bambina (il cui padre naturale la ignorò) operava dei piccoli furti. Denunciata alle autorità, nel 1902 fu condannata a due anni di reclusione nelle carceri di Lagonegro, per cui la bambina rimase abbandonata a se stessa. Intervenne, allora, l'Amministrazione Comunale la quale, per impedire che la stessa morisse di fame e di freddo, affidò la piccola alla zia, Angela Maria Gazaneo. Poiché anch'essa versava in condizioni miserrime, le fu assegnata la somma di centesimi trenta al giorno per il sostentamento della piccola. (Delibera consiliare del 30 dicembre 1902).

Proprio allora, però, si resero conto che il cielo che avevano sognato tra le piantagioni di caffè, di cacao e di tabacco non era affatto quello, per cui abitarono il piano terra, non accesero mai i caloriferi, fecero delle sale dei piani superiori tanti salotti di "nonna Speranza" di gozzaniana memoria e loro, benché possidenti, piantarono la vigna e ridiventarono contadini.

Ci piace ricordarli così questi eroi dell'emigrazione, che hanno contribuito in maniera decisiva a migliorare la struttura urbanistica, lo sviluppo culturale del paese, e trasformare Trecchina in una cittadina sui generis, i cui abitanti, memori dei trascorsi facoltosi dei loro padri, si sentono ancora ricchi, canzonatorî e un po' blasfemi.

Particolare del soffitto: Bacchino con puttini

Nell'anno 2003 una delegazione di trecchinesi (amministratori comunali, discendenti di Giuseppe Rotondano e di altri emigranti che avevano contribuito alla nascita di Jequié), guidata dal dott. Corrado Morelli, sindaco pro tempore, si recò in visita ufficiale in quella città e costituì un gemellaggio con essa.

2.4. Personaggi trecchinesi e oriundi
che si sono particolarmente distinti all'estero

1. Francesco D'Onofrio
Industriale e filantropo

Nacque a Trecchina, nella frazione Piano dei Peri, il 18 dicembre 1856 da Benedetto e Fortunata Orrico.
Unico figlio maschio, decise di emigrare in Portogallo, poco meno che ventenne, quando si rese conto che le proprietà terriere del padre, considerato benestante, non riuscivano più a rendere tanto da poter vivere in maniera soddisfacente.

Poco si conosce dei primi anni della sua vita a Lisbona, ove da molti anni viveva una numerosa comunità trecchinese e che poi, in parte, emigrò in Brasile.

Si sa che nel centro della città, in prossimità del porto, in Rua da Boavista n. 54, avviò una *oficina de caldeirero*, fabbrica per la lavorazione del rame e dell'ottone, e sposò a Lisbona la trecchinese Serafina d'Onofrio nel 1886.

Alla fine dell'Ottocento, Francesco prese contatti con le grandi industrie metallurgiche ed elettriche che iniziavano a nascere in Italia, diventandone socio, avvalendosi della Banca Commerciale di Livorno per gli investimenti.

Agli inizi del Novecento, durante un suo ritorno a Trecchina, acquistò due casette in Via Marconi, che trasformò in un'unica abitazione, su progetto dell'ing. Girolamo Scannone di Lauria.
Il Palazzo D'Onofrio fu dotato del primo impianto di riscaldamento del paese, a carbone di coke, e di serbatoio idrico.

Stimato per le sue notevoli doti umanitarie, il D'Onofrio conquistò sempre più stima negli ambienti sociali e commerciali di Lisbona. Fu ammesso a far parte del consiglio di amministrazione della Chiesa Italiana di Nostra Signora di Loreto e nel 1919 rivestì la carica di vice presidente della Camera di Commercio Italiana per la cui costituzione contribuì anche finanziariamente.

Diventò rappresentante commerciale di varie industrie per la lavorazione del rame e dell'ottone in Africa e in Brasile.

Durante la prima guerra mondiale, e a seguito delle gravi perdite di vite umane, inviò da Lisbona somme di denaro al Governo italiano "a favore delle famiglie dei militari morti e feriti in guerra".

Altre offerte le fece recapitare alla Croce Rossa Italiana che il 1° agosto 1919 lo nominò Socio Perpetuo presso il Comitato Centrale.

A seguito degli avvenimenti sul fronte del Piave, Francesco e la moglie Serafina inviarono al Capo del Governo italiano, On. Orlando, 25 scudi portoghesi "per un dono ai soldati vincitori al Piave".

Quale riconoscimento dell'impegno che D'Onofrio profuse nel contribuire finanziariamente a riparare i danni provocati dalla guerra e a lenire il dolore di tante famiglie che avevano perso i loro cari, il Luogotenente Generale del Re, Tommaso di Savoia, su delega di Vittorio Emanuele III e su proposta del Ministro degli Esteri On. Sonnino, il venticinque aprile 1918 nominò Francesco Cavaliere dell'Ordine della Corona d'Italia.

Nel 1925 fece costruire il cimitero per i villaggi Parrutta e Piano dei Peri su un terreno donato dalla signora Cozzi.

Da Lisbona inviò, il diciannove febbraio 1926, la somma di venti dollari al Ministero degli Affari Esteri quale contributo per il pagamento dei debiti dell'Italia agli Stati Uniti.

Ritornò definitivamente a Trecchina nel 1928 e nello stesso anno offrì alla chiesa matrice una campana. Due anni dopo, sul campanile della chiesa di Piano dei Peri, fece installare un orologio della ditta Canonico di Lagonegro e un'altra campana.

Nel 1933 fece costruire l'edificio scolastico a Piano dei Peri (bell'esempio di architettura tardo liberty, oggi, purtroppo, in stato di abbandono) con annessa abitazione per l'insegnante, la cui consegna ufficiale al Comune avvenne il ventuno maggio dello stesso anno. Per tale donazione il diciannove aprile 1934 il re Vittorio Emanuele III, su proposta del Provveditore agli Studi di Potenza e del Ministro dell'Educazione Nazionale, attribuì a Francesco la medaglia d'oro «per le notevoli elargizioni a favore dell'Istruzione Primaria e dell'Educazione Infantile», conferendogli anche il Diploma di Benemerenza di Prima Classe.

Morì il sei ottobre 1934 all'età di settantotto anni.
Qualche mese dopo l'ispettore scolastico Settanni e il direttore dell'Ente Pugliese per la Cultura Massari, consegnarono alla vedova la medaglia d'oro alla memoria per le «alte benemerenze a vantaggio dell'insegnamento nelle scuole rurali» che il D'Onofrio aveva dimostrato di possedere. La cerimonia si svolse in forma privata presso la sua abitazione.

Nel 1940 la vedova commissionò, alla scultrice Maria Musatti di Napoli, un busto in bronzo del marito. Esso fu collocato su una colonnina con un medaglione, anch'esso in bronzo, raffigurante la moglie, e posto nell'atrio di un edificio alla Forràina, immobile che la moglie donò al Comune, per adibirlo a ospedale.[293]
Entrambe le opere furono rubate.

2. Francesco Conde
Banchiere

Francesco Conde, detto "Chico", nacque a Trecchina nel 1882, da Pietro e da Teresina Palazzo, una coppia povera.

Andò in Brasile per la prima volta con suo padre, nel 1896, a quattordici anni. Tornò in Italia per sposare Rosalia Iannini il 17 ottobre 1907.

Semianalfabeta, aveva un carattere forte, tanto che quel matrimonio alla fa-

---
293 Fonte: Archivio della famiglia Caricchio.

miglia della sposa non piacque per nulla.

In Brasile la famiglia cambiò il cognome originale "Tondo" in "Conde" perché in portoghese, "tondo" significa persona stupida, asino.

Tornato in Brasile dopo il matrimonio, "Chico" si trasferì a Barretos, microregione all'interno dello Stato di San Paolo, dove fondò la sua prima azienda.

Iniziò a commerciare prodotti agricoli e, a tal fine, acquistò un mandria di asini con cui trasportava la merce per venderla in tutta la parte più interna dello Stato.

Come molti emigranti, "Chico" progredì lentamente.

Più tardi, quando già possedeva una casa di cinquantaquattro stanze in Via Paulista a San Paolo, un giorno che qualcuno a tavola si lamentava per la qualità del cibo, egli raccontò stizzito che, quando faceva il mandriano, mangiava fagioli marci e dormiva usando gli stivali per cuscino.

Con i soldi guadagnati dal commercio ambulante, riuscì ad avviare a Barretos un negozio di ferramenta che chiamò "Casa Conde".

Ebbe sei figli; la moglie riparava i vestiti del marito la sera, fino alle ventitré e si alzava alle cinque del mattino per accudire i figli e aiutare il marito nel negozio.

L'attività andava abbastanza bene, tanto che egli associò il vecchio Gregorio Paes de Almeida, padre di Sebastiano, il quale sarebbe diventato, poi, ministro delle finanze di Juscelino Kubitschek[294], nella seconda metà degli anni Cinquanta.

Insieme, crearono la banca "Conde & Almeida", stabilendosi a Sao Paulo, in Via Boa Vista.

Nel 1939, Francesco Conde sciolse la società con Almeida. Rimasto solo, cambiò nome alla banca chiamandola "Casa Bancària Conde", che più tardi sarebbe stata conosciuta come la Banca Nazionale di Credito, diventando uno degli istituti di

---

294 Juscelino Kubitschek fu sindaco di Belo Horizonte nel 1940, governatore dello Stato di Minas Gerais dal 1950 al 1955, e presidente del Brasile dal 1956 al 1961.

credito più importanti di San Paolo.

Francesco Conde fu un uomo straordinario, tutto quello che faceva produceva denaro, aveva il senso spiccato del banchiere.

Egli ricostruì la nuova sede della banca in Via Boa Vista, numeri 208/228, un edificio di sedici piani, per complessivi sedicimila metri quadrati, che fu inaugurato nel 1953, pochi mesi dopo la sua morte.

Grande lavoratore, di intelligenza acuta, con l'età divenne cardiopatico.

Morì nel 1953, all'età di settantuno anni per una trombosi, nel Parco Balneario, sulla spiaggia di Gonzaga, a Santos, lasciando un'immensa ricchezza.[295]

3. MICHELE SCHETTINI FU GIUSEPPE (detto *Cazzòppola*)
Industriale

Nato a Trecchina il 12 marzo 1866 da Giuseppe e Agnese Schettini, frequentò le prime classi della scuola elementare e, ancora bambino, andò a bottega presso un calzolaio del luogo.

Nel 1885, a 19 anni, emigrò in Brasile, approdando a Rio de Janeiro. Di lì si recò a San Paolo ove stette pochi mesi per trasferirsi, nel 1886, a Petropolis,[296] una nuovissima e bella città di villeggiatura, ove lavorò per un anno come cal-

---

[295] Fonti: Armando Conde, *A riqueza da vida*, Editora Record, São Paulo 2006, pp. 17-29; Michele Mazzeo.

[296] Città fondata dall'imperatore Pietro II del Brasile dopo che il padre, Pietro I, aveva iniziato la costruzione della sua residenza estiva. Fondata nel 1843, è diventata una città nel 1857. Si trova nello Stato di Rio de Janeiro e da subito diventò luogo di villeggiatura e residenza di artisti, intellettuali e celebrità. Attualmente conta circa trecentomila abitanti.

zolaio.

Nel 1887 avviò un piccolo laboratorio e un negozio di calzature, che presto incontrò il favore della clientela tanto da consentirgli di ampliare sempre più la sua attività. Il capitale iniziale era molto limitato ma, dopo qualche anno, raggiunse i centoventi contos.[297]

I laboratori dello Schettini, ormai, davano lavoro a oltre trenta operai e il loro *budget* ascendeva alla favolosa cifra di cinquecento contos annui. La fama della ditta Schettini si diffuse in tutto lo Stato di Rio de Janeiro.

Aveva creato due negozi contigui che rappresentavano, di fatto, il monopolio di vendita delle scarpe e pelletterie di Petropolis. Entrambe portavano l'insegna di "Casa Schettini" e occupavano i migliori magazzini della maestosa Avenida 15 de Novembro dal civico n. 503 al 515.

In uno dei due negozi si vendevano pelletterie e calzature di lusso sia di sua fabbricazione, sia nazionali e straniere, quali le famose marche Clarcks e Ypiraga.

Nell'altro, si vendevano calzature più economiche, mentre i locali interni erano adibiti a laboratorio e magazzino.

Un cronista dell'epoca così, un po' enfaticamente, descrisse l'azienda, dandoci anche l'idea della moda del tempo:

Casa Schettini si annunzia all'occhio dell'osservatore in forma magnifica con tutta l'importanza fastosa di un grande emporio, e il colosso delle cordoneries, delle botteries.
Le vetrine della mostra sono il non plus ultra dello chic e della novità elegante. La grande bottega di vendita e di altri affari ha tutta la sontuosità signorile di un salone arredato per i grandi ricevimenti, per accogliere la nobiltà e le dame di rango.
Il presidente federale, i ministri, i dignitari di Stato, i plenipotenziari, l'aristocrazia, i villeggianti opulenti, di cui Petropolis è residenza adottiva, tutti che amano il lusso e l'eleganza, si sentono attratti verso i grandi magazzini di Casa Schettini.

---

297 In Brasile e in Portogallo l'unità di misura è di 1000 reis (milreis in Brasile; escudo, dal 1913, in Portogallo) e il suo multiplo è il conto (mille milreis).

Il popolo, in proporzioni più modeste, fa lo stesso. La clientela è felice per la bontà degli articoli, per l'eleganza, la modernità, il buon prezzo, sapendo che nessun altro negozio può offrire vantaggi migliori di così.
Lì si accorre per il capriccio della moda, forse per volontà di maggiore comodità, o per eleganza. Una calzatura comoda e elegante è più simpatica ai piedi, sulla spiaggia, in città, sui monti, nelle vallate, in vettura quando non si ha la preoccupazione di essere malcalzati.
Tutti i desideri sono appagati in Casa Schettini, tutti i gusti. È molto schic il portare stivaletti a bottoni con claques, verniciati, a punte riportate e tacchi alla Luigi XV. Glacè in colore tannino, mastici, grigi-pelle di Svezia, di cuoio di Russia, bianchi, di eleganza raffinata e di disegni deliziosi.
Stivalini per sera eleganti. Deshabilles dalle antiche fibbie da giarrettiera, dorate di acciaio, a strassi, ecc. ...[298]

Michele Schettini nel 1895 sposò Giovannina D'Onofrio ed ebbe due figli: Giuseppe e Agnese.

Periodicamente veniva in famiglia a Trecchina, trattenendosi per qualche mese.

Nel 1912 egli fece innalzare un maestoso palazzo in Via G. Marconi composto da piano terra, primo e secondo piano, alti ciascuno circa cinque metri. Al progetto e alla sua esecuzione attese Domenico Sorrentino, un costruttore di Sala Consilina, che aveva già eseguito il campanile della chiesa madre, che realizzò anche il Palazzo Scarpitta e la ricostruzione della cappella di S. Antonio.

Le stupende decorazioni interne, invece, furono realizzate dal noto pittore Mariano Lanziani di Lauria, nel 1914 poco prima che l'artista eseguisse il vasto intervento decorativo nella chiesa madre.

Le decorazioni delle stanze del Palazzo Schettini, ancora inserite in un arredo di autentico liberty, sono indubbiamente tra le

---

298 Carmelo Cecere Bevilacqua, *Notabilità Italiane in Brasile, Capitale Federale e Stato di Rio de Janeiro,*1909-1910, p. 228 e sgg. Da questo articolo sono state attinte le notizie sull'attività brasiliana di Michele Schettini. Altre notizie sono state fornite dalla nipote, signora Giovanna Schettini.

migliori decorazioni eseguite dal pittore lauriota.

Rientrato definitivamente in Italia nei primi anni Venti del Novecento, Michele Schettini aderì da subito e in maniera incondizionata al fascismo; pare che a Trecchina fosse stato il primo tesserato di quel partito politico.

Sindaco del paese nel 1924 e poi podestà,[299] dal 1927 al 1938 (anno della sua morte), fu considerato un amministratore efficiente e un uomo munifico e caritatevole, tanto da profondere la maggior parte delle proprie risorse nel fare del bene agli indigenti.
Per il suo operato ebbe molti riconoscimenti dallo Stato.

4. GIOVANNI BATTISTA SCALDAFERRI
Industriale

Il nonno, Giovanni Battista Scaldaferri senior, era un muratore che si trasferì da Lauria a Trecchina con tutta la famiglia, nella prima metà dell'Ottocento, per lavorare alla costruenda chiesa al Piano.

Sante, uno dei figli, sposò Giustina Maimone.[300] Ebbero dieci figli, ma ne sopravvissero solo otto: Giovanni Battista, Maria Angelica, Biagio, Teresa, Ferdinando, Antonio, Attilio e Santa.

Giovanni Battista, il primogenito, cominciò a lavorare col padre Sante, che morì ancora giovane, a quarantotto anni, nel 1892, quando lui, che era il maggiore, ne aveva solo sedici di

---

299 In Italia il regime fascista introdusse la figura del podestà con la legge 4 febbraio 1926, n. 237, una delle cosiddette leggi fascistissime. Dal 21 aprile 1927 al 1945 gli organi democratici dei Comuni furono soppressi e tutte le funzioni in precedenza svolte dal sindaco, dalla giunta e dal consiglio comunale furono trasferite al podestà, nominato con regio decreto per cinque anni e in ogni momento revocabile.
300 Figlia di Ferdinando Maimone, capomastro dell'allora costruenda chiesa al Piano.

anni, essendo nato nel 1876.

Fu il periodo in cui Giuseppe Rotondano aveva avviato varie attività commerciali a Jequié, in Brasile, e molti trecchinesi, chiamati da lui, lo raggiungevano. Tra i tanti che partirono, fu imbarcato anche l'adolescente Giovanni Battista Scaldaferri, che trovò un posto di garzone presso un fornaio.

Aveva appena diciotto anni quando vi fu una terribile epidemia di febbre gialla. Il proprietario del panificio era vecchio e spaventato e, per evitare il contagio, decise di abbandonare la città, lasciando la cura del negozio al ragazzo cui affidò anche un fucile per la difesa personale.

Dopo un mese, il vecchio tornò con la famiglia, trovò tutto in ordine e, per gratitudine, fece un cospicuo regalo a Giovanni Battista.

Con quel gruzzolo il giovane avviò un piccolo negozio di ferramenta, sulle orme di Giuseppe Rotondano di cui sposò una figlia. Prima del 1896, riuscì a racimolare il danaro da inviare al fratello Biagio perché lo raggiungesse in Brasile.
Il giovane, però, poco dopo il suo arrivo, morì di febbre gialla.

Giovanni Battista, allora, procurò altri soldi per farsi raggiungere dall'altro fratello, Ferdinando. Il negozio si ingrandì diversificando la vendita, per cui i due fratelli Scaldaferri mandarono a chiamare il terzo fratello, Antonio, di appena undici anni. Il bambino fu addetto alle pulizie del negozio e, nelle ore libere, fu mandato a lezione presso un sacerdote, per imparare il portoghese.

L'attività commerciale si ingrandiva sempre di più per cui l'ultimo fratello, Attilio, e la sorella maggiore Maria, con il marito Michele, raggiunsero i familiari emigrati. Infine anche le altre sorelle con i rispettivi mariti emigrarono a Jequié e, così, tutta la famiglia si ricongiunse.

Più tardi in quella città si cominciò a piantare il caffè su iniziativa di Giuseppe Rotondano.

Gli Scaldaferri intuirono che quella merce poteva rendere economicamente molto di più e iniziarono a comprare caffè dai

produttori di tutta la zona, per venderlo a Salvador. Al caffè aggiunsero, poi, il cacao, l'olio di ricino e il tabacco.
Agli acquisti erano preposti Ferdinando e Attilio, mentre Antonio era addetto alla contabilità.

Giovanni Battista era il capo indiscusso, molto rispettato dal clan Scaldaferri.

Antonio e Attilio fecero anche parte dell'associazione massonica.

Nel 1908 i fratelli Giovanni Battista e Antonio si trasferirono nella città di Salvador, ove costituirono la Società *Scaldaferri, Irmãos & Cia* per l'esportazione del caffè, cacao, olio di ricino e tabacco, mentre gli altri restarono a Jequié, per l'acquisto e la raccolta dei prodotti.

Gli Scaldaferri ebbero una vita molto dura, ma riuscirono e diventare esportatori importanti.

Un anno dopo lo scoppio della prima guerra mondiale, Attilio rientrò in Italia e si arruolò volontario come autista; rientrò in Brasile solo alla fine del conflitto.

Con l'avvento del fascismo in Italia, Attilio, Antonio e altri italiani in Brasile, nel 1921, fondarono a Salvador il partito fascista. Questa scelta portò la ditta Scaldaferri a essere avvantaggiata per l'esportazione in Italia di grandi quantità di caffè, tabacco, cacao e olio di ricino, prodotto di cui il fascismo fece largo uso, somministrandolo coercitivamente ai dissidenti.
L'esportazione dei fratelli Scaldaferri si allargò, poi, in Francia, Germania, Regno Unito, Stati Uniti, Argentina, Uruguay e in altri Paesi ove avevano propri rappresentanti.

Giovanni Battista fu nominato console italiano a Salvador e, in seguito, anche i suoi fratelli ebbero questo incarico.

In Brasile, dopo la prima guerra mondiale, la *Scaldaferri, Irmãos & Cia* fu la più grande esportatrice di caffè dopo la ditta Matarazzo di San Paolo.

Nel 1919 Giovanni Battista, stanco e ormai ricco, decise di tornare in Italia ove aveva la famiglia.
Ivi giunto fu eletto sindaco (1921-1925).

Durante la sua amministrazione, Trecchina fu dotata degli impianti e del servizio di energia elettrica (1922).

Istituì, insieme con i fratelli, l'asilo infantile, intitolato al padre, donando cospicue somme di denaro perché funzionasse a dovere. A tal fine giunsero in paese le Suore di Nostra Signora al Monte Calvario che, oltre a gestire l'asilo, insegnarono alle ragazze il ricamo e a suonare il pianoforte, istituirono una *schola cantorum* svolgendo, per quei tempi, una meritoria funzione sociale per i bambini e le ragazze.

Per la sua filantropia, Giovanni Battista Scaldaferri fu insignito della medaglia d'oro dei benemeriti della Pubblica Istruzione. Andò a vivere a Napoli, ove morì prematuramente il 7 luglio 1929.[301]

5. ANTONIO LOMANTO JR
Politico

Antonio Lomando senior fu tra i primi trecchinesi emigrati a Jequié, in Brasile, dove sposò Almerinda Miranda.

Il figlio, Antonio Lomanto junior detto Tote, nacque in quella città il 29 novembre 1924 e vi morì il 23 novembre 2015.

Laureatosi in odontoiatria, esercitò per breve tempo la professione ed entrò subito in politica, come consigliere comunale.

Lomanto jr. fin da bambino sognava con determinazione di essere governatore di Bahia, tanto che a scuola era soprannominato "Governatore". Da allora, cominciò a progettare i suoi piani con la determinazione di realizzarli. Si capisce così la sua storia piena di eventi incredibili e record con-

---

[301] Fonti: Antonio Scaldaferri, figlio di Antonio e sua figlia Ines; Romilda Scaldaferri, figlia di Sante e nipote di Giovanni Battista; fascicolo dei necrologi.

quistati, storia che appartiene ormai allo Stato di Bahia.

Amico del governatore Ottavio Mangabeira, a soli ventidue anni fu eletto assessore del suo Comune dal 1947 al 1950, mentre dal 1951 al 1955 fu sindaco della città, quale militante nel partito liberatore - P.L.

La carica gli conferì visibilità a livello nazionale. Iniziò così la campagna politica, propagandando la riforma della Costituzione, dopo aver preseduto l'Associazione Brasiliana dei Comuni.

Dal 1955 al 1959 fu rappresentante dello Stato di Bahia, mentre dal 1959 a 1963 fu rieletto sindaco.

Per la lunga e brillante carriera politica e le sue capacità, fu eletto governatore dello Stato di Bahia (1963-1967) a soli trentanove anni.

L'anno seguente in Brasile vi fu un colpo di stato ma Lomanto riuscì a trovare un compromesso e completò il mandato.

Alla caduta del regime militare, tornò in politica e fu eletto membro del Congresso dal 1971 al 1978 e poi senatore dal 1979 al 1987. Rieletto sindaco di Jequié, la sua carriera politica si concluse alla fine degli anni '90.

Antonio Lomanto jr. ha lasciato cinque figli, dieci nipoti e dieci pronipoti. Hanno seguito il suo percorso politico, il figlio Leur Lomanto, che ha ricoperto la carica di deputato per sette volte, e il nipote Leur Lomanto jr. che, mentre scriviamo, è deputato dell'Assemblea legislativa di Bahia e presidente della Commissione ambiente e siccità e delle risorse idriche.

Antonio Lomanto con J.F. Kennedy (1963)

Antonio Lomanto jr. venne una prima volta a Trecchina nel 1959 in forma privata, quando era sindaco della sua città. Vi ritornò durante il suo governatorato e in forma ufficiale nel 1963. In quella occasione venne in compagnia della moglie, del padre e dei figli e, in loro presenza, fu intitolato alla città di Jequié il viale che ora porta questo nome. In Brasile, già qualche anno prima, una importante strada del centro di Jequié era stata intitolata a Trecchina.

L'intera famiglia alloggiò in casa Scarpitta.

Lomanto ritornò a Trecchina una terza volta, in forma privata, alla fine degli anni Sessanta del Novecento e, per interessamento dei signori Michele Grillo e Attilio Scaldaferri, fu ospitato nella casa del prof. Biagio Pesce[302].

6. VINCENZO GRILLO
Imprenditore e filantropo

Nato a Trecchina il ventiquattro novembre 1888 da Michele e Caterina Vitarella, emigrò giovanissimo (1904), con i genitori, a Jequié.

Dopo solo pochi anni, diventò un ricco commerciante, fino a cambiare il corso del commercio regionale.

Ancora molto giovane fondò la società Grillo Lamberti & Cia, ampliandola, negli anni seguenti (1930) con un grande immobile nel centro di Jequié e altri in Avenida Rio Branco. Aprì filiali a Salvador, Nazareth e Poções, esportando cacao, caffè, tabacco, cotone e pelli, stabilendosi con la sua sede a Rua João Mangabeira.

In commercio, nella Piazza Luís Viana, l'azienda prosperò, sviluppando attività agricole nella Fattoria Provisão - azienda moderna - in cui si allevavano, tra l'altro, animali di razza, uc-

---

302 Michele Grillo, *La mia Trecchina,* Tipografia mpm, Lauria 2004, siti ufficiali Internet; testimonianze di emigranti.

celli rari e capre. Creò una fabbrica di ghiaccio che serviva tutta la città.

Notevoli furono le donazioni fatte da Vincenzo Grillo per la città, tra cui: terreni per la costruzione della chiesa madre e del Gruppo Scuola di Castro Alves, Jequié Tennis Club, l'Hospital Regional "Prado Valadares" (il cui atto fu approvato dal figlio Benito Grillo all'inizio degli anni '80), il terreno per costruire la stazione ferroviaria Jequié-Nazareth, lo stadio Anibal Brito (ora Gymnasium), il serbatoio Embasa, il Parco di esposizione, il cimitero San Giovanni Battista, l'aeroporto Vicente Grillo.
Donò anche le campane e l'orologio della chiesa matrice di Jequié e di Trecchina, città che si sarebbero, poi, gemellate.
Vincenzo Grillo tornò in Italia per sposare una ragazza di Trecchina. Generò quattro figli e, di questi, solo Benito andò in Brasile e vi si stabilì.

Giustina Scaldaferri, sua moglie, figlia di Giovanni Battista Scaldaferri, altro emigrante trecchinese a Jequié, visse a Trecchina e non volle mai raggiungere il marito in Brasile per paura di ammalarsi di febbre gialla o di cadere vittima del banditismo che in

Casa Grillo prima della demolizione (anno.1990)

quei tempi affliggeva la città.[303]

Per diventare grande imprenditore, Grillo cercò di portare in Brasile la comunità di Trecchina, che aveva proprietà e imprese nel suo paese.

Con l'espansione delle sue attività, egli edificò la propria casa di abitazione tutta italiana e conservò anche le abitudini, la cucina tipica, i costumi, le canzoni e le danze italiane.

Nella sua residenza a due piani, novità per quell'epoca, accoglieva altri immigrati che erano andati espressamente a lavorare nella sua azienda.

Egli fu tra i migliori imprenditori e tra i più ricchi dello Stato di Bahia; guida saggia nelle decisioni commerciali, fu definito lo stratega trecchinese del commercio e le sue azioni erano sempre tese al mutuo soccorso degli italiani.

Oltre a finanziare le istituzioni educative, le scuole, i circoli culturali, le associazioni letterarie, arte, cinema, teatro, banca, ufficio postale e aeroporto, contribuì anche alla evoluzione della regione a livello nazionale.

Dette un aiuto consistente alla ricostruzione della città dopo l'alluvione del 1914, assumendo tecnici, donando terreni e abbellendo di verde la città, importando anche i ficus benjamins.

La fattoria di sua proprietà (*fazenda*) era considerata la migliore in tutto il territorio brasiliano; i suoi animali di razza, cavalli e bovini e i prodotti lattiero-caseari, ottennero i primi premi in concorsi nazionali, a dimostrazione della cura che egli aveva del proprio portafoglio di investimenti.

In quella fattoria fu installato il primo telefono dello Stato e la prima fabbrica di ghiaccio della zona.

Nel 1952 gli rese visita Assis Chateaubriand, considerato uno dei maggiori uomini pubblici influenti nel Brasile nel ventennio 1940 -1960.[304]

---

303 Maria Luzia Braga Landim, *Estrangeiros e Sertanejos a Conquista do Arraial de Jequié - Século XIX*, UNIRIO, Campus de Jequié, Bahia, p. 8.

304 Francisco de Assis Chateaubriand Bandeira de Mello, noto come Assis Chateaubriand o Chato (1892 -1968), è stato uno dei più influenti

Per raggiungere gli obiettivi e avere il controllo del territorio, Grillo cercò di ridurre le differenze culturali e sociali al fine di creare un ambiente in cui il nativo del posto potesse convivere con gli italiani.

Non fu sempre in grado di oltrepassare i confini del pregiudizio ma, interessato alle questioni economiche, cercò di favorire la libertà e l'autonomia degli immigrati.

In suo onore è stato dato anche il nome alla Supply Center di Jequié.

Vincenzo Grillo, il più grande benefattore di Jequié, morì nella sua città di adozione il giorno otto giugno 1958 e fu sepolto nel cimitero il cui terreno era stato donato da lui.[305]

Jequié - Aeroporto Vincente Grillo

---

uomini pubblici del Brasile nei decenni dal 1940 e 1960. Giornalista, imprenditore, mecenate.
305 Fonti: Maria Luzia Braga Landim, op. cit., pp. 8-10; testimonianze di Antonio Scaldaferri e di parenti.

7. Sante Scaldaferri
Artista

Il padre di Sante, Ferdinando Scaldaferri, era nato a Trecchina il due luglio del 1883 ed era molto giovane quando fu chiamato in Brasile dal fratello primogenito Giovanni Battista, che, a Jequié, aveva già avviato un'attività commerciale. Dopo qualche anno, ormai benestante, Ferdinando tornò a Trecchina per sposarsi con Teresina Conte e rientrò nel 1928 in Brasile con la moglie incinta di Sante. Per questo motivo, l'artista ama dire che «*Io sono stato "fabbricato" in Italia e "sbarcato" a Salvador, nello stato brasiliano di Bahia*».

Sante ritornò a Trecchina dopo poco tempo, a causa della prematura morte del padre, e vi soggiornò fino a nove anni, quando rientrò definitivamente in Brasile con la madre.

Egli è pittore, incisore, attore, scenografo, insegnante. Nel 1957 si laureò in pittura alla Scuola di Belle Arti, presso l'Università Federale di Bahia - UFBA.

Nella stessa istituzione studiò la tecnica dell'encausto[306] con Rescala (1910-1986) e fu libero incisore con Mario Cravo Junior (1923).

Scaldaferri è stato responsabile della distribuzione, a Salvador, della formazione artigianale dei centri di servizio sociale di Commercio - SESC, il terziario - Sesi e della Fondazione Arte e Beni Culturali di Bahia. A metà degli anni Cinquanta ha lavora-

---

[306] Encausto: tecnica di pittura in uso nell'antichità. Oltre che nella pittura murale, su intonaco appositamente preparato, l'encausto si adoperava su terrecotte, avorio, legno. I pigmenti vengono mescolati a cera punica (cera d'api saponificata, che ha funzione di legante), mantenuti liquidi dentro un braciere e stesi sul supporto con un pennello o una spatola e poi fissati a caldo con arnesi di metallo chiamati cauteri o cestri: è questo il procedimento che differenzia l'encausto dalla pittura a cera. La tecnica era già nota ai Greci, come testimoniano gli scritti di Plinio il Vecchio, ma conobbe grande fortuna presso i Romani. Si dice che l'inventore di questa tecnica sia stato Aristide di Tebe.

to come designer su produzioni legate al nuovo cinema e come attore nel film di Glauber Rocha (1939-1981). All'inizio della sua carriera artistica eseguiva ritratti e dipinti ispirandosi a temi sociali.

Tra il 1960 e il 1964, è stato l'assistente artistico dell'architetto Lina Bo Bardi (1914-1992) e professore della Scuola di bambini al Museo di Arte Moderna di Bahia - MEM/BA.

L'artista ha creato anche diversi pannelli per spazi pubblici installati principalmente a Salvador. Nel 1997 ha pubblicato, il libro *Gli inizi d'Arte Moderna a Bahia*, Fondazione Casa di Jorge Amado. Nel 2000 ha realizzato il video *Scaldaferri Sante - A Sertões Drammatica*, regia di Walter Lima, e nel 2001, il video *Sante Scaldaferri: Scholar and People* per la regia di Maria Esther Rabello. Nel 2003 ha lanciato il libro *Sante Scaldaferri: Disegni* di Jorge Amado House Foundation.

Nel 1957, ha iniziato a elaborare il contenuto della sua pittura, studiando le manifestazioni spontanee della cultura popolare del nord-est bahiano.

Avendo studiato sociologia, linguaggi artistici, tecniche, cultura popolare, artigianato, antropologia, etnologia, religioni africane, è rimasto attratto dagli ex voto che sono diventati, poi, il suo linguaggio, il simbolo per esprimere tutti i suoi sentimenti in forme contemporanee.

La nascita dell'opera d'arte nella sua pittura discende, quindi, dalla trasfigurazione di una tematica che abbraccia cultura e arte del nord-est brasiliano, associata al linguaggio contemporaneo internazionale. La forma cambia con la nascita di nuovi linguaggi, ma il contenuto rimane identico. È una ricerca incessante dell'identità culturale brasiliana, e questo accade ancora oggi, sempre coerente al suo pensiero, senza scendere ad alcun tipo di compromesso.

Sarebbe troppo lungo tracciare qui tutto il percorso artistico di questo grande maestro.

Egli, comunque, da questa fase, che definisce "Popolare", a metà anni Sessanta del Novecento, passa a quella "Astratta" e, negli anni Ottanta, alla "Transavanguardia".

Deus e o Diabo na Terra do Sol

Ma tutto ciò si inquadra in una fase generale nella quale adotta il nome di "Antropomorfica", spiegando questo mutamento nella forma della sua pittura: «*Prima erano ex-voto con la faccia di persone, ora sono persone con la faccia di ex-voto*».

Sono gli ex-voto che assumono la condizione umana per esprimere dolori, angustie, invidie, terrore, corruzione di tutti i tipi, violenza, omicidi, insomma tutto ciò che è inerente all'essere umano. È il riscontro plastico-visuale tra il bene e il male. La forma di questa fase, che la distingue dalla forma di altri pittori, è la sua "scrittura" personale. Il contenuto, però, non è un fatto inedito, risale alla natura dell'uomo, dal cui cuore, egli spiega, escono le intenzioni cattive: fornicazioni, furti, omicidi, adulteri, cupidigie, malvagità, inganno, impudicizia, invidia, calunnia, superbia, stoltezza.

Ex-votos

Tutte queste cose cattive vengono fuori dal di dentro e contaminano l'uomo. Chi abbia capacità e voglia studiare tutta la mia opera dall'inizio, ne verificherà il suo contenuto sociale, filosofico, politico e non di partito, religioso, messianico, ironico. La mia preoccupazione nella costruzione del mio lavoro dall'inizio a oggi è l'Essere Umano.

Quanto alla tecnica, egli spiega:

Ho appreso varie tecniche di pittura nella "Escola de Belas Artes" e, tra queste, l'encausto con cui ho realizzato alcuni lavori fino al 1959. Nel 1980 quando ho mutato il mio stile, ho capito che la migliore tecnica per esprimermi era l'encausto e così sono tornato a utilizzarla. La tecnica di encausto risale agli antichi Greci e Romani ed ha innumerevoli qualità. Inoltre, al contrario della pittura a olio che riflette la luce, l'encausto la assorbe e quindi può essere vista da qualsiasi angolazione.

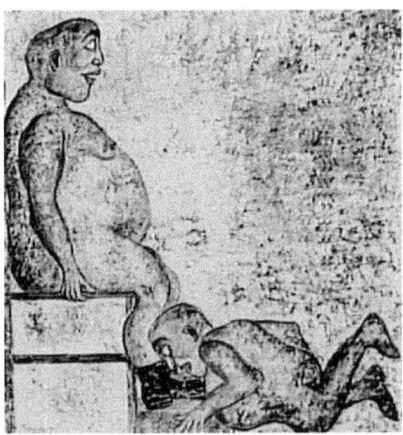

O Engraxate

Il famoso scrittore brasiliano Jorge Amado ha identificato in Sante Scaldaferri una *libertà di espressione che non rimane attaccata al gioco retorico. Il mondo popolare e baiano, Sante lo conosce attraverso esperienze vitali.*

Conosciuto in tutto il mondo come tra i migliori pittori contemporanei, ha esposto in mostre individuali in Brasile, Francia, Italia e Svizzera, e collettive in Brasile, Senegal, Giappone, Stati Uniti, Guyana Francese, Costa Rica, Tunisia, Inghilterra, Ecuador, Venezuela, Italia, Francia, Svizzera, Cina, Portogallo e Argentina.

È presente in tutti i testi di storia dell'arte contemporanea e a lui sono stati dedicati cataloghi, libri e documentari.[307]

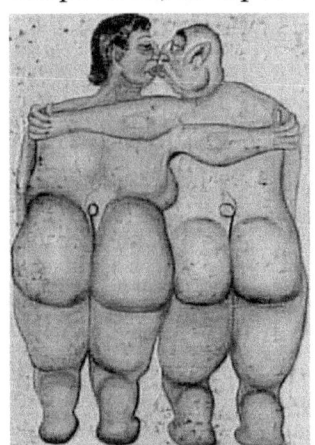

O Homem-porco Beija a Mulher-Porca

---

307 Fonti: le informazioni sono state reperite da alcune interviste, da filmati e testimonianze di Antonio Scaldaferri, oltre che dalla nostra personale conoscenza dell'Artista.

8. EMERSON FITTIPALDI
Campione di automobilismo F.1

A Trecchina, nel mese di maggio del lontano 1886, il modesto calderaio Giuseppe Fittipaldi raccolse i pochi indumenti di famiglia in un paio di sacchi e lasciò il suo tugurio di Piazza del Popolo per tentare la fortuna in America.

Probabilmente vendette casa e podere e partì con la moglie Angela e il piccolo Pasquale di nove mesi, nato il ventiquattro agosto dell'anno precedente. La famigliola raggiunge Napoli via mare e, dal molo Beverello, si imbarcò su una nave che la condusse in Brasile: fu l'addio per sempre all'Italia, al suo paese, alle sue radici.

Essi arrivarono, poi, come Dio volle, a San Paolo del Brasile. Giuseppe avviò anche lì la sua attività di calderaio, a mano a mano la sviluppò fino a diventare un commerciante del settore.

Il piccolo Pasquale, che intanto assume il nome di Paschoal, studiò farmacologia, si sposò e, nel 1920, generò un figlio, Wilson senior, che diventerà, poi, il più celebre giornalista e radiocronista sportivo, per essere stato anche il primo commentatore televisivo del Gran Premio di Formula 1 del Brasile.

A Wilson Fittipaldi senior nacquero due figli che diventarono presto due celebrità: Wilson jr. e Emerson.
Wilson jr. Fittipaldi nacque il giorno di Natale del 1943.

Esordì nella massima serie al Gran premio di Spagna nel 1972, alla guida di una Brabham, chiamato a sostituire Carlos Reutemann. Concluse la sua prima gara al settimo posto e vi rimase per tutta la stagione, senza ottenere punti in gare valide per il mondiale.

Per la stagione 1973 rimase alla Brabham, nelle vesti di secondo pilota, e conquistò tre punti, ma venne surclassato dal compagno di squadra, Reutemann appunto.

Nel 1974 Wilson si prese una pausa tornando, nel 1975, con

una sua scuderia: la Cupersucar. I deludenti risultati, però, lo indussero ad abbandonare il mondo della F1, lasciando il team al più noto fratello Emerson.

Emerson Fittipaldi nacque a San Paolo del Brasile il 12 dicembre 1946 e sin da piccolo mostrò interesse verso il mondo dei motori, interesse trasmessogli sia dal padre sia dal fratello maggiore, pilota di F.1 per il quale lavorava.

Emerson entrò nel mondo dei motori come meccanico. Cominciò la sua carriera nelle moto per poi iniziare a correre nei karting all'età di sedici anni passando, infine, alle macchine.

Nel 1966 passò alla Formula Vee e nel 1967, suo secondo anno di permanenza, vinse il titolo di campione brasiliano.

Nel 1969 in Inghilterra partecipò al campionato di Formula Ford 1600, ottenendo tre vittorie e numerosi secondi posti.
Alla guida delle Lotus di Formula 3, cominciò la strada del successo: su dodici gare previste dal campionato, ne conquistò otto.

Dopo il debutto di Formula 2 nel 1970, venne schierato a fianco di Jochen Rindt nella Formula 1.

Nel 1972 Fittipaldi vinse i gran premi di Spagna, Belgio, Gran Bretagna, Austria e Italia, diventando il campione del mondo più giovane della Formula1!
Al volante della McLaren, nel 1974 vinse tre gran premi, conseguendo il secondo titolo mondiale.

Il suo medagliere conta anche due 500 Miglia di Indianapolis, vinte nel 1989 e nel 1993. Proprio nel 1989 Fittipaldi trionfò pure nella classifica generale CART.

La sua carriera, poi, continuò con alterne vicende fino al 1996, quando un grave incidente lo costrinse al ritiro.

In definitiva, si può affermare che Fittipaldi, insieme a pochi altri, tra cui Michael Schumacher, è stato uno dei piloti più vincenti per quanto riguarda i campionati relativi a vetture con ruote scoperte. Il suo nome rimane per molti sinonimo di quello dell'eroe dei due mondi, accomunato ad un altro idolo degli appassionati: Mario Andretti.[308]

---

308 Fonti: Ufficio Anagrafe del Comune di Trecchina; giornali d'epoca; siti internet.

Capitolo XVIII

Dall'Unità agli anni Sessanta

1. La terza guerra d'indipendenza

Il 15 settembre del 1864, il governo italiano firmò la "Convenzione di settembre" in cui si stabiliva che la capitale d'Italia fosse spostata da Torino a Firenze e che la Francia avrebbe tolto da Roma le sue truppe entro due anni.
Intanto l'Austria, tenendo saldamente occupato il Mantovano e il Veneto, manteneva il possesso di gran parte dell'Italia settentrionale. Per completare l'unificazione, quindi, sarebbe stata necessaria la conquista di quei territori.
L'occasione si presentò nel 1866, quando la Prussia chiese e ottenne l'alleanza italiana contro l'Austria.
La guerra, vinta dalla Prussia, si rivelò un disastro per l'Italia. Ciò malgrado, la pace fu firmata a Vienna il 3 ottobre 1866 e gli accordi prevedero la consegna del Veneto all'Italia, ma non del Trentino e della Venezia Giulia, che rimanevano ancora fuori dai nostri confini. L'Italia, quindi, alla fine della terza guerra d'indipendenza, si trovò arricchita di una nuova provincia, compiendo un ulteriore passo verso l'unità nazionale.
Il 20 settembre del 1870 l'esercito italiano, approfittando della guerra che la Francia combatteva con la Prussia, inviò nello Stato Pontificio l'esercito. Fu aperta, così, nelle mura di Roma la famosa breccia di Porta Pia, che consentì a due battaglioni, comandati dal generale Raffaele Cadorna, di occupare la città. L'evento, più simbolico che realmente bellico,

sancì la fine del potere temporale della Chiesa. L'anno successivo, quindi, la capitale passò da Firenze a Roma, e Vittorio Emanuele II poté farvi la sua entrata trionfale. L'Unità d'Italia si era così finalmente conclusa.

2. Trecchina: dall'Unità alla prima guerra mondiale

Subito dopo il referendum del 21 ottobre 1860[309], a Trecchina non ci furono reazioni come invece avvenne in altre località della Basilicata.
Infatti, l'aspettativa popolare fu tradita perché il Comitato Pro-dittatoriale lucano non mantenne le promesse sulla redistribuzione delle terre demaniali. Si cominciò, quindi, a diffondere una delusione, fomentata anche dai legittimisti e che esplose l'otto agosto 1860 a Matera con l'eccidio Gattini[310].

Il giorno del plebiscito, 21 ottobre, non per tutto il territorio della Basilicata fu un giorno di festa: a Carbone, Castelsaraceno, Calvera, Latronico ed Episcopia scoppiarono tumulti ed agitazioni contadine che, col manifesto intento della restaurazione borbonica, miravano ad ottenere terre da coltivare. La rivolta fu spenta con una dura repressione: parecchi i morti, molti rinviati a giudizio, cinque condannati alla pena di morte, venticinque all'ergastolo e altri a pene minori.

2.1. Il nuovo Consiglio Comunale

A Trecchina si costituì il nuovo Consiglio Comunale che fu proclamato dall'Intendente del Circondario di Lagonegro il 24 maggio 1861.

---

309 Non siamo riusciti ad avere documenti sul risultato a Trecchina del plebiscito del 21 ottobre 1860 di annessione al Regno d'Italia, anche se, essendo il voto palese, il 79% degli aventi diritto al voto, in tutto l'ex Regno delle Due Sicilie, si espresse per il Sì.

310 Il conte Francesco Gattini, ricco proprietario terriero, fu trucidato barbaramente nella pubblica piazza dai rivoltosi materani.

Esso era così composto:

	Consigliere		età	voti
1.	D. Ferdinando Schettini fu Giuseppe	?	36	65
2.	D. Luigi Iannini fu Pasquale	civile	33	62
3.	D. Pietro Maimone fu Aniello	notaio	43	62
4.	D. Michele Grisi fu Ferdinando	legale	42	59
5.	D. Gerardo Del Vecchio fu Angelo	sacerdote	62	56
6.	D. Pietro Vita fu Nicola	sacerdote	50	56
7.	D. Nicola D'Andrea di Giovanni	sacerdote	69	54
8.	D. Gennaro Pignataro fu Michele	possidente	46	52
9.	D. Ercole Schettini di Biagio	medico	29	52
10.	D. Biagio Pignataro fu Giuseppe	possidente	60	48
11.	Giuseppe Orrico fu Giovanni	possidente	57	45
12.	D. Mattia Grisi di Biasantonio	sacerdote	40	45
13.	Ferdinando Maimone di Alessandro	muratore	42	44
14.	D. Domenico Rotondano di Biagio	legale	27	42
15.	D. Michele Isabella fu Carmine	sacerdote	57	38
16.	D. Vincenzo Maimone di Girolamo	sacerdote	31	36
17.	D. Pietro Bartilotti fu Mario	possidente	65	34
18.	D. Silvestro Rotondano fu Nicola	possidente	54	33
19.	D. Pietro Vita fu Biagio	sacerdote	46	29
20.	D. Raffaele Grisi di Giuseppe	bottegaio	22	29

Come si può notare, tra gli eletti vi erano ben sette sacerdoti, cioè oltre un terzo dei consiglieri.

Tra costoro notiamo anche tre sacerdoti liberali: don Pietro Vita fu Biagio, don Vincenzo Maimone e don Pietro Vita (fu Nicola). Quest'ultimo fu tra i sacerdoti bocciati al concorso per parroco.

Tra i liberali patrioti vi è anche Ercole Schettini.

2.2. Cimitero e ospedale

A Trecchina non fu rispettato il cosiddetto editto di Saint Cloud, emanato da Napoleone il 12 giugno 1804, il quale stabiliva che le tombe fossero poste, per motivi igienico-sanitari, al di fuori delle mura cittadine, in luoghi soleggiati e arieggiati, e che fossero tutte uguali per evitare discriminazioni.
Si stabilì di costruire un cimitero fuori del centro abitato, nel luogo attuale, soltanto quando, nel 1875, la chiesa del Castello fu chiusa al culto proprio come misura sanitaria perché le fosse sottostanti erano colme di cadaveri putrefatti.

Nel 1884 il cimitero non era ancora finito quando vi fu seppellita la signora Caterina Pesce, deceduta il quindici giugno di quell'anno.
Il secondo seppellito fu il sacerdote Mattia Grisi.
La chiesetta-ossario fu costruita nel 1891 su progetto dell'ing. Bruni.[311]

Al becchino occorreva, ora, l'attrezzatura per eseguire le inumazioni, così il Consiglio Comunale, con delibera n. 10 del due aprile 1884, decise l'acquisto di *un bidente, una pala di ferro, due cofani, un tavolo di castagno, un bacile di ottone, i registri pel Becchino, gli asciugamani e il sapone.*

Nel 1885 i coniugi Giuseppe Iannini e Giacomina Vita, nonché Caterina Riccardi, costruirono, col concorso di altri, un vano da adibirsi a ospedale, mettendolo sotto la direzione di un'amministrazione.

Verosimilmente il vano era allocato nella vecchia Via Ospedale, oggi Via Leonardo Sinisgalli[312] e certamente si trattava di un ricovero di mendicanti o di persone molto povere.

---

311 Delibere consiliari dell'epoca.
312 Delibere consiliare n. 169 e n. 172 del 1887.

2.3. Morte di Ercole Schettini

Si è detto che Ercole Schettini fu un perseguitato politico per le sue idee liberali, che partecipò ai moti insurrezionali del 1860 e soltanto l'anno successivo poté riprendere e poi completare gli studi di medicina.

Dal 1861 al 1889, fu ininterrottamente amministratore del Comune di Trecchina e sindaco negli ultimi dieci anni, dal 1879 al 1889.

Durante la sua gestione, furono inaugurate la strada provinciale n° 3 Lauria-Trecchina-Maratea, la strada Trecchina-Rivello e fu realizzato anche il cimitero.

Lo Schettini era nato nel 1832 e morì di attacco cardiaco il venticinque febbraio 1889.

Il diciotto marzo successivo si riunì in seduta straordinaria il Consiglio Comunale per la sua commemorazione.
In quella sede si decise all'unanimità di porre sulla sua tomba una corona di alloro in bronzo e di intitolargli la nuova strada che da Piazza del Popolo conduce a Maratea[313].

2.4. Il campanile della chiesa madre

La costruzione della torre campanaria fu iniziata verosimilmente il 1903 e completata il 1904 a spese di un certo Gennaro Orrico fu Michele, ricco emigrante.

È stato triste constatare come spesso i benefattori di una comunità siano presto dimenticati; infatti non avremmo saputo neanche il nome del finanziatore della costruzione del campanile se il nostro comune, nel dare l'assenso per la sua edificazione, non avesse deliberato, oltre alla gratitudine, anche di porre sul campanile una targa a ricordo.

Nel dettaglio, le cose andarono così. Il benefattore, molto probabilmente prossimo a morire, conferì incarico ai signori Giu-

---

313 Delibera consiliare del 18 marzo 1889.

Il campanile (foto Biagio Cozzi)

seppe Niella e Michele Isabella di far costruire il campanile a fianco alla chiesa, ove già erano state realizzate le fondamenta[314] e a tal fine l'Orrico destinò una cospicua somma di denaro.

Nella delibera consiliare n° 51 del 17 ottobre 1900, infatti, si legge che i due signori delegati,

… per incarico loro commesso dal defunto Gennaro Orrico fu Michele, intendono elevare a spese del medesimo, sulle antiche fondamenta rimaste sospese per mancanza di mezzi, il Campanile annesso alla Chiesa Madre del Comune, in questa piazza del Popolo in conformità del disegno architettonico esibito.[315] *Epperò chiedono il prescritto assenso all'Amm.ne, avvertendo che nessun privilegio intendono di conservare sul nuovo monumento, che resterà a completo beneficio dell'Università per attestare la pietà del generoso oblatore.*

La circostanza che tra gli esecutori della volontà dell'Orrico, vi fosse Giuseppe Niella,[316] socio di Giuseppe Rotondano e cofondatore della città di Jequié in Brasile, ci fa ipotizzare che il benefattore era anche lui emigrato in Brasile in giovane età e lì,

---

314 Esse furono eseguite con un contributo di £. 1.275 che elargì il Comune con delibera consiliare n. 90 del 1889.

315 Non è stato rinvenuto agli atti del Comune.

316 Vedi il capitolo *Emigrazione*.

quasi certamente, era deceduto, giacché all'Ufficio Anagrafe del Comune di Trecchina non risulta morto alcun Gennaro Orrico negli anni tra il 1820 e il 1900.

Il costruttore fu Domenico Sorrentino,[317] appena ventenne, che in seguito realizzò anche il palazzo di Michele Schettini (Cazzòppola), quello di Giuseppe Scarpitta, la chiesetta di S. Antonio e una cappella gentilizia al cimitero.

Anni prima il parroco del tempo aveva già chiesto un contributo al Comune per la costruzione della torre campanaria, ma l'importo concesso fu così esiguo che con quei soldi si riuscirono a eseguire solo le fondazioni su tre lati, poiché i mastri muratori ritennero che il quarto lato potesse essere la risega della chiesa esistente, abbastanza larga per potervi poggiare uno dei lati della torre.

Quando, invece, fu eseguita, il costruttore si accorse che con l'aumentare dell'altezza della struttura, le fondazioni cominciavano molto lentamente a sprofondare, eccetto quelle della chiesa, poiché il basamento era già assestato essendo stato costruito oltre mezzo secolo prima. Il costruttore ricorse, quindi, a livellare i vari piani per assorbire, a mano a mano, il piccolo sprofondamento e, a costruzione ultimata (ventidue metri di altezza), il campanile risultò pendente di circa venti centimetri sul lato opposto alla chiesa.

A seguito del terremoto del 1980, furono eseguiti lavori di sottofondazione che consolidarono definitivamente la struttura.

---

[317] Domenico Sorrentino (1883-1975) di Sala Consilina (SA), appartenente a una famiglia di costruttori da vecchia data, eseguì i lavori a nome del padre Nunziante Sorrentino che aveva preso in appalto il lavoro. Il giovane si sposò con Caterina Maimone di Trecchina e qui lavorò alcuni anni, realizzando con grande maestria lavori privati, commissionati prevalentemente da emigranti rientrati dal Brasile.

2.5. La prima guerra mondiale

Nel 1914 i rapporti tra le nazioni europee erano tesi e difficili; c'erano rivalità, sentimenti di rivalsa e di indipendenza, desideri d'espansione e nazionalismi accesi. I vari Paesi erano uniti da alleanze: la Triplice Alleanza formata da Germania, Austria e Italia e la Triplice Intesa formata da Inghilterra, Russia e Francia. L'uccisione dell'erede al trono austriaco a Sarajevo, fu la causa occasionale dell'inizio della guerra: l'Austria dichiarò guerra alla Serbia; la Russia mobilitò l'esercito; la Germania diede inizio alle ostilità con la Francia e la Russia, alle quali si unirono Inghilterra e Giappone. A fianco dei tedeschi entrò in guerra l'Impero Ottomano. La guerra assunse, così, dimensioni mondiali.

Furono distrutte molte città e paesi e il costo della vita salì alle stelle. I piani tedeschi prevedevano una rapida guerra di movimento che si trasformò, invece, in una tremenda guerra di posizione.

L'opinione pubblica italiana era divisa in due: neutralisti (socialisti, cattolici e liberali), che erano contrari alla guerra, e interventisti (nazionalisti, socialisti rivoluzionari, irredentisti e proprietari di imprese belliche), che erano favorevoli alla guerra.

Il governo italiano si accordò segretamente con le potenze dell'Intesa: l'Italia sarebbe entrata in guerra contro l'Austria e la Germania e, in caso di vittoria, avrebbe ricevuto il Trentino, il Sud Tirolo e la Dalmazia. Il 24 maggio 1915 l'Italia cominciò le ostilità contro l'Austria. L'indiscriminata offensiva tedesca ebbe come conseguenza l'entrata in guerra degli Stati Uniti a fianco dell'Intesa; la Russia abbandonò il conflitto per lo scoppio della rivoluzione socialista al suo interno.

Nel 1918 i tedeschi furono battuti sul fronte occidentale dalle forze dell'Intesa mentre le truppe italiane vincevano contro gli austriaci a Vittorio Veneto ed entravano a Trento e Trieste.

La firma dell'armistizio segnò la fine dell'impero austriaco.

La guerra era finalmente terminata, lasciando dietro di sé circa dieci milioni di vittime di cui un milione e duecentoquarantamila italiani (Il numero esatto dei morti non è stato mai accertato).

In trincea

Di Trecchina morirono in guerra trentasei soldati: diciannove in combattimento e diciassette per malattia.[318]

Durante quel periodo la popolazione trecchinese soffrì moltissimo. Pochi capirono cosa fosse il riscatto delle "terre irredente",[319] compresi i soldati, malgrado fossero stati indottrinati.

---

318 *Morti sul campo per ferite*: Sergente Moliterno Ernesto, Caporali Agrelli Biagio, Fittipaldi Giuseppe, Pesce Umberto; Soldati: Amoroso Vincenzo, Casella Fortunato, Chiarelli Domenico, De Luca Donato, Donadio Domenico, Ferraro Massimiliano, Filardi Vincenzo, Formoso Giuseppe, Giffone Giuseppe, Greco Domenico, Grisi Raffaele, Iaria Francesco, Laino Domenico, Panaino Giovanni, Panza Biagio Antonio. *Morti per malattia*: Allievo Uff. Pignataro Gennaro, caporale Tupin Antonio; Soldati: Bartilotti Giuseppe, Battaglia Biase, Battaglia Francesco, Chiarelli Domenico, Cosenza Antonio, D'amico Biasino, Di lascio Giuseppe, Dommarco Fortunato, Filardi Donato, Labanca Francesco, Larocca Carmelo, Limongi Biagio, Nuschese Lorenzo, Pesce Biagio, Salomone Michele.

319 Erano le regioni del Trentino e della Venezia Giulia, rimaste sotto l'amministrazione austriaca anche dopo la III guerra d'indipendenza del 1866, nonché Fiume e la Dalmazia.

I cavalieri di Vittorio Veneto [320]
Dipinto di Emilio Larocca

Il popolo meridionale, annesso a quello che fu poi il Regno d'Italia, sentiva di non avere nulla da spartire con quei territori: non vi era unità di lingua, di costume e di tradizioni che avrebbero potuto consentire un carattere politico unitario.[321]

A questo si aggiunga che in quel periodo scoppiò la pandemia di influenza detta "spagnola" che colpì il mondo dal 1916 al 1919, ritenuta uno dei maggiori disastri sanitari, per morbilità e per mortalità, che abbia flagellato l'umanità negli ultimi secoli.

Si stima che abbia contagiato circa un miliardo di persone, in sei mesi, tra la fine dell'ottobre 1918 e l'aprile 1919, uccidendone tra i 21 e i 25 milioni,[322] di cui circa 375mila (ma alcuni sostengo-

---

320 L'Ordine di Vittorio Veneto è un'onorificenza commemorativa italiana istituita con legge 263/1968, nel cinquantenario della vittoria nella prima guerra mondiale, al fine di «esprimere la gratitudine della Nazione» a tutti i soldati italiani che avevano combattuto almeno sei mesi durante quel conflitto, agli insigniti della croce al merito di guerra e ai combattenti eventualmente ancora viventi delle guerre precedenti.

321 *Fatta l'Italia bisogna fare gli italiani,* fu la frase attribuita erroneamente a Massimo d'Azeglio; un appello alla creazione di un'identità nazionale italiana nel senso inteso dalla Rivoluzione Francese, cioè unire il "popolo", consapevole di essere spiritualmente congiunto da caratteristiche quali una lingua comune, una storia comune e una religione comune, in uno Stato creato dalla volontà collettiva delle persone (come lo era solo formalmente il nuovo regno). Secondo gli storici Simonetta Soldani e Gabriele Turila, la frase suddetta non apparterrebbe a d'Azeglio, ma sarebbe stata pronunciata nel 1896 da Ferdinando Martini (1841-1928), scrittore, deputato per quarantatré anni e ministro. (Introduzione a *Fare gli italiani. Scuola e cultura nell'Italia contemporanea*, I-II, il Mulino, Bologna 1993, vol. I, p. 17).

322 Johnson N.P. - Mueller J., *Updating the accounts: global mortality of the 1918–1920 "Spanish" influenza pandemic.* - "Bull Hist Med" 2002, 76 (1), pp. 105–15.

no seicentocinquantamila) soltanto in Italia.

I colpiti da tale febbre a Trecchina, come dappertutto, furono molti, ma i morti furono pochi. Non siamo riusciti a sapere quanti ma, dall'analisi degli atti di morte di quel periodo, pare che siano state solo alcune unità. Tra le truppe, invece, la pandemia si diffuse con maggiore facilità, per cui è da presumere che quei diciassette soldati di Trecchina morti in guerra per malattia, furono colpiti proprio dalla "spagnola".

Per i cittadini trecchinesi fu un altro periodo triste, fatto di miseria, di lutti, di privazioni. Soltanto qualche famiglia, che riceveva rimesse di denaro dai parenti residenti in Brasile, riuscì a vivere dignitosamente.

3. Il Fascismo

Il Fascismo nacque nel nostro paese dopo la fine della Grande Guerra, come conseguenza alla crisi economica e politica.

La situazione sociale era difficile e la disoccupazione provocava inquietudine, soprattutto nella classe operaia.

In questo contesto, nel 1919 nascevano a Milano i "Fasci italiani di combattimento" che si trasformarono, poi, in Partito Nazionale Fascista. Il movimento, data la situazione difficile, si inserì facilmente nella complicata situazione del dopoguerra. La gente aveva bisogno di certezze, di credere in qualcosa. Il loro fondatore aveva l'intento di creare un nuovo partito politico, ma il malcontento, il desiderio di cambiamento e il clima che si respirava in quel contesto storico, animò i sentimenti degli ex-combattenti e della gente comune che versava in situazioni di grave disagio economico.

All'inizio del 1920 il partito coinvolse tutte le classi sociali, non esclusi i contadini. Nelle elezioni dell'anno seguente, i fasci elessero, tra i loro deputati, Benito Mussolini.

La sinistra, divisa in due dopo la scissione di Livorno, era troppo debole per contrapporsi al Partito Nazionale Fascista. La profonda crisi economica favorì la crescita di questo partito, che ebbe come obiettivo la conquista del potere.

Il 1922 fu l'anno della "marcia su Roma", con Vittorio Emanuele III che concesse al futuro "Duce" l'incarico di formare un nuovo governo, perché ebbe paura di disordini e rivolte. Col tempo e l'impiego indiscriminato della violenza, il fascismo diventò sempre più potente. Mussolini non solo riuscì a imporre severe restrizioni della libertà di stampa e di riunione dei gruppi dissidenti, ma addirittura, nel discorso alla Camera del tre gennaio 1925, rivendicò a sé la responsabilità del delitto Matteotti e subito dopo soppresse tutte le libertà costituzionali e instaurò la dittatura trasformando, così, il fascismo da partito di governo in partito di regime.

I lineamenti del nuovo regime, introdotti dalle leggi così dette "fascistissime" del 1925 e degli anni seguenti, possono essere riassunti come segue.

Benito Mussolini e Adolf Hitler

Al centro dello Stato fu posta la figura del capo del Governo, responsabile solo di fronte al re e dotato del potere di nominare e revocare i ministri. Il potere legislativo fu trasferito al Governo, mentre al Parlamento rimase una funzione di pura ratifica; fu introdotto un sistema elettorale largamente maggioritario che, alle elezioni del 1928, favorì l'affermazione del cosidetto "listone" fascista; nel 1939 la Camera dei deputati fu soppressa e sostituita con la Camera dei fasci e delle corporazioni, i cui membri erano nominati dal Governo o dal partito fascista; i partiti diversi da quello fascista furono sciolti e quest'ultimo assunse anche formalmente la funzione di struttura portante dello Stato; nel 1926 fu istituito il sistema corporativo; nel 1931 entrarono in vigore il nuovo codice penale, il nuovo codice di procedura penale e il testo unico delle leggi di pubblica sicurezza, tutti realizzati sotto la direzione del ministro guardasigilli Rocco; nel 1938 furono introdotte le leggi razziali contro gli Ebrei.

Il Partito Nazionale Fascista si consolidò, quindi, in una dittatura a tutti gli effetti, che sfociò nell'alleanza di Mussolini con la Germania nazista di Adolf Hitler e che condusse l'Italia al disastro della seconda guerra mondiale costata al mondo oltre 55.317.000 vittime di cui 415.000 italiani.[323]

---

[323] I dati sono stati rilevati dall'Istituto Centrale di Statistica morti e dispersi per cause belliche anni 1940/1945 - Ufficio Storico dello Stato Maggiore dell'Esercito. Commissariato Generale C.G.V. Ministero della Difesa - Edizioni 1986. I dati sono stati pubblicati sul "Giornale di Vicenza" del 23 giugno 2000.

3.1. Il regime fascista a Trecchina

Per la fascistizzazione del popolo, dopo la marcia su Roma del ventotto ottobre 1922, furono costituiti anche a Trecchina dei gruppi di rappresentanza ad opera dei maestri in servizio: pochi Figli della lupa inizialmente tra i frequentatori dell'asilo "Sante Scaldaferri", e poi Balilla, Avanguardisti e Giovani fascisti, questi ultimi organizzati fuori dall'orario scolastico, da giovani entusiasti delle idee del regime. Tali gruppi venivano riuniti e assimilavano nozioni disciplinari.

Eseguivano, inoltre, esercizi ginnico-sportivi nel viale che porta al cimitero, cioè il Parco della Rimembranza, così detto perché dedicato alla memoria dei caduti della prima guerra mondiale.

Ai più grandi venivano impartite anche istruzioni premilitari. I loro genitori, consenzienti, permettevano di buon grado tali iniziative, perché le ritenevano volte al perfezionamento dell'educazione.

Balilla moschettieri

Dalla guerra, per la verità, i cittadini di Trecchina non si sentirono per nulla attratti. Il discorso del Duce dal balcone di Piazza Venezia del dieci giugno 1940 fu, infatti, accolto con freddezza e senso di avversione, salvo che da pochi fanatici entusiasti della guerra. I nostri soldati erano chiamati e richiamati a compiere disposizioni superiori non interamente condivise, e perciò la notizia della partecipazione alla guerra non poteva che essere accolta con indifferenza o scarso entusiasmo.[324]

---

324 Notizie fornite da Leandro Orrico, richiamato alle armi dopo il 10 giugno 1940.

I cittadini, eccetto qualcuno che si tenne in disparte, accettarono passivamente il nuovo regime. Bisogna anche dire che i podestà e i commissari che si susseguirono a Trecchina non applicarono alla lettera le leggi fasciste, per cui da parte delle autorità ci fu una certa tolleranza nei riguardi dei pochi dissidenti. L'unico che non fu tenuto in grande considerazione, fu il podestà Biagio Niella (Vedi Appendice), ma non risulta che abbia fatto alcuna ritorsione o del male ad alcuno.

Il segretario del Fascio, Beniamino Schettini, docente di scuola elementare e appartenente a una famiglia notevole di Trecchina, mentre fu un maestro burbero che infliggeva punizioni corporali agli alunni poco diligenti, come rappresentante del regime ignorò volutamente qualche facinoroso e cercò di essere un pacificatore.

Egli, il 28 gennaio 1944, insieme con i segretari del Fascio della zona, fu arrestato e tradotto nelle carceri di Lagonegro. L'undici febbraio fu trasferito nelle carceri di Potenza ma, una sottoscrizione di tutta la cittadinanza promossa dall'allora giovane socialista Salvatore Iovane, ne ottenne la liberazione.

4. La seconda guerra mondiale

Il 1° settembre 1939 la Germania invase la Polonia, e il 3 settembre Francia e Gran Bretagna dichiararono guerra alla Germania. Iniziò così la seconda guerra mondiale.

Il dieci giugno 1940 Mussolini, alleatosi con la Germania, dichiarò la guerra alla Gran Bretagna e alla Francia, ma perse quasi tutte le battaglie.

Hitler, con la sconfitta della Francia, era quasi riuscito a imporsi su tutta l'Europa, mancava solo la Gran Bretagna, che allora era guidata da Winston Churchill. Il Führer decise di invadere l'Inghilterra, senza riuscirci.

Dopo la spartizione della Polonia con la Russia, Hitler ritornò al suo piano iniziale, cioè invadere la Russia. Le operazioni iniziarono il 22 giugno 1941.

Gli Stati Uniti riuscirono a rovesciare la situazione e tra il 1942 e il 1943 ottennero molte vittorie. Anche gli inglesi ottenevano vittorie sull'esercito italo-tedesco.

I russi sconfissero i tedeschi, vincendo la battaglia di Stalingrado.

Fu così che Germania e Italia furono costrette a ritirarsi.
Successivamente le forze anglo-americane sbarcarono in Sicilia, conquistandola.

Gli italiani ormai erano stanchi della guerra e del fascismo e iniziarono gli scioperi contro il carovita.

Di fronte a questa situazione, nella seduta del Gran Consiglio del venticinque luglio del 1943 fu votata la sfiducia a Mussolini che lo stesso giorno fu arrestato su ordine del re Vittorio Emanuele III.

Pietro Badoglio, nuovo primo ministro, stipulò, quindi, l'armistizio (otto settembre) con le forze anglo-americane.

Il dodici settembre i tedeschi liberarono Mussolini dalla prigione del Gran Sasso, cosicché il Duce poté creare la Repubblica Sociale nel nord Italia.

Il sei giugno 1944 la più grande flotta da sbarco americana indebolì le difese tedesche; il 25 agosto De Gaulle fece il suo ingresso a Parigi mentre la Germania subiva la controffensiva russa.

Nel 1945 la sorte della Germania apparve definitivamente segnata e il trenta aprile Hitler si uccise nel bunker berlinese in cui si era nascosto con la sua amante Eva Braun e alcuni alti gerarchi.

Intanto il ventisette aprile Mussolini fu catturato e il giorno successivo giustiziato, insieme con la compagna Clara Petacci, dalle milizie partigiane, movimento di resistenza nato negli anni Venti, proprio in opposizione al regime.

L'Italia subì l'occupazione tedesca da cui fu liberata dagli eserciti alleati e dalle armate partigiane, il venticinque aprile del 1945.

Reticolato

4.1. Trecchina durante la seconda guerra mondiale

I soldati di Trecchina caduti nella seconda guerra mondiale furono venti e i dispersi in combattimento o in prigionia furono dieci.[325]

Con lo scoppio della guerra, le condizioni di vita della popolazione si aggravarono notevolmente, né valse a mitigarle l'iniziativa degli ammassi obbligatori, che si rivelarono fallimentari. Già nel millenovecentoquarantuno la carta, lo stagno, il ferro, il rame, il cuoio e le vivande erano diventati beni preziosi, mentre vestiti e scarpe furono sottoposti a tesseramento.

Se nel 1935 si donò malvolentieri l'oro alla Patria, la successiva requisizione di pentole, per fornire ferro e rame alle industrie, sembrò una intollerabile prepotenza.[326]

I generi alimentari erano limitati e per fare la spesa giornaliera, compresi duecento grammi di pane, occorrevano le cosiddette tessere annonarie, studiate per far fronte ai razionamenti imposti a causa dell'evento bellico, ma rimaste obbligatorie per lunghi anni, anche dopo la fine del conflitto.

Sia durante sia alla fine della guerra, la miseria e la fame erano compagne inseparabili. In questo clima di stenti, ognuno si arrangiava come poteva. Chi produceva piccole o grandi quantità di grano, ma anche di patate o altri generi, poteva tenere per uso della propria famiglia la quantità razionata che gli spettava ogni mese, in base al numero dei familiari, senza portarle all'ammasso.

---

325 Morti in combattimento o in prigionia: Alario Alessandro, Chiappetta Giovanni, Di lascio Nicola, Di lascio Pietro, Di lascio Rosina, Donadio Nicola, Fedele Biagio, Fiengo Mario, Lamonaca Luigi, Laino Giuseppe, Lamboglia Donato, Marotta Francesco, Nasta Angelo, Papaleo Michele, Papaleo Nicola, Renda Luigi, Riccardi Emilio, Russo Michele, Salomone Francesco, Viceconti Nicolangelo.
Dispersi in combattimento o in prigionia: Colamarco Francesco, Contelli Attilio, Limongi Giuseppe, Liporace Domenico, Mitidieri Venanzio, Raeli Pietro, Sarubbo Domenico, Siano Vincenzo, Vita Biagio, Zaccara Michele.

326 Molte famiglie sotterrarono, nel proprio orto dietro casa, tutte le pentole di rame per non farsele requisire.

Quando si andava al mulino a macinare il grano, si cercava di farlo nelle ore in cui non c'era nessuno, pregando la mugnaia[327] di non timbrare la tessera, in modo che restasse il diritto di macinare ancora altro grano, che significava altro pane.

I controlli, però, erano frequenti e severissimi: si rischiava la chiusura del mulino, la requisizione del grano e grosse multe se non l'arresto.

Per macinare piccole quantità abusivamente, qualche famiglia utilizzava in casa e di nascosto, un grosso macinino per il caffè: la fame induceva a superare qualsiasi difficoltà.

Finita la guerra, c'era qualcuno che partiva per Napoli col treno o con mezzi di fortuna, per andare a comprare di contrabbando qualcosa di essenziale che mancava alle famiglie, come i medicinali, e che al ritorno vendeva ai committenti.

5. Verso la democrazia

Alla fine della seconda guerra mondiale, l'Italia si trovava economicamente e moralmente sfinita.

A riorganizzare la nazione dal punto di vista politico e militare fu il Comitato di Liberazione Nazionale (C.L.N.), una organizzazione politica e militare italiana costituita da elementi dei principali partiti e movimenti del Paese, formatasi a Roma il 9 settembre 1943, allo scopo di opporsi al fascismo e all'occupazione tedesca in Italia. Fu sciolta nel 1947.

Il Comitato era composto da tutte le forze antifasciste e si mantenne unito anche dopo la fine della guerra, nella formazione del governo Parri. In questo governo erano riposte le speranze di attuare importanti riforme per superare il fascismo e avviare una nuova fase politica. Alle speranze però non seguirono i fatti, poiché il governo cadde dopo soli cinque mesi, nel dicembre del 1945. Inoltre, si andava sempre più rafforzando il timore che la guerra civile contro il fascismo si evolvesse in un'insurrezione popolare di stampo comunista. Furono gli stessi maggiori esponenti della sinistra, Togliatti (P.C.I.) e Nenni (P.S.I.U.P.), a placare gli animi, convinti comunque che in una futura consultazione avrebbero avuto la maggioranza necessaria per governare. Era ormai chiaro, però, che la svolta politica

---

327 Si chiamava Petronilla Grillo e aveva come collaboratore Emilio Maimone, detto Emilio di don Davide.

non poteva non conseguire da elezioni democratiche

Il due giugno 1946 furono indetti sia il referendum sulla scelta tra monarchia e repubblica, sia le elezioni dell'Assemblea Costituente. Nel frattempo il leader della Democrazia Cristiana, Alcide De Gasperi, era stato incaricato di formare un nuovo governo, l'ultimo del Regno d'Italia, che ebbe il sostegno di tutto il C.L.N.

5.1. Trecchina dal 1943 al 1948

Lo sbarco in Sicilia del 10 luglio 1943 fu attuato dagli Alleati con l'obiettivo di invadere e sconfiggere l'Italia fascista. Fu la prima operazione delle truppe alleate sul suolo italiano durante il conflitto e costituì l'inizio della campagna d'Italia.

In quell'estate l'italia meridionale, per la prima volta vide la guerra da vicino, con i bombardamenti degli Alleati in tutto il suo territorio contro le truppe tedesche in ritirata.

Il 25 luglio, la notizia della caduta del fascismo fu ascoltata dal giornale radio delle ore venti, nel "Dopolavoro" (un circolo ricreativo fascista sito in Via Medania) da molta gente. Un gruppo di questa si organizzò in un corteo che attraversò il paese inneggiando alla ritrovata libertà.

Il podestà Biagio Niella inviò subito un suo emissario a Maratea per avvisare dell'accaduto il maresciallo dei carabinieri che, la mattina seguente, venne a Trecchina e condusse nel carcere di Maratea i "sediziosi" Michele Grillo, Giacomo Larocca, Salvatore Iovane e Felice Laino. Soltanto dopo quattro giorni, quando il magistrato si rese conto che il regime fascista era effettivamente caduto, i malcapitati furono liberati.

In quel periodo, e certamente prima del sette settembre 1943, una compagnia di tedeschi in ritirata e diretta al Nord Italia, si acquartierò nei castagneti di Trecchina per diversi giorni.

I ragazzi del paese si avvicinavano circospetti al loro accampamento, per curiosità e nella speranza di ottenere del cibo. Alcuni di loro s'imbatterono in una cassa di gelatina, esplosivo detonante, derivato della dinamite, che essi, probabilmente, avevano scambiato per cibo, e la rubarono. Quando i soldati tedeschi si accorsero del furto, corsero in paese e minacciarono di farlo saltare in aria se non fosse stata consegnata la cassa.

A quella intimazione, la maggior parte dei trecchinesi, presi dal panico, fuggì nelle campagne, ma l'arciprete, don Biagio Marotta, si presentò coraggiosamente nell'accampamento e chiese al comandante di essere fucilato lui, pur di salvare il paese, nel caso non fosse stata trovata la cassa. Il comandante tedesco accettò. La cassa, però, ricomparve e tutto si risolse con un ennesimo enorme spavento.

I tedeschi ripresero così la marcia verso il Nord.

Si è detto che nell'estate del 1943 tutta l'Italia Meridionale fu teatro di bombardamenti da parte degli alleati.

In quella occasione fu bombardata Sapri, ove ci furono morti e feriti mentre a Maratea cadde una bomba che fortunatamente non fece alcun danno.

Lauria, invece, il 7 settembre del 1943[328] fu bombardata pesantemente dagli aerei inglesi. Vi furono ben trentasette morti e molte furono le case distrutte.[329]

I trecchinesi, atterriti dall'evento, che fu visibile da tutto il paese, fuggirono tra i castagneti, nella speranza di salvarsi da un eventuale bombardamento del centro abitato.

Dopo qualche tempo giunsero in paese le truppe inglesi dell'Ottava Armata di Bernard Montgomery proveniente da sud, accolte trionfalmente dai cittadini: era la fine della guerra!

Essi si acquartierarono per qualche giorno in tutta la piazza e per i luoghi circostanti e furono festeggiati dalla popolazione.

Nel 1945 si cominciarono a costituire i partiti.

---

[328] Ancora oggi molti cittadini di Lauria vengono in pellegrinaggio al santuario della Madonna del Soccorso di Trecchina il 7 settembre di ogni anno (vigilia della festa) perché a lei fu attribuito il miracolo di aver limitato i danni del bombardamento all'intero paese.

[329] Valerio Mignone, *Da Zanardelli a Nitti e Mussolini,* Alfredo Guida Editore, Napoli 2011, p. 335; cfr. Antonio Spagnuolo, op. cit., p. 122 e sgg.

A Potenza per la Democrazia Cristiana emerse Emilio Colombo, segretario generale della Gioventù dell'Azione Cattolica, giovane esponente di una generazione italiana pulita, non contaminata dal fascismo, antitotalitaria, convinta di doversi impegnare per una ricostruzione democratica della nazione. Lo affiancò, tra gli altri, un giovane cattolico praticante di Trecchina, Michele Marotta, che risiedeva a Potenza ove insegnava la lingua francese.

Il Marotta, divenuto segretario provinciale del partito, organizzò le sezioni del Lagonegrese.

A Trecchina, nella primavera di quell'anno, Errichetto Marotta, Leandro Orrico, Angelo Mensitiere, Antonio Paolillo e Giuseppe Castelluccio costituirono ufficialmente la sezione del partito della Democrazia Cristiana.

Le elezioni amministrative del ventiquattro marzo 1946 furono le prime che si tennero, dopo la caduta del fascismo, e comportarono il ristabilimento di tutte le amministrazioni municipali, dopo che i comuni erano stati retti da sindaci e giunte provvisorie nominate dall'AMGOT.[330]

La campagna elettorale fu molto accesa e animosa.

La Democrazia Cristiana fu capeggiata da un giovane studente universitario, Errichetto Marotta, fratello minore di Michele Marotta, dirigente provinciale della D.C. e già candidato alle successive elezioni politiche per eleggere l'Assemblea Costituente.

Attorno al partito democristiano si strinse tutta la borghesia del paese, l'Azione Cattolica e la Chiesa, con una propaganda ossessiva, che non tralasciò alcun mezzo per raccogliere la maggior quantità possibile di voti, denigrando e deridendo la lista avversa.

Si inserirono nella lista D.C., oltre a qualche notabile, perso-

---

330 È l'acronimo dell'inglese *Allied Military Government of Occupied Territories* (in italiano Amministrazione militare alleata dei territori occupati). Fu un organo militare deputato all'amministrazione dei territori occupati dagli Alleati durante la seconda guerra mondiale.

naggi influenti nei villaggi e nelle contrade. Si chiese a Potenza - e si ottenne - che il territorio (che contava meno di tremila abitanti) fosse diviso in ben sei seggi elettorali, affinché si potessero controllare i voti in ciascuna località e, quindi, individuare l'orientamento politico di ogni famiglia.

L'altra lista era capeggiata da Pasquale Carlino, un ex boscaiolo diventato imprenditore boschivo durante la guerra. Questi era stato nominato commissario (o sindaco) dall'AMGOT, dopo le dimissioni di Giuseppe Vita, e rimase in carica dal 1945 a febbraio 1946, per circa un anno, finché non subentrò il commissario prefettizio a gestire le prime elezioni amministrative.

Essendo sindaco uscente, il Carlino volle candidarsi con una lista civica di ispirazione di sinistra (la Spiga), sicuro che questa volta sarebbero stati i cittadini a riconfermargli la carica, forte anche del fatto che aveva molti operai alle sue dipendenze, in un periodo in cui era molto difficile trovare lavoro.
Egli, però, non riuscì a formare una lista credibile, né peraltro aveva le capacità di gestire una campagna elettorale, quando dall'altra parte vi era raccolta tutta l'*intellighenzia* del paese, appoggiata dalla Chiesa e che deteneva poteri anche a livello provinciale.
La vittoria della D.C. era scontata, ma il suo capolista, Errichetto Marotta, prese solo 203 voti in più di Carlino, capolista della "Spiga".
Benché il numero dei voti della lista di minoranza fosse stato consistente (oltre il 40%), per la legge maggioritaria la lista D.C. ottenne dodici consiglieri su quindici.

Errichetto Marotta rimase sindaco dal 1946 fino al 1978, eccetto un breve intervallo (giugno 1952 - settembre 1953) in cui fu eletto sindaco Leandro Orrico.

Le elezioni politiche del due giugno del 1946 furono le prime della storia repubblicana italiana e le prime dopo il periodo della dittatura fascista che aveva governato l'Italia nel ventennio precedente.

Ebbero diritto di voto tutti gli italiani di almeno ventuno anni

Veduta del Castello e propaganda elettorale anni Cinquanta

d'età, maschi e femmine (le donne avevano già votato per le elezioni amministrative).

Le elezioni politiche avvennero due mesi dopo quelle amministrative.

In paese la campagna elettorale, in pratica, non si era ancora chiusa, anzi si rinvigorì, essendoci il candidato locale Michele Marotta.

La sezione della D.C. era aperta fino a tarda di notte. Un altoparlante trasmetteva in continuazione l'inno democristiano "Bianco fiore", quello nazionale e l'inno di Garibaldi. Tutto il paese era ricoperto di manifesti con lo scudo crociato e gli attivisti bussavano alle porte di tutte le case per insegnare come votare. I maggiorenti tessevano le fila nella farmacia del paese.

Per quanto riguarda il referendum, il 60% circa degli elettori della Basilicata votò per la monarchia, rispetto al 40% circa dei votanti a favore della repubblica.

Non ci è stato possibile reperire i risultati delle votazioni del referendum a Trecchina, mentre abbiamo potuto verificare che per l'Assemblea Costituente furono i seguenti:[331]

---

331 Valerio Mignone, op. cit., p. 349.

Elettori 1.626 - votanti 1.433 - voti validi 1.369

Lista	Voti	%
Democrazia Cristiana	1.214	87,95
Unione Democratica Naz. (Nitti)	70	5,11
P.S.I.U.P.	58	4,24
Partito Comunista Italiano	29	2,12
Altri	8	0,58

Come si vede, la Democrazia Cristiana ebbe solo 165 voti contrari raggiungendo una maggioranza di circa il 90% dei voti validi. Ciò fu dovuto soprattutto alla presenza del compaesano Michele Marotta, candidato in quel partito, che fu il primo dei non eletti con voti 9.776, ma con un distacco di ben diecimila voti (il doppio dei suffragi ottenuti) da Mario Zotta, secondo eletto dopo Emilio Colombo. Il partito, questa volta, non lo aveva appoggiato a livello regionale.

In Basilicata furono eletti[332]:

Lista	Eletti	% voti al partito
Partito Comunista Italiano	Gullo Fausto *Subentra* De Filpo L.	13
Democrazia Cristina	Colombo Emilio Zotta Mario	31,3
Unione Democratica Naz.	Nitti Francesco Saverio	22.8
P.S.I.U.P.	Pignatari Aldo Enzo	16,2

Dopo due anni, il 18 aprile 1948, si tennero le nuove elezioni politiche per eleggere i due rami del Parlamento italiano: la Camera dei Deputati e il Senato della Repubblica. Gli animi, in paese, erano ancora accesi perché si ripresentava, candidato alla Camera dei Deputati, Michele Marotta che, nella provincia e, in special modo, nel Lagonegrese, era conosciuto come autorevole esponente della Democrazia Cristiana.

---

332 *Ivi,* pp. 345-346.

Questa volta fu appoggiato dal partito (Emilio Colombo) e divenne deputato.

Fu un tripudio. Alcuni giorni dopo le elezioni, programmò la visita a Trecchina per ringraziare i suoi paesani.

La gente sembrava impazzita: manifesti, striscioni, bandiere, balconi infiorati. Il paese si preparava per la festa politica più grande che fosse stata mai celebrata.

All'inizio dell'abitato, lungo la strada, fu allestito un enorme arco con assi di legno, ricoperto interamente da edera e fiori: un arco di trionfo.

Fu anche predisposto un enorme palco nell'area ove ora sorge l'edificio della scuola elementare. Appena giunse l'autovettura che lo conduceva in paese, la gente sembrò andare in visibilio, i padri prendevano in braccio i figli per farglielo vedere, le loro donne avevano esposto il copriletto più bello del corredo alle ringhiere dei balconi, come si usava per la processione del Corpus Domini.

Discorso di ringraziamento dell'on. Michele Marotta (Archivio Michelino Larocca)

Si susseguirono oratori enfatici e dotti, omaggi floreali e, infine, un lungo discorso di ringraziamento del deputato, interrotto da continue ovazioni. Fu accompagnato, poi, nella sua abitazione in braccio e finalmente tutti - qualcuno un po' rauco - tornarono a casa, convinti che ormai avevano un santo in paradiso, che a ciascuno di loro il novello parlamentare avrebbe fatto ottenere ciò che desiderava: il *posto*.

L'on. Michele Marotta fu un deputato onesto, un cattolico praticante, dotato di bonomia e di antico paternalismo.

Al seguito del potente conterraneo Emilio Colombo, rimase nel Parlamento per ventiquattro anni, fino alla quinta legislatura (giugno 1972), ma non ebbe molto potere e, quindi, poté garantire solo a pochissimi il *posto* che quel fatidico giorno del mese di maggio 1948 ogni padre di famiglia aveva sognato.

Alle successive elezioni amministrative del 1952 si tentò una pacificazione tra il partito della Democrazia Cristiana e l'altra fazione. Quest'ultima aveva una connotazione di sinistra con prevalenza di socialisti, ma non possedeva un'organizzazione efficiente, né una sezione e nemmeno un leader carismatico.

La pacificazione fu concordata presentando una lista unica in cui vi erano candidati delle due fazioni che concordarono anche i nominativi della futura giunta comunale.

Durante la campagna elettorale, però, vi fu qualche furbizia: si tentò di fare ottenere voti ad alcuni candidati a danno di altri, contravvenendo ai patti.

A elezioni avvenute, il candidato D.C. Leandro Orrico, che si era ritenuto penalizzato dal suo partito durante la campagna elettorale, formò una giunta con l'appoggio dei consiglieri dell'altra fazione. La maggioranza, però, durò poco. L'inesperienza dei componenti la giunta, una lotta senza quartiere da parte dei maggiorenti D.C., con ricorsi al prefetto e conniventi sotterfugi del segretario comunale, fecero decadere il sindaco dopo poco più di un anno.

Alle successive elezioni del 1954, la sinistra era pressoché scomparsa: la D.C. raggiunse il 70% dei voti validi.

La vita politica del paese non ebbe più vitalità, né, in seguito, alle elezioni del 1963, valse la candidatura di Giacomo Schettini, segretario regionale del P.C.I., e di uno dei due medici del paese,

Biagio Fiorenzano e del segretario del P.C.I. Domenico Lamboglia, per avere un'alternativa alla D.C. La presenza dei loro nominativi nella lista - che questa volta si presentava con simbolo del Partito Comunista - fece solo aumentare di circa trecentocinquanta voti la compagine, rispetto alle precedenti elezioni, quando la minoranza si era ridotta al lumicino.

Fu così che l'amministrazione democristiana resse le sorti del paese fino ai primi anni Novanta.

6. Trecchina dal 1948 agli anni Sessanta

Il paese non si era ancora ripreso dalla guerra. Vi era tanta povertà. Fino agli anni Cinquanta, furono molte le persone che vivevano in miseria e chiedevano l'elemosina per le case; parecchi bambini camminavano scalzi. Molti altri vivevano solo dei pochi prodotti che riuscivano a ricavare da un fazzoletto di terra.

La scarsa alimentazione era ridotta ai farinacei, ai legumi, alle patate, alla polenta e alle castagne essiccate, sbucciate e bollite. La carne era limitata a quella degli animali da cortile, galline, conigli e maiali, tutti allevati in proprio, quando non dovevano essere venduti per sopravvivere.

Il taglio dei boschi dava lavoro a qualche taglialegna, mal retribuito e senza alcun diritto sindacale. Anche le donne lavoravano in quell'attività, trascinando tronchi di alberi nelle montagne, e raccogliendo e trasportando fascine.

Gli abitanti dei villaggi, quando venivano in paese a fare la spesa, indossavano le cioce, realizzate con pezzi di copertone di automobile e legacci di cuoio (*zambittë*).

In quel periodo si costruiva anche la rotabile per Parrutta e Piano dei Peri. Era tale la disoccupazione che fu disposta la turnazione degli operai, nel senso che essi erano assunti solo per quindici giorni lavorativi, per poi cedere il posto agli altri e, soltanto quando la graduatoria si esauriva, si ricominciava il turno. Il tutto per consentire a quante più persone possibili di ottenere un salario per breve tempo.

In quel cantiere si lavorava dall'alba al tramonto e c'era la possibilità di essere licenziati per "scarso rendimento".
Gli operai, quando si recavano al lavoro, dovevano trasportare a spalla un sacchetto di cemento di cinquanta chilogrammi fin sul luogo ove doveva essere impiegato.

Vi furono, inoltre, i cantieri-scuola finanziati dal Ministero dell'Agricoltura e Foreste, gestiti dall'ufficio periferico di Lagonegro. In essi erano in generale assunti i più deboli e bisognosi. I lavori dei cantieri-scuola consistevano nella costruzione di una strada di montagna che, partendo dalla località Forraina, avrebbe dovuto raggiungere il santuario della Madonna del Soccorso.

La paga giornaliera era di seicento lire, cifra insufficiente anche a sfamare la famiglia per un giorno; eppure vi erano operai che salivano dai villaggi, facendo più di un'ora di cammino a piedi, felici di poter lavorare.

Negli anni a seguire, si ottennero finanziamenti pubblici per la realizzazione delle fognature, degli acquedotti e di altre infrastrutture. Giunse perfino l'acqua nelle nostre case.

Si eseguirono i lavori per il raddoppio dei binari della ferrovia a Maratea e molti operai di Trecchina si recavano a lavoro in quei cantieri in bicicletta.

Si costruirono, poi, le fabbriche della Marlane a Maratea e a Praia a Mare (aziende tessili) ove sorse anche lo stabilimento "Lini e Lane", oltre alla PAMAFI (azienda ortoflorofrutticola) nella piana di Castrocucco e un laboratorio per il rammendo di stoffe a Trecchina: tutte opere dei Rivetti, industriali tessili di Biella, che le realizzarono utilizzando i fondi della Cassa per il Mezzogiorno. Queste attività impiegarono molti operai e operaie in tutta la zona.

A Trecchina, l'enorme Piazza del Popolo, in pochissimi anni, diventò quella meravigliosa Villa che conosciamo e che costituisce un vanto del paese.

La costruzione della strada di fondovalle rappresentò un'altra fonte di reddito, per oltre un lustro e diventò un rapido collega-

mento sia con i paesi della valle sia con l'autostrada.
Si cominciava finalmente a vivere.

Intanto al Nord, tra 1958 e il 1963 era iniziato quello che fu detto il "miracolo economico".

Il processo di industrializzazione, partito al Nord ancora prima dell'Unità d'Italia, in quel periodo ebbe una fortissima spinta, facendo crescere a dismisura il bisogno di manodopera. Di contro, al Sud vi era ancora una povertà diffusa, le proprietà terriere erano frammentate, franose e improduttive. Questo fu il motivo che spinse soprattutto i contadini e i giovani a emigrare al Nord, con la famosa valigia di cartone legata con lo spago, viaggiando sullo storico "Treno del Sole" che percorreva tutta l'Italia da Palermo a Torino e viceversa.

Milioni di meridionali, nella maggior parte dei casi semianalfabeti, si trasferirono dalla campagna nelle città del Nord Italia, nel cosiddetto triangolo industriale: Milano, Torino e Genova.

Il boom economico di quegli anni fu opera soprattutto di quella generazione di lavoratori, fatta di povera gente che scappava

La partenza

da una condizione di bisogno e di privazioni: una mano d'opera a buon mercato.

Trattati come "terroni", erano costretti a vivere in strutture fatiscenti, case "alveare", celle dormitorio con crepe sui muri e puzza di umido, che è poi sempre la puzza della povertà.

A questa situazione, si aggiungeva un diffuso sentimento di discriminazione sociale che giunse persino a materializzarsi in cartelli razzisti sulle vetrine dei bar e sui portoni delle pensioni.[333]

Questi nuovi emigranti in patria, abituati al sacrificio e al duro lavoro, seppero adattarsi e, con gli anni, integrarsi a volte solo parzialmente in una realtà sociale molto diversa da quella da cui erano partiti.

Famiglia meridionale al Nord

---

333 Nel 1961 sulla vetrina di un bar di Torino fu affisso il cartello: "*Vietato l'ingresso ai cani e ai meridionali*", mentre molti altri se ne trovavano sui portoni delle pensioni o dei palazzi: "*Non si affitta ai meridionali*".

Da Trecchina di migranti ne partirono tanti: contadini, operai comuni, giovani disoccupati. Tutti trovarono una sistemazione dignitosa prevalentemente nelle industrie e nei cantieri edili.

La maggior parte si stabilì a Rescaldina, nella cintura milanese, dove era fiorente l'industria tessile (Bassetti), quindi l'indotto per la manutenzione e la riparazione dei telai, e ancora il settore metalmeccanico e, poi, quello metallurgico, per la fusione della ghisa, oltre l'edilizia che, in quel periodo, ebbe uno sviluppo febbrile in tutto il triangolo industriale e non solo.

Dopo qualche anno molti tornavano in paese per le vacanze. Qualche giovane arrivava con una fiammante utilitaria che parcheggiava davanti al bar per mostrarla con orgoglio. Indossava pantaloni a zampa d'elefante e parlava un misto di trecchinese e di lombardo per darsi un tono cittadino, salutandoci con l'immancabile "Ci vediamo crai, neh!".

Era un linguaggio che essi avevano imparato per cercare di mimetizzarsi nel nuovo luogo in cui vivevano, ignorando che, in questo modo, cominciavano a perdere la propria identità, cominciavano a diventare estranei nel proprio paese.
Ma l'estraneità è la condizione esistenziale di chi si sradica dalla propria terra di provenienza.

Il resto è cronaca: potremo raccontarcela insieme, con la passione e con le immancabili polemiche con cui la viviamo.

Capitolo XIX

Il dialetto

1. Il dialetto galloitalico

Con i suoi tesori espressivi, il dialetto ha sempre toccato più corde liriche rispetto alla lingua letteraria tradizionale; esso è stato capace di difendere identità storiche e individuali, tradizioni e coralità.

Il dialetto si è fatto strumento all'interno della lingua che si è così accresciuta e vitalizzata, perché le forme dialettali non creano un universo separato, ma sono parti inscindibili della letteratura nazionale e non esisterebbero senza di essa. Insieme, sono forme che convivono pacificamente, senza fratture, con influenze e scambi aperti.

Le parole di Pier Paolo Pasolini ci sono da esempio: «*Il "dialetto" diventa lingua quando viene scritto ed adoperato per esprimere i sentimenti più alti del cuore ... per esprimere le proprie idee, il proprio sentire, i propri desideri*».

La nostra Nazione ha il maggior numero di dialetti in rapporto alla sua superficie.

Prima di parlare del dialetto trecchinese, bisogna premettere che le varie parlate lucane sono state influenzate anche da altri dialetti, sia di origine calabrese, sia di origine campana sia di origine pugliese, cui bisogna aggiungere l'isola glottologica "arbëreshë", di origine albanese, alle falde del Pollino, che costituisce addirittura minoranza linguistica ufficialmente riconosciuta.

In questa mescolanza di lingue, la Basilicata si identifica come un insieme di isole che non riescono a diventare arcipelago.

In Basilicata, infatti, non esiste omogeneità linguistica, perciò la parlata di nessun comune può essere considerata tipica o rappresentativa dell'intera regione, così come invece avviene nella maggior parte delle altre regioni italiane.

Il celebre glottologo e linguista Tristano Bolelli affermò:

Se prendiamo una carta geografica della nostra penisola, si può tracciare una linea ideale che va da La Spezia a Rimini. Ecco, questo è il confine che divide i due grandi gruppi dei dialetti italiani: quelli settentrionali da quelli centro-meridionali e toscani. E questi ultimi vanno poi considerati a parte ... I dialetti settentrionali hanno caratteristiche per cui, di solito, vengono chiamati anche galloitalici perché le zone in cui si sono diffusi erano abitate dai Galli prima della conquista romana.[334]

Il nostro dialetto si caratterizza proprio per la presenza di moltissimi relitti linguistici settentrionali, cioè galloitalici.

Intendiamo per galloitalico quel particolare sviluppo che la lingua latina prese nella Gallia Cisalpina e che dovette portare alla nascita delle parlate piemontesi, liguri, emiliano-romagnole e veneziane. Queste parlate, staccandosi dall'evoluzione di tipo italiano, son in molti fenomeni più legate al neolatino della Francia.[335]

La presenza del galloitalico nel nostro dialetto fu scoperta dal ce-

---

[334] Conversazione fra Luciano Simonelli e Tristano Bolelli svoltasi a Pisa nell'ottobre del 1983 in "*L'Istrice*", Simonelli Editore.

[335] Gerhard Rohlfs, *Sull'origine del dialetto di Trecchina*, in Pasquale Schettini, op. cit., Appendice, p. 195, nota 2.

lebre glottologo Gerhard Rohlfs[336] che lo individuò in una delle tante indagini che fece in Italia.

Nel 1925 egli scoprì un primo gruppo di parlate galloitaliche nella zona di Potenza: Tito, Picerno, Pignola, Potenza, parlate che, confrontate con i dialetti dell'Alta Italia, lo portarono a paragonarle ai dialetti del Piemonte.

Nel 1937 a Rivello individuò altre tracce di galloitalico per cui l'anno successivo ritornò e raccolse a Trecchina, da un contadino (certo Nicola Lamboglia), materiale tale da convincerlo di aver trovato nel nostro paese il centro del nuovo focolare galloitalico, individuando tracce anche a Rivello, San Costantino e Nemoli.

Gerhard Rohlfs

In un suo piccolo saggio, egli rileva che

... bisogna distinguere tra il dialetto pulito della Piazza, parlato dai galantuomini che più o meno si avvicina al tipo napolitano con alcune caratteristiche galloitaliche, ed il dialetto rozzo dei contadini (specialmente quelli delle frazioni fuori del centro) che è un dialetto sui generis assolutamente diverso da quello del tipo napolitano.[337]

---

336 Gerhard Rohlfs (Berlino, 14 luglio 1892 - Tubinga, 12 settembre 1986) è stato un filologo, linguista e glottologo tedesco Fu docente di filologia romanza all'Università di Tubinga e all'Università di Monaco di Baviera. Umanista di vasta cultura e ampi interessi, fu soprannominato "l'archeologo delle parole".

337 Gerhard Rohlfs, *Sull'origine del dialetto di Trecchina*, ... cit., pp. 195-216. Questo articolo riassume in una forma più concisa e in una trattazione più accessibile a quelli che non coltivano la glottologia, il contenuto di una estesa memoria, "Gatloitalienische Sprachkolonien am Golf von Policastro" pubblicata nella "Zeischrift fiir Romanische Philologie", vol. 61, a. 1941, pp. 17-113. Per chi volesse approfondire lo studio, può trovare il testo in versione italiana, in *"Studi linguistici sulla Lucania e sul Cilento - Colonie Galloitaliche sul Golfo di Policastro"*, Congedo Ed., Galatina 1988, pp. 41-76.

Il glottologo passa in rassegna alcuni fenomeni più caratteristici del dialetto di Trecchina.
A puro titolo di esempio, si riportano, qui di seguito, alcuni concetti dello studioso.
Comincia col trapasso di *p* intervocalico comune ai dialetti settentrionali: *savudo* "saputo", *savìa* "sapeva", *sevala* "siepe", ecc., d'accordo con i veneto *savuo* o *savudo,* genovese *savüo*, piemontese *savü*, emiliano *savü*.
La preferenza a *d* e *g*: *creda* "creta", *frade* "fratello", *marido* "marito, ecc.
E ancora: *fuogo, mànego, domènega.*
La scomparsa della *g* in alcuni casi: *ordìa* "ortica", simile ad alcuni dialetti settentrionali: piemontese: *urtia.*
Si passa poi al vocalismo, anch'esso vicino ai dialetti settentrionali, indi alla morfologia, alla flessione verbale e al lessico. Dopo un'analisi attenta e approfondita di tutti gli elementi che costituiscono il dialetto trecchinese, egli così conclude:

«Cerchiamo ora di riassumere i nostri risultati per determinare, per quanto possibile, da quale zona dell'Italia settentrionale siano partiti i nostri coloni.
  I fenomeni 'galloitalici' che abbiamo potuto accertare sono:
  1. Dittongazione di Ĕ e Ŏ davanti a -I (non davanti a -Ŭ): milanese, Ossola, Ticino, Grado, piemontese meridionale (p. 172, 175).
  2. Dittongazione di Ĕ e Ŏ davanti a palatale: lig., piem., lomb.
  3. Dittongazione di Ŏ davanti a R e V ('piove', 'fuori', 'nuova'): piem., lig., lomb.
  4. Metafonia di Ē (į) e Ō (ŭ) per influsso di una ɪ (non di una ŭ) finale: Ossola, Ticino, Milano, Grado.
  5. Le consonanti intervocaliche -P-, -T-, -K- diventano -v-, -d-, -g: tutta l'Italia settentrionale.
  6. Vocale +C + E (I) > š: tutta l'Italia settentrionale.
  7. -SJ- intervocalico > š (dal più antico ž): lig., piem., ticin.
  8. L- in posizione iniziale > ḍḍ: rimanda a una doppia *ll-* in posizione iniziale, che si può supporre presente in età più antica solo nel settentrione.
  9. -CL- > ł (> ǧ): lo stesso sviluppo si registra in Piemonte e Liguria.

10. Apocope del participio: piem., lomb., emil., venez.
11. COGNATUS > *CUGNATUS > č̓-: zona di Ossola.
12. Genere femminile di SAL, MEL, FEL: lig., piem., lomb.
13. *OVI, *OSSI invece di OVA, OSSA: piem., lomb., venez.
14. Posizione proclitica del possessivo nelle indicazioni di parentela: tutto il settentrione.

La maggior parte di questi fenomeni sono diffusi su aree dell'Italia settentrionale così vaste da non poter dare alcuna indicazione per una loro localizzazione più precisa. Alcuni di questi permettono però di escludere determinate zone. Così la Romagna è esclusa perché qui SAL, FEL e MEL sono di genere maschile. Anche la Liguria si esclude, perché qui il participio non è apocopato (CANTATU > *cantá*); anzi la *u* finale dopo la caduta della dentale si fonde con la vocale tonica precedente: CANTATU > *cantáu, cantǫu, cantó*. Inoltre in Liguria non è diffuso il tipo di plurale *ossi, *ovi (si ha invece *osse, *ove). La palatalizzazione di c nel vocabolo COGNATUS è diffusa in un'area abbastanza limitata. Tuttavia questa palatalizzazione si verifica davanti a ü e la parola *küñá* domina in tutta l'Italia nordoccidentale (Liguria, Piemonte, Lombardia). Per questo anche questa forma, benché di diffusione più limitata, non può essere considerata come particolarmente significativa. In una forma base *küñá* (o *kiñá*) la palatalizzazione k>č poteva infatti verificarsi abbastanza facilmente e spontaneamente. Tuttavia la forma *čanatu*, che presuppone un *küñá*, fa escludere con certezza l'Italia nordorientale (a est della linea Mantova-Modena), dove u non diventa ü.

Un altro metro di giudizio è offerto dal lessico. Ma è difficile identificare con esattezza la patria settentrionale dei coloni, perché il vocabolario dei dialetti settentrionali, se non è registrato nell'AIS, è stato raccolto in molte zone in modo molto incompleto. Va inoltre osservato che vocaboli oggi attestati solo in un'area limitata del nord, possono avere avuto nel Medioevo un'ampia diffusione. Sotto questo aspetto è molto interessante il vocabolo *kęšu* "mandibola" (< CAPSU o *CAPSEU). Il vocabolo oggi non è più attestato al nord, né è documentato nei testi antichi. Ma la presenza di questa parola sia presso i galloitalici di Trecchina sia nel provenzale-catalano fa pensare che anche in certe zone dell'Italia settentrionale fosse un tempo comune per essere poi sostituito dai vocaboli diffusi oggi: *ganasa, mašęla* (AIS, c. 116). Così per *rattapañǫtta, rǫttapannǫtta* "pipistrello". La corrispondenza con *rittsabannǫtta* "pipistrello" (v. sopra 67) attestato in Sicilia a Mistretta (vicino alle colonie galloitaliche!) indica con certezza che il tipo lessicale *ratapenado*, caratteristico della Francia meridionale, era rappresentato un tempo anche in Italia settentrionale e solo in età più recente è stato sostituito da altri tipi lessicali (piem. *ratavoloira*, lig. *ratupenügu*).

Un elemento importante è il vocabolo *tẹsta*, che compare a Trecchina e dintorni (C, N, R), mentre al sud domina CAPUT. Questo vocabolo era già stato identificato come elemento lessicale caratteristico presso i galloitalici di Potenza ("ZRPh.", 51, 276), dove *tẹsta* compare completamente isolato in un'area in cui fino alla linea Gaeta-Gargano è diffuso CAPUT. Il vocabolo *tẹsta* è caratteristico dell'Italia settentrionale (la Toscana oscilla tra *testa* e *capo*), con un'importante eccezione: in Lombardia si ha *kọ* (< CAPUT). Solo da un secolo *testa* comincia lentamente a sostituire qui il vocabolo più arcaico. Poichè i galloitalici di Trecchina (come quelli del gruppo di Potenza) possono provenire solo da una zona in cui nel medioevo si usava la parola *testa*, la Lombardia deve essere quindi esclusa quale regione d'origine. Anche l'Emilia non può essere considerata, perché molti elementi lessicali caratteristici non sono documentati in questa regione. Si veda la seguente tabella:

	Trecchina	Piemonte	Liguria	Emilia
rospo	*batu*	*babi, baǵ*	*baǵu*	*rọsp*
ghiandaia	*yaǵǵana*	*gazaŋa*	*gazaŋna*	*zgaza, gaza*
pollice	*δίδu-pólićε*	*di pọlí*	*di pọŕu*	*did grọs*
pioppo	*gálvia*	*albra*	*aịbra*	*piọpa*
ontano	*vẹrna*	*vẹrna*	*vẹrna*	*ọna*
mollica	*morḍḍẹya*	*mulẹja*	*miọla*	*mol, briza*

Si può allora affermare con sufficiente sicurezza che i nostri coloni devono provenire dal Piemonte. All'interno del Piemonte si possono delimitare aree ancora più ristrette. La parte settentrionale è esclusa, perché qui ọ si conserva davanti alle palatali, a *r* e *v*, mentre i coloni devono essere giunti da una regione in cui in questi casi si aveva la dittongazione in *uo* (oggi *ö*), cfr. piem. sett. *fọja* (AIS, c. 562) < FOLIA, *nọć* (AIS, c. 342) < NŎCTE, *piọf* (AIS, c. 366) < *PLŎVIT, *fọra* (AIS, c. 356) < FŎRAS. Anche il lessico, come si vede dagli esempi qui sotto, fa pensare piuttosto al Piemonte meridionale.

	Trecchina	Piem. mer.	Piem. sett.
ghiandaia	*gaǵǵana*	*gazaŋa*	*gaza, gaǵa*
ontano	*vẹrna*	*vẹrna*	*auńića*
mollica	*morḍḍẹya*	*mulẹja*	*mọl*
pannocchia sgranata	*panuttsu*	*paniúć*	*molǫŋ*
matassa	*marẹlla*	*marẹla*	*aša*

> Si tratta dunque della stessa area (Monferrato) da cui si pensa che siano partiti anche i coloni dei centri galloitalici in Sicilia. Dallo studio dei dialetti delle località galloitaliche del gruppo di Potenza è ugualmente, emerso che, con molta probabilità, fu il Piemonte la patria di questi coloni. La concordanza, sorprendentemente grande, tra i tre gruppi dialettali galloitalici nel sud, fa ritenere molto probabile un insediamento quasi contemporaneo degli emigrati piemontesi nelle tre zone. Nel caso della Sicilia diversi elementi fanno pensare al XII secolo, quando l'isola, dopo la cacciata dei Saraceni, era scarsamente abitata. Proprio in quell'epoca in Sicilia si riversò un notevole flusso di immigrati. Si può supporre che in questa occasione siano sorti anche gli insediamenti piemontesi nell'area di Potenza e sul golfo di Policastro. Non è improbabile che la spinta all'emigrazione sia stata data dalle persecuzioni contro gli eretici iniziate allora nel nord. Non abbiamo però per ora nessun elemento a sostegno di tale ipotesi[338]».[339]

Fin qui gli studi di G. Rohlfs sul dialetto trecchinese.
A questi, però, ne sono seguiti altri di insigni glottologi, quali Heinrich Lausberg, Max Pfister, Alberto Varvaro, Maria Teresa Greco, Fiorenzo Toso, Antonio Rosario Mennona, solo per citarne alcuni.

Circa l'insediamento dei tre gruppi galloitalici nel Sud (Sicilia, gruppi di Potenza e di Trecchina), si sono formulate altre ipotesi.

Il Mennonna ritiene che il gruppo di Trecchina (Trecchina, Rivello, San Costantino, Nemoli) fu costituito da liguri confinanti con il Monferrato.[340]

Tonino Cuccaro, ricercatore e divulgatore del fenomeno galloitalico in Basilicata, asserisce quanto segue:

---

[338] Si confronti la colonia valdese di Guardia Piemontese in Calabria e le colonie franco-provenzali di Faeto e di Celle in Provincia di Foggia (Puglia), ugualmente dovute alle persecuzioni contro gli eretici.

[339] Gerhard Rohlfs, *Gatloitalienische Sprachkolonien am Golf von Policastro...* cit., consultato nella versione italiana in "*Studi linguistici sulla Lucania e sul Cilento ...* cit., pp. 73-76.

[340] Antonio Rosario Mennonna, *Dialetti galloitalici della Basilicata,* Congedo Editore, Galatina 1987.

Esistono nella storia siciliana tracce evidenti che conducono all'insediamento di coloni settentrionali (genericamente detti lombardi) negli attuali centri galloitalici. I trasferimenti sarebbero avvenuti, verosimilmente, nei sec. XI-XII durante la dominazione Normanno-Sveva. I Normanni, imparentati con la casa Aleramica del Monferrato, favorivano la colonizzazione per contrastare la forte presenza araba nell'isola e per dare spazio alle popolazioni del nord in crisi economica. I nuovi coloni venivano accolti con agevolazioni tributarie e vantaggi vari. L'analisi linguistica conduce verso una zona d'origine compresa tra il Monferrato e l'entroterra ligure. Per l'area galloitalica di Trecchina, Rivello (S. Costantino) e Nemoli la spiegazione può coincidere con le ragioni dell'insediamento siciliano. È M. Pfìster a sostenere che i contatti feudali tra le contee di Paterno, Butera e Policastro confermano la supposizione del Rohlfs che la colonizzazione di immigrati lombardi in Sicilia e nel Golfo di Policastro deve essersi realizzata nella prima metà del sec. XII.[341]

Alla base di tutte queste ipotesi, come gli stessi studiosi affermano, non vi è nessun documento che possa confermale, se non la similitudine della lingua.

Ci auguriamo che presto possano emergere testimonianze che accertino l'identità dei nostri progenitori venuti dal nord, per aggiungere un altro tassello alla nostra storia.

2. "Il Dialetto Trecchinese" di Leandro Orrico

Parlando del nostro dialetto non si può non riferirsi al vocabolario trecchinese di Leandro Orrico che è stato, in assoluto, il primo dizionario galloitalico pubblicato in Basilicata[342] e che ha

---

[341] Tonino Cuccaro, *Inedito Galloitalico,* Grafiche Zaccara, Lagonegro 2013, p. 33. Dello stesso autore cfr. altri saggi in "I Dialetti Galloitalici della Basilicata", *aptbasilicata.it/a_galloitalico/index.html,* URL consultato il 2.5.2014.

[342] Leandro Orrico, *Il Dialetto Trecchinese,* Istituto Grafico Editoriale Italiano, Napoli, 1985, seguito da una seconda edizione, riveduta e ampliata, edita dalla Grafica Pollino, Castrovillari 2007.

dato un contributo determinante allo studio di questo vernacolo.

A tale vocabolario sono seguiti quello di Antonio Rosario Mennonna[343] e il *"Dizionario dei dialetti di Picerno e Tito"* della prof.ssa Maria Teresa Greco, unanimemente considerata tra i migliori esperti di galloitalico in Basilicata.[344]

L'originalità del dizionario dell'Orrico consiste anche nel fatto che, al contrario di molti ricercatori, egli è stato un maestro di scuola e tale stato lo ha posto come elemento intermedio tra la cultura popolare, tradizionale, analfabeta, che si esprimeva in dialetto, e la cultura ufficiale che si esprimeva in italiano.

Leandro Orrico

Il dizionario trecchinese nasce, oltre che dalla conoscenza del dialetto quale lingua madre dell'autore, anche dalla capacità di schedare, di distinguere, di penetrarne il significato.

Il dizionario dell'Orrico non si limita, quindi, a definire con precisione il lemma, ma trasmette qual è la visione che quella parola indica, svolge o ha nella comunità che la usa, conferendo, così, un valore culturale al suo lavoro, apprezzato anche da insigni glottologi.

Altra peculiarità non trascurabile dello studio dell'Orrico è la copiosa raccolta dei modi di dire, degli aforismi e dei proverbi. Essi sono manifestazioni di cultura popolare, che appartengono soprattutto al patrimonio di conoscenze tradizionali delle classi subalterne.

I proverbi riflettono usi, costumi, magia e adattano il contenuto ai caratteri locali, storici ed etnici di ogni popolo, per cui

---

343 Antonio Rosario Mennonna, *I dialetti Gallitalici della Lucania: Vocabolario* - Congedo Editore 1987.

344 Maria Teresa Greco, *Dizionario dei dialetti di Picerno e Tito,* Edizioni Scientifiche Italiane, Napoli 1991.

sono veri portatori della storia, del costume e della tradizione di una certa zona. Nei proverbi in dialetto, appartenenti linguisticamente a una certa regione o paese, si possono cogliere tratti caratteristici di una cultura e di una tradizione locale.

Lo studio dei modi di dire, degli aforismi e dei proverbi raccolti da Leandro Orrico nella sua opera evidenzia, tra l'altro, il carattere particolare del cittadino di Trecchina, che si differenzia da quello dei paesi limitrofi, così come il suo dialetto. Il trecchinese, infatti, è gaudente, generoso con se stesso e con gli altri, non è bigotto, anzi, a leggere alcuni aforismi, appare piuttosto blasfemo. In definitiva, il trecchinese non ha il carattere di chi lavora dall'alba al tramonto ed è parsimonioso, piuttosto chiuso in se stesso, schivo e timorato di Dio.

Si riportano, a mo' d'esempio:
Sfriije e magna [friggi e mangia], cioè egli è più cicala che formica; *L'omo che non ha viz(i)je / è com'o santo che non fa graz(i)je; Chi sparagna* [risparmia] */ vien'a gatta e s'o magna; Se te rrejàlano no' porcieddro / corre subbeto co' zoarieddro* [funicella]; *A fatiha se chiama fata / e a mi me fete* [puzza]; *se 'a fatiha fosse bbona / a fascèrano 'e prìevete; Cristo manna vescuotte / a chi non ha diende; Se te viene 'o monaco a casa / o meno che può fa / pìglial'a rrisa* e, infine, *Vai pe' te fa 'a croce / e te cacce l'uocchie.*[345]

Questo modo di vivere del trecchinese, così poco agreste, diverso da quello dei paesi vicini, posto in relazione con il dialetto, potrebbe far pensare a un'etnia allogena. Ma questa è materia per antropologi.

La professoressa Maria Teresa Greco, a proposito dell'opera dell'Orrico, osserva:

---

[345] Cfr. Giuseppe Mensitiere, *Il carattere del cittadino trecchinese attraverso il suo dialetto,* in "Rassegna delle tradizioni popolari", n. 3 luglio-settembre 1995, pp. 10-11.

Nel suo dizionario, Leandro Orrico ha trasfuso le sue conoscenze, le sue preferenze, le sue concezioni morali ma si sente che ciò che più lo intriga è l'uomo come è, con le sue caratteristiche, i suoi interessi, i suoi difetti, in un lavoro importantissimo perché ci dà vocaboli che solo chi appartiene ad una determinata cultura, che ha vissuto i rapporti, che è stato attento a vedere i suoi compaesani nella loro realtà, può conoscere e che certo non possono venir fuori in un'indagine di qualche giorno o di qualche mese o di qualche anno, perché sono termini che si conoscono, ma non si imparano.

Il lavoro di Orrico, in un certo qual modo, rappresenta un punto di inizio per lo studioso, che viene invogliato a ritornare sui termini, a classificarli, a rimetterli in ordine, ad etimologizzarli, a trasformare, cioè, quella che è la rappresentazione della vita in analisi della vita, che è tutt'altro.[346]

Il prof. Vincenzo Maria Spera, demoantropologo, nella sua postfazione alla seconda edizione del dizionario, nota tra l'altro:

Il vocabolario di Leandro Orrico può essere recepito, dunque, come una risposta, come l'indicazione di un percorso possibile praticabile non nella direzione di una nostalgica riattivazione utopistica e perdente dell'antica parlata trecchinese, ma nella direzione dell'acquisizione della consapevolezza storico-culturale di una realtà concreta che può essere pensata come categoria individuativa e caratterizzante del vissuto di una comunità vivente anche oltre il riconoscibile centro definitorio del proprio essere nel mondo.[347]

---

346 Maria Teresa Greco, *Prefazione,* in Leandro Orrico, op. cit., (seconda edizione 2007), pp. 13-14

347 Vincenzo Maria Spera, *Postfazione,* in Leandro Orrico, op. cit., p. 293.

3. Come fare per riconoscere i dialetti galloitalici

È facile. Basta porre queste poche domande ed esaminare le risposte per individuare eventuali altri gruppi di parlanti dialetti galloitalici.

(Radtke-Greco-Toso):
* Mio fratello;
* Capra;
* Testa;
* Sapone;
* Glielo mandai per darglielo.

* i dialetti meridionali mettono il possessivo dopo il nome di parentela, vedi il meridionale: *fràteme*; i dialetti galloitalici lo mettono prima: vedi titese: *mi frà*, trecchinese: *me frade* (nda)
* i dialetti meridionali conservano il tipo *càpra*; i dialetti galloitalici spostano la -r- nella prima sillaba: vedi titese *cràva*, trecchinese *crapa* (nda);
* i dialetti meridionali hanno generalmente il tipo *capa*; i dialetti galloitalici hanno il tipo *testa*;
* i dialetti meridionali mantengono la -p- immutata e conservano la sillaba finale -ne, vedi meridionale *sapone*; i dialetti galloitalici sonorizzano la -p- e fanno cadere la –ne, vedi titese *savó*;
* il tipo meridionale è *ngi 'o mannài pe ngi'o da;* il tipo picernese è *nghe lu mannài pe nghe lu rà;* trecchinese *nno' mannaie pè nno dà* (nda).

Se, parlando, riscontri queste caratteristiche, chiedi di dov'è il tuo interlocutore e comunicacelo, soprattutto se sia di qualche contrada o di un comune non compreso fra quelli indicati come galloitalici.

Nota bene: le *e* non accentate non si fanno sentire nella pronuncia, come la 'e muta' del francese.

M.T. Greco, E. Radtke, F. Toso[348]

---

348   Da: *aptbasilicata.it/a_galloitalico*, URL consultato il 3.8.2015.

CAPITOLO XX

Il Carnevale trecchinese

Esso nasce, con alterne vicende, nel 1894 dall'idea di un giovane studente universitario, Nicolangelo Marotta - di cui si parlerà più avanti - ma solo dalla fine degli anni Sessanta del Novecento ha una cadenza annuale.

Il Carnevale trecchinese, in ossequio alla prima edizione dell'Ottocento, è una rappresentazione di satira e di denunzia, unica in Basilicata che pure, in quasi ogni paese, celebra in maniera diversa l'evento.

Di questa manifestazione, unitamente a tutte quelle lucane, si interessò a suo tempo e in maniera approfondita il prof. Vincenzo Maria Spera, docente di storia delle tradizioni popolari e demoantropologo, classificando tutti i carnevali dei paesi della Basilicata, trascrivendone i testi, tracciando, così, un quadro chiaro di tutte le varie rappresentazioni carnascialesche lucane, suddivise per zone e argomenti e rilevando il filo conduttore che le lega.[349]

---

[349] Vincenzo Maria Spera, *Licenza vo', Signora - Materiali per lo studio del Carnevale in Basilicata,* Centro Studi nonopiano, Bari 1984.

Questa premessa si rende necessaria per capire come si sono articolate nel tempo le varie evoluzioni dei carnevali, di quei riti dionisiaci e saturnali che, secondo le regioni e la realtà culturale della zona, hanno assunto determinate caratteristiche, a volte, antitetiche tra le varie regioni italiane, da nord a sud.
È importante porre in luce quello trecchinese che, tra canti e suoni di "cupe-cupe", conferisce alla manifestazione un aspetto tipico.

Il Cantacronze
(Archivio Michelino Larocca)

Esso si inserisce in quei riferimenti di affermazione e di autocitazione delle culture agro-pastorali e preindustriali: una festa di eliminazione del vecchio, di rinnovamento e di propiziazione dell'incerto. Ed è, forse, proprio per questo motivo, per esorcizzare, cioè, gli immancabili torti subìti e subendi, che il Carnevale trecchinese diventa una rappresentazione di satira e di denunzia.

La maschera che caratterizza il Carnevale trecchinese è il "Cantacronze", il più atteso, colui che canta le vergogne, i difetti, le malefatte, gli errori, gli abusi, le mancanze e i comportamenti censurabili (le *cronze*[350], appunto) alle persone in vista e che compare alla fine della sfilata e di altre scenette comico-satiriche e pantomime.

Il personaggio fu creato da chi scrive, alla fine degli anni Sessanta del Novecento, quando fu ripresa la manifestazione satirica del carnevale per merito del poliedrico Michelino Larocca, dei suoi fratelli e di un folto gruppo di amici.

Esso rappresenta un pastore che, sceso in paese per l'occasione, si informa dei fatti accaduti durante l'anno e, con la sua furbizia contadina, li riferisce a modo suo, parodiando un antico canto

---

[350] Cronze: cocci di vaso di terracotta. Figurativo al plurale: contumelie, vergogne, difetti, richiami.

di questua carnevalesco.
Il Cantacronze è vestito con giacca di pelle di agnello con la pelliccia rovesciata all'esterno, con il cappellaccio e, ai piedi, le *zampittë*, cioè scarpe costituite da una base di cuoio (o di un pezzo di copertone di automobile), che difende la sola pianta del piede, e da corregge che si legano intrecciate alle gambe (le cioce).

Egli ha un aspetto faunesco anche nel modo di muoversi, di sogghignare divertito e un po' perverso, assaporando, già con le movenze, le cattiverie che si appresta a cantare.

Michelino Larocca dà inizio allo spettacolo
(Archivio Michelino Larocca)

Accompagna il suo canto con il cupe-cupe.
Questo strumento, di facile realizzazione e utilizzazione, presente in tutte le regioni del Mezzogiorno, è un altro simbolo di carnevale e, usato da questo pastore-fauno, ha più chiari riferimenti trasgressivi per la sua gestualità.

Il Cantacronze inizia il suo canto con una quartina di saluto identica ogni anno e che si rifà, si è detto, a vecchi canti di questua carnascialeschi, in rima baciata.

È un saluto, un po' servile, un po' canzonatorio, quasi a giustificare quello che dirà in seguito. Un saluto ai muri, agli abitanti del "palazzo", addirittura ai cuscini e ai materassi su cui "... *si riposa la Vostra Gentilezza*"!
Un ossequio tra l'untuoso e l'ironico che ricorda i canti dei giullari medievali.

Seguono, poi, le "*cronze*" vere e proprie.
Con quartine in vernacolo, variamente rimate, si comincia a fare il nome, cognome e soprannome dei personaggi presi di mira, con una specie di dialogo con il cupe-cupe, a volte invitato a parlare proprio dal pastore: lo strumento, in definitiva, diventa il "cattivo" che commenta in maniera mordace, pungente, sferzante e a volte salace, le notizie che il pastore ha appurato.

Così cominciano le sferzate al sindaco accentratore, ai vari consiglieri più o meno legati al sindaco, a quelli di minoranza incapaci di fare opposizione, ai transfughi di partito, ai panettieri, ai bottegai, ai baristi che vendono "*acit'a Cristo*", ai medici di base ... e chi più ne ha più ne metta.

Da qualche tempo gli organizzatori sono aumentati e, con essi, anche la qualità dello spettacolo cui si aggiungono, ora, buoni carri allegorici che fanno dell'evento una manifestazione carnevalesca più completa.

È importante rilevare come gli organizzatori ironizzino e denuncino il personaggio in quanto tale, indipendentemente dalle loro convinzioni politiche, evitando i personalismi e i fatti privati e intimi del cittadino preso a bersaglio.

Questo particolare mantiene viva la tensione del pubblico e fa sì che lo spettacolo non trasmodi, lasciando addirittura contenti, forse, anche coloro che sono stati oggetto della satira perché, in fondo, per conservare una certa notorietà nel proprio paese, non disdice che se ne parli, comunque.

Capitolo XXI

La poesia giocosa

1. Premessa

La satira è saldamente ancorata a una tradizione millenaria e costituisce la più graffiante delle manifestazioni artistiche.

Basata su sarcasmo, ironia, trasgressione, dissacrazione e paradosso, essa si riferisce preferibilmente a temi di attualità, scegliendo come bersaglio privilegiato i potenti di turno. Anzi, più in alto si colloca il destinatario del messaggio satirico, maggiore è l'interesse manifestato dal pubblico. Quella politica, infatti, è di gran lunga il tipo di satira che raccoglie maggiore interesse e consenso presso ogni collettività.
Queste caratteristiche sono state sottolineate dalla Corte di Cassazione che si è sentita in dovere di dare una definizione giuridica di cosa debba intendersi per satira:
«... quella manifestazione di pensiero talora di altissimo livello che nei tempi si è addossata il compito di *castigare ridendo*

mores,[351] ovvero di indicare alla pubblica opinione aspetti criticabili o esecrabili di persone, al fine di ottenere, mediante il riso suscitato, un esito finale di carattere etico, correttivo cioè verso il bene».

Il senso satirico e canzonatorio dei cittadini di Trecchina è noto e deriva, forse, dall'emigrazione.
Girare il mondo e conquistare l'indipendenza economica, infatti, significava spesso affrancarsi dal bisogno e, quindi, cercare stimoli culturali che, al rientro, venivano trasmessi ai propri figli.
Il massimo splendore si ebbe tra le due guerre nel Novecento, dovuto alle rimesse di denaro degli emigrati in Brasile o dal ritorno in patria di molti di essi, che avevano realizzato una piccola fortuna. In quel periodo si costruirono palazzine, ci fu la ricercatezza delle decorazioni e degli arredi, si facevano frequenti viaggi di piacere a Napoli ...

La satira di chi ha verseggiato, rare volte è pungente, in essa non c'è lo sghignazzo. Abbiano notato che si tratta più di dileggio, canzonatura. Soltanto durante le elezioni amministrative del 1946 e quelle politiche del 1948, diventò violenta e un po' razzista. Per il resto più che di satira, si è trattato di burle, di bonomia, prese in giro, derisione e sfottò che, spesso, era gradito e accettato anche dalle persone prese di mira.
In definitiva possiamo parlare di poesia giocosa più che di poesia satirica.
Una dimostrazione immediata del senso burlesco si ha, per esempio, nell'attribuzione di vecchi soprannomi: *Castagna Ómmola, Cacambizzo, Pisciannanze, Chiangeculo...*

I poeti satirici che si sono succeduti negli anni sono stati molti, ma poco è rimasto di loro. Ciò dipende, a nostro avviso, dal

---

[351] La locuzione latina *Castigat ridendo mores*, tradotta letteralmente, significa: *"corregge i costumi ridendo"*. Questa iscrizione, posta sul frontone di vari teatri, è dovuta al poeta latinista francese Santeul (1630-1697).

fatto che il comporre versi per canzonare gli altri, è sempre stato di natura contingente: si stigmatizza, cioè, l'episodio che accade in quel momento e, dopo qualche tempo, l'episodio stesso perde d'interesse e, con esso, la satira che lo ha rilevato e deformato.

È un po' come la commedia dell'arte: si improvvisava su di un canovaccio e lo spettacolo finiva lì. Una seconda rappresentazione diventava un altro spettacolo, diverso dal primo, il tutto un po' giullaresco, senza ripetitività.

D'altra parte questo concetto è espresso bene dallo stesso Sante Scaldaferri nella presentazione della raccolta delle sue poesie, quando dice che ... *son versi alla buona, senza pretese, scritti appena se ne dava l'occasione per ricordare un amico, a margine di una busta o di un giornale, ...*[352]

I poeti "giocosi" improvvisavano nel momento in cui accadevano i fatti, ci si rideva sopra in un bell'incontro conviviale e tutto finiva lì, pronti per la prossima.

È questo il motivo - cioè la precarietà del tipo di poesia - per cui molto materiale prodotto è andato disperso; spesso non è stato neanche scritto, ma solo appuntato ai margini di fogli già scritti.

A Trecchina vi sono sempre stati due tipi di poesia giocosa: quella popolare, carnascialesca, un po' istrionica, che faceva e fa capo ai vari carnevali, e quella più colta, quella scritta cioè dall'*intellighenzia* locale che, come da tradizione di paese, faceva capo alla farmacia.

In questo capitolo riportiamo i componimenti più significativi, scritti tra la fine dell'Ottocento e gli anni Cinquanta del Novecento, tralasciando poesie più recenti che sono, perlopiù, carnevalesche o composte in occasione di feste goliardiche.

---

[352] Sante Scaldaferri, *Trecchina bella,* Tipografia Faracchio, Sapri 1951.

2. I poeti

1. Nicolangelo Marotta
Trecchina, 1877-1936

Le prime composizioni poetiche che ci sono state tramandate, sono quelle di Nicolangelo Marotta.
Questi appartenne ad antica famiglia di professionisti, che ebbero anche rilevanza politica nei secoli passati e che continuarono ad averla fino alla fine del secolo scorso.

Nicolangelo Marotta fu un farmacista di vasta cultura, così come ci fu raccontato da chi lo conobbe di persona.
Personaggio di spicco, pare che avesse la rima facile e fluente. Compose molti versi, anche satirici, parecchi dei quali sono andati perduti.

Si racconta che una volta, mentre seguiva una processione con gli altri fedeli, improvvisò a voce alta versi contro i laurioti, sul motivo del canto religioso che in quel momento i fedeli intonavano, facendo confondere questi ultimi.[353]

Di lui restò celebre un breve poemetto carnevalesco, "I Mesi", di cui ancora in paese si parla, e che denota una sua conoscenza approfondita di questo tipo di componimenti i primi dei quali, come si sa, risalgono a Fòlgore da San Gimignano ("Sonetti dei mesi" e "Sonetti della settimana")[354].

Questo poemetto il Marotta lo compose per il Capodanno del 1886, all'età di diciannove anni.
In esso sono personificati i mesi che, colloquiando tra loro, decantano le proprie caratteristiche e l'influenza che esercitano sulla vita dell'uomo.

---

[353] *"Co' le 'mbrune de' Lauria / non ci fare compagnia: / o t'accìdeno, o te mbènneno / o te lassano pÈ la via! /… e così sia"* [Con gli sciocchi di Lauria / non farci compagnia:/ o ti uccidono o ti impiccano / o ti lasciano lungo la via]. Episodio ricordato di Leandro Orrico.

[354] Nato intorno al 1280, il poeta si chiamava in realtà Giacomo di Michele, ma si guadagnò ben presto il soprannome di Fòlgore (fulgore, splendore), con cui è sempre indicato e con il quale egli stesso si designa nel commiato dei "Sonetti dei mesi". Morì tra il 1317 e il 1332.

Oltre ai dodici mesi, vi sono rappresentati due personaggi, il Capodanno e Pulcinella che, ogni tanto, si intromette per ottenere qualcosa.

Le rime sono varie, a seconda dei mesi, e vanno da quelle manzoniane (all'epoca di gran moda in provincia) a quelle delle romanze di opere liriche di Verdi, in particolare della "Traviata", di cui il poeta era grande appassionato.

Vi sono due poesie (mese di luglio e mese di agosto) che sono chiaramente satiriche e che si riferiscono rispettivamente a un candidato politico tronfio e a un medico ciarlatano.

Nulla, però, è pervenuto fino a noi di questi personaggi. Ne consegue che non ci è possibile capire il senso della satira, e ciò conferma quanto dicevamo in premessa.
Nondimeno, ne riportiamo qualche stralcio, non fosse altro che per capire lo spirito da cui era animato questo autore.

La poesia che segue, tratta dal poemetto citato, ci parla del candidato politico. Non ci è dato di sapere chi fosse, certamente un uomo danaroso e, quindi, convinto di poter ottenere tutto con i soldi. Il personaggio sembra così attuale che la poesia pare scritta oggi e non centotrent'anni or sono!

Luglio

Amici …!
Nel presentarmi a voi, sono sicuro
Che il vostro appoggio non mi negherete;
Un sentimento affettuoso e puro
Mi legò a quanti voi raccolti siete;
Ed oggi vengo a chiedervi il suffragio
Della virtù e dei meriti in omaggio.

La Patria che ha bisogno, in quest'istante
D'uomini forti, fieri e indipendenti,
Ha scelto come suo rappresentante
Proprio me, cari amici. Siete contenti?
Son vostro amico, un vostro servitore
Sarò in tutti i momenti e in tutte l'ore.

Sono giovane, ricco - oh, per quattrini
Non credo che mi superi nessuno -
E posso procurare i medaglini[355]
Senza, lavoro e senza sforzo alcuno,
Perché il magico suon della mia lira
Non lascia indifferenti e tutti attira.

...

Credo sia chiaro adesso il mio programma
Per appoggiar la mia candidatura ...
Mi giunge proprio adesso un telegramma:
"Qui la vostra, vittoria è ormai sicura;
Vostro discorso buona impressione
Ha fatto intera popolazïone...

Pulcinella:
Principà, state sicuro;
I' v'appoggio certamente
Né credete che sia niente,
Voti porto in quantità.
Nu favore ve cercasse,
Perdonate dell'ardire:
O macari venti lire
Me potesseve arrangià

Luglio:
E perché?
Pulcinella:
Principà, vi dico tutto:
Cà c'è l'uso de i' ai bagni
E muglierema se lagna
Ca chest'anno nò po' i'.
Io nun aggio nu centesemo,
Nun c'è sta chi me pò dà,
E muglierema ca smania,
Pecchè o Puòrto adda calà.[356]

---

355 Onorificenze.
356 Si noti come fosse di moda per i trecchinesi, già a fine Ottocento, andare al Porto di Maratea a prendere i bagni.

Luglio:
Vada pure, io sono pronto
A sborsare lire cento:
Oh! sarai certo contento,
Puoi tua moglie soddisfar.
Corra presto alla marina,
Fra le cernie 'i cicinelli,
Che le rendono più belli
Di sua vita i lieti dì.
Là nell'acque fresche e salse
Si risvegliano gli amori
E si temprano gli ardori
Dell'incauta gioventù.

Pulcinella:
Tutte jessero a mostrare
Il materno pettolone,[357]
Ma soltanto il cornicione
Dio ci salvi per pietà![358]

---

357 Le donne prendevano il bagno vestite con un camicione.
358 Leggi: dalle corna.

La seguente poesia, invece, è tutta da godere:

Marzo

Nessun s'incomodi... voi lo sapete...
Già, veramente... potrebbe e... poi...
Non fo per dire... ecco, vedete
la cosa è chiara, non è così?

Ma voi ridete, che c'entra il riso?
Con un mio sguardo vi fo tremar;
posso sputarvi sempre sul viso,
chi siete voi in faccia a me?

Di primavera l'apportatore
sciolgo la neve sulle montagne;
ridesto l'erba, ridesto il fiore...
la rondinella con me tornò.

Il cielo azzurro stendo sul prato
che io risveglio dal lungo sonno:
con un mio soffio tutto il Creato
in armonia io metterò.

Ma se la furia mi salta in testa
ci metto poco e faccio scasso,
e la più fiera, dura tempesta
sopra la terra io scaglierò.

Muterò l'aria di azzurra in nera,
spezzerò gli alberi della foresta
e la mattina, diverrà sera:
il finimondo farò temer.

Non son cattivo, non ostinato,
depongo subito l'ira e lo sdegno,
ecco già il sole nel cielo tornato
più bello e splendido nel suo fulgor.

Il pastorello caccia l'armento
e va fischiando per la foresta;
e frettoloso le vele al vento
scioglie sicuro il marinar!

Ma che mi preme di tutto questo?
e proprio adesso mi gira il quarto
e a sommergere presto mi allesto
il pastorello e il marinar.

Tutti mi dicono che son furioso,
ch'ho la midolla sopra il cappello;
ma l'abitudine giammai non poso,
le maldicenze sprezzar saprò.

Non son il solo su questa terra
che in un'idea non son costante:
v'è chi vuol pace, v'è chi vuoi guerra
come bandiera che al vento sta.

E tu donzella vaga e gentile,
che sei l'aurora di tutti i mesi:
facciamo coppia Marzo ed Aprile
la vita uniti trascorrerem.

Io come un pesce di ramo in ramo
ti verrò appresso e in dolce voce
dirò belando: io t'amo, t'amo,
la gente attonita ci seguirà.

2. MICHELE MAROTTA
Trecchina, 1913 - 1972

Pietro Aretino fu autore di poemetti satirici alla corte di papa Clemente VII.[359]

Paolo Giovio[360] scrisse provocatoriamente per l'Aretino, quando questi era ancora in vita, il seguente epitaffio: *"Qui giace l'Aretin, poeta tosco: / di tutti disse mal fuorché di Cristo / scusandosi col dir: non lo conosco"*.

Altri personaggi celebri hanno scritto i propri epitaffi prima di morire o hanno immaginato quello che sarebbe successo alla loro morte, ora in modo drammatico, ora in modo triste (si pensi a certe forme preromantiche), ora in modo caustico.

Un personaggio trecchinese che parlò in versi della propria morte, prefigurandosi anche quello che sarebbe successo ai suoi funerali, fu l'on. Michele Marotta (1913-1972), deputato al parlamento italiano dal 1948 al 1972 e che, per tale motivo, fu un vanto per il paese.

Figlio di quel Nicolangelo Marotta, di cui abbiamo parlato prima, oltre a possedere qualità politiche, fu uomo di ottima cultura.

Alto, robusto, amante della buona tavola, di indole semplice e mite, cattolico praticante, fu molto legato alle proprie origini e anch'egli, come il padre, fu incline alla poesia.

Abbiamo di lui due poesie inedite,[361] che parlano appunto della

---

359 Pietro Aretino, 1492-1556 (l'Ariosto lo definisce "flagello dei Principi"), scrittore, poeta, drammaturgo. Celebri sono anche i suoi *Sonetti lussuriosi,* che illustrano le incisioni erotiche di Marcantonio Raimondo (*I Modi*) tratte da dipinti di Giulio Romano, un pittore di maniera, e che fece diventare l'opera una specie di fotoromanzo erotico in versi. Per questo motivo nel 1526 venne fatto segno di un attentato (ispirato dal datario pontificio G.M. Giberti) e costretto alla fuga, mentre il Raimondo venne imprigionato per ordine del papa.

360 Paolo Giovio (1483-1552) fu vescovo cattolico, storico, medico e biografo.

361 Delle originali ne fece dono a Leandro Orrico, suo vecchio compagno di studi.

sua morte, ma con un'autoironia divertente, propria di chi ha raggiunto piena maturità e serenità, tanto da poter scherzare pure sulla propria fine.

Le poesie non hanno titolo: sulla pagina si legge solo "Alla maniera di Guido Gozzano", perché l'autore era un crepuscolare: amava, infatti, poeti come Gozzano e musicisti come Giacomo Puccini.

Quella che segue ha come primo capoverso "Mio cuore monello". Fu scritta nel 1967 e ricorda la fissazione del mistero della vita, tipico della poesia pascoliana, ma con l'autoironia del Gozzano.

Mio cuore monello

Mio cuore monello tremendo
che non ti decidi a invecchiare
confesso che non ti comprendo
in questo tuo modo di fare,
ingenuo, romantico, avvinto
ai sogni di un tempo lontano
tu sembri davvero convinto
che gli anni trascorrono invano
e illuso dal sogno perenne
che giovani versi ricanta
ti ostini a restare ventenne
quand'io già mi accosto ai sessanta!
Perché non ti volgi d'attorno
e guardi com'è la tua vita?
Si stacca una foglia ogni giorno
da questa tua pianta avvizzita.
Tu lanci e rilanci nell'aria
castelli in fantastico volo:
non senti la tua coronaria
già invasa dal colesterolo?
Sai bene che esiste l'infarto,
la sincope e poi non so che:
arrivano ed io me ne parto,
ma tu te ne vieni con me.
Come, non sei tu d'accordo?

Che cosa borbotti, che dici?
Rivive nel sogno il ricordo,
rivivono i tempi felici?
La pianta avvizzita, cadente
di fiori si copre d'incanto
se in fresca rugiada splendente
sai tu trasformare il tuo pianto!
E non ti spaventi quel giorno
che al termine il passo incammini,
è solo un sereno ritorno,
si torna, si torna piccini:
un alito gonfia le vele,
si naviga ormai senza affanni,
si approda fra quattro candele
a compier di nuovo quattr'anni.

L'altra poesia inedita, scritta nel 1962, è più gozzaniana sia nella struttura che nella sostanza.
Il poeta immagina come si potrà svolgere il suo funerale e quanta ipocrisia sarà profusa in quella circostanza.

Il mio funerale

Ma bando alle tristezze. - Non è poi un gran male
se tutto si conclude - con un bel funerale.
Vedremo, anzi vedrete - una folla commossa,
tante bandiere bianche - forse qualcuna rossa,
i bimbi dell'asilo - le suore, le corone
le scolaresche in fila - e pianto a profusione!…
Verranno da lontano - illustri personaggi
per rendere alla salma - i loro estremi omaggi.
E tanti pregi e meriti - mi scopriranno, …morto
di cui quand'ero vivo - nessuno s'era accorto!
"Che gran parlamentare" – "e che bravo oratore",
"aveva una gran mente" – "aveva un grande cuore",

> *"era buono, era bravo" – "era forte, era bello!..."*
> *Forse s'accorgeranno - ch'ero persino snello.*
> *E io defunto, a rodermi - non potendo sentire*
> *tutte le fesserie - che mi verranno a dire!...*

3. Sante Scaldaferri
Trecchina, 1913 - 1993

Il poeta trecchinese più prolifico è stato certamente Sante Scaldaferri.
Trascorse la gioventù fra Trecchina e Napoli, ove si laureò in scienze economiche e commerciali e frequentò ambienti letterari e artistici, collaborando attivamente ai giornali della città, sviluppando appieno la sua vena satirica.

A Trecchina fu presente e fecondo dal 1946 al 1952, cioè quando vi furono le prime appassionate campagne elettorali, sia amministrative sia politiche. In quel periodo, militando nella Democrazia Cristina, egli aiutò in maniera significativa quel partito con versi sarcastici, parodie di canzoni e quant'altro potesse servire alla causa, con un'abbondanza di produzione molto creativa.

Mise alla berlina personaggi locali, a volte anche quelli del suo partito; cantò in versi, a suo modo, situazioni grottesche che si venivano a creare durante la campagna elettorale, festini, innamoramenti, tradimenti, velati doppi sensi. Per questo divenne uno dei pochi personaggi di spicco in paese, rispettato e temuto, perché tutti si auguravano di non finire nei suoi versi.

La metrica che usò fu la più varia: dagli endecasillabi a rima alternata o baciata, ai settenari e ottonari, variamente rimati.

Il verso che amò di più, però, fu quello sdrucciolo, forse perché conferisce più ritmo e musicalità al componimento. D'altra parte quel verso fu amato anche dal Giusti.

Di quel periodo, fortunatamente, si conserva quasi tutto, perché fu curata una pubblicazione che contiene parte dei suoi componimenti.

Sposatosi, si trasferì a Lauria ove, secondo gli amici, la sua vena s'inaridì perché residente nel paese della "prosa".
Di fatto, però, egli continuò a comporre, per diletto personale e, purtroppo, non diffuse più tra gli amici quei versi che, in parte, sono andati perduti.

Le prime produzioni di Sante Scaldaferri che ci sono pervenute, si riferiscono alle elezioni amministrative del 1946, in un clima comprensibilmente infuocato quando, dopo oltre un ventennio, si svolsero le prime prove di democrazia. E furono prove ardue. All'*intellighenzia* del paese, che aveva aderito da subito al partito della Democrazia Cristiana, capeggiata dal giovane avvocato Errichetto Marotta e appoggiata dai notabili del posto, si opponeva un proletariato sprovveduto che fu capeggiato da un giovane studente universitario socialista, Salvatore Iovane, e un altrettanto giovane maestro elementare, Giovanni Pataro.

La campagna elettorale fu aspra, ma il risultato era scontato. La D.C. vinse le elezioni e quel proletariato rimase sempre tale ancora per molti anni, sfruttato anche da qualcuno che era candidato o fiancheggiatore del partito della "Spiga" che si opponeva alla D.C.

In quella circostanza la satira di Sante Scaldaferri si asservì alla causa, per cui tralasciò la bonomia e diventò aggressiva nei confronti dei componenti della lista elettorale avversaria, quelli della "Spiga".

Ecco qualche esempio:

Quelli della "Spiga"

Fra gli eletti consiglieri
della schiera di Carlino
c'è qualcuno che anche al vino
ha giurato fedeltà.

Il recapito è sicuro:
corri subito da Arturo[362]
e vi trovi a tutte l'ore
per lo meno un assessore

che vuotando una bottiglia
si dimentica del fiasco
che farà la gran famiglia
di Carlino e zio Bià ...[363]
...
Se votate per la "Spiga"
voi scherzate con il fuoco
ché Catiello oppur Percuoco[364]
vi verranno a comandar!

Oppure, dopo la vittoria elettorale, in

Commiato

...
E intanto lo sconfitto zio Biagio[365]
Si batte per l'estrema sua speranza
...
Ha un ottimismo senza precedente.
(Bianco Felice[366] *- guarda che destino -*
intanto con la pecora e il bidente
ha ripreso stamane il suo cammino.)

---

362 Proprietario di una bettola del paese.
363 Pasquale Carlino, imprenditore boschivo, era capolista della Spiga; Biagio Liguori, detto "Prattella", contadino tra i più politicizzati della sinistra.
364 Erano considerati gli scemi del paese.
365 Le elezioni erano state vinte dalla D.C. e Zio Biagio "Prattella", non si dava per vinto.
366 Felice Bianco, contadino, componente della lista della "Spiga".

*S'illude che per lui non è finita
E accusa di non essere erudita
gente che sa di greco e di latino
(gli uomini suoi sapevano di vino)*

Ben altra bonomia, invece, hanno le successive poesie.

Quel che segue è un sonetto e fu composto mentre faceva una passeggiata al rione Castello con il suo amico Errichetto Marotta.

La castellana[367]

*Dall'orto ombroso e dalla selva oscura
dove fiorisce il vago ciclamino,
non posso che guardare, oh sorte dura,
l'angelico e soave tuo visino.*

E trovo tra le felci un bel vezzuolo,[368]
*vedessi, o castellana, quant'è rosso:
or te lo lancio e tu lo prendi a volo,
portartelo vorrei, ma non lo posso!*

*Come sei bella alla finestra in fiore!
Sul davanzale il petto tuo s'appoggia
E accende in cuor la fiamma dell'amore!*

*Oh, potessi baciarti sulla loggia
per soffocare in te tutto l'ardore!
Ma, invece, mordo un cuoccio d'uva rroggia.*[369]

---

367 Salendo con Richetto verso le mura del Duca. Settembre 1950 (nota dell'Autore della poesia).
368 Ovolo, fungo col cappello aranciato e il gambo bianco.
369 Un acino (*cuoccio*) d'uva color ruggine *(rroggia)* duro e carnoso.

Quella che segue è dedicata a Zi' Milio di don Davide (Emilio Maimone 1886-1957), personaggio *bohémienne,* di buona famiglia, gaudente, elegante, con un fiore sempre fresco all'occhiello del bavero della giacca e il mezzo toscano in un bocchino di carta. Figlio di don Davide, farmacista, ebbe valenti fratelli professionisti, morti molto giovani. Si adattava a qualsiasi servizio. Fece il mugnaio in un mulino elettrico acquistato dal ricco emigrante Vincenzo Grillo, per fornire un servizio al paese.

Soleva suonare l'organo in chiesa, accompagnando le funzioni religiose. Conosceva le canzoni in voga, che cantava nelle feste nuziali e che aveva l'ardire di suonare sull'organo in chiesa, durante le funzioni solenni.

Amava il vino (ma non fu visto mai ubriaco), tanto che attese tutta la notte il suo sessantacinquesimo compleanno nella cantina (*vottaro* nella poesia) di un amico.

Compleanno[370]

O vottaro, vottaro, vottaro,[371]
La mia vita ho trascorso da te:
E fra tanti ricordi m'è caro
Quell'ardore che il vino mi diè!

Quell'ebbrezza che inebria e ristora
Del moscato divina virtù:
Son le quattro e appunto a quest'ora
Venni un giorno lontano quaggiù!

Quando nacqui robusto bambino
Io non volli né latte né pappa,
Dalla poppa scendeva già vino,
Il marsala, il rosolio, la grappa ...

---

370 A Zi' Milio, che attese l'ora del 65° compleanno nel vottaro di Limongi, il 20 gennaio 1951 (Nota dell'Autore della poesia).

371 Cantina.

Di zi' Arturo, Carmela e Mollica[372]
Io conobbi le elette virtù:
Ma fra tante cantine l'amica
Rosa Leto[373] diletta mi fu...

A te solo, soltanto a te, vino
Oggi debbo la mia gioventù:
Oh bicchiere, ti voglio vicino,
Oh bicchier non ti lascio mai più!

Rosso o bianco allontani i malanni:
Tu risvegli persino l'amor,
Io vivrò per te ancora cent'anni
E il segreto lo porto nel cor!

Il *muriello* è un piccolo muretto di pietra, che fungeva da sedile, posto a ridosso del muro di casa, a fianco all'uscio. Nell'aprile del 1950 ne furono demoliti molti per la sistemazione della Piazza del Popolo.

Di sera, specialmente d'estate, le vicine sedevano sul *muriello*, sferruzzavano e *"tagliavano"*, cioè spettegolavano.

In sostanza era come la *"scala... incontro là dove si perde il giorno"* su cui filava con le vicine la vecchierella di Leopardi.

Uno di questi muretti o sedili, posto all'incrocio di due strade (e quindi particolarmente adatto a controllare i passanti da parte delle vecchiette), fu abbattuto in occasione della sistemazione della Piazza (1950).

Il poeta se ne rattrista, pensando alla funzione sociale che per secoli aveva avuto quel sedile.

---

372 Proprietari di bettole del paese.
373 Altra proprietaria di bettola.

Vecchio Muriello

Vecchio muriello, addio, io ti saluto!
Al fresco marmo tuo io più non vengo:
Vittima del progresso sei caduto
Per mano poi di chi? di Girardengo![374]

Posto sul luogo dove la Taverna
Incontra la carrera[375] *di Postacca*[376]*,*
Prima di questa civiltà moderna
Fosti il ristoro della nostra pacca.[377]

Oggi la pietra è forse troppo dura,
In quest'anno di grazia giubilare,[378]
e il sindaco financo ha preso cura
Delle natiche nostre tanto care!

Eppure Serafina[379]*, sessant'anni,*
Beato lo poggiò sullo scalone,
Né riportò - ch'io sappia - certi danni,
Tutt'altro: crebbe sano e sta benone!

---

374 Soprannome dell'operaio Vincenzo Amoroso, che fu preposto alla demolizione. Anche da questo soprannome si nota il senso canzonatorio del paese. Girardengo, infatti, era il ciclista italiano più famoso dell'epoca. Vincenzo Amoroso, da giovane aveva una bicicletta sgangherata, su cui un giorno scendeva dal rione Castello. Giunto sulla discesa di Via Marconi, si accorse, tardi, che i freni non funzionavano, perciò la sua folle e involontaria corsa finì nel portone di casa Marotta, ed egli riportò ferite piuttosto gravi. Da quel momento fu chiamato come il grande ciclista, ma tradotto in dialetto in "Celardengo".

375 *Carrera* (via in italiano) è un relitto di lingua spagnola entrato nel nostro dialetto e che ricorda la dominazione secolare della Spagna.

376 Incrocio tra l'attuale Corso Umberto I (Taverna) e Via Palazzo (Carrera di Postacca).

377 Natiche.

378 Nell'anno 1950 vi fu il Giubileo.

379 Una delle comari.

Accanto a lei, zi' Milio[380] quanto vino
Non padiò[381] a quel fresco a tarda notte
Godendosi il toscano nel bocchino
E il crepitìo sommesso della botte!

Vecchio muriello, candido e pulito,
O pietre che il sapone fe' lucenti,[382]
Alle critiche fosti un dolce invito:
Oh quanta storia, ahi noi, quanti commenti!

Or ti rimpiange mesta, verso sera
Seduta sulla seggia[383] Serafina,
Muriello, che ospitasti a primavera
Il sedere gentile della Pina![384]

Anche zia Gnesa[385] ti scaldò sovente.
Però ben altro fuoco ed altro ardore
Ti portò Pina, a notte: finalmente
Tra i vecchi deretani era l'amore!

Quella rotondità giovane e bella,
L'estremo omaggio che ti fu concesso!
E fra tante durezze, la donzella
La tua gradì di più, te lo confesso!

Vecchio muriello addio, quanto rimpianto,
Quanti ricordi, quanta nostalgia!
Affido la tua gloria a questo canto
E ai posteri la seggia e così sia.

---

380   Quello del compleanno nel *vottaro*.
381   Digerì.
382   Su quel *muriello* si solevano insaponare anche i panni, essendovi una fontana poco discosta.
383   Sedia.
384   Donna del vicinato, giovane e procace.
385   Agnese, altra comare.

4. ERRICHETTO MAROTTA
Trecchina, 1922-1981

Un altro della famiglia Marotta che si dilettò a verseggiare fu Errichetto Marotta, fratello minore di Michele, affermato avvocato e sindaco di questa cittadina per oltre un trentennio (1946-1978). Tra i suoi meriti di amministratore, si annovera la trasformazione di Piazza del Popolo in villa che, da lui, oggi prende il nome.

Anche di questo poeta ci è pervenuto poco. Degno di nota è un celebre "Brindisi" che gli amici avevano conservato.

Gli antefatti.

Errichetto Marotta, aveva molti amici a Lauria, ove già aveva preso moglie il fratello deputato e dove, di lì a poco, anche lui si sposò.

Si sa che i campanilismi, nei piccoli paesi, non sono mai sopiti, anche tra professionisti.

Vi è sempre stato un beccarsi reciproco tra i due paesi: Lauria rappresenta, per i trecchinesi goderecci e canzonatori, la loro coscienza critica, perché i laurioti sono, al contrario, concreti, perspicaci, poco inclini al divertimento e hanno come fine quello di accumulare ricchezze.

I laurioti, per i trecchinesi, sono rozzi e poco sensibili all'eleganza e al bello. Di contro i trecchinesi sono, per i laurioti, dei perdigiorno.

Così avvenne che nel 1957 un imprenditore (Francesco [Ciccio] Grillo) inviò all'amico Errichetto una cartolina illustrata la cui destinazione era: "Trecchina, frazione di Lauria". Fu una provocazione, e mal gliene incolse! In un convivio tenutosi a Lauria, infatti, il Marotta declamò il seguente brindisi in versi.

Sono state omesse alcune quartine perché fanno esplicito riferimento a personaggi di Lauria vissuti all'epoca dei fatti, il cui riferimento satirico oggi non è più comprensibile.

Brindisi alla "mbronìzia"[386]

Oh! non è certo facile,
trovandomi a Lauria,
porgere a voi un brindisi
espresso in poesia ...

A voi che, come al solito,
a queste vane rime
anteponete il calcolo
tutt'altro che sublime!

Ma posso non rispondere
a chi con albagia
osò chiamare Trécchina
frazione di Lauria? [387]

Debbo perciò concedermi
il sospirato sfizio
di consacrare un cantico
al classico "judizio"!

Dal Borgo a Santa Barbara,
dal Càfaro al Caruso,[388]
questo "judizio" solito
ovunque è assai diffuso.

È la saggezza atavica
nei secoli famosa
che oggi suole esprimersi
in ogni vostra cosa;

---

386 È un termine tipico del dialetto lauriota e significa stupidaggine, dabbenaggine, sprovvedutezza. Per il trecchinese, quindi, in senso canzonatorio, il cittadino di Lauria è 'mbrone.
387 Allude alla cartolina di cui alla premessa.
388 Quartieri di Lauria.

*Quella saggezza pratica
ai lucri tanto affine,
di cui son pieni i vicoli
o meglio, le "sartine".[389]*

*Deste i natali al Mèrgolo,
solido costruttore,
ed eleggeste unanimi
Di Giorgio ad assessore,*

*Che tra coltelli e forbici
vi domina "Beato"[390]
e rappresenta il simbolo
del saggio elettorato!...*

...

*Ma a darvi vero merito
basta una "soppersata"
con la saggezza unica
già tanto decantata.*

*Ave, o salame turgido,
commosso io qui ti canto,
tu sei preclaro simbolo,
di questa terra il vanto!*

*Ne rappresenti l'anima
la sola poesia:
quando t'affetto lagrimi,
nobiliti Lauria!*

*Oh! come sei magnifico
con un bicchier di vino,
o lungo, incomparabile,
morbido "cularino"![391]*

---

389   Così sono chiamati i vicoli di Lauria.
390   *"Beato"* era il soprannome di un venditore di coltelli nelle fiere di paese.
391   Salame insaccato nella parte discendente del colon del maiale.

*Come potrebbe Trécchina
reggere a tal confronto
se i vostri tanti meriti
non sa tenere in conto?*

*Le case non edifica
volgendo ad altro bene,
e aggiudica al suo spirito
le gioie più serene;*

*Se a gare sol partecipa
di grazia e leggiadria,
mentre a eseguire l'opere
pensa la fantasia;*

*Ed ama fiori e musica,
cantiere è il suo giardino
e in un forzier di petali
conserva il suo destino?*

*E s'ama a volte indulgere
un poco al dolce sonno,
miseri quei di Trecchina
ahi, che veder non pônno*

*Il sol che "brilla fulgido
al Bòlago[392] il mattino"
come scriveva un celebre
vostro concittadino[393]*

---

392 Contrada di Trecchina.
393 Si tratta del medico e sindaco di Lauria, Giuseppe Maria Scaldaferri che, nel 1877, frequentando Trecchina e innamoratosi di una certa signorina Silvia, scrisse la lunga e gradevole poesia: "La Trecchinese". Vedi Appendice.

*Che il sogno suo dolcissimo
racchiuso in fondo al cuore
a rivelare a Trécchina
venne e cantò l'amore!*

*Vostro il poeta emerito
con versi suoi cortesi,
ma ad ispirarlo furono
le "belle Trecchinesi".*

*Con ciò non voglio offendere
la donna di Lauria:
sappiamo già a memoria
che brava moglie sia!*[394]

*Ed or come concludere
il brindisi in poesia
senza che debba alludere
un poco alla "ciotìa"?*[395]

*Quando diretto a Trécchina
io passo per Lauria
faccio una sosta rapida
lungo la stretta via;*

Mi fermo sempre ai "Pìscioli"[396]
*col cuore in gran letizia
e grido - com'è d'obbligo -
"So ssoto da'* [397] *'mbronizia!".*

---

394 Si riferisce alla cognata, moglie del fratello deputato.
395 In trecchinese è stupidaggine, stoltezza, sinonimo di *'mbronizia.*
396 Fontanelle pubbliche, un tempo adibite anche a lavatoio, poste lungo la strada per Trecchina, ai margini del Borgo Inferiore
397 "*sono uscito dalla…*" Vedi nota del titolo.

Capitolo XXII

I pittori trecchinesi

di Lidia Orrico

 **Lidia Orrico,** dopo aver conseguito il diploma di Abilitazione Magistrale presso l'Istituto di Maratea, si trasferì a Napoli dove conseguì il diploma di Maturità Artistica. L'anno successivo superò il concorso a cattedra bandito a livello nazionale, per l'insegnamento di Disegno e Storia dell'Arte negli istituti medi e superiori.

Docente di ruolo a vent'anni, ha insegnato nel Liceo Scientifico e nell'Istituto Magistrale. Ha scelto, poi, l'insegnamento nella Scuola Media, convinta che l'educazione all'arte deve essere impartita agli alunni dai primi anni di scuola, per far scoprire il bello in tutti i suoi aspetti fin dall'infanzia e per conoscere, amare e rispettare il grande patrimonio artistico che l'Italia ha l'orgoglio di possedere, a partire dalle piccole realtà che ci circondano.

Ha collaborato con la rivista "Scuola e Didattica" e collabora con periodici locali. Ha curato il catalogo del pittore lauriota Mariano Lanziani, artista ingiustamente dimenticato.

Introduzione

Il recupero delle personalità "minori" dell'ambito storico-artistico costituisce uno dei filoni privilegiati della ricerca sul territorio, che da più parti si va conducendo con esiti tanto più positivi, quanto maggiore risulta la connessione dell'artista con il suo contesto culturale.[398]

In questo filone di ricerca si conduce l'indagine sulle personalità artistiche che sono state attive sul nostro territorio dal secolo scorso a oggi.

Particolare importanza rivestono gli anni del dopoguerra perché si definiscono artisticamente per la varietà e per la simultaneità delle proposte artistiche. Tali proposte si affiancano e si superano a vicenda in tempi brevissimi, alcune esaurendosi, altre imponendosi più o meno durevolmente.

Gruppi e correnti propongono linguaggi nuovi, a volte rivoluzionari. I movimenti che si sono affermati dopo il 1945 sono stati chiamati "neo-avanguardie".

Il dibattito si concentra su due varietà artistiche: *realismo* e *astrattismo*, *figurativo* e *non figurativo*.

Nelle nostre zone, ubicate come sono alla periferia delle grandi città ove fervono le avanguardie, l'eco di questi movimenti non arrivò, o giunse con notevole ritardo. A questo si aggiunga che l'emigrazione portò gli uomini migliori lontano e chi rimase dové lottare per la sopravvivenza quotidiana.

Nel campo delle arti, da noi giunse la flebile eco della pittura ottocentesca, riconducibile ai temi che avevano connotato i motivi della pittura partenopea, le cui personalità più celebri erano Morelli, Toma, Cammarano, Michetti, Mancini, Gigante e altri. Al ritorno dalle Americhe, i neo ricchi si costruirono dimore bellissime, d'ispirazione tardo Liberty, soprattutto all'interno, e ai nostri artisti furono conferite committenze importanti.

---

398 Mario Alberto Pavone, *Introduzione,* in Lidia Orrico, *Mariano Lanziani decoratore, pittore di santi, ritrattista borghese,* Progetto Grafico Editoriale, Lauria 2002.

Le pareti e i soffitti dei salotti si arricchirono di vedute e di decorazioni che conferirono agli ambienti un respiro nuovo.
I modelli di riferimento del secolo precedente riproponevano soprattutto paesaggi bucolici, spesso ispirati a luoghi identificabili geograficamente, oltre che il ritratto e la natura morta.

La pittura di questi artisti rimase semplice e manifestò un costante equilibrio tra figura e ambiente, spesso trascrivendo opere di grandi artisti.
Il ruolo di conservazione della tradizione si esercitò sia in periferia sia a livello nazionale.
In questo senso vanno intesi il nuovo figurativismo in pittura e scultura, il ritorno a un certo gusto decorativo e l'opposizione all'avanguardia storica, considerata negazione del passato: tendenze dell'arte contemporanea definite in anni recenti con il termine di *post-moderno*.

È questo un fenomeno, meno studiato che percorre l'intero Novecento: quello dei disertori delle avanguardie, quelli che diventano anacronisti, quelli che, dopo essersi immersi nella contemporaneità più tumultuosa, decidono di uscirne.[399]

Ai nostri artisti, però, non interessa tale disamina, perché obbediscono e seguono un registro diverso, soddisfacendo una committenza lambita da una fase economica positiva e che aveva il solo obiettivo di riscattarsi dalle privazioni patite; essa mirava esclusivamente alla scalata sociale mediante l'ostentazione del "bello".

Tale ricostruzione storica costituisce un tassello di una vicenda sempre molto articolata e significante, la cui chiave di lettura è fornita dall'analisi del rapporto artista-committente, considerato all'interno della specifica situazione storico-sociale.[400]

---

399 Flavio Caroli - Federico Festa, *Tutti i volti dell'arte*, Arnoldo Mondadori, Milano 2007, p. 92.
400 Mario Alberto Pavone, *Introduzione ...*, cit.

L'attenzione per queste personalità ci consente una consapevole rilettura della nostra storia e delle nostre radici, profondamente legate alla civiltà contadina, che viene nobilitata e raccontata in un'enclave di artisti-artigiani di tutto rispetto, che hanno vissuto d'arte in tempi difficili, dischiudendoci il mondo della creatività e della poesia.

Ascoltare il rumore della memoria e percepire il brusio della storia è essenziale per comprendere quel patrimonio di immagini e di monumenti (i cosiddetti "beni culturali") che costituisce la cifra espressiva di chi, esprimendo il proprio talento, ha lasciato traccia sul nostro territorio.

Documentare, in questo caso, ci guida a ritrovarci più vivi nel presente e contribuisce a riscoprire i temi e i contenuti che hanno ispirato gli artisti; valorizzare la dotazione artistico-culturale significa, in secondo luogo, dare l'immagine di una terra ricca di bellezza, di intelligenza, rinsaldando così l'orgoglio di appartenenza dei cittadini al proprio territorio.

I pittori, di cui parleremo, hanno subìto certamente, in maniera diversa, l'influsso di chi fu attivo in zona prima di loro, proveniente dall'esterno e cioè Giocondo Bissanti, Mariano Lanziani e Franco De Iulio.

GIOCONDO BISSANTI fu certamente ottimo ritrattista che operò nel Lagonegrese alla fine dell'Ottocento. Artista e fotografo di Manfredonia, di scuola napoletana, ritrasse la piccola borghesia di Trecchina, Lauria, Lagonegro e paesi limitrofi.

Giocondo Bissanti
Ritratto di Antonio Calcagno (a. 1900 ca.)

In molte famiglie del Lagonegrese vi sono ancora ritratti dipinti da lui.

Egli firmava i suoi dipinti solo se il personaggio raffigurato aveva posato, ma se la figura era stata tratta da una foto, il quadro rimaneva anonimo.

Prima di giungere a Trecchina, aveva lavorato per molto tempo a Saracena, nel parco del Pollino, in Calabria, ove dipinse nella chiesa di S. Maria del Gamio un San Leonardo, sull'altare della confraternita omonima e, sull'altare della Madonna del Carmine, eseguì un dipinto che raffigura questa Madonna tra i santi Giacomo e Carlo Borromeo, copiata da una stampa oleografica. Nella chiesa di S. Leone dipinse Sant'Anna e la Vergine.

MARIANO LANZIANI (Lauria 1883-1970), di cui parleremo a proposito della chiesa madre, fu decoratore, pittore e ritrattista.

Operò fin da giovane nelle chiese e nei palazzi signorili del Lagonegrese, spingendosi fin nel Cilento. Le decorazioni maggiori le eseguì nella chiesa madre di Trecchina nel 1915 e nel 1926, dipingendo circa seicento metri quadrati di soffitto e pareti, oltre a una decina di case gentilizie. In un secondo tempo si dedicò alla ritrattistica, con risultati spesso eccellenti.

Fu maestro del giovanissimo Emilio Larocca.

FRANCO DE JULIO (Napoli, 1929-1994), diplomato all'Accademia delle Belle Arti di Napoli e allievo di egregi maestri quali il Bresciani[401] e il Crisconio,[402] insegnante di disegno, attuò un figurativo in chiave moderna nel segno, nel colore e nell'intera concettualità della composizione, che ispirò profondamente le scelte espressive degli autori trecchinesi, in particolare del Larocca, di cui fu amico.

La pittura di De Julio è senza dubbio da collocare tra gli impressionisti, la luminosa corposità delle sue figure rispetta nei

---

401 Antonio Bresciani (Napoli, 1902 - 1998) è stato uno dei pittori napoletani più importanti del Novecento.

402 Luigi Crisconio (Napoli, 25 agosto 1893 – Portici, 28 gennaio 1946) è stato un pittore italiano, considerato uno dei protagonisti della pittura napoletana del primo Novecento.

volti e nel corpo un'unica armonia espressiva.

I suoi paesaggi, le sue barche, sono intessute di luce, i colori vibrano con forza e si combinano in accordi tonali, come suoni a volume vigoroso. Le figure hanno tratti d'incanto: fanciulle e bambini sorpresi nella loro identità, ma con una sorta di stacco dal concreto. E intanto si rileva in tutto un amore convinto per le cose semplici, per la natura così com'è, soppesata dal personale gradimento e ritagliata nei particolari da cui l'artista si sente maggiormente suggestionato.[403]

Franco de Julio, Fanciulla che legge

Egli frequentò Trecchina durante l'estate, per moltissimi anni, avendo qui preso moglie. Fu amico dei pittori locali suoi contemporanei, che lo considerarono un punto di riferimento.

---

[403] Bonifacio Malandrino, *Presentazione mostra centro d'arte "La scogliera"*, Vico Equense.

1. Emilio Larocca

Autoritratto

Nasce a Trecchina il 2 febbraio 1932. Autodidatta, ancora adolescente frequenta per qualche tempo e saltuariamente lo studio del pittore Mariano Lanziani di Lauria negli anni Quaranta del Novecento.

Formatosi sui modelli della scuola napoletana dell'Ottocento, rielabora autonomamente i temi del mondo contadino e quelli religiosi, conducendo una ricerca del tutto personale.

La pittura di Emilio Larocca evoca suggestive atmosfere, legate al ricordo della sua infanzia vissuta e segnata da una guerra assurda che aveva impoverito materialmente e intellettualmente la sua generazione, pagandone un prezzo smisurato.

Il vissuto dell'infanzia, quindi, traspare e riaffiora in tutti gli aspetti della rappresentazione del quotidiano: il fiasco, il piatto, i cibi di una terra avara, le castagne, le noci, i cachi, le cipolle, l'uva e i vasi di coccio scrostati, e lumi, lanterne, lucerne.

Reminiscenze ancestrali di favole lontane davanti alla fiamma del camino, ripetute con la sacralità di un rosario: fusi che ruotano sulla gamba della vecchia, pizzi e merletti per una sposa che li chiuderà nella cassa del corre-

Natura morta.1 (Foto Mimmo Longobardi)

do, per conservarli alle figlie che verranno, rappresentazione di un villaggio-infanzia contrapposto alla civiltà dei consumi. In tale contrapposizione, il paese è quello di Leonardo Sinisgalli e di Rocco Scotellaro.

Nel paesaggio di Larocca compaiono indifferentemente scorci della sua valle, gli ulivi minuti che faticano a spuntare da un terreno arido e petroso; spesso vi sono inseriti la vacca e la capra; il contadino, incartapecorito dal sole e dalla fatica, che va alla fiera; la vecchietta storpia; il pastorello; lo zampognaro, la folla di fedeli che si reca in pellegrinaggio.

Natura morta.2 (Foto Mimmo Longobardi)

Nei suoi personaggi non c'è la rivolta per una condizione di vessazione subalterna, ma una tristezza rassegnata che fa trasparire l'ultima speranza di chi le speranze le ha perdute: quella della divina provvidenza manzoniana.

E qui scopriamo il pittore d'arte sacra, soggetti religiosi (la figura di Cristo, di un Cristo immanente, esasperatamente evangelico, umile tra gli umili, povero tra i poveri), le pale d'altare, i medaglioni dei soffitti delle chiese, opere sparse in tutta la Basilicata.

Ritratto della signora Giuseppina Calcagno

Larocca è anche un ritrattista e le sue rappresentazioni non sono mai una riproduzione meccanica delle fattezze che ritrae, ma l'interpretazione del carattere, della psicologia del personaggio.

Emilio Larocca è un pittore d'istinto che usa la tecnica appresa quasi da autodidatta, non cerca vie sperimentali, forse proprio perché la sua vuole essere una pittura leggibile dalla propria gente. Da questo punto di vista, si ricollega alle forme espressive e ai temi della seconda metà dell'Ottocento.

La sua produzione, quindi, è manifesta, non ha bisogno di intermediari; la sua chiave di lettura è affidata alla sensibilità di tutti e alla capacità di ciascuno di cogliere le emozioni fatte di forme, di luce e di colore che egli puntualmente ci trasmette in ogni sua creazione.

Lo spazio della memoria, allora, è uno spazio realmente praticabile perché appartiene a un ambito di cultura rivissuto sia per percorso personale sia per radicata condizione antropologica.

Ammirare un dipinto di Emilio Larocca diventa, perciò, un momento di serena riflessione e quasi una liberazione di quello che ci portiamo dentro e che non riusciamo a esplicitare con le nostre parole, ma che troviamo interamente rappresentato nella sua opera.

Pellegrinaggio (Foto Mimmo Longobardi)

Percorso Artistico

Emilio Larocca è membro di varie Accademie (Tiberina, Leonardo da Vinci, ecc.) e di Associazioni culturali (Centro Studi di Tradizioni Popolari di Basilicata, Centro Studi e Scambi Internazionali, ecc.).
Ha esposto sia in Italia sia all'estero in mostre personali e collettive.
Le sue opere sono recensite in riviste del settore, nazionali ed estere, e dalla RAI.
Gli sono stati attribuiti vari riconoscimenti e premi, tra cui la Medaglia d'Argento del Presidente della Repubblica e il Premio internazionale "Puglia 89".
Moltissimi sono i ritratti, sparsi, in particolare, nell'Italia Meridionale.
Tra le opere di carattere religioso ricordiamo:
"Vita di S. Giacomo Maggiore" - trittico su tela nella chiesa omonima di Lauria; le pale d'altare: "Gloria di S. Egidio", "Madonna del Carmine", "Madonna del Rosario", tutte in Latronico (Potenza); "S. Francesco di Assisi" nell'eremo di S. Pietro di Mason Vicentino; "I Misteri del Rosario" e i "Quattro Evangelisti" nella chiesa di S. Maria del Poggio di Rivello (Potenza); "Il Cammino dell'Uomo", pittura murale nel chiostro del convento "De Pino" di Maratea (Potenza);
"Madonna di Fatima" nella cappella di S. Caterina di Maratea (Potenza);
"I Sette Sacramenti" nella chiesa della Madonna dell'Arco di Castellammare di Stabia;
"S. Nicola di Bari" e "Beato Domenico Lentini", pale d'altare nella chiesa di S. Nicola di Lauria;
"La cena in Emmaus", pala d'altare nella chiesa S. Michele Arcangelo di Trecchina (Potenza).
Molte sono le opere conservate in enti pubblici e privati quali Regione Basilicata, Palazzo Municipale di Trecchina, Palazzo Municipale di Busto Arsizio, Sede Centrale della Conferenza Episcopale Italiana in Roma, Galleria Michelangelo di Firenze; Accademia Jrudi - Galleria Retablo Arte di Pamplona, Banca Mediterranea.

Tra i ritratti sono da ricordare:
Conte Remo Malinverni, nella villa omonima di Lugo (Vicenza);
Cardinale Arce Ochotorena e Giudice Janquas Ymiranda in Pamplona - Spagna;
Marchese Spinola nell'Aula Magna del Gymnasium in Jequié - Brasile;
Mons. Rocco Talucci, vescovo di Brindisi.
Molti altri ritratti si trovano disseminati in Italia e all'estero.
Numerosi sono i suoi collezionisti privati.

2. Rosario Carlomagno

*Rosario Carlomagno
Sarù*

Rosario Carlomagno, in arte Sarù (Trecchina, 1917-1979), è stato attivo a Trecchina tra gli anni Quaranta e Settanta del Novecento.

Sarù comincia come decoratore, dopo aver ricevuto la sua formazione nella "Scuola d'Arte e Mestieri" di Lauria.

Egli utilizza il disegno inteso come strumento essenziale per proporre ai committenti i bozzetti decorativi che realizzerà, poi, sui soffitti e sulle pareti delle nuove abitazioni.

In questo tipo di decorazione non è estraneo l'influsso di Mariano Lanziani che egli ammirò, ancora bambino, quando il pittore lauriota decorò l'abside e il soffitto della chiesa madre, nel 1926.

Diventa paesaggista di maniera, sulla scia di modelli iconografici con cui era venuto a contatto; spesso inserisce anche l'elemento umano. I suoi paesaggi diventano pittoreschi, cioè pittura, invenzione, capriccio.

Si scorge in questi temi la ricerca di una pace interiore che lo riscatta dalle tribolazioni della gioventù, della guerra, quella guerra cui fu costretto a partecipare.

Aderendo alle tendenze del mercato, molto probabilmente il Nostro si ispira a dipinti di artisti di fama consolidata, per trascrivere una serie di soggetti marini, per cui non è difficile ricondurre tali scelte a quelle della scuola di Posillipo.

Sarù dà prova della sua abilità, realizzan-

Paesaggio

do anche miniature, con straordinaria diligenza e precisione.

Rappresenta nature morte di cui fanno parte, con gli oggetti inanimati, i fiori recisi, i frutti e ogni relitto della natura che l'uomo raccoglie per usarlo e tenerlo vicino; si sofferma su questo tema inserendo, tra le povere cose, il violino, lo strumento musicale che egli suona con passione e maestria.

Sarù, però, realizza anche temi religiosi, per soddisfare la committenza, e dà prova della sua capacità di rappresentare la figura umana con lusinghieri risultati. Realizza infatti opere per cappelle funerarie e chiese.

Da segnalare, a tale proposito, il dipinto che rappresenta la morte di S. Giuseppe nella chiesa del villaggio di Piano dei Peri e che, a nostro avviso, è tra i migliori della sua produzione. Nei ritratti egli sceglie attentamente le pose, distribuisce la luce attraverso una felice tavolozza, ottenendo quella immediatezza espressiva che caratterizza la psicologia dell'effigiato.

Un artista, Sarù, di indole riservata e modesta, ma di una sensibilità particolare che traspariva anche dal suo sguardo mite, dai suoi modi garbati, dalla sua signorilità.

3. Carlo Scaldaferri

Carlo Scaldaferri (Salvador, Brasile, 1924 - Maratea, 1987) trascorre la sua infanzia in Brasile, ma poi si trasferisce in Italia, segue gli studi classici che poi abbandona per assecondare il suo talento artistico.

Si stabilisce a Trecchina, paese originario della sua famiglia, dove, sperimentando varie tecniche, mette a punto il suo linguaggio individuando anche temi e contenuti espressivi del suo racconto pittorico.

Affascinato dai macchiaioli toscani, traspone sulla tela le immagini del paesaggio con leggerezza e, prescindendo dal disegno, rende con maestria i rapporti cromatici e tonali, facendo vibrare le atmosfere in cui sono immersi gli elementi visivi.

Le forme sono create dalla luce e le macchie di colore, a volte distinte e a volte sovrapposte, riproducono la vita vera, gli spazi rurali dell'umile laboriosità quotidiana, le aperture sugli orizzonti del mare, approdando ad un documentarismo realistico che connota e identifica la sua cifra interpretativa delle infinite suggestioni offerte dal creato.

Carlo Scaldaferri rivolge, in definitiva, il suo interesse al colore e lo "declina" in tutte le sue variazioni non nascondendo le emozioni, con rapidi colpi

Champs-Élysées

di spatola, creando un alternarsi di superfici uniformi e irregolari che riesce a trasmettere quel calore umano e quella sensibilità degna dell'artista.

Membro di varie accademie, in occasione di mostre personali a Parigi, ebbe un notevole successo e importanti recensioni e riconoscimenti.

Venne a mancare improvvisamente, nel pieno della sua maturità artistica, quando stava allestendo un'importante mostra personale per il Brasile.

Marina

Percorso Artistico

Sue opere figurano in numerose collezioni in Italia, Francia, U.S.A., Brasile, Argentina, Vietnam.
È stato membro dell'Accademia Tiberina-Roma, dell'Accademia Internazionale di "Lutece" - Parigi, dell'Accademia Scienze, Lettere, Arti di Milano, dell'Accademia Samothrace di Grecia.
Per meriti artistici ha avuto i seguenti riconoscimenti: Encomio solenne della Fondazione Accademia "Gen. Pocobelli, duca di Sibari";
 Cav. Uff. dell' "Encouragement Public" - Oeuvre Francaise d'Entraide Sociale – Paris.
Alla sua attività si sono interessati, tra gli altri: Franco Noviello su "Arte Italiana Contemporanea" Vol. VII, Vittorio Sabbia, Rocco Brancati, Franco Corrado, Mimmo Saverio Romei, S. Crisaiolo, G. Pagani Paolino, Lino Schiavone, Enzo Todaro, Raymond Clermont, A. Tomadini, Alberto Scotti, Antonio Colloca, Ferruccio Santaguida, Jacques Jaeger, M.me Irene De St. Christol, Marceau Constantin, Fabrizio Felli, Mario Pocobelli.

Partecipazioni più significative:

- 1972 Potenza - ENAL - Biennale di Pittura Lucana - 2° Premio
- 1973 Potenza - ENAL - Mostra Regionale di Pittura - Coppa Camera Commercio Potenza
- 1973 Bella (PZ) - Mostra Interregionale - 2° Premio
- 1973 Praia a Mare (CS) - Personale
- 1974 Roma - Mostra Collettiva Hotel Satellite Palace
- 1974 Ostia Lido - Galleria "Studio d'Arte 7"
- 1974 Firenze - Galleria "Michelangelo"
- 1974 Poppi di Arezzo - Castello dei Conti Guidi. Concorso Nazionale
- 1974 Potenza - LFC - ENAL Ed. Premio annuale
- 1975 Salerno - Teatro Verdi - Personale
- 1976 Maratea - Azienda Aut. Soggiorno. e Turismo - 1° e 3° Premio
- 1976 Parigi - 8° Grande Concorso Internazionale dell'Accad. Int. di Lutece - 3° Premio
- 1976 Parigi - Grand Prix dell'8° Grande Concorso Internazionale di Lutece - Primo Premio Assoluto - Medaglia d'oro.

4. Aldo Carlomagno

Aldo Carlomagno (Trecchina, 1951) è figlio d'arte.

Suo padre Rosario, in arte Sarù, era infatti un fine decoratore di chiese e palazzi gentilizi, oltre che pittore.

Paesaggista e miniaturista, Aldo si rifà alla lezione degli impressionisti e dei macchiaioli e i suoi temi espressivi sono prevalentemente ispirati dagli scorci che si disvelano dal loggiato della sua casa natale di Trecchina.

Questa casa in Via del Rosario è sovrastata da vecchie mura e da un nugolo di case medievali che si inerpicano sempre più in alto, a cerchi concentrici, fino a raggiungere i resti delle mura di quello che fu il castello baronale.

Il tessuto urbano dei vicoli, tra la chiesa secentesca del Rosario, la porta Sant'Angelo, il Ponte, la Piazzetta Ducale, la torre di guardia medievale, il campanile romanico, il Poggio, il "Pertuscio", sollecitano la sensibilità rappresentativa di Aldo che si materializza sulle sue tele, restituendo una realtà che trovi presente in quasi tutte le sue vedute.

Di quell'ambiente egli ha impresso tutto nella sua memoria di fanciullo, quasi pietra per pietra, casa per casa, vicolo per vicolo: tutti ambienti che ritroviamo nei suoi quadri, con quella dovizia di particolari che solo a chi li possiede può trasmettere e ricordare la lenta inesorabile scomparsa di quella presenza e del mondo cui è appartenuta.

Aldo è stato allievo del padre, anche come musicista, e ha avuto modo di frequentare galleristi napoletani e altri artisti, affinando la sua tecnica e allargando i propri orizzonti.

Un ruolo importante nella sua formazione, attorno agli anni Settanta, l'ha avuto anche la sua frequentazione di artisti come Emilio Larocca e Franco de Julio.

Ne deriva che la sua pittura, a volte quasi monocroma, riprende motivi architettonici ripescati più nei luoghi della memoria che nel paesaggio reale: è una reinterpretazione del lontano vissuto, di quel che poteva essere e non è stato; è la reinvenzione di paesaggi, di situazioni che ormai vivono sublimati nell'animo dell'autore.

E vedi, sul filo della memoria, i luoghi della sua vita, che è poi la vita di tutti noi, il territorio della Valle del Noce, illuminato da un sole mediterraneo, la piazza e la chiesa del paese, le fatiscenti gradinate e tutto quanto un occhio attento e sensibile non può non vedere.

L'appartenenza al Centro Studi di Storia e Tradizioni Popolari di Basilicata, Puglia e Calabria gli ha consentito, poi, di sviluppare esperienze formative e di confronto con altri artisti, in mostre collettive e convegni itineranti; importanti quelli d'Irsina (Matera) del 1981, Torchiara e Prignano del Cilento (Salerno) nel 1994.

Aldo Carlomagno dimostra la sua versatilità anche perché affronta altri temi, quali la rappresentazione della natura morta, che lui definisce "viva" e in cui rende, in modo lusinghiero, la superficie degli oggetti e l'estrema delicatezza della natura dei fiori.

Testimonia la sua bravura nelle miniature con un lavoro diligente e preciso, risultato di un'esperienza di ricerca compiuta a piccoli tocchi, con sapiente abilità nell'uso dei passaggi dei toni e delle gradazioni.

Facendo ulteriormente tesoro della lezione del padre, ha dato un contributo notevole, insieme al fratello Gino, al restauro conservativo della decorazione del grande soffitto della chiesa di S. Michele Arcangelo e della cappella di S. Antonio di Trecchina, dipinti dal Lanziani rispettivamente nel 1915 e del 1926 e successivamente danneggiati dai terremoti.

Grazie alla sua competenza, ha creato i motivi decorativi per il soffitto e per gli altari della chiesa di S. Maria delle Grazie di Nemoli e ha contribuito al recupero degli ornamenti della chiesa di S. Giacomo di Lauria.

Si è confrontato anche a livello grafico, creando copertine di romanzi storici.

In riconoscimento della sua opera prestata a tutto campo, gli è stato attribuito il premio "Il Sirino d'Argento" nel 2006.
Il catalogo che documenta parte della sua attività, è stato stampato in occasione della sua mostra personale alla Galleria "Giotto" di Catania, presso cui sono esposti molti suoi lavori.
Numerose sono state le sue mostre su tutto il territorio nazionale.
Il suo nome compare in diverse pubblicazioni a riprova dell'impegno, dell'intenso lavoro e della qualità che egli ha sempre profuso nelle sue opere.

Calderaio alla fiera

Aldo Carlomagno ha Studio a Trecchina nel borgo antico e a Nemoli, dove risiede con la famiglia.

Capitolo XXIII

I luoghi di culto

di Lidia Orrico

1. Premessa

Nella Chiesa cattolica e nelle altre Chiese di ordinamento episcopale, la diocesi è una circoscrizione territoriale, posta normalmente sotto la giurisdizione di un vescovo, cui è affidato il governo pastorale, e prende il nome dal luogo in cui si trova la chiesa cattedrale e dove risiede abitualmente il presule.

La comunità di Trecchina è appartenuta, per molti secoli, alla Diocesi di Policastro.
Quest'ultima trae la sua origine da quella più antica di Bussento, eretta intorno al V secolo. I primi vescovi che l'hanno retta e che sono stati storicamente accertati furono: Rustico, presente a due sinodi romani del 501 e del 502, e Sabbazio, che partecipò al sinodo romano del 649.

Dopo la metà del VII secolo non si hanno più notizie di questa diocesi perché, probabilmente, fu soppressa nell'VIII secolo dai Bizantini, che sottrassero parte del territorio dell'Italia meridionale alla giurisdizione ecclesiastica di Roma per unirla a quella del patriarcato di Costantinopoli.
Si verificò, quindi, la scomparsa delle antiche diocesi, sostituite da eparchie monastiche (rito greco-bizantino).

Un evento di rilevante portata, infatti, scosse l'unità ecclesiale e politica dell'Impero, con ripercussioni anche locali: l'Editto iconoclasta e la conseguente frattura con Roma, indussero l'imperatore Leone III Isaurico a sottrarre all'autorità papale tutti i territori di più diretta pertinenza di Costantinopoli e cioè le Cìcladi, l'Isola di Creta, il Peloponneso, l'Illirico, la Sicilia e il

Policastro - Cripta Paleocristiana del VI sec.,

Mezzogiorno d'Italia.

È possibile, quindi, che alcune Chiese meridionali, infranto il legame con la sede romana, non sopravvissero. Probabilmente fu il caso di Buxentum (Policastro), dal momento che la regione, corrispondente alla divisione amministrativa, politica e militare bizantina del thèma[404] di Lucania, fu organizzata ecclesiasticamente in province (eparchíe) monastiche.

Regione monastica di rilievo fu pure il territorio del monte Bulgheria, retta dagli archimandriti di San Giovanni a Piro.

Al monastero erano subordinati alcuni cenobi greci del Lagonegrese e del Mercúrion,[405] oltre che del Bulgheria: San Benedetto di Policastro, San Nicola di Sapri, San Fantino di Torraca, San Gaudioso di Rivello, San Nicola di Maratea, San Costantino di Trecchina, San Pietro di Maierà, San Nicola di Grisolìa. La maggior parte di tali chiese erano state oggetto di contesa fra i patriarchi di Costantinopoli e i papi di Roma.

È molto probabile, quindi, che anche a Trecchina, per qualche secolo, fu praticato il rito greco-bizantino.

Papa Stefano IX (o X, secondo una diversa numerazione), con bolla del 24 marzo 1058 ad Alfano,[406] metropolita di Salerno, istituì la diocesi di Policastro, e gli conferì la *potestas* di scegliere e ordinare vescovi in varie città.

Solo il 22 ottobre 1067, però, Alfano dette mandato al monaco Pietro Pappacarbone[407] di prendere possesso della diocesi e di introdurre il rito latino nelle chiese e nei monasteri; ma bisognò attendere il 1079, dopo che ne era stato scacciato, perché Pietro potesse rientrare tranquillamente in Policastro. Con papa Stefano, la Chiesa riuscì lentamente a imporre il rito latino.

---

404 Il termine *thèma* designa le circoscrizioni che nel VII secolo furono create dall'imperatore bizantino Eraclio I, al fine - almeno inizialmente - di rinnovare l'assetto amministrativo e territoriale di tutto l'impero.

405 Il territorio su cui si estendeva il "Mercurion" si trovava al confine calabro-lucano, a occidente del monte Pollino e includeva il bacino del Mercure e la media e bassa valle del fiume Lao.

406 Vedi cap. VII, p. 95, nota 57.

407 *Ibidem*

2. La chiesa del rione Castello

2.1. La storia

La chiesa del Rione Castello, impropriamente detta di San Giovanni[408], era la chiesa matrice dedicata a S. Michele Arcangelo, protettore di Trecchina, e rimase tale fino al 1854.[409]

La costruzione al Piano della nuova chiesa madre suscitò la ribellione di molti prelati, che provocarono una specie di scisma, così come è stato ampiamente riferito nel precedente cap. XV.

Il tempio, nel suo impianto originario, risale al IX secolo, quando il paese fu ricostruito su quella rocca dai Longobardi di Salerno, dopo le distruzioni operate dai Saraceni.

La chiesa aveva forme romaniche che oggi si leggono solo nella fattura del campanile.

Le prime note storiche ecclesiastiche manoscritte, riguardanti la parrocchia, risalgono solo al 1513, quando appare una lista di dieci sacerdoti[410] e un vasto inventario dei beni terrieri della

---

408 A Trecchina vi fu il culto per S. Giovanni Battista sin dalla sua fondazione, nel sito ove oggi si trova il vecchio borgo. Sotto le mura ducali, a oriente e all'imbocco della Via San Giovanni, prima che fosse stata realizzata la strada, era riconoscibile ancora la fondazione della chiesa, molto piccola, absidata e dedicata al santo, probabilmente, edificata dai Longobardi, devoti del Battista. La sua statua fu trasferita, quindi, nell'ex chiesa madre (di qui la recente impropria denominazione, per distinguerla da quella del Piano), quando quella chiesetta fu demolita nel 1880, perché pericolante (Vedi cap. III, par. 1). Tutt'ora il 24 giugno, la festa del santo si celebra con processione. Una volta i bambini recitavano un mottetto di comparatico con un garofano posto tra l'indice e l'anulare della mano destra di ciascuno, dopo averli sovrapposti l'uno all'altro. Cfr. Leandro Orrico, *Il dialetto Trecchinese* - Seconda edizione, cit., p. 267.

409 Una bolla del vescovo di Policastro diretta al clero, alle autorità civili e al popolo, in data 27 ottobre 1854, dichiarava Parrocchia la nuova chiesa sita al Piano, sotto l'antico titolo di S. Michele Arcangelo, e sopprimeva come tale l'antica chiesa del Castello.

410 ADP, *Documenti antichi*, vol. I. I sacerdoti erano: *D. Pietro Bartilotti, Arciprete; D. Giovanni De Leto, D. Nicola De Leto, D. Nicola De Grise, D. Aurelio Bartolotto, D. Michele De Grise, D. Leonardo Pesce, D. Mercurio Vecchio, D. Antonello Bruno, D. Fidenzo Pesce.*

chiesa di S. Michele Arcangelo, autenticati dal notaio Giovanni Bevilacqua di Rivello e distribuiti nelle varie contrade.[411]

Tra le fondazioni appare, sei anni più tardi (1519), la cappella e Congrega del SS. Corpo di Cristo eretta nella chiesa di S. Michele, da mons. Giovanni Pirro Scorna, vescovo di Policastro, col consenso del clero, dietro richiesta di quattordici signori[412]. La dotazione fu fatta coll'assegnazione di un terreno al Bolago il 30 marzo 1519, sotto il pontificato di Leone X.

Un'altra confraternita del SS. Sacramento fu eretta nella stessa chiesa il 1559 con bolla pontificia di Paolo III da S. Pietro in Vaticano.[413]

Un altro fatto ecclesiale, cui partecipò onorevolmente la popolazione con un contributo di otto ducati[414], fu la fondazione del seminario vescovile di Policastro, sotto il pontificato di Clemente VIII.

Nei primi del Seicento è registrata la consistenza della chiesa con la visita di mons. Giovanni Antonio Santonio (1614) il giorno della festa.[415]

---

411 *Ivi*. Le contrade sono: S. Costantino, Palazzo, Lo piano, In piede la Scala, La Sellata, Poggio dell'Arena, Tarantino, Bolago, Lo Poiarello, L'Aria della Quercia, Fico Iancano, La Carcara, La Montata, Bilotta, Sotto le castagne, Ronzino, La Valle dell'Olmo, Maurino, Santo Quaranta, Camarota, Fallacca, Lo Forzone, In piede la Starsia, Li pedali, La Valle de li Monaci, Callìa, Cesinello, Lo mulino, La Mastella, S. Caterina, Pantanelli, La Rocca, La Pastella, L'Aquaro, Piano de Jannino, Lo Gargarotto, Lo Turchio e L'aria de le Cipolle.

412 ADP, *Ivi*, vol. 5, ff. 143-144. I signori furono: Giovanni Caricchio, Lanzillotto D'Andria, Bartolo de Bartolotto, Cesare de Piscitello, Francesco de Maimone, Pietro de Maretta, Giovanni de Oria, Francesco Minsitiero, Francesco de Leto, Giovanni de Vita, Antonio Pisanello, Tommaso Caricchio e Tommaso Pignataro.

413 ADP, *Visita pastorale di mons. Filippo Spinelli*, 3.7.1597, vol. III, ff. 85-86 con nota.

414 ADP, *Visita pastorale di mons. Filippo Spinelli*, vol. III, 3ª foliazione, sett.-nov. 1597, ff. 19, 20 e 27

415 ADP, *Visita pastorale di mons, Giovanni Antonio Santonio,* del 29.9.1614, ff. 235-236. Vi erano tre altari e 10 cappelle, le porte di accesso in discreto stato, l'acquasantiera nuova, l'organo e la sagrestia con scala per salire alla cantoria e, fra gli arredi, 5 calici vecchi da restaurare e indorare.

Con quella successiva del 1629 apprendiamo un altro inventario di proprietà terriere,[416] mentre con quella del 1635[417] e del 1636[418] vengono registrati e descritti gli arredi. Nelle due visite ci si rende conto che l'ampiezza della chiesa era insufficiente rispet-

---

L'altare maggiore era stato eretto dal Comune con diritto di patronato.

416 ADP, *Visita pastorale mons. Urbano Feliceo*, 14 .12.1629. I terreni sono ubicati alla località Montata, in capo li Prati, Piesco, Pietra di D. Rugiero, Poio della Patella, l'Airola, Mancosa, Loco della Foresta, Cassone, Piano Jannino, La Colla, Carcarizzi, S. Lena, Medania, Malluzzo, Frazzone [forse Forzone].

417 ADP, *Visita pastorale di mons. Urbano Feliceo,* 1635 ff. 181-185.
Il vescovo ordinò ai procuratori delle cappelle di acquistare nuovi arredi, come tele cerate, tovaglie, campanelli, cartegloria e, al Comune (Universitas), di riservare uno spazio sufficiente per l'ingrandimento della chiesa parrocchiale, avanzandone la facciata, "a motivo dell'aumento della popolazione", e riparare anche la sagrestia cadente con evidente danno delle case sottostanti. Nel frattempo si provvide a ingrandire le finestre, biancheggiare i muri, rifare il soffitto e togliere di mezzo tutte le cose vecchie e consunte. Le spese occorrenti furono coperte con raccolte di denaro, a carico dei fedeli e il resto a carico del Comune, il quale dové provvedere anche a riparare il campanile e acquistare una statuetta di San Giovanni (oggi nella cappella ove è collocata una statua di S. Giuseppe) da apporre sul fonte battesimale. Per il culto dei santi e l'osservanza delle norme liturgiche, secondo le nuove direttive del Sinodo diocesano del 1632, fu disposto dal vescovo e dall'arciprete d. Pietro Schettini, di preparare la festa di S. Michele con novenario e l'esposizione di sacre reliquie sull'altare maggiore.

418 ADP. *Visita pastorale di mons. Pietro Magri*, 26.7.1636 f. 189. In S. Michele vi erano vari paramenti tutti rinnovati in damasco, velluto, seta e ornati di lamelle e ricami dorati di frange e nastri rossi e bianchi. Il corpo della chiesa era ancora stretto e angusto per un'agevole capienza dei fedeli, specie nelle grandi feste. Intervenne il sindaco Giovanni De Vita con parecchi uomini per discutere l'urgenza dei lavori di restauro e di ampliamento delle fabbriche e fu lanciata l'idea di far costruire una chiesa nuova, più grande e più comoda, sempre a tutto carico del Comune. Fu concluso che lo spazio utile doveva essere di 25 piedi compresa l'area dello spazio antistante. Poiché le fabbriche avrebbero occluso la via, era necessario abbattere una parte della casa di Giovanni Giacomo Bruno. Fu ordinato al sindaco e ai successori nell'amministrazione comunale di rifare tutto, a spese del Comune, con pietre squadrate locali. Il popolo, vedendo questo durante lo svolgimento dei lavori, poteva ben comprendere l'urgenza di tale opera per l'incremento del culto divino a vantaggio di tutti.

to al numero dei fedeli, per cui si decise di ampliare la fabbrica specificandone la nuova grandezza. Il vescovo ordinò, inoltre, la riparazione della sacrestia cadente, perché avrebbe causato anche danni alle case sottostanti. Egli ordinò, altresì, il rinnovo dell'arredo.

Nel 1636 il campanile era dotato di quattro campane, una campanella e l'orologio.

Sempre in quell'anno, il sindaco Giovanni de Vita, memore dell'ordine del vescovo, volle ingrandire la chiesa in modo che lo spazio utile fosse di venticinque piedi (circa m. 7,50) inglobando parte della piazza antistante.

Poiché la fabbrica avrebbe occluso la via, fu necessario abbattere parte di una casa privata.

Fu rimaneggiata, quindi, in maniera sostanziale, già nel XVII secolo (si notano due finestroni chiusi a forma di conchiglia sul prospetto posteriore), e ancora nel XVIII secolo,[419] impreziosita nel 1725 della nuova statua di San Michele.[420] Nel 1763 fu realizzato un nuovo ciborio ligneo dorato[421] e nel 1772 fu aggiunto un tabernacolo portatile o Arca indorata, per le esposizioni e le processioni solenni.

In quel periodo la chiesa raggiunse il suo massimo splendo-

---

419 ADP, *Visita pastorale di mons. Marco Antonio de Rosa,* 1.7.1707, ff.179-195. Vi era un coro per il clero intorno all'altare maggiore, per il canto dell'Ufficio Divino (Mattutino, Lodi e Vespri); in seguito venne restaurato con tavole intarsiate. L'organo era in ottimo stato. L'edificio era da riparare al soffitto, al pavimento e alle pareti. Demoliti i muri interni, fu ampliato col prolungamento di nuove pareti. La sagrestia, col soffitto cadente, pure fu rifatta a spese del Comune, nella piazza pubblica adiacente alla cappella della Presentazione.

420 ADP, *Visita pastorale di mons. A. De Robertis,* 1725. La statua è quella che si trova nella nicchia centrale, sopra l'altare maggiore. Il fonte battesimale, in buono stato, fu ornato di un velo colorato e di una tela stragola o vesperale (copritovaglia), con un nuovo baldacchino e l'immagine di San Giovanni Battista che battezza Gesù nel fiume Giordano. L'altare del SS. Sacramento fu trasferito sotto l'arco della sagrestia per comodità dei fedeli e della congrega.

421 ADP, *Visita pastorale di mons. F. Patuliano,* 1763.

re.[422]

Un altro rimaneggiamento fu eseguito nel 1811 e così rimase fino a quando l'artista Bonelli (1879) le diede l'impianto dello stile toscano,[423] mentre furono fatti eseguire altri interventi, dai preti che officiavano in quella chiesa quando, costruito il tempio al Piano, vollero conservarle la dignità e l'importanza che andava perdendo perché diventata secondaria.

Fu durante i lavori eseguiti nell'Ottocento che, molto probabilmente, furono distrutti gli affreschi dell'abside.

Durante un quaresimale, intorno al 1827, il Beato Domenico Lentini predicò in quella chiesa e una sera, tenendo in mano il crocefisso, si infervorò a tal punto che uscì dal tempio nella piazza, *continuando a predicare e infiammare quel popolo dell'amore verso Dio ed eccitandolo alla fede.*[424]

In questa chiesa, fino 1884, avvenivano le sepolture nel sottosuolo, attraverso una botola che si apriva nel pavimento.

I cadaveri erano fatti precipitare rapidamente da una cosiddetta *cònola*[425] per evitare che il fetore della putrefazione si espandesse.

Il problema si presentava quando i corpi ammonticchiati raggiungevano l'orlo della botola, in occasioni di pestilenze (nel 1656 si contarono circa seicentocinquanta morti).
In quelle circostanze, la rimozione del cumulo dei cadaveri che si veniva a creare, avveniva usando lunghi pali che facevano precipitare i resti nelle parti più basse.

Nella zona absidale c'era la cosiddetta fossa del Santissimo,

---

[422] ADP, *Ivi.* L'altare maggiore, dedicato a S. Michele, oltre alle sessanta messe festive, ne aveva altre da celebrare *"pro benefactoribus"* a cura del clero, pari al numero di 1187 annue. Tutto era splendidamente curato, grazie allo zelo e alla viva pietà dei fedeli.

[423] Pasquale Schettini, op. cit., p. 91.

[424] Giuseppe Reale, *Processo di canonizzazione del Lentini,* in G. De Rosa - F. Volpe, *Il Venerabile Lentini* ... cit., p. 86.

[425] Bara comune, usata una volta per far scivolare i cadaveri negli ossari delle chiese (Leandro Orrico, op. cit.). Era ricavata da un fusto d'albero e munita di due assi per il trasporto del defunto.

a forma circolare, con un sedile di muratura tutto intorno, sul quale venivano posti, seduti i cadaveri dei preti, vestiti dei paramenti sacri.

La chiesa, per misura sanitaria, fu chiusa al culto dal 1875 al 1885. Si accedeva solo al cappellone della Visitazione, appartenente alla famiglia Grisi, insieme al sepolcreto privato, situato nel sottosuolo di esso.

Sulle pareti della chiesa vi erano iscrizioni lapidee di uomini illustri del passato, come quella del chimico Giuseppe Schettini, del giudice Ferrari (unica rimasta) e altri.

Nei primissimi anni del secolo successivo subentrò il degrado.[426]

Sarebbe stato necessario un restauro conservativo, ma questo monumento, antico di dodici secoli, a metà degli anni Sessanta del secolo scorso, venne sciaguratamente manomesso. Furono distrutti, tra l'altro, gli stucchi (i lavori fatti dal Bonelli) e il pergamo; i calcinacci furono scaricati nella fossa comune dopo aver rimosso i resti mortali dei defunti, ivi sepolti fino al secolo precedente. Furono smantellati l'antica cantoria, l'organo e il fonte battesimale, rimosse e distrutte parecchie lapidi sepolcrali, chiusi due finestroni sulla facciata principale e furono, tra l'altro, sostituiti finanche i coppi di copertura con tegole marsigliesi.

Il campanile - unico elemento romanico che conserva parzialmente la struttura originaria - terminava, al di sopra dei due ordini, con una torretta ottagonale alta tre metri e cinquanta centimetri, avente una monofora per lato, sottolineata da capitelli di stile ionico, realizzati in pietra tufacea. Essa, coperta a tettuccio, fu dichiarata pericolante e abbattuta nel 1957.[427]

---

426 ADP, *Visita pastorale mons. Giovanni Vescia*, 23.8.1905. Fu raccomandata maggiore pulizia sull'altare maggiore; fu trovato molto povero l'altare di S. Pasquale; fu ingiunto di cambiare l'orlo della terza tovaglia all'altare di S. Giuseppe. "*Monsignore è rimasto stupito nel vedere il pavimento della Sagrestia sprofondato e le ossa dei morti scoverte. Deplorando questo fatto, egli ha esortato tutti a provvedere, e quindi si è recato dal Signor Sindaco, perché anch'egli metta la buona opera*".

427 Notizie fornite dal signor Giuseppe Martino, muratore, che eseguì la demolizione per conto del suo datore di lavoro.

Tale mutilazione compromise notevolmente le proporzioni, e l'equilibrio formale ed estetico dell'intero campanile.

Successivamente, nei primi anni di questo secolo, intervenne la Soprintendenza per i Beni Architettonici e Paesaggistici della Basilicata che operò un'ulteriore trasformazione.

Fu rimossa la balaustra di marmo, con cancelletto di ghisa, che separava l'abside dalla navata[428]; fu realizzata una discutibile volta lunettata; demoliti gli altari originali (eccetto l'altare maggiore e quello del cappellone) e al loro posto furono ricavate nicchie per allocarvi statue di santi provenienti dalla chiesa madre. Durante gli ultimi lavori eseguiti, è stato riportato alla luce un minuscolo frammento di affresco di un santo, sulla parete dell'abside, forse proprio per ricordarci che una volta questa chiesa era tutt'altra cosa.

---

428 La rimozione delle balaustre è stata eseguita in tutte le chiese di Trecchina, forse per una falsa interpretazione conciliare da parte del soprintendente dell'epoca.

Ex Chiesa Matrice al Rione Castello

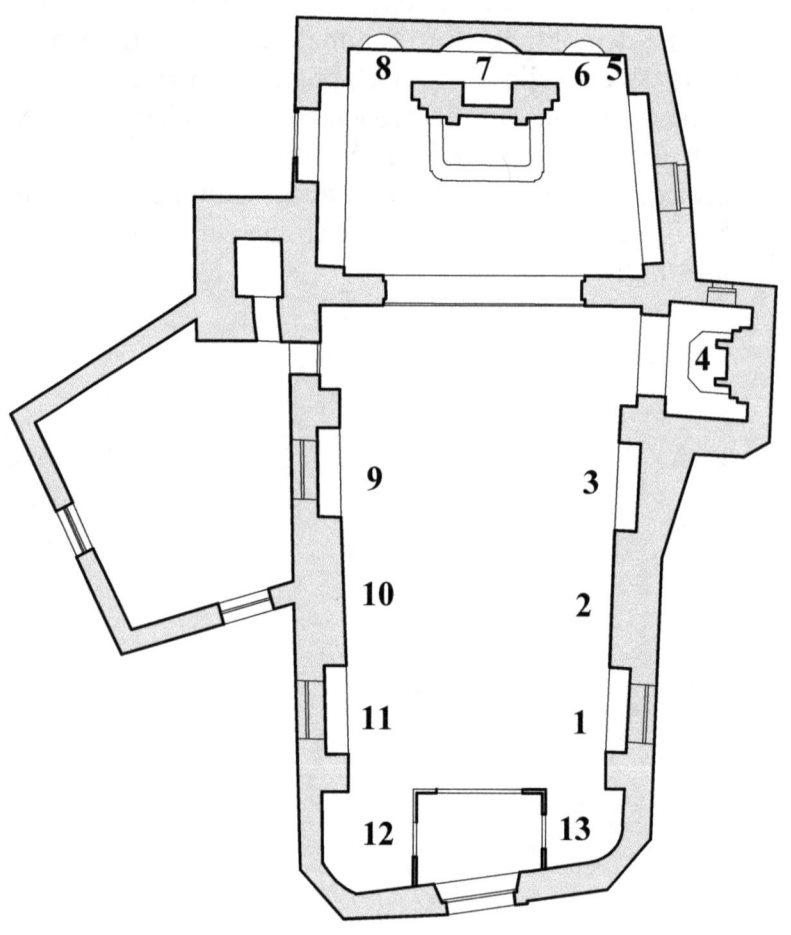

2.2. Descrizione[429]

Esterno

La facciata, molto semplice, fu anch'essa modificata negli anni Sessanta.
Nell'antistante sagrato è collocata una croce con basamento litico recante la data del 1871.

Interno chiesa (Foto Biagio Cozzi)

Interno
Parete destra
Nella prima nicchia è collocata la statua di S. Rocco[430] (1), inizio XX secolo.

---

429 Questo sotto paragrafo vuole essere anche una guida alla visita della chiesa, con l'ausilio della planimetria allegata.
430 A. Devozione di V. Grillo - G. Lamberti e di Michele Grisi fu R.le-1925. Essi erano trecchinesi emigrati in Brasile.

Seguono la tela della Madonna Addolorata (2), di Rosario Carlomagno (1967), la statua lignea della **Madonna Immacolata** (3), databile intorno XVI secolo e tra le più pregevoli e, infine, la cappella laterale dedicata a S. Giuseppe (4) con la statua del santo. In origine era chiamato cappellone della Visitazione e apparteneva, come detto in precedenza, all'antica famiglia Grisi, insieme al sepolcreto privato, situato nel sottosuolo.

Santo monaco - Frammento di affresco

Presbiterio

Degli affreschi che coprivano tutto il catino absidale, è rimasto solo un **frammento** (5), rappresentante un santo monaco e risalente, probabilmente, alla prima metà del XVI sec.

Nella prima nicchia, sulla destra, vi è una bella statua della **Madonna del Soccorso**[431](6), di scuola napoletana, databile agli inizi del XX sec. Nella nicchia centrale, sopra l'altare, svetta una pregevolissima statua di **San Michele Arcangelo** del XVIII sec. (7), mentre, nella nicchia di sinistra, trova posto una statua di San Giovanni Battista (8), santo molto venerato nel rione.

---

431 Donata da Ferdinando Marotta nel 1829.

L'altare, rivestito in marmi policromi, segue lo schema classico dell'Ottocento.

Parete sinistra

Nella nicchia (9) vi è la statua lignea di **San Biagio,** opera dello scultore di Rivello Pietro Trani (1746),[432] come risulta dalla firma sul retro del basamento.

Seguono una tela, di autore ignoto, rappresentante la Madonna del Carmelo tra S. Domenico e S. Rocco, con le Anime Purganti (10), e una statua di Santa Lucia (11).

Sulla controfacciata si trovano un **fonte battesimale,** a destra, e un'**acquasantiera,** a sinistra, entrambe in pietra locale. Il primo ha forma ottagonale[433] (12) e reca incisa la data del 1750. Sul bordo vi sono ancora i ferri d'attesa su cui era investito il baldacchino, sulla cui sommità era collocata la piccola statua di San Giovanni Battista, ora sistemata nel cappellone (4). L'**acquasantiera** (13) di forma circolare, più tarda, è stata restaurata grazie al contributo di una fedele.[434]

---

432 Lo scultore fu attivo a Rivello nel XVIII sec. Di lui conosciamo solo la data del battesimo, trascritta sul registro dei battezzati nella parrocchia di S. Nicola di Rivello: *...28 gennaio 1719 Reverendo Arciprete Don Felice Ferraro nella Chiesa di S. Maria del Poggio con la mia licenza ho battezzato Pietro figlio nato da Michele Angelo Trani e Anna Ferrari coniugi e figli della mia Chiesa* [Parrocchia S. Nicola]. *Padrini sono stati Magnifico Priante Sempronio e Magnifica Anna Florenzano. Michelangelo Megale.*

433 Il numero otto indica il giorno del Signore, la *dies dominica*. Se il sette è legato ai sette giorni della creazione e quindi alla Legge dell'Antico Testamento, l'otto si riferisce al Nuovo Testamento, al completamento e all'inveramento della legge antica, alla nuova creazione resa possibile dalla venuta e dalla resurrezione di Gesù Cristo, alla liberazione del peccato operata dal sacramento del battesimo.

434 Restauro finanziato da M. Antonietta Orrico.

3. La chiesa matrice di San Michele Arcangelo

3.1. La storia

L'attuale Piazza del Popolo, che caratterizza il nostro paese, nel Settecento era un terreno agricolo molto fertile, in gran parte di proprietà della grancia di Santa Maria dei Fiori, dipendenza dalla Commenda di Castrovillari del Sovrano Militare Ordine di Malta, come è stato riferito nel precedente capitolo XI.

Il terreno era molto fertile e prevalentemente coltivato a vigneto, tanto che ancora oggi si ripete il detto popolare *"Vuo' a' casa o Ponte e a' vigna o' Chiano"*.[435]

Tra la fine del Settecento e l'inizio dell'Ottocento, molte famiglie iniziarono a costruire la casa *"o' Chiano"* cioè attorno all'attuale Piazza del Popolo.

Nel terzo decennio dell'Ottocento si avvertì, quindi, l'esigenza di costruire una nuova chiesa, in luogo di quella antica del "Castello", che diventasse la parrocchia del rinnovato paese.

Correva l'anno 1825, quando si iniziarono i lavori della nuova chiesa, durante la lunga arcipretura del sacerdote Biagio Del Vecchio (1802-1839), che si era già distinto nel soccorrere i cittadini nel 1806, a seguito del sacco di Trecchina da parte dei briganti.

Nonostante le ristrettezze economiche in cui versava il popolo, egli fidò sulla generosità dei fedeli.

L'iniziativa certamente fu incoraggiata dalla forte personalità del vescovo di Policastro, Nicola Maria Laudisio, che da un anno si era insediato nella diocesi, oltre che dalla necessità della maggior parte dei cittadini, specialmente i più anziani, che ormai si erano trasferiti al Piano. Per questi ultimi diventava faticoso partecipare alle funzioni religiose nella chiesa del vecchio borgo.

Il sacerdote Biase Caricchio, nel brogliaccio di famiglia già citato, annota:

---

[435] Vuoi la casa al Ponte (cioè fuori le mura, in posizione privilegiata) e la vigna al Piano, terreno soleggiato e fertile.

A tredici,13, del Mese di Luglio dell'anno mille ottocento venticinque 1825. L'Ill.mo monsignor Laudisio[436] *Vescovo di Policastro benedisse e consagrò la novella Chiesa al Piano sotto il titolo di San Michele Arcangelo, coll'intervento di molto popolo e finalm. celebrò la Santa Messa, dove dovrà cadere l'Altare Maggiore....*

Ma siamo soltanto all'inizio perché, di fatto, era stato realizzato il progetto, che ricordava la cattedrale di Policastro e tracciato semplicemente l'ingombro della fabbrica: in effetti il vescovo pose la prima pietra e celebrò una messa all'aperto.

Dobbiamo arrivare al 1841, all'inizio, cioè, di un'altra lunga arcipretura, quella del sacerdote Francesco Orrico (1840-1878), per vedere l'inizio dei lavori della nuova chiesa al Piano e l'alacre progredire degli stessi.

Infatti, nel predetto brogliaccio, don Biase Caricchio annota:

A undici ottobre 1800quarantaquattro si è coverta la nave della suddetta Chiesa e la somma del solo numerario erogato per la detta Chiesa non compresa l'opera pubblica ascende a ducati tremila, e cento 3100.

Ancora, al rigo successivo, il sacerdote continua:

A sette settembre 1846: la suddetta Chiesa è stata benedetta per ordine di Sua Ec Rma Monsignor Laudisio dal suo Sr. nipote D: Pietro Imperato, canonico onorario della nostra Cattedrale, ivi solennizzò la Messa con una degna, e dotta predica. Il dì seguente [il giorno della festa] *si portò* [in processione] *la statua della Madonna con immenso popolo, cantò la Messa solenne, fece il panegirico della nascita della Madonna; e se li regalarono ducati otto per la venuta, e per le sue ottime prediche fatte.*

---

436 Nicola Maria Laudisio nacque a Sarno il 22 marzo 1779. La famiglia, di nobili origini, era amica di Sant'Alfonso, per cui il ragazzo fu indirizzato al seminario di Pagani, fondato dal santo. Ordinato sacerdote, divenne un celebre predicatore. Udito dal re Ferdinando IV di Borbone, questi lo propose al papa quale vescovo, cosa che avvenne subito. Aveva solo trentotto anni quando gli fu assegnata la diocesi di Bova, in Calabria. Il re lo fece Barone del Reale Ordine di Francesco I. Fu Consigliere di Sua Maestà e Pari del Regno. Nel 1824 gli fu assegnata la diocesi di Policastro che resse per trentotto anni, fino al 1862, anno della sua morte. Fu promotore della definizione del dogma della Immacolata Concezione avvenuta l'8 dicembre 1854.

Il memorialista continua ancora in altra data:

Nel 1847, a 13 maggio si è cominciata a farsi di stucco da tre maestri convenuto [il prezzo] *per ducati 420.*[437]

I dodici Apostoli furono dipinti una prima volta nel 1847, ognuno a devozione di un singolo fedele. Si ignora chi fu il pittore.

La navata era finalmente completa e fu aperta al culto nel 1848.[438]

Mancava la costruzione dell'abside, i cui lavori furono iniziati subito e terminarono solo nel 1875.[439]

Tra la costruenda fabbrica e la navata, fu realizzata una intelaiatura provvisoria alla cui base fu posto l'altare maggiore.

Contemporaneamente si iniziò la costruzione della sagrestia, i cui lavori furono ultimati nel 1869, anche con il concorso dell'Amministrazione Comunale.

La chiesa ha un ingombro di quarantasei metri e mezzo di lunghezza e diciassette metri di larghezza, pari a metri quadrati settecentonovanta circa, oltre all'ingombro del campanile e dei

---

[437] Il sacerdote enumera, poi, altre spese: *Per dipingere il soffitto e sistemare il tavolato, ducati 120; per olio di lino e colori, ducati 0,80; per dipingere i dodici apostoli, ducati 4,48 ognuno; l'organo, offerto da due devoti, ducati 200 oltre ad un "peso perpetuo" da parte del clero di ducati 100; la fattura della porta grande, ducati 0,28; quello delle due porte laterali, ducati 0.09 e le ferramenta dei tre infissi ducati 0,30.*

[438] Pasquale Schettini, op. cit., p. 92.

[439] Durante la costruzione e in occasione delle funzioni religiose nella chiesa del Castello, al sindaco dell'epoca, Fabio Schettini, venne l'idea di invitare i cittadini a passare per la cava delle pietre perché ciascuno ne portasse una alla costruenda chiesa, per contribuire alla sua edificazione. L'invito, però non fu accolto dai benestanti cui sembrava disdicevole eseguire lavori manuali. Fu così che il sindaco e la moglie dettero il buon esempio. Da quel momento, il paese tutto, a seconda delle proprie forze, contribuì a non far mancare mai il materiale per la fabbrica. Avvenne, però, che le donne, a causa del corpetto troppo stretto in vita, quando si piegavano per raccogliere le pietre, mettevano in mostra il seno. La cosa stimolò tutti i giovani del paese che si recarono numerosi a raccogliere le pietre. Il parroco, accortosi della maliziosità dei giovani, fece indossare alle donne un fazzoletto che le copriva in maniera più casta.

locali della sagrestia, che hanno una superficie lorda di circa centoventi metri quadrati.

La sola navata della chiesa misura quattrocentootto metri quadrati utili che, sommata alla superficie dell'abside di circa duecento metri quadrati utili, raggiunge la superficie complessiva di oltre seicento metri quadrati,[440] diventando una delle chiese più grandi della Basilicata.

I mastri muratori che eseguirono la edificazione della navata furono i fratelli Alessandro, capomastro, Giacinto e Girolamo Maimone fu Vincenzo, mentre completarono l'opera, negli anni successivi, i mastri Ferdinando Maimone fu Alessandro e i suoi figli. In effetti, furono due generazioni della stessa famiglia.
Gli stucchi furono eseguiti dallo stesso Alessandro Maimone che aveva appreso a Roma tale tipo di lavorazione.[441]

Ci è piaciuto, fin qui e per quanto è stato possibile, far raccontare al cronista Biase Orrico, attraverso i suoi appunti, la storia della costruzione della *Fabbrica*, perché egli fu un prezioso testimone. Infatti, essendo un sacerdote, poté seguire da vicino le varie fasi di lavoro. Egli era nato il 30 maggio 1782 e morì il 24 marzo 1858.

3.2. Le decorazioni

Il dieci agosto 1914, mentre in chiesa si recitava la novena della Madonna Assunta, si staccò dal soffitto una grossa tavola della controsoffittatura, che cadde sul pavimento con gran fragore ma, per fortuna, non colpì nessuno dei fedeli.

L'arciprete don Angelo Schettini[442] si premurò di fare eseguire i lavori di consolidamento della struttura e, approfittando dell'impalcatura, dette incarico al pittore Mariano Lanziani da

---

440 La superficie effettiva è di circa mq. 626. Considerando una folla compatta non ammassata, con quattro persone a metro quadrato, la chiesa ha una capienza di 2500 persone, più degli abitanti dell'intero paese.
441 *Ivi*.
442 Fu un ottimo parroco, stimato dai cittadini, molto colto e ricercato predicatore. Pubblicò anche alcuni libri di teologia, ormai irreperibili.

Lauria di eseguire le decorazioni dell'intero soffitto, di rifare i dipinti dei dodici apostoli e aggiungere, nell'abside, quattro profeti dell'antico testamento. A tale lavoro si aggiunse una pala d'altare raffigurante S. Lucia, S. Teresa d'Ávila e S. Filomena.

I lavori di consolidamento e decorazione del soffitto della navata furono affidati a Matteo Pittella, falegname, e a Mariano Lanziani, pittore, con unico contratto di appalto dell'otto febbraio 1915 per l'importo di lire seimila. Nel settembre dello stesso anno fu stipulato altro contratto col predetto pittore, così suddiviso: per la decorazione completa del soffitto del presbiterio, di lire seicentotrenta; per i dodici apostoli, lire seicento; per i quattro profeti, lire duecentoventi; per la pala d'altare, lire centoquaranta e per lavori straordinari lire settanta.

In totale, per il consolidamento, lavori vari e decorazioni, si spesero lire novemilaquattrocentonovantotto.

Le offerte elargite da Enti e da cittadini presenti ed emigrati fino al 25 agosto 1916, giusta tabella contenente l'elenco degli oblatori fu di £. 10.364,90, per cui avanzarono £. 866,84 depositati nella Cassa Postale con Libretto intestato al sullodato Tesoriere.
Tutte le note e i documenti relativi agli Esiti si conservano nell'Archivio Parrocchiale e restano a disposizione di chiunque voglia averne visione.[443]

L'importo delle offerte, aggiornato secondo gli indici ISTAT, corrisponde alla cifra attuale di circa quarantamila euro, somma che, con gli attuali costi, non sarebbe sufficiente neanche per allestire l'impalcatura a norma delle leggi vigenti sulla sicurezza.

---

[443] Tali notizie sono state desunte da un manifesto conservato da Emilio Larocca, in cui è riportato l'intero resoconto di spesa dei lavori eseguiti, pubblicato a cura del parroco Angelo Schettini. Egli non gestì in prima persona il denaro donato dagli offerenti, ma nominò una commissione e un tesoriere, scelti tra i maggiorenti del paese, per assicurare la trasparenza della gestione economica dei lavori.

3.3. Descrizione[444]

Esterno

La facciata, ampia e lineare, è tripartita da lesene; al centro vi è un portale di pietra. Nel 1952 il portone fu pregevolmente rivestito con tarsie lignee dall'allora ventenne artista Emilio Larocca.

Al di sopra del portale, su un aggetto, si erge la statua di S. Michele Arcangelo nella sua iconografia classica, patrono di Trecchina, offerta da Michele Caricchio.

Non conosciamo l'autore di questa scultura, ma molto probabilmente si tratta di una delle tante riproduzioni realizzate in serie da ditte specializzate.

I finestroni polilobati illuminano l'interno e conferiscono alla facciata un sobrio equilibrio.

L'orologio pubblico fu installato nel 1889 sul frontespizio della chiesa, nell'attuale rosoncino del timpano.[445]

Esso fu poi spostato nella posizione attuale dopo la costruzione del campanile.

Foto Biagio Cozzi

---

444 Questo sotto paragrafo vuole essere anche una guida alla visita della chiesa, con l'ausilio della planimetria a fronte.
445 L'orologio fu acquistato a spese del Comune dalla ditta Canonico di Lagonegro, per il prezzo di £. 1.000 con un acconto di £. 400 e la rimanente somma a rate, pagabili entro un anno (Delibera consiliare 23 dicembre 1888).

Chiesa Madre S. Michele Arcangelo

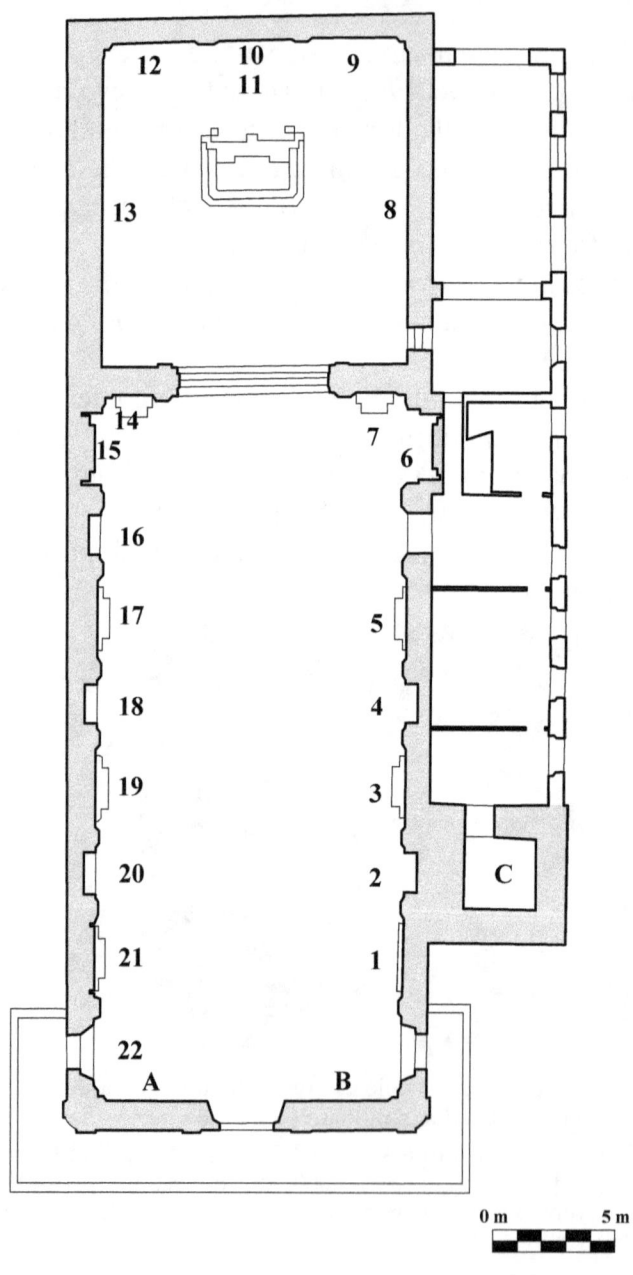

Interno

Entrando in questa chiesa con la curiosità di chi vuole sapere e conoscere, si scoprono cose mai notate prima: stupisce la sua grandezza e la sua maestosità, caratteristiche rare in un piccolo paese di provincia, se si pensa ai tempi in cui fu realizzata.

La sua ampiezza ci porta naturalmente ad alzare gli occhi al cielo, rimanendo letteralmente stupiti dalle decorazioni del *soffitto* dipinto da Mariano Lanziani,[446] pittore poliedrico che, con le sue opere eseguite in questa chiesa, realizzò certamente il lavoro più importante della sua carriera.

È interessante osservare come l'artista riempie sapientemente l'immenso spazio (circa settecento metri quadrati, oltre agli apostoli).

Egli incornicia la decorazione partendo dall'altezza della cimasa della parete, ammorbidendo l'angolo retto che essa forma col soffitto, mediante un raccordo semicircolare (*gola*), in cui inserisce le girali di foglie d'acanto, sorrette da puttini che sembrano danzare tra le foglie conferendo alla decorazione monocroma un elegante movimento.

Lanziani suddivide, poi, lo spazio in centoquattro riquadri, ponendo al centro il medaglione di S. Michele ispirandosi ai lacunari[447] dei soffitti delle basiliche.

In ogni elemento, il pittore colloca un rosone con pietre ornamentali di rubini e zaffiri. A seconda della posizione dei riquadri, le ombre dipinte si proiettano come se la luce che le determina provenisse effettivamente dai finestroni posti sulle pareti della chiesa.

Qui il Lanziani dimostra la sua capacità di rappresentare

---

446 Lidia Orrico, op. cit. Il pittore (Lauria, 12 febbraio 1883 - 10 marzo 1970) fu attivo nel Lagonegrese e nel Cilento nella prima metà del Novecento.

447 Lacunare o cassettone è uno scomparto rientrante di soffitti o volte. Il termine è riservato soprattutto a quegli scomparti che, per la grandiosità del disegno e la ricchezza delle decorazioni e dei dettagli, presentano particolare interesse artistico.

Soffitto navata (Foto Biagio Cozzi)

la tridimensionalità, inducendo nell'osservatore l'illusione di guardare elementi reali che, di fatto, sono dipinti su una superficie bidimensionale *(trompe-l'œil)*.[448]

Il medaglione di S. Michele Arcangelo rappresenta il santo nell'iconografia tradizionale e fu mutuato da Guido Reni.

A causa del terremoto del 1980, l'intero soffitto fu danneggiato da infiltrazioni d'acqua.

Il medaglione fu restaurato dal maestro Emilio Larocca, già allievo del Lanziani, mentre il recupero delle cromie del cassettonato fu eseguito dai fratelli Aldo e Gino Carlomagno.

Sulla *controfacciata* vi è una **cantoria con l'organo a canne**, a cui si accede attraverso una scala a chiocciola in legno.

Lo strumento musicale è ormai in disuso da molti anni ed è un vero peccato che non sia stato restaurato.

---

[448] Questa tecnica è detta *trompe-l'œil* (termine francese che significa *inganna l'occhio*, pittura d'inganno). Lanziani usò tale tecnica, con effetti gradevolissimi, nella decorazione delle pareti e dei soffitti del primo e secondo piano nel palazzo di Michele Schettini (*Cazzoppola*) che, con ogni probabilità, eseguì subito dopo i lavori realizzati nella chiesa. Altro *trompe-l'œil* interessante è nella chiesa di San Giacomo a Lauria Inferiore, ove egli dipinse un'abside semicircolare (abbattuta per il passaggio di una strada) su di una superficie piana (Vedi: Lidia Orrico, op. cit.).

L'iscrizione lapidea (**A**) sistemata sulla *controfacciata* (a sinistra) ricorda i lavori eseguiti e fin qui descritti.

Nello stesso periodo il Lanziani ridipinse le figure degli apostoli sulle pareti della navata e i profeti sulla parete di fondo del presbiterio, nonché il soffitto dello stesso.

L'altra **iscrizione** (sulla destra) (**B**), sistemata sempre sulla controfacciata, è altrettanto importante perché ricorda la riconsacrazione del tempio fatta dal vescovo di Policastro, mons. Federico Pezzullo, il 21 maggio 1939, a seguito dell'abbellimento e del restauro iniziato precedentemente dall'arciprete Angelo Schettini e concluso dall'arciprete Biagio Pignataro.[449]

Della cerimonia si conserva memoria con l'apposizione di croci su ogni lesena.

Le altre iscrizioni documentano l'incoronazione della Madonna del Soccorso, avvenuta l'8 settembre 1926 e la commemorazione del centenario dell'inaugurazione della chiesa nel 1948.

Due porte consentono l'entrata e l'uscita sui fianchi della chiesa. Al di sopra di quella di sinistra trova posto un'Annunciazione (**22**), opera del pittore Fortunato Schettini.[450] Originale appare il canestro con il lenzuolino, in primo piano, che prelude alla nascita di Gesù.

Sulle pareti gli altari sono scanditi da lesene su cui sono state poste anche le raffigurazioni della "Via Crucis" dipinte dal pittore Emilio Larocca, su committenza di varie famiglie.

Sul primo altare,[451] a destra (**1**), la **pala** del pittore Mariano Lanziani.

---

449 La consacrazione era compiuta con un rito particolare: si adagiava uno strato di sabbia sul corridoio centrale, che collega l'ingresso all'altare maggiore, e su tale strato il vescovo tracciava dei segni di croce con il pastorale.

450 Fortunato Schettini (Trecchina 1883-1967) fu un decoratore e un pittore che aveva studiato e lavorato in Germania. Rientrò in Italia prima della seconda guerra mondiale, ma ebbe pochissima committenza, essendo tornato in paese in età avanzata e in un periodo di ristrettezze economiche.

451 A devozione di Caricchio Biagio fu Vincenzo, 1935.

Osservandola nei particolari, riconosciamo in primo piano, a sinistra, **Santa Teresa d'Ávila** con le mani giunte e gli occhi rivolti al cielo, mentre **Santa Lucia**, a destra, guarda verso di noi.
Quest'ultima con la mano destra regge una coppa su cui sono rappresentati gli occhi che, secondo una leggenda, le furono strappati prima di essere uccisa e, per questo motivo, divenne protettrice della vista. La palma che stringe con la sinistra è simbolo del martirio. Un paesaggio lacustre, che ricorre spesso nei dipinti del Lanziani, fa da sfondo a queste due figure mentre, al di sopra delle nuvole, vediamo rappresentata **Santa Filomena** distesa su un trono, che prende i lembi del mantello per assecondare la sua ascesa verso il cielo, accompagnata da due angioletti che fanno cadere una pioggia di rose.

Interno chiesa - Foto Biagio Cozzi

Nella nicchia, in alto, **San Giuseppe (2)**, con il Bambinello rifatto dopo un furto sacrilego.
Sull'altare successivo[452](**3**), a destra, vi è la pala rappresentante la **Madonna Addolorata.**
L'autore di questo bel dipinto rimane anonimo, ma sappiamo che fu in parte manomessa da un certo Cascini di Lagonegro.
In origine la tela era più piccola e probabilmente apparteneva alla cappella della Madonna della Misericordia, di proprietà della famiglia Iannini, in Via Valle. La brutta manomissione risale all'Ottocento; i committenti furono il Cavaliere Francesco

---

452 Il solo altare, eretto a div.^{E} del Benem.^{O} Sacer.^{E} D. Gerardo Cant.^{E} e Del Vecchio, per lire 552 che riunite a lire 168 ritratte dall'oro dell'Addol.^{A} costa tutto lire 700 - A.D.1887.

Iannini e sua moglie donna Mariannina Grassi, come si legge nell'iscrizione.

La Madonna ha un viso dolce e allo stesso tempo triste, mentre una spada le trafigge il cuore.

In basso notiamo l'infelice aggiunta del Cascini: due angioletti tozzi e rigidi che reggono rispettivamente il lenzuolo della Veronica e il cartiglio affisso sulla croce (I.N.R.I.) e, ancora, gli strumenti del martirio: la tenaglia, il martello, la spugna che fu imbevuta di fiele, la corona di spine, e i dadi con cui i soldati romani si giocarono a sorte le vesti di Gesù.

Nella nicchia successiva vediamo la statua dell'**Immacolata Concezione**, (4) una bella scultura lignea dalle forme e movenze tardo-barocche di autore ignoto, anch'essa privata dei puttini.

Sul terzo altare[453] è collocata la tela dedicata alla **Incoronazione (5)** della Madonna.

Anche di questa opera rimane sconosciuto l'autore; è stata però sicuramente rimaneggiata perché la mano che ha dipinto la Madonna è diversa da quella delle altre figure.

La Vergine, con un atteggiamento compunto, portando al petto le mani, riceve l'incoronazione dalla Santissima Trinità: Gesù, Dio Padre e lo Spirito Santo, rappresentato dalla colomba.

Più avanti, sulla porta della sagrestia, vi è un bel **pulpito** aggettante in legno, una volta usato per le prediche in occasione delle feste solenni e ora inspiegabilmente murato e inaccessibile anche per la pulizia nel suo interno.

Infine, sull'ultimo altare di destra,[454] notiamo la tela realizzata nel 1995 dal pittore Emilio Larocca che rappresenta la **cena in Emmaus**.[455](6)

La scena si svolge all'interno di un ambiente piuttosto buio, una luce divina si irradia alle spalle di Gesù che sta spezzando il pane. Solo allora i due discepoli presenti riconosceranno il viandante

---

453 In omaggio alla pietà di Michele Orrico e Rosalia Conte. Il figlio Gennaro questo altare eresse 13 maggio 1886.
454 A ricordo del prof. Domenico Pesce 1938.
455 Committenza della famiglia Palladino.

dal suo gesto: è il loro Maestro.

Partecipano all'evento anche due donne, che manifestano il loro stupore nel riconoscere Gesù.

Lo spazio in cui sono immersi i personaggi è reale, addirittura si dilata oltre la parete e ci fa capire la volontà dell'autore di far rivivere l'atmosfera di quell'avvenimento negli stessi luoghi in cui avvenne il miracolo.

Sul *piedritto destro* dell'arco trionfale, in una nicchia è collocata la statua di **Sant'Antonio di Padova** (7), in legno, che fu di proprietà della famiglia Grisi, da cui discese l'arciprete Eligio, vedovo e poi parroco (1713-1727), che la donò alla chiesa.

Pregevole rimane il fonte battesimale datato 1847, la stessa data che troviamo sul cartiglio, al di sopra dell'arco trionfale che ci separa dalla parte absidale,[456] anno in cui finirono i lavori della navata.

Tre gradini ci portano sul **presbiterio** sopraelevato, una volta separato dalla balaustra, che ora è stata collocata sul fondo.

Soffitto abside (Foto Paolo Schettino)

Anche il *soffitto del presbiterio* fu dipinto dal Lanziani nel 1926.

Motivi decorativi e tarsie dipinte circondano il medaglione centrale. Nelle mandorle di gloria, sono raffigurati quattro angeli e compaiono gli elementi simbolici della palma e del calice.

Nella cimasa, angioletti che reggono festoni e girali di foglie d'acanto, creano un motivo tipico, leggermente diverso e più profano, rispetto a

---

456 Sul cartiglio si legge: *Domus Mea Domus orationis vocabitur - A.D. 1847.*

quello della navata.

Nel *medaglione centrale* la Madonna, mediante due angeli, fa cadere dal cielo una pioggia di rose sull'abitato di Trecchina di cui è protettrice.

È interessante notare la meticolosa rappresentazione di uno scorcio dell'abitato com'era all'epoca del dipinto.

Sulla *parete di fondo*, a sinistra, il profeta **Davide**, secondo re ebraico, celebre per aver ucciso il gigante Golia, è raffigurato come un re vecchio che suona l'arpa; a destra è rappresentato **Isaia,** il gran profeta della nascita e della passione di Cristo, vissuto nel regno di Giuda nell'VIII sec. a.C.

Sulla *parete sinistra*, **Geremia** che tiene lo sguardo abbassato; è affiancato da due donne molto tristi, probabili personificazioni dei regni di Giuda e d'Israele; *a destra* **Ezechiele** che predice la rovina di Gerusalemme e il ritorno degli esiliati.

Per Isaia, Geremia ed Ezechiele il Lanziani si ispirò a quelli realizzati da Michelangelo per la Cappella Sistina.

Di recente è stata collocata un'altra tela rappresentante **San Giovanni Battista**[457] **(8)**, opera del pittore Emilio Larocca.

Nelle *nicchie, sulla parete di fondo*, trovano posto le statue della **Madonna del Soccorso (9)** e un'**Annunciazione (12)** mentre, al centro e in alto, vi è la statua del Protettore, **San Michele Arcangelo,**[458] **(10),** coeva alla costruzione della chiesa.

Arricchisce l'abside un coro ligneo installato da qualche anno dal parroco don Guido Barbella, a spese dei fedeli, che conta undici stalli per ogni lato. Sugli schienali si possono osservare le incisioni degli elementi simbolici propri del cristianesimo: il pesce, l'ancora, il ramoscello d'ulivo, i colombi, il monogramma di Cristo e l'alfa e l'omega, prima e ultima lettera dell'alfabeto greco, cioè inizio e fine, nascita e morte.

Anche **l'altare maggiore**[459], sopraelevato su tre gradini, è pregevole e ci appare imponente nelle sue proporzioni: davanti al pa-

---

457 Committenza dei coniugi Corrado e Sara Morelli, 2014.
458 Offerente la famiglia Iannini.
459 A divozione di Teresina Palazzo fu Giovanni, 1938.

liotto, quattro colonnine sorreggono la mensa dell'altare. Al di sopra vediamo il ciborio e, sul tabernacolo, si notano, a rilievo, due puttini e la colomba.

È realizzato in marmi policromi, intarsiati sapientemente, ed è arricchito da maestosi candelabri.

Sulla parete di fondo trova posto una **Crocifissione**[460](11), anch'essa opera del pittore Larocca. Le figure classiche popolano tale dipinto e ciascuna di esse concorre, attraverso i gesti e la postura, a sottolineare il dolore e la disperazione, restituendoci un mondo in cui le emozioni diventano forme.

Sulla *parete sinistra* è collocata una tela rappresentante **San Pasquale Baylon** tra **Santa Lucia** e **San Vito (13)**, di autore ignoto del XVIII secolo.[461]

Prima di ridiscendere nella navata, è importante osservare l'**ambone**, realizzato di recente dall'artista Carla Viparelli che ha avviluppato, intorno al simbolo cristiano dell'albero, il cartiglio che riporta la scritta "*Verbum erat in principio*", utilizzando sia il legno sia il marmo in modo sapiente.[462]

Il presbiterio si è impreziosito anche di un nuovo altare, realizzato in marmi policromi con tarsie marmoree, su progetto dell'architetto Palmiro Sacco e a spese dei fedeli.
Sul paliotto campeggia il monogramma di Cristo con le due lettere sovrapposte, la "X" e la "P" che sono le iniziali della parola Χριστός (Kristòs) e deriva dall'ebraico *mashia* che significa Unto.

Ridiscendendo nella navata, a ridosso della *spalla sinistra* dell'arco trionfale, notiamo nella nicchia la statua di **San Francesco di Paola (14)**, mentre sulla parete a sinistra,[463] in corrispondenza dell'altare, osserviamo un **Crocefisso** e un **Cristo morto** sotto

---

460 A devozione di Luigi Amendola in memoria delle famiglie Paolillo e Amendola.
461 Restaurata da Paolo Schettino e a spese della famiglia di Pasquale Basso.
462 In memoria di Carmela e Saverio Miceli, la nipote Rosanna Roselli, 2010.
463 In memoria di Giuseppe Scarpitta la vedova Giuseppina Lamberti dedica. *Cristo morto* (a divozione dei coniugi Michele e Rosina Lamberti, 1939).

la mensa (**15**), due belle opere di cartapesta di Luigi Guacci da Lecce, che risalgono al 1930.

Si rimane affascinati dalla bravura di questo artista che ha saputo, con un materiale così povero, modellare il corpo di Gesù. Infatti non solo ha rappresentato con cura la figura, ma sul volto cogliamo la sofferenza, il dolore e lo strazio della morte dell'uomo che ha voluto riscattare l'umanità con il suo sacrificio.

In successione, nella nicchia in alto, sono inseriti **Santa Rita e l'Angelo** (**16**) che le pone sul capo la corona di spine.
Si tratta di manichini che hanno solo il viso e le mani di legno.

Osserviamo ora, *sull'altare successivo*,[464] la tela più importante della nostra chiesa, quella della **Madonna del Soccorso** (**17**) cui è dedicata la maggiore devozione dei fedeli.

Essa è opera del pittore napoletano Carlo Scognamiglio,[465] datata 1886, su committenza del sacerdote dell'epoca, don Biagio Schettini, e offerta dai devoti che, in un primo momento, rimasero insoddisfatti dell'opera perché rappresenta una popolana scalza. Essi avrebbero voluto, invece, una Madonna regina.

In seguito, però, compresero il messaggio dell'artista che volle rappresentare la Soccorritrice degli umili e dei deboli e quindi le fece assumere la loro immagine.[466]

La Madonna ci appare scalza su una nuvola grigia che si adagia su un prato col suo Bimbo in braccio, mentre una fanciulla spaventata si aggrappa al suo manto in cerca di protezione, perché il demonio la insidia.

---

[464] Fatto costruire da Biagio Pignataro fu Michele per lire 425 e da Raffaele Grisi di Giuseppe per lire 130. Il resto della spesa da altri devoti - A. D. 1886.

[465] Di questo pittore sappiamo solo che risultava iscritto al Regio Istituto di Belle Arti di Napoli nel 1846 e che un suo dipinto si trova nella quadreria del Conservatorio di San Piero a Maiella a Napoli. Tale ritratto (olio su tela cm. 70x53) è firmato e datato in basso a destra: Carlo Scognamiglio 1887.

[466] La tela arrivò da Napoli via mare, al porto di Maratea, con un barcone. Le donne del Porto, per devozione, la portarono in processione fino a Trecchina, incuranti della fatica e della lontananza, e fu una grande gioia per i Trecchinesi che videro accomunata la fede dei due paesi.

Madonna del Soccorso - Carlo Scognamiglio, 1886

Con gesto sicuro la Madonna, secondo la tradizione, brandisce la prima cosa che trova sul campo, un torso di cavolo e allontana Satana che già sta bruciando tra le fiamme.

Da notare il volto dolcissimo della Madonna e lo sgambettare del Bambino che con il dito indica la presenza malefica del demonio.

Sullo sfondo, a sinistra, è riconoscibile il paesaggio, un po' fantasioso, di Trecchina, la chiesa e i monti che si stagliano all'orizzonte.

I colori trasparenti e solari conferiscono all'insieme un'atmosfera irreale e magica, tipica delle apparizioni.

Una leggenda locale, ormai quasi dimenticata, narra di una pastorella cui all'improvviso si presentò il demonio per possederla ma, nell'atto di afferrarla, apparve la Madonna che, per soccorrerla, non trovò altro che un torso di cavolo, privo della sua infiorescenza: lo divelse, lo brandì e, con quello, scacciò il demonio.

L'azione si riferisce certamente al mito arcadico di Pan, dio dei boschi, scontroso, selvaggio ed astuto, con la tendenza a rannicchiarsi nei cespugli per balzare fuori all'improvviso ed aggredire le ninfe dei boschi.

La scena si svolge quando ancora si trovano sui prati i torsi di cavolo, quindi in primavera, che è la stagione degli amori e potrebbe, quindi, rappresentare la difesa dell'illibatezza della fanciulla dalle profferte del Tentatore.

Nella nicchia successiva è posta la bella statua lignea della **Madonna Assunta, (18)** di scuola napoletana, anch'essa privata degli angioletti ai suoi piedi. La posizione delle braccia, lo sguardo verso l'alto e il lembo del manto, quasi svolazzante, le conferiscono il movimento di elevazione verso il Cielo.

Sull'altare successivo[467] notiamo la pala della **Madonna del Carmelo (19)** opera di Giulio (*Julius*) Liguori,[468] datata 1860.

Sulla tela sono rappresentate tre figure: la Madonna in alto,

---

467 A divozione di Biagio Vita di Nicola e Carmela Martino coniugi A.D.1898.

468 Arciprete della parrocchia di S. Nicola di Rivello, nato nel 1826.

San Biagio in basso a sinistra e sant'Emidio, in basso a destra. Sullo sfondo si notano le colonne di un tempio.

La Madonna del Carmelo, dal volto rassicurante, è seduta su una nuvola, sorretta da angeli; indossa, su una tunica rosso chiaro (simbolo dell'incarnazione), un mantello blu con i bordi ricamati in oro; sul capo porta una corona che la rende regina.

Tra le braccia sorregge il Bambinello, che ha in mano lo scapolare.[469]

Lo sfondo scuro mette ancor più in risalto la luce simbolica posta dietro la Madonna.

S. Biagio è rappresentato con il piviale tipico dei vescovi, una tunica bianca e la mitria.

Il santo, protettore dei mali alla gola, con la mano destra indica, appunto, la gola di un giovanetto tra le braccia della madre.

Si comprende, però, osservando la mano sinistra e lo sguardo, che il santo intercede il miracolo alla Madonna.

L'iscrizione sul libro aperto in basso recita: *"L'abitator della romita cella / Ha nel viso, ha negli atti amor scolpito / Tanto che in Lui si fa cornice bella / Pon nella bocca dell'estinto il dito / Gli occhi son volti a Dio la mano intanto / Col segno onnipotente adempie il rito"*.

Anche sant'Emidio ha la mitria e il piviale dei vescovi, in questo caso, di colore rosso con profilo dorato e una tunica bianca. Con la mano destra sorregge il mantello e con quella sinistra indica alla Madonna la città colpita dal terremoto, affinché la salvi da quella calamità.

---

469 Da oltre sette secoli i fedeli portano lo scapolare del Carmine per assicurarsi la protezione di Maria in tutte le necessità della vita e, in particolare, per ottenere mediante la sua intercessione la salvezza eterna e una sollecita liberazione dal Purgatorio.

Nella nicchia successiva vi è la statua in legno di **Sant'Emidio** (**20**) che è, in assoluto, quella più pesante della chiesa. Questa statua del santo vescovo di Ascoli Piceno fu comprata dai trecchinesi per invocare la sua protezione contro la catastrofe del terremoto che si abbatteva spesso sul paese, danneggiando gravemente le abitazioni.

Realizzata nel secolo scorso, di scuola napoletana, la statua stupisce per la cura dedicata dall'artista alle vesti del santo, rendendole preziose con l'oro e l'argento.

L'ultima tela sull'altare[470] rappresenta le **Anime purganti** (**21**). È opera di Vincenzo La Bella (1872-1954), pittore napoletano, contemporaneo dei più celebri pittori Toma e Morelli.

In basso, tra le fiamme, vi sono le anime del Purgatorio che intercedono la grazia, con le braccia protese verso la Beata Vergine Maria. Un angelo le invita a salire verso la Madonna che regge con la mano destra lo scapolare, mentre con la sinistra stringe Gesù Bambino.

Per completare la descrizione di questa chiesa, è importante notare, nel secondo ordine, sulla cimasa e al di sopra degli altari, lungo tutto il perimetro della navata, i dodici medaglioni raffiguranti gli **Apostoli** i cui nomi si possono leggere al di sotto.

Al posto di questi dipinti (realizzati dal Lanziani nel 1915) ve ne erano altri realizzati all'epoca della costruzione della chiesa.[471]

---

[470] Eretto da Carmine Marotta fu Francesco in omaggio alla memoria della fu sua madre Caterina Pignataro e della fu sua moglie Angelina Rotondano, 1911.

[471] A proposito del Lanziani, ancora si racconta il seguente aneddoto. Quando egli eseguiva le figure degli Apostoli, il parroco gli dava fretta perché voleva che il lavoro finisse il prima possibile. Più volte, durante la giornata, era lì a fare osservazioni. Un bel giorno l'artista, mentre stava dipingendo il medaglione di S. Pietro, decise di giocare uno scherzo al sacerdote, con la complicità di alcuni amici, e dipinse nelle mani di S. Pietro due caciocavalli e un fiasco di vino, al posto delle chiavi e del testo sacro. Quando il sacerdote arrivò e vide S. Pietro raffigurato a quel modo, rimase sconcertato e rimproverò il pittore per aver trasformato il santo in "*caciocavallaro*". Il pittore, con molto spirito, rispose che anche S. Pietro amava mangiare e bere mentre lui desiderava essere lasciato in pace durante il lavoro.

4. La chiesa del Rosario
(già Santa Maria delle Grazie)

4.1. La storia

Questa chiesa esiste almeno dai primi del Milleseicento, come attestato da una visita pastorale del 1614.[472]
Si tratta della prima chiesa costruita fuori le mura, al di qua della Porta del Ponte.

Nel 1636 essa era dotata di una statua della Beata Vergine, in legno indorato, e di un coretto ligneo, con paliotto in oropelle,[473] sei candelabri e tre tovaglie. Vi celebrava l'arciprete rettore.

Sulla destra era l'altare del Santo Rosario, bene arredato, con una congrega laicale[474] diretta da don Giovanni Tommaso de Grisa. I beni di questa chiesa, consistenti in ottanta moggi di frumento, erano amministrati dal notaio Scipione Greco.

Attiguo alla cappella vi era un ospedaletto con due stanze con letti per l'accoglienza dei poveri, a cura di Guglielmo Di Ruccio, incaricato di questuare in paese per la riparazione delle fabbriche.[475]

Nella visita pastorale del 1702, si rileva che l'altare del Rosario era stato dedicato alle Anime del Purgatorio.[476]

In quel periodo, molto probabilmente, la chiesa fu dedicata alla Madonna del Rosario.

---

472 ADP, *Visita pastorale di mons. Giovanni Antonio Santonio,* 27.9.1614, fol. 237: S. Maria de Gratia, retta da D. Antonio Schettini coll'onere di celebrarvi 10 messe annue. Nel 1624 fu eretto un ospedale cui era annessa una Confraternita diretta da Diologuardi De Vita.

473 Il pallio (o paliotto) è un pannello decorativo usato in alcune chiese come rivestimento della parte anteriore di un altare. Oropelle: (da "aurispelle"), sistema di impreziosire la pelle che costituiva il paliotto, ricoprendola di sottili lamine di oro, per cui è legato all'arte del battiloro.

474 Si tratta della Congrega della Madonna del Rosario che, con alterne vicende, fu attiva fino agli anni Sessanta del secolo scorso.

475 ADP, *Visita pastorale di mons. Piero Magri,* 26.7.1636.

476 ADP, *Visita pastorale di mons. Giacinto Camillo Maradei,* 1702.

In origine, sulla parete di fondo, era collocata una tela raffigurante la Madonna. Né di quest'ultima né della statua in legno dorato si hanno più notizie.

I frammenti di affresco (una sinopia) che appaiono sulla spalla sinistra dell'arco trionfale, confermano che, prima dell'ampliamento (e quindi della creazione dell'arco), l'intera parete era affrescata.

L'abside e la sagrestia furono aggiunte nell'Ottocento.

Successivamente fu ristrutturata all'interno, con sostituzione dei pavimenti quando, probabilmente, fu rifatta la soffittatura, decorata da Mariano Lanziani di Lauria nel 1903, con la figura centrale della Madonna del Rosario.
Tale dipinto fu la prima opera conosciuta di quel pittore, che la realizzò a vent'anni, su incannucciata e intonaco. Durante i lavori per il rifacimento del solaio (anno 2003) il dipinto crollò perché evidentemente non fu ritenuto degno di essere recuperato.

È probabile che sotto il pavimento venissero sepolti i "fratelli" della congrega,[477] ma non ci risulta che siano stati eseguiti saggi di scavo.

In fondo alla parete sinistra e sotto il pavimento, vi erano custoditi i resti della giovinetta Concettina Schettini, appartenuta a una famiglia gentilizia del paese. Fino al 2004, sul muro ed in corrispondenza della sepoltura, vi era anche un bel **monumento funebre marmoreo**[478]**(4)** con l'effige della ragazza.
Esso, a seguito di lavori di consolidamento della chiesa, fu inspiegabilmente spostato in sagrestia.

---

477 Can. Biagio Marotta, op. cit.
478 Epigrafe: *QUI DORME IN PACE/ CONCETTINA SCHETTINI/ BELLA VIRTUOSA FANCIULLA/ CHE/ SEDICENNE APPENA/ LASCIO' QUESTA VITA DI AFFANNI/ NEL DI' VIII SETTEMBRE MD.C.CCLXXVIII/ ANGELO DI DIO/ COPRI CON LE TUE ALI/ LA TERRA DOVE RIPOSA/ L'ADORATA FIGLIUOLA/ 1879.*

Chiesa Madonna del Rosario

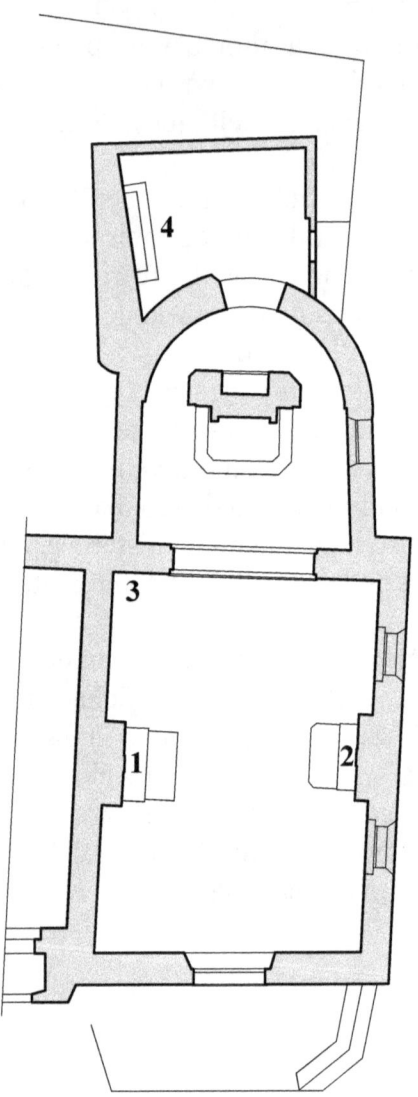

4.2. Descrizione[479]

Sulla parete di sinistra vi è l'altare con una bella pala raffigurante **Santa Maria della Misericordia** tra San Francesco e Sant'Antonio, (1) di scuola napoletana, donata dalla famiglia Jannini.[480]

Sull'altare di fronte si nota una brutta pala rappresentante le **Anime del Purgatorio** (2), dipinta da un certo Antonio Schettini di Maratea nel 1825, su committenza di Rosalia Conte.[481]

L'interno, ad eccezione degli altari laterali su cui sono rimaste le due tele prima menzionate e di quello centrale, nel cui **catino absidale** è collocata una **Madonna col Bambino**, rimane disadorno. Non vi sono più, infatti, gli arredi degli altari, le cartegloria, i leggii d'epoca e le tovaglie. Sono rimasti solo i candelabri.

Quando abbiamo visitato la chiesa, gli antichi paramenti sacri erano abbandonati in una cassettiera, insieme con l'organo, prima funzionante, ora ridotto in pezzi sul pavimento, essendo stata smantel-

Mater misericordiae - Autore ignoto

---

479 Questo sotto paragrafo vuole essere anche una guida alla visita della chiesa, con l'ausilio della planimetria allegata.

480 Altare realizzato "a divozione dei compadroni Iannini Giuseppe fu Pasquale e Domenico fu Matteo" - Restaurato in marmo 1886.

481 "Omaggio alla memoria di Caterina Calcagno Iannini".

lata anche la cantoria in legno.
Sulla spalla sinistra dell'arco trionfale, mediante un saggio, è affiorata una **sinopia**,[482] che raffigura una **Madonna col Bambino (3)**, probabilmente risalente al XVII secolo, cioè prima che la chiesa fosse ampliata con la costruzione dell'abside.

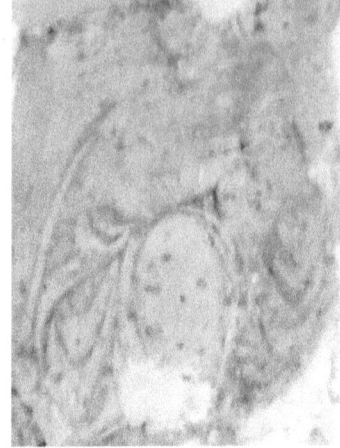

Madonna con Bambino
Frammento di sinopia

All'esterno, un **campanile a vela**, sostenuto lateralmente da due volute, completa in alto la facciata il cui ingresso è costituito da un portale che rimane sopraelevato rispetto al piano della gradinata di accesso.

Sulla porta d'ingresso un riquadro formato da dodici maioliche di scuola napoletana e risalente al XVIII secolo, rappresenta la **Madonna del Rosario** incoronata come una regina, con Gesù Bambino in braccio, tra **Santa Caterina e San Domenico**.

L'immagine è di una Madonna molto giovane, con i capelli biondi e ondulati, vestita in modo prezioso, con un abito in broccato rosso ricamato in oro; al collo notiamo una collana di lapislazzuli ed in mano un mazzo di roseline, oltre al Rosario fermato alla cintola.

Inginocchiata ai piedi della Vergine vi è Santa Caterina che indossa una tunica bianca con un mantello marrone; il suo capo è cinto da una corona di fiori.

San Domenico, dall'altra parte, anch'esso con tunica bianca e mantello marrone, ha sul capo l'aureola su cui spicca una stella blu.

Lo sfondo è di un giallo solare e il cielo è blu cobalto.

---

482 La sinopia è la fase dell'affresco consistente nel disegnare con della terra rossa (in origine proveniente da Sinope, nel mar Nero) un abbozzo preparatorio per l'affresco.

5. Il santuario della Madonna del Soccorso

I primi documenti relativi alla chiesa di **Santa Maria dello Succurso**, in località *Lo Monte vicino la Croce*,[483] risalgono alla fine del XVI sec. Ma è certo che esisteva già agli inizi del Millecinquecento ed era dedicata alla Madonna dei Martiri.[484]

Sappiamo che il culto della Madonna del Soccorso fu diffuso dagli agostiniani di Sicilia sin dal 1306 e, presumibilmente, poco più tardi, tra il Quattrocento e il Cinquecento, giunse anche a Trecchina. In un periodo imprecisato sorse la necessità di erigere un luogo di culto nella parte alta del paese.
La costruzione di un santuario su un'altura corrisponde alla diffusa credenza che le montagne, in quanto vicine al cielo, siano

---

483 ADP, *Visita pastorali di mons. Filippo Spinelli*, 31.3.1596, f. 88: ...*con Confraternita di uomini e donne, alla quale furono assegnati un terreno di 10 tomoli all'Aria della Vallata.*

484 La statua, una scultura lignea del tardo Cinquecento, si trova ora nel santuario.

un luogo ove si incontra la divinità.[485]
Ma fu anche un'esigenza dei pastori che volevano sempre il luogo di culto della divinità vicino ai pascoli estivi di transumanza. Per tale motivo le statue delle Madonne, che hanno il santuario sui monti, vengono salite in primavera e scese all'inizio dell'autunno.[486]

La cappella, ove venerare la Madonna del Soccorso, secondo la tradizione, sarebbe dovuta sorgere a mezza costa della "Serra Pollino".
Individuato il luogo, si iniziarono i pellegrinaggi per la costruzione della chiesetta.

La leggenda racconta che i fedeli trasportavano una pietra ciascuno, ma che la mattina dopo, trovavano demolito quello che i muratori avevano costruito il giorno prima. Essi videro poi una luce sorgere sul luogo più alto del monte e capirono che quello era il sito prescelto dalla Madonna.

Fino a qualche tempo fa, durante i pellegrinaggi, i più anziani hanno continuato a trasportare una pietra ove doveva sorgere la prima costruzione, a ricordo dell'episodio. Il luogo è ancora detto "*Monzieddr''e petre*" [cumulo di pietre].
Altro documento del 1626 ci dice che

... la chiesa del Soccorso al Monte, per l'inclemenza del tempo era visitata dalla Pasqua, in aprile, fino a tutto settembre; fu ordinato di fare una nuova icona più piccola in sostituzione della grande deteriorata dall'umidità e pari alla grandezza dell'altare, regolando la spesa secondo il

---

485 Sulla montagna vi era l'assemblea divina, come quella degli dei greci dell'Olimpo. L'Antico Testamento mostra la superiorità del Signore su tutte queste divinità, usando anch'esso il simbolo della montagna; infatti attribuisce a Dio diverse montagne sacre come il monte Tabor e l'Ermon che cantano il suo nome. Dio, però, ha solo due montagne sacre che gli sono proprie: il Sinai, dove si è rivelato e il Sion dove risiede.

486 La maggior parte di queste Madonne sono legate ad antiche leggende secondo cui un pastorello o una pastorella l'avrebbero trovate in qualche cespuglio o grotta durante il pascolo (la Madonna del Pollino, la Madonna di Viggiano, quella di Nemoli, e così via) o avrebbero avuto delle apparizioni mentre pascolavano (Fatima, Lourdes, ecc.).

parere di un pittore in modo da poter rifare anche la cancellata davanti l'altare.[487]

Viene confermato, con questo documento, che l'immagine della Madonna doveva seguire i cicli della transumanza: maggio - settembre in montagna, ottobre - aprile in paese.

Tre anni dopo[488] troviamo altre disposizioni che riguardano il rifacimento di alcune parti deteriorate e l'utilizzo delle rendite per far fronte alle spese che bisognava sostenere.

Una ulteriore notazione del 1653[489] documenta che" *S. Maria al Monte aveva la statua della Madonna col Bambino, in stucco, e l'onere di 60 messe annue*".

A fianco della chiesa fu realizzato anche un campanile e, poco discosta, una cisterna. Danneggiata più volte dai fulmini, è stata ristrutturata di recente dalla Soprintendenza ai monumenti. Essa conserva le antiche dimensioni, l'abside soprelevata, l'altare, il catino absidale e il bassorilievo, mentre sono aumentate le campane, essendone stata offerta un'altra dalla famiglia Paolillo.

I trecchinesi, nonostante il loro protettore sia San Michele Arcangelo, hanno avuto sempre una speciale devozione per la Madonna del Soccorso, celebrandone la festa l'otto settembre.

Il santuario è molto frequentato dai fedeli nei mesi estivi soprattutto da maggio a settembre, tempo durante il quale vi rimane la statua che si venera.

Il bassorilievo all'interno della chiesa, sulla *spalla destra* dell'arco trionfale, è del XVI secolo e, nonostante lo sfregio perpetrato da un pastore sacrilego, rimane una bella opera marmo-

---

487 ADP, *Visita pastorale di mons. Giovanni Antonio Santonio*, 7.9.1626, f. 146.

488 ADP, *Visita pastorale di mons. Urbano Feliceo*, 14.12.1629. Furono rifatti alla Madonna del Soccorso al Monte la cancellata in legno con chiusura a catenaccio, il tetto, le pareti e la cisterna. Dietro presentazione dello stato delle rendite, fu ordinata, col beneplacito della curia di Policastro, la vendita di tutti gli animali dei luoghi pii per l'acquisto di altri beni stabili.

489 ADP, *Visita pastorale di mons. Filippo Giacomo*, 7.7.1653.

Bassorilievo sec. XVI

rea, raffigurante la Madonna che regge con il braccio sinistro il Bambino, mentre con la mano destra impugna una piccola clava. Ai piedi e sulla sua destra, vi è il diavolo, raffigurato dall'aspetto bestiale, dai capelli incolti, barbetta appuntita, corpo parzialmente villoso, che regge un tridente.

Sempre ai piedi della Signora, e alla sua sinistra, una fanciulla impaurita si ripara sotto il suo manto.

Diventa quindi chiara l'azione della Madonna che, appunto, "soccorre" la fanciulla insidiata dal demonio, scacciandolo materialmente con quella specie di randello.

L'opera fu commissionata a "divozione" di Michele Rispoli e Giovanni Orrico, come si legge in basso.

Il bassorilievo ricalca i modelli di riferimento dell'epoca ed è singolare come, in periferia, questo marmoraro abbia realizzato, sia pure con qualche disarmonia anatomica, questa opera interpretando il soggetto così caro alla devozione dei fedeli

La Madonna dei Martiri un tempo si portava al Monte il tredici maggio, forse in ossequio al giorno della prima apparizione della Madonna di Fatima che avvenne il 13 maggio 1917.

La prima domenica di settembre, invece, si saliva la statua della Madonna del Soccorso, che vi sostava fino all'alba dell'otto settembre, e si scendeva quella dei Martiri.

Succedeva, però, che, in qualche anno, la prima domenica di settembre cadeva la vigilia della festa per cui la statua sostava nel santuario soltanto un giorno. Venne, quindi, stabilito che il simulacro della Protettrice si sarebbe portato al santuario il primo settembre, anche se tale giorno fosse stato feriale.

La statua della Madonna de Martiri, in epoca imprecisata, venne sostituita, nelle processioni, dalla statua di un'altra Madonna, la cosiddetta Bambinella.
La Madonna dei Martiri, invece, è collocata ora nel catino absidale. Si tratta di una bella statua, databile alla fine del XVI secolo ed è rappresentata con il randello in mano e il Bimbo in braccio. Mancano il diavolo e la fanciulla, presenti, invece, nell'iconografia classica.

L'antico tratturo, che ancora oggi si percorre in processione, nonostante la strada rotabile, è punteggiato da vecchie leggende e da luoghi fantastici: la "pedata" della Madonna (leggero incavo su una pietra, che ha la sagoma di un'orma e che ci ricorda anche la leggenda dell'impronta di S. Michele sul Gargano); le cinque croci in cui è diviso l'intero percorso e dove si fa sosta per recitare preghiere; i luoghi ove si raccolgono le noci o l'origano. Il sito ove sorge il santuario, alla sommità del monte e sul suo crinale offre al pellegrino uno spettacolo di rara bellezza.
Da quel punto lo sguardo spazia a trecentosessanta gradi, dal paese sottostante alle cime delle montagne che circondano la valle, a cominciare dalla vetta del Sirino, anch'esso col suo santuario; dal corso del fiume Noce fino alla sua foce sulla spiaggia di Castrocucco, il golfo di Policastro e la punta degli Infreschi e poi, giù, fino alle coste dell'Alto Tirreno cosentino. Se capita la giornata molto tersa, si riesce a vedere finanche lo Stromboli.

6. La cappella della Forràina

...Un oblio lene de la faticosa
vita, un pensoso sospirar quiete,
una soave volontà di pianto
*   l'anime invade.*
Taccion le fiere e gli uomini e le cose,
roseo 'l tramonto ne l'azzurro sfuma,
mormoran gli alti vertici ondeggianti
*   Ave Maria*

(Giosuè Carducci, *La chiesa di Polenta*, vv. 121-128)

Non si potrebbe esprimere meglio il sentimento che ti suscita questa cappella ogni qualvolta sali per la Via del Monte e, subito dopo la curva, essa ti appare all'improvviso sul fondo di un viale fiancheggiato da alberi di tiglio. Ti sembra di vederla per la prima volta, sia se immersa nel verde estivo, pregna del profumo inebriante dei tigli che le fanno da corona, sia se avvolta nei

Viale e Cappella (Foto Biagio Cozzi)

molteplici e vividi colori autunnali, sia se è ammantata di neve.

L'edificio è sobrio, equilibrato; le linee architettoniche semplici e le lesene, che incorniciano il portale d'ingresso e sorreggono l'architrave, sottolineano il timpano alleggerito dal rosoncino al centro.

La torretta campanaria slancia ancor più verso l'alto l'intero complesso, rendendolo leggero e suggestivo.

Salendo i gradini, ci si distacca dalla terra e, attraverso i bei cancelli in ferro battuto, si scopre l'interno lindo e curatissimo.

La piccola navata custodisce, sul fondo, un bassorilievo datato 1550 che raffigura la Madonna del Soccorso, commissionato "a divozione" di don Antonio De Andrea.

La fattura è simile a quella ubicata nel santuario del monte.

Le forme, modellate plasticamente, rappresentano la Signora che brandisce una specie di croce per mostrarla al demonio, al fine di proteggere la fanciulla che si è rifugiata sotto il suo manto. Qui le figure della Madre e del Bambino benedicente son ben definite ed eleganti, ma guardano altrove, come se volessero ignorare la scena che avviene sotto di loro.

Anche per quest'opera si notano delle disarmonie anatomiche, in particolare al braccio del diavolo che, in questa versione, aggredisce la bimba con un uncino.

L'opera avrebbe bisogno di un accurato restauro, essendo stata rotta, a suo tempo, in due punti e malamente riparata con cemento, mentre la sgrade-

Bassorilievo del 1550

vole cornice di marmo andrebbe sostituita.

Il parroco dell'epoca, can. Biagio Pignataro, decise di fare erigere il tempietto in questo luogo dove, solitamente, faceva sosta la statua della Madonna durante il pellegrinaggio al Monte, per concedere riposo ai portatori e per recitare le preghiere, prima della processione della festa.

La Madonna del Soccorso fu incoronata nel 1926 e, per ricordare la solenne cerimonia, egli pensò alla costruzione di questo tempietto, come segno tangibile di tale avvenimento.

Si affidò l'incarico di redigere il progetto all'ingegnere Francesco Schettini e quello di eseguire l'opera al mastro muratore Ovidio Puglia.

Per raccogliere le offerte che la fede popolare ha sempre elargito copiose, furono incaricate alcune giovanette.

Un avvenimento particolare, poi, dette maggiore impulso alla costruzione e fece intensificare la solerzia delle collettrici.

Il giorno dell'ascesa al Monte della statua della Madonna (13 maggio 1929), nel suonare a distesa, la campana maggiore (di circa 15 quintali) del campanile della chiesa madre, si distaccò, precipitando dall'altezza di circa venti metri, trascinandosi, oltre alle gradinate di legno, anche tre dei quattro uomini che la suonavano. Questi rimasero illesi, per cui si gridò al miracolo e tutti, presi dalla spinta emotiva, collaborarono affinché il tempietto fosse completato per essere benedetto l'8 settembre dell'anno 1932.

L'iscrizione interna ricorda lo scopo di questo piccolo tempio. Essa recita:

Le offerte dei fedeli, la cura e lo zelo dell'arc. mgr. Biagio Pignataro / eressero questo piccolo tempio / sul luogo ove fu incoronata Regina / la Vergine SS. del Perpetuo Soccorso / l'Anno 1926 / A perenne memoria / di fede e di amore.

Le decorazioni del soffitto furono eseguite dal pittore Angelo Pecorelli.

7. La cappella di Sant'Antonio

Nello slargo in cui la *Taverna* (Corso Umberto I) si incrocia con la *Carrera di Postacca* (Via Palazzo), la sera del dodici giugno, il giorno prima della festa, ancora oggi un grande falò arde in onore di Sant'Antonio, davanti alla sua cappella. Chi non è più giovanissimo rimpiange quei bei "palloni" (lanterne volanti) variopinti che l'abilità di *zi'* Rosario Nicodemo faceva volare in alto e noi, fanciulli, li seguivamo col naso all'insù come l'aquilone di pascoliana memoria: era la festa di Sant'Antonio.

Ricostruendo la sua storia attraverso le visite pastorali e la memoria orale, sappiamo che essa fu edificata nel Seicento.

S. Antonio di Padova, custodita da Pietro Schettino, era a cura del Clero coll'onere di 24 messe annue, oltre la festa e la processione del 13 giugno. Il Vescovo esortò con paterne raccomandazioni il clero a vivere sempre più la vita spirituale, a vigilare sulle anime, a seguire le istruzioni morali dei casi di coscienza ...[490]

In quello stesso periodo, su invito del barone Nicola Vitale, si cominciò a costruire qualche abitazione nella parte bassa del

---

490 ADP, *Visita pastorale di mons. Vincenzo De Sylva*, 16.10.1671, ff. 172-175 e *Visita pastorale di mons. De Silva*, 5.11.1672, ff. 115-117.

paese, intorno all'attuale Piazza del Popolo, a quel tempo rigoglioso vigneto e seminativo.

Apprendiamo, da altra visita pastorale:

S. Antonio fuori le mura, della famiglia Schettino, a cura del Clero, con l'onere di tre messe annue ed una cantata il giorno della festa; ordinò di procurare tre tabelle, il messale e riparare le finestre entro quattro mesi, pena interdetto.[491]

Era, quindi, una cappella privata, probabilmente di dimensioni più ridotte di quelle attuali e sorgeva insieme con il nuovo centro abitato. Il sottosuolo fu certamente adibito a cimitero, come nelle chiese del Castello, del Rosario e di Santa Maria dei Fiori (ove oggi è il "Calvario").

La cappella, però, se sopravvisse al terremoto del 1783, non superò quello del 1856, perché crollò inesorabilmente, riducendosi quasi a un rudere, dimenticato da tutti. Col passare del tempo l'edificio fu sconsacrato e, verso la fine dell'Ottocento, essendo di proprietà privata fino al 1916 circa, fu ricostruito e adibito a sartoria a piano terra e ad abitazione il primo piano.

Sulla famiglia dei proprietari, però, si abbatterono una serie di avvenimenti infausti che furono interpretati, dalla credenza popolare, come il manifestarsi delle forze negative dei demoni, in agguato per appropriarsi di uno spazio in origine sacro.

Abbandonato, quindi, come abitazione, l'edificio fu adibito a scuola pubblica e a sede della locale fanfara.

I sortilegi però continuavano, a detta di chi sentì raccontare queste storie: la carbonella del braciere si trovava bagnata e lo stesso maestro, dopo essere precipitato inspiegabilmente per le scale e aver riportato la frattura di un braccio, non volle rimanere mai più da solo in quel luogo, per paura che gli succedesse qualcos'altro...[492]

---

491 *Visita pastorale di mons. Andrea de Robertis,* 26.5.1726.

492 L'insegnante era il maestro di scuola elementare don Pasquale Schettini, autore di *Trecchina nel presente e nel passato,* noto anche per essere un uomo pauroso. Pare che durante il bombardamento di Lauria (7.9.1943) si nascose in un bosco di castagni, coprendosi il capo con un secchio di metallo, che usò a mo' di elmetto.

Si rendeva sempre più urgente, quindi, esorcizzare quelle forze e restituire il luogo al culto di Sant'Antonio: solo così sarebbe tornata la serenità.

Si arrivò al 1925 quando fu ricostruita l'attuale cappella, come documenta il "Rendiconto" esposto all'interno, sulla controfacciata della chiesetta, scrupolosamente curato dal sac. Biagio Pignataro, tesoriere del comitato, costituito dal presidente Biagio Roberto e dai componenti Nicola Marotta e Michele Schettini.

Il progetto fu redatto da Domenico Sorrentino (progettista ed esecutore del campanile della chiesa madre), a cui fu liquidato un compenso di 300 lire, mentre l'intera fabbrica, realizzata dal mastro muratore Vincenzo Fasolino, costò lire 4.658,85.

Le linee esterne della chiesa sono armoniose: su un'alta zoccolatura di pietra, squadrata da Francesco Rispoli detto "don Ciccio" (un mastro marmoraro proveniente da Salerno), si impostano due lesene binate che sorreggono la trabeazione decorata con triglifi e metope.

Le due piccole aperture circolari, racchiudono, in alto, la campana e in basso una vetrata.

L'interno, a unica navata, è illuminato da due finestroni su ogni fianco.

Un'edicola, sovrastante l'altare, racchiude la statua del santo, donata da Carmine Marotta.

L'altare è arricchito, al centro, dal tabernacolo e da una porticina, realizzata da Bertarelli di Milano, e dagli apparati dei candelieri offerti dai fratelli Ponzo.

Di questi ultimi è stata rifatta la doratura.

Sia la decorazione che la raffigurazione del taumaturgo sul soffitto furono eseguite da Mariano Lanziani da Lauria nel 1924, costarono £. 2.719,75 e furono offerte da Biagio Orrico di Giuseppe, in memoria della madre Elisabetta Roberto.

Incorniciato da motivi decorativi, campeggia al centro del soffitto il riquadro che rappresenta S. Antonio che predica ai pesci.

Il racconto è reale, il santo è corporeo, l'ambiente è naturale, la folla che assiste è curiosa e smarrita di fronte al divino.

Sofitto - Foto Biagio Cozzi

L'artista si ispira a Giotto che, per primo, raccontando di San Francesco di Assisi, lo dipinse inserendolo nel paesaggio umbro, eliminando gli sfondi irreali e dorati e conferendo al santo una dimensione umana: così fa anche Lanziani, utilizzando, però, la forma espressiva tardo ottocentesca, impreziosendo questa chiesetta e traducendo concretamente in immagine un miracolo del santo.

Il pavimento, collocato in opera dal mastro "reggiolaro" Francesco Torre e realizzato con piastrelle esagonali a più colori, tipiche dell'epoca, forma una serie di motivi ornamentali.

L'iscrizione in latino, sulla controfacciata, così recita:
Templum hoc / a sua fundatione divo Antonio Patavino / dicatum / olim terraemotu subversum die / multumque absoletum / permansit /nunc / Archipresbitero Curato Angelo Can. Schettini / opera ac sollecitudine /Blasi Sac. Pignataro / coadiuvantibus /Nicolao Prof. Marotta, Blasio Roberto / Blasio Marotta / atque Michaeli Schettini / sumptibusque fidelium / exstructum, exornatunque fuit / anno magni jubilei MCMXXV.

(Questo tempio dedicato sin / dalla sua fondazione al divino / Antonio di Padova / una volta sconvolto dal terremoto / rimase per molto tempo in disuso / ora [1925] / è stato ricostruito e adornato sotto l'arcipretura del curato / Angelo can. Schettini / dall'opera e / dalla sollecitudine del sac. Biagio Pignataro coadiuvato / dal prof. Nicola Marotta da / Biagio Roberto, Biagio Marotta / e Michele Schettini nell'anno / del gran Giubileo / MCMXXV).

Il giorno della festa, perpetuando un'antica tradizione, si distribuisce ai fedeli il pane benedetto dal sacerdote[493].

In quel giorno, anche le madri che hanno avuto bambini malati e attribuiscono la loro guarigione al miracolo del Santo, fanno indossare ai piccoli il saio francescano. Tale abito, una volta, era portato fino alla festività dell'anno successivo.

---

[493] Tale rito richiama il miracolo di Tommasino, un bambino di venti mesi che era affogato in un mastello pieno d'acqua. La madre, disperata, ricorse alla intercessione di S. Antonio, ne implorò l'aiuto e fece voto di distribuire ai poveri la quantità di grano corrispondente al peso del bimbo, se questi fosse stato risuscitato. Passato un po' di tempo, il bambino risorse e fu ridato vivo a sua madre.

Cappella della Misericordia

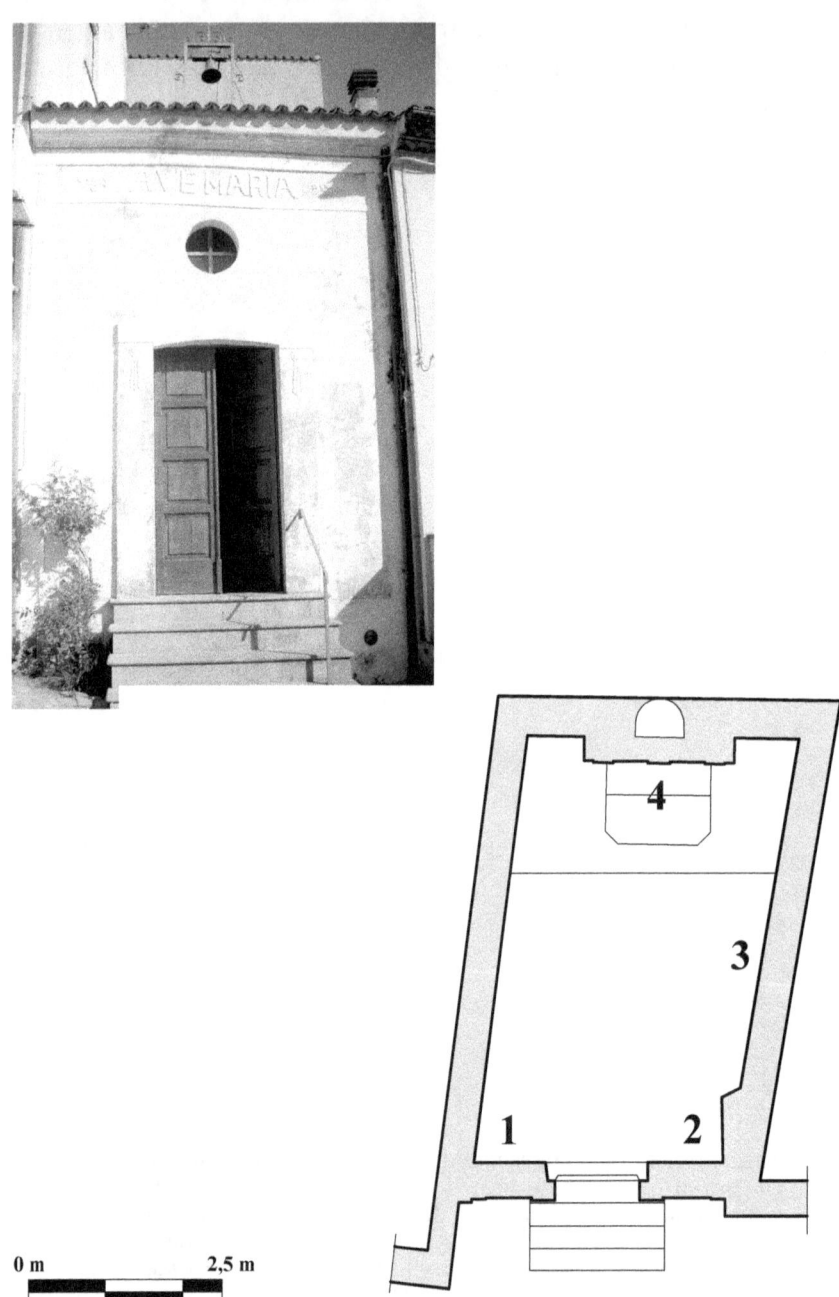

8. La cappella della Misericordia
detta anche "della Neve"

Dedicata a Santa Maria della Misericordia, è conosciuta come Madonna della Neve,[494] perché in origine vi era un altare dedicato a Santa Maria ad Nives.

Nel 1649 fu fondata dal sacerdote Francesco Iannini, esule dall'Epiro insieme con il fratello Felice, con una cappellania laicale, cioè con disposizioni testamentarie con cui il testatore imponeva agli eredi/rettori della cappellania di celebrare determinate messe a suffragio della sua anima. Il testatore poteva anche imporre diversi obblighi, quali l'assegno dotale per le "povere zitelle" della parrocchia e così via.

È ubicata in Via Valle e presenta una facciata semplice con la scritta "AVE MARIA" in rilievo al di sopra del rosoncino.

Caduta in rovina e abbandonata nei primi decenni del XX secolo, per la pietà dei fedeli venne riedificata e dedicata al culto della Vergine Addolorata.[495]

La sua storia, oltre alle poche visite pastorali che ne documentano l'esistenza, è ricostruibile

Madonna della Misericordia

---

494 APD, *Visita pastorale di mons. A. De Robertis*, 1725. S. M. della Misericordia di fondazione Jannini (1649), passata agli eredi Francesco Paolo e Felice, di cui cappellani furono d. Giovanbattista Schettini (1701) e d. Giuseppe Marotta (1725). Nel 1723 vi era un altro altare dedicato a S. Maria ad Nives con cappellano d. Michele Jannini.

495 Can. Biagio Marotta op. cit.

attraverso le due lapidi situate sulla controfacciata: a sinistra e a destra[496]. (1) e (2)

Sulla facciata notiamo una piccola torretta campanaria, mentre la navata interna, di modeste proporzioni, termina sul fondo con l'altare su cui, all'interno di una nicchia, trova collocazione la statua della *Madonna dell'Addolorata* (4); sulla parete destra è sistemato un Crocefisso (3) di buona fattura, proveniente dalla ex chiesa matrice del Castello e restaurato recentemente.[497]

In origine al posto della statua era sistemata una pala d'altare rappresentante la stessa Madonna, i cui committenti furono il cavaliere Francesco Iannini e sua moglie donna Mariannina Grassi, come si legge nell'iscrizione. La tela di proporzioni più piccole è stata riadattata per il secondo altare della parete destra dell'attuale chiesa madre di S. Michele Arcangelo.[498]

La memoria orale[499] della famiglia che ha amministrato questa cappella, ci racconta del degrado che aveva raggiunto nel terzo decennio del XX secolo.

Nell'interno, a causa del soffitto ormai fatiscente, erano cresciuti arbusti mentre le galline, che vi razzolando liberamente, andavano a depositarvi le uova.

---

496 Lapide sinistra: *Nobile / D. Francesco Iannini / dei baroni della foresta maggiore di Lecce / piissimo sacerdote / fondò il 16 agosto 1656, in Trecchina / con generoso slancio di fede cristiana / un beneficio laicale / sotto il titolo della Madonna della Misericordia / istituendone primo cappellano suo nipote Domenico / ed eredi i discendenti del nipote Paolo i quali / debbiano e possano in perpetuum eligere un cappellano / in questa antica Cappella gentilizia dei Jannini / si volle da essi degnamente / perpetuarne il ricordo.*
Lapide destra: *Al nobile Cav. Francesco Iannini / dei Baroni della Foresta Maggiore di Lecce / insigne giurista / socio corrispondente / della Reale Cappella Pontaniana in Napoli / della R. Accademia Economico Agraria di Abruzzo Ulteriore / avvocato principe del foro di Napoli / associò pregevoli scritti di profonda sapienza / umana e cristiana / perché di sì illustre uomo degna memoria restasse / un tardo ma non ignaro nipote – pose / - n. 1795 - m. 1849.*

497 Restauro eseguito da Antonio Caricchio nel 2004.
498 Informazioni fornite dal pittore Emilio Larocca. Vedi anche p. 374.
499 Informazioni fornite dalla sig.ra Annunziata Marino.

La religiosità dei fedeli di quella strada[500] restituì dignità al luogo sacro. Esse si recarono nella località Campo dei Monaci, dove era attiva una fornace, presero gli embrici necessari e li trasportarono sulle loro teste in paese, dove gli uomini provvidero a sistemarli per recuperare il tetto. Fu rifatta anche la porta d'ingresso.

Il pittore Fortunato Schettini ridipinse l'intera cappella e restaurò la statua della Madonna che aveva perso il suo smalto e le sue cromie.[501]

Il cappellano don Michele Maimone[502] riprese le celebrazioni con la novena nella terza domenica di settembre, la processione e il falò.

Tale culto, dopo la morte del sacerdote avvenuta nel 1952, proseguì con il nuovo parroco don Biagio Marotta e poi con il suo successore, don Vincenzo Esposito.

In onore della Madonna della Neve, si recitava il triduo e si continuava a fare anche la processione nel giorno di festa.

La cappella subì i terremoti degli anni Ottanta che compromisero definitivamente la struttura, per cui negli anni successivi rimase chiusa, fino a quando la Soprintendenza ai Monumenti decise di intervenire con un restauro definitivo negli anni Novanta del secolo scorso.

Restituita al culto, ci si rese conto che bisognava restaurare la statua della Madonna e gli arredi, e quindi furono raccolti dei fondi[503] per il finanziamento dei lavori.

---

500 A. M. Cristofalo, sorelle Paolillo, sorelle Morelli, sorelle Liporace, Fulvia Latiano, Maria D'Andrea, Maria Salomone, Michele D'Ambrosio e altri.

501 Restauro finanziato a devozione della Sig.ra Antonia Liporace Tranzillo.

502 Can. Biagio Marotta, op. cit.: "Rev.do Sac. Don Michele Maimone fu Pietro e fu Pesce Carolina, nato a Trecchina il 15 Luglio 1869. Ordinato Sacerdote il 20 Ottobre 1894. Fu Cappellano del Villaggio di Parrutta per molti anni. Binò in seguito anche nel Villaggio di Piano dei Peri".

503 La questua fu fatta dalla sig.ra Annunziata Marino.

I saggi di pulitura sulla statua hanno rivelato i colori originari.[504]

La scultura fa percepire una torsione con un cauto movimento a spirale che le conferisce una contenuta energia, riconducibile alla classica impostazione, tanto cara alle immagini devozionali delle Madonne di quel momento storico. Questi modelli, certamente influenzati da ambiti partenopei, venivano replicati da maestranze locali attive in quel periodo nel comune di Rivello.[505]

Il pallido incarnato che caratterizza il volto velato dal pianto e la posizione delle mani, denunciano tutto il dolore della madre che ha visto crocifiggere suo figlio. La tunica è rossa, segno dell'incarnazione, e il mantello che le copre il capo, trapuntato di stelle dorate, è di un blu cobalto, segno della purezza.

La cappella, inaugurata dal parroco don Guido Barbella, nel primo quinquennio di questo secolo, oggi rivive con l'esposizione e l'adorazione del Santissimo Sacramento il giovedì ed il sabato ed è luogo di raccoglimento e di preghiera per l'intera comunità.

---

[504] Recupero eseguito dalla restauratrice Rosa Martorano, documentato da relazione tecnica agli atti della Parrocchia. L'intervento, oltre a restituire pienamente la leggibilità complessiva dell'opera nella sua cromia originale e nei dettagli decorativi, ha reso possibile (attraverso gli interventi di disinfestazione e consolidamento) un recupero quasi totale della solidità strutturale della stessa, tale da garantirne una migliore resistenza alla futura azione del tempo. A tal proposito si evidenzia il permanere di una lesione con origine interna, ad andamento trasversale che caratterizza l'intera zona di giunzione del manufatto al relativo piedistallo.

[505] Il pittore Emilio Larocca attribuisce tale opera allo scultore Orenga da Rivello, attivo nel XVIII secolo e autore di una statua molto simile, per impostazione e fattura, collocata nella chiesa della Motta e restaurata da Paolo Schettino.

9. La cappella di San Nicola

È un piccolo edificio di culto di proprietà privata eretto nel Seicento, in Via Marconi, una volta amministrato da Biagio Iannini e Caterina Gravita

... eretta nuova, fu dotata da Grazio Vecchio, già retta da D. Domenico Antonio Vecchio.[506]
Successivamente
... di patronato Caracciolo, coll'onere di 10 messe annue, urgeva riparazioni al baldacchino e al soffitto. Eretta nel secondo '600 da D. Giacomo Rotondano, dopo un secolo passò ad altra famiglia.[507]

I terremoti del 1980 e 1982 hanno compromesso la sua struttura per cui essa è inagile.

Essendo proprietà privata, ma non essendoci, di fatto, alcun proprietario che si riconosca tale, in quanto la famiglia cui apparteneva si è estinta da moltissimi anni, è stata curata, da vari decenni, dalla famiglia che abita a fianco e che l'adornava per le funzioni pasquali.
Non essendo stati richiesti i contributi da alcuno, per il suo recupero strutturale, essa è stata abbandonata.

Al danno del terremoto se ne aggiunsero altri. Infatti, nel fare i lavori di ristrutturazione della casa limitrofa, l'impresa appaltatrice non tenne in alcun conto la cappella, né vi eseguì opere provvisionali. Ne è conseguito che il muro comune, iniettato di malta cementizia, ha gravemente compromesso la tela molto antica, raffigurante San Nicola, ora difficilmente recuperabile.

Le statuine d'epoca e gli arredi sono stati raccolti e ricoperti con un cellofan dalla famiglia che ha sempre curato la cappella, ma avrebbero bisogno di un restauro e di una ricollocazione, previa ristrutturazione del luogo sacro, prima che esso crolli del tutto, distruggendo ogni cosa.

---

506 ADP, *Visita. pastorale di mons. Filippo Giacomo,* 7.7.1653.
507 ADP, *Visita pastorale di mons. F. Patuliano,* 1772.

Cappella di S. Nicola

10. La chiesa della Madonna del Buon Consiglio

Ubicata nella frazione Parrutta, in posizione sopraelevata rispetto alla strada che attraversa questo vivace abitato, si erge la chiesa quasi a voler osservare i suoi abitanti, come se il manto protettivo della Madonna del Buon Consiglio[508] si ampliasse simbolicamente per stringerli tutti a sé.

Lo si percepisce dal calore e dall'attaccamento dei devoti, per come vivono e testimoniano la loro religiosità: una religiosità che viene dal lontano XVII secolo, da quando un esiguo numero di abitanti volle erigere questo tempietto per manifestare il proprio bisogno del sacro.

La prima notizia della chiesa si ha nel 1636 ed è documentata da un visita pastorale che colloca

Madonna del Buon Consiglio

... in campagna la Cappella di S. Maria a Parrutta, nel Campo di Mastrodo, frequentata da nove famiglie, distinte in due nuclei (due di undici e sette di trenta messe annue). Da restaurare totalmente, non sempre aveva la messa sul posto, per cui gli abitanti dovevano salire al Castello. Il catechismo e le altre istruzioni erano impartiti solo nella chiesa parrocchiale, mentre nella cappella, oltre la messa, venivano recitate le principali preghiere, il Credo, i Comandamenti ed altri rudimenti essenziali.[509]

Di dimensione ridotta, rispetto a quella odierna, consisteva

---

508 Il culto della Madonna del Buon Consiglio si diffuse in tutta Europa per merito dei frati agostiniani, soprattutto a partire dal XVIII secolo.
509 ADP, *Visita pastorale di mons. Pietro Magri*, 27.7.1636, f. 198.

Chiesa Madonna del Buon Consiglio

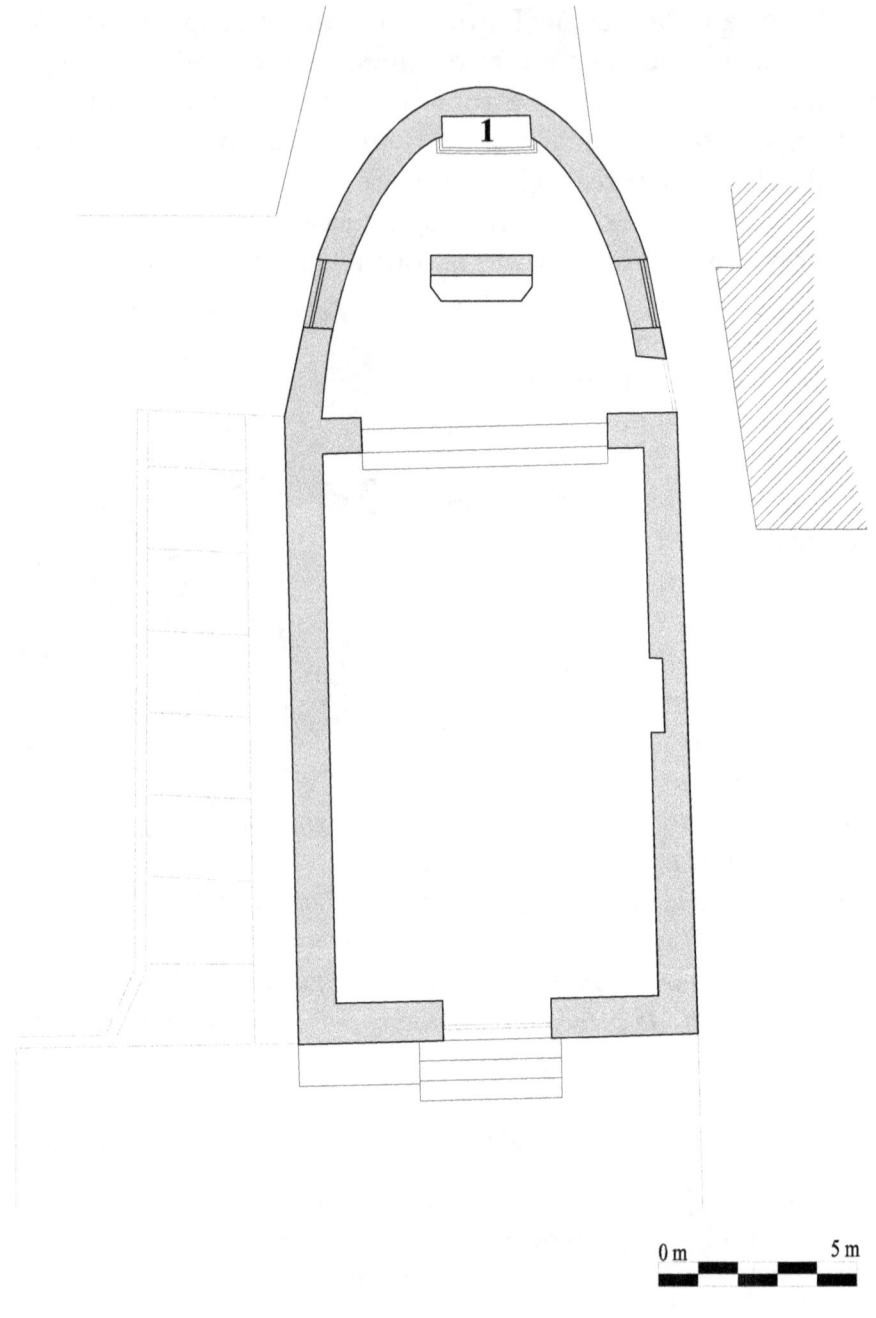

Madonna del Buon Consiglio
(restauro e foto di Paolo Schettino)

nella sola aula e fu dedicata alla Madonna del Buon Consiglio nel 1881, come si legge sulla facciata principale, su cui si apre la porta d'ingresso, con ai lati due rosoncini che illuminano un interno molto semplice.
Sul timpano è collocato l'orologio[510] e sul vertice svetta una torretta campanaria[511] sostenuta da due volute.

Negli anni Sessanta del secolo scorso, l'interno fu ampliato con un'abside,[512] nel cui catino, in una nicchia, è collocata la statua pregevole della Madonna, realizzata in legno dallo scultore Vincenzo Reggio nel 1888.[513] **(1)**

È una composizione animata dalla posa instabile del corpo del

---

510 Donato da Conte Michele fu Umberto il 15 marzo 1998.
511 Campana donata da Agrelli Michele fu Carmela.
512 Finanziata da Biagio Moliterni fu Pasquale.
513 Dono di Michele Vita di Giuseppe.

Bambinello che sembra voglia scivolare dal grembo materno per compiere i primi passi nel mondo. La madre, sorridente e orgogliosa del suo piccolo, lo sostiene con il braccio sinistro mentre, col destro, quasi accarezzandogli il piedino, pare che voglia offrirlo ai suoi fedeli adoranti.

Un sobrio altare[514] di marmo completa l'arredo di questa chiesetta, insieme alle statue di S. Antonio[515] e di S. Michele.

Sul tavolato del soffitto è collocata una tela all'interno di una cornice dipinta, rappresentante la Madonna sorretta da due angeli che la portano nel cielo illuminato dallo Spirito Santo sotto forma di colomba. Sul registro inferiore è dipinto il villaggio protetto dalla Madonna.

L'opera fu realizzata dal pittore Fortunato Schettini nel 1932 e restaurata da Emilio Larocca nel 2001.

Le lapidi della controfacciata documentano la riconoscenza del villaggio all'offerente.[516]

Il ventisei di aprile di ogni anno, gli abitanti di Parrutta organizzano la festa religiosa e civile, che vede la presenza di molti fedeli.

Questa ricorrenza è molto sentita e testimonia tutta la religiosità del borgo, richiamando la partecipazione dell'intero paese.[517]

---

514 Mensa offerta da Consiglio Pesce di Biagio nel 1966.
515 Offerta, per grazia ricevuta, da Trieste Pesce Conte nel 1959.
516 Serafina Orrico vedova D'Onofrio.
517 Ha eseguito il rilievo grafico e fotografico il geom. Vito Di Deco cui va il nostro ringraziamento.

11. La chiesa di San Giuseppe

11.1. La storia

Ubicata nel villaggio di Piano dei Peri, la chiesetta di San Giuseppe rappresenta una delle architetture religiose dislocate sul territorio di Trecchina.

Essa venne edificata a partire dall'anno 1900, grazie all'offerta e al lavoro degli stessi abitanti del villaggio i quali, pur di avere un luogo di culto ubicato nella parte più popolosa della frazione, si sobbarcarono l'onere e la responsabilità di far realizzare a proprie spese una chiesetta vera e propria.[518]

Per procedere alla sua realizzazione si pensò bene di nominare un rappresentante che si impegnasse a concludere tutti gli accordi con la ditta costruttrice e a far da tramite fra la stessa ed i villici.

L'incombenza per tale ruolo venne affidata al signor Luigi Conte di Prospero, persona stimata, affidabile e competente. L'incarico per la realizzazione dell'opera fu, invece, affidato al signor Egidio De Lorenzo, costruttore di Latronico.

I lavori della chiesa vennero, dunque, avviati nell'anno 1900 e procedettero in tempi anche abbastanza brevi, considerando una serie di difficoltà

---

518 Prima di allora, qualche funzione religiosa veniva officiata in una piccola cappella (basiliana?), distante dall'abitato e oggi inglobata in una casa di abitazione, oppure bisognava recarsi alla chiesa di Parrutta.

Chiesa di San Giuseppe

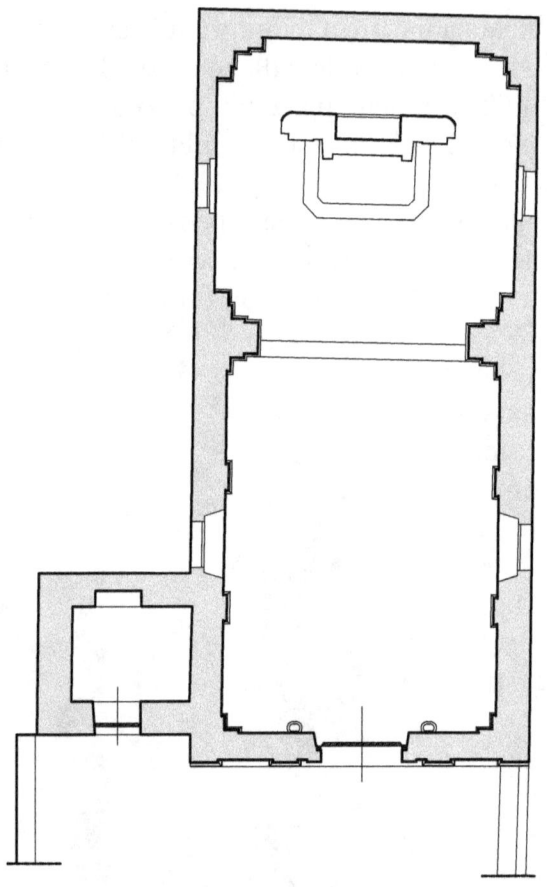

dell'epoca, quali l'assenza di strade carrabili, la mancanza d'acqua sul posto, il difficile trasporto dei materiali, ecc.
Malgrado tali difficoltà, con il sacrificio dei fedeli, l'edificio fu completato il 1902.
Rimaneva da costruire il campanile che fu realizzato qualche anno dopo.

11.2. Descrizione

Facciata

Essa è molto semplice, scandita nella superficie da quattro lesene.

Al di sopra del portale di pietra, vi è un lunotto e, nella nicchia del timpano, è collocato il busto in marmo di S. Nicola, a devozione di Nicola Orrico, datato 1923.

L'iscrizione "Sancte Joseph" dedicatoria, identifica la chiesa consacrata al santo dei lavoratori.

Il campanile, aggiunto più tardi, si sviluppa su tre livelli ed è sormontato da una cuspide.

L'iscrizione *"Il culto per la terra natia mosse l'animo generoso dei coniugi Cav. Francesco D'Onofrio e Serafina Orrico ad offrire la campana maggiore e l'orologio di questa torre. Il villaggio riconoscente - anno 1930 - 8° era fascista"* documenta la magnanimità di questa coppia che contribuì, con la sua generosità, a completare l'opera.

A sinistra del portale d'ingresso è posta l'iscrizione: *"Il villaggio perpetua in questo marmo / il nome di Fortunato Dommarco / martire rassegnato dell'ultima guerra d'indipendenza. Piano dei Peri 17 aprile 1921"*.

Interno

La chiesa presenta un corpo a pianta rettangolare a navata unica con la zona del presbiterio posta a livello più alto, delimitata da un arco trionfale. Quest'ultima era separata da quella destinata all'assemblea dei fedeli per mezzo di una balaustra di ghisa, finemente decorata con motivi richiamanti teste di angeli, tralci d'uva e spighe di grano, donata alla chiesa da Antonio Orrico.[519]

interno

Gli unici elementi di decoro erano l'altare marmoreo, le tre nicchie destinate ad accogliere le statue dei santi, la balaustra e le due piccole acquasantiere in pietra locale, poste ai lati dell'ingresso e timidamente riprendenti la forma di una conchiglia.

Il pavimento originario era costituito da mattonelle di maiolica, nei toni beige e marrone, con motivi quadrettati e di qualità scadente. Circa trent'anni dopo, vennero sostituiti con il pavimento attuale.[520]

La chiesa presentava caratteri di grande semplicità e, solo nel corso degli anni, andò ad arricchirsi di nuovi elementi di arredo e di decoro, grazie alle offerte e alle donazioni fatte soprattutto da coloro che, emigrati all'estero e avendo accumulato dei risparmi dopo lungo e duro lavoro, avevano maggiori disponibilità economiche.

Attualmente gli elementi architettonici e le cromie, a seguito dei lavori eseguiti negli anni, conferiscono alla chiesa un'acco-

---

[519] Anche questa balaustra fu rimossa durante i lavori di "restauro conservativo".

[520] I pavimenti furono donati, unitamente alla nuova statua di S. Giuseppe, dal sig. Pietro Conte di Natale, tornato dal Messico nel 1936.

glienza che sollecita un maggiore senso mistico.

La statua del santo protettore, anch'essa non corrispondente a quella attualmente presente nella chiesa, venne donata dal benestante Nicola Orrico, più noto come *"Zi' Nicola a Raspa"*, e trovò da subito posto nella nicchia centrale, sopra l'altare.

Nelle altre due nicchie, dislocate ai lati della chiesa, sono posti altri due santi: a sinistra San Gennaro, vescovo e martire, una pregiata statua lignea di scuola napoletana;[521] mentre a destra vi è la statua in gesso di San Francesco di Paola, ultimo dono di Francesco D'Onofrio prima di morire.

Sulla controfacciata, una lapide recita:

Ad assicurare / l'assistenza spirituale / dei fedeli di Piano dei Peri / la nobil donna Serafina Orrico / vedova D'Onofrio / elargiva / una cospicua somma nell'ottobre dell'anno 1938 / Il villaggio riconoscente.

A finanziare i dipinti dell'intera navata, provvide il signor Luigi Conte, appartenente a una famiglia emergente del villaggio, anch'egli emigrante in Brasile.

Essa fu dipinta da Rosario Carlomagno nel 1949 e rappresenta episodi legati alla vita di S. Giuseppe.

Sul soffitto campeggia *"La morte di San Giuseppe"* tra Gesù, la Madonna e Angeli. La scena si

---

521 Essa fu donata dal trecchinese Gennaro Pesce detto "Jennaro 'e Sciosciò" del quale si racconta che, passando davanti alla chiesa durante la sua costruzione, avesse suggerito di ricavarvi una nicchia perché era sua volontà dotare quel luogo della statua del santo che portava il suo nome.

svolge all'interno di un ambiente semplice e dimesso, a giudicare dal pavimento e dal letto-giaciglio con il lenzuolo accuratamente rimboccato sotto il materasso. È uno spazio aperto al cielo, però, con un angelo dalle ali spiegate che raccoglie l'anima del santo per portarla in Paradiso, ove altri angioletti l'attendono.

Una doppia cornice su fondo azzurro delinea il dipinto insieme con altri decori, soprattutto serti di fiori che ritmicamente ornano l'intero soffitto. E qui si evidenzia la maestria del decoratore Rosario Carlomagno. L'opera è una delle più riuscite del pittore trecchinese.

Dal soffitto pende un lampadario tardo liberty di buona fattura.
L'altare è un manufatto di marmo e ripete i motivi ottocenteschi della chiesa madre di Trecchina.
Anch'esso è un dono dei coniugi D'Onofrio, che furono tra i maggiori filantropi del paese.
La nuova mensa è stata realizzata in legno massello ed è opera di Francesco Agrelli, raffinato ebanista del villaggio.[522]
Il santo si festeggia il primo maggio.

---

[522] Ha condotto le ricerche e ha eseguito il rilievo grafico e fotografico della chiesa, l'arch. Maria Conte cui va il nostro ringraziamento.

Appendice

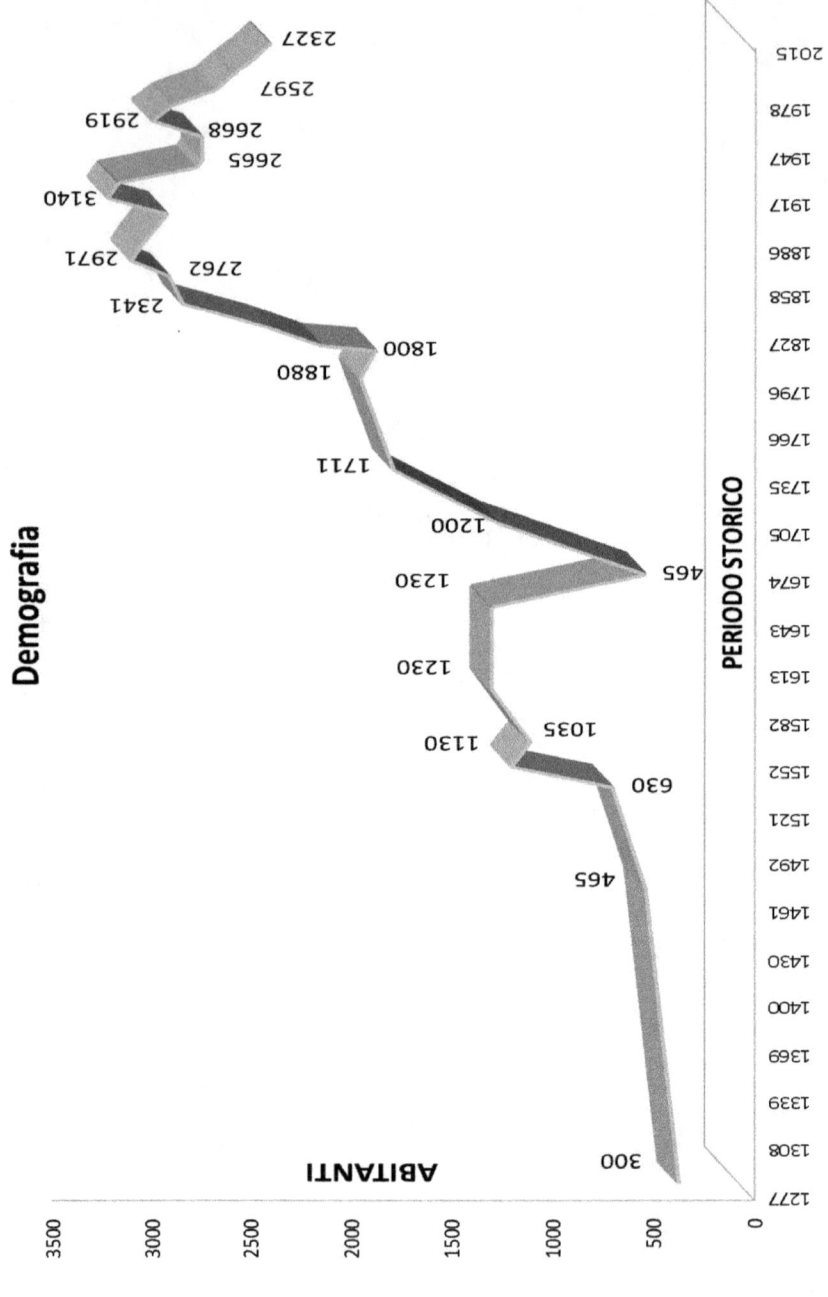

Demografia ragionata

Anno	Abitanti	Variaz.	Commento	Dominaz.
1277	300			Angioini 1266-1441
1467	465	+135		Aragonesi 1441-1503
1532	630	+165		
1545	1130	+500		Spagnoli 1503-1735
1561	1035	-95		
1595	1230	+195		
1648	1230	0		
1669	465	-765	anno della peste 1656	
1702	1200	+735		
1736	1711	+511		Borbone 1735-1806
1795	1880	+169		
1811	1810	-70	brigantaggio antinapoleonico - emigrazione	Napoleone 1806-1815 Brigantaggio
1813	1880	+70		
1816	2071	+271		Borbone 1816-1860
1828	2341	+270		
1843	2762	+421		
1861	2835	+73	Unità d'Italia	
1871	3023	+188		
1881	2971	-51	emigrazione	
1901	2844	-127	emigrazione	
1911	3140	+296	popolazione massima	
1921	3087	-53	1ª guerra mondiale - emigrazione	
1931	2692	-395	emigrazione	
1936	2665	-27	emigrazione	
1951	2668	+3	2ª guerra - migrazione interna	
1961	2919	+251		
1971	2815	-104	migrazione interna	
1981	2597	-218	migrazione interna	
1991	2508	-89	denatalità	
2001	2404	-104	denatalità	
2011	2322	-82	denatalità	
2015	2316	-6	(dicembre)	

FONTI

	Antonio Capano, Note *storiche* ... cit., p. 165
	Isabella Lamboglia, *Potere e Istituzioni nella Basilicata del Seicento*, Tav. 2, p. 27- *consiglio.basilicata.it/consiglioinforma/* URL consultato il 06.09.2015
	G.B. Pacichelli, op. cit., p. 300
	F. Volpe: *Territorio, popolazione e ambiente a Lauria*, in G. De Rosa - F. Volpe, "Il Venerabile Lentini... " cit., p. 63
	Ferruccio Policicchio, *Il Decennio Francese* ... cit., p. 458

Uomini politici

MICHELE MAROTTA
Trecchina, 16.6.1913 - 27.9.1972

Laurea in scienze economiche e commerciali; insegnante.
Deputato della Democrazia Cristiana ininterrottamente dalla I legislatura (8.5.1948) alla V legislatura (24.5.1972)

Incarichi di Governo
II Legislatura della Repubblica Italiana
I Governo Zoli
Sottosegretario di Stato alle Partecipazioni Statali (23.05.1957-17.06.1958)

Incarichi parlamentari
III Legislatura della Repubblica Italiana
Ufficio di Presidenza
Questore dal 12 giugno 1958 al 15 maggio 1963

Progetti di legge presentati: 63; *Interventi*: 128.

Giacomo Schettini
Trecchina il 3.8.1934

Avvocato. Dirigente politico

Si avvicinò al Partito Comunista Italiano da giovane studente liceale.
Dopo aver iniziato a Roma la carriera forense, si dedicò unicamente alla politica. Tornò in Basilicata per riorganizzare il partito; nel 1964 fu eletto Segretario della Federazione di Potenza.

Consigliere Regionale nel 1970, fu rieletto ancora nel 1975 e nel 1980.

Nel congresso del P.C.I. del 1969 fu eletto nel Comitato Centrale del Partito.

Nell'agosto del 1977 ricoprì la carica di *Presidente del Consiglio Regionale*, che mantenne fino al 1980.

Nel 1982 fu richiamato a Roma dalla Direzione nazionale, quale membro della Commissione meridionale, di cui divenne responsabile nel 1986.

Deputato eletto alle elezioni politiche del 1987 (X legislatura, 2.7.1987-22.4.1992) nel Gruppo Comunista - P.D.S.
Attività:
Progetti di legge presentati: 38; *Atti di indirizzo e controllo*: 200; *Interventi*: 4; membro di due *Commissioni Parlamentari.*

Nel novembre 1989 non condivise la svolta della Bolognina. Con Ingrao proseguì, prima nel P.C.I. e poi nel P.D.S., una critica dall'interno fino al maggio del 1993, quando uscirono entrambi dal partito.

Nel novembre del 2004 tornò, per la seconda volta, a impegnarmi nella vita politica in Basilicata, come Segretario regionale nel partito di Rifondazione Comunista, nel quale militò fino alla scissione, che non condivise.

Ha detto di sé: «Ho continuato e continuo leopardianamente a ramingare per "i sentieri interrotti" della sinistra alternativa».

Antonio Buonomo

Agropoli, 10.6.1923
Roma, 6.8.2000

Medico condotto, pediatra.

Giunto a Trecchina dal Cilento, giovane medico condotto, specializzatosi successivamente in pediatria, esercitò con competenza e umanità entrambe le specializzazioni, conquistandosi la stima del paese.

Democristiano della prima ora, fece politica attiva fino a quando non scese in campo egli stesso.
Nel 1975, infatti, fu eletto **Consigliere Regionale** nelle liste della Democrazia Cristiana, classificandosi tra coloro che ebbero il maggior numero di suffragi.

Nominato *Presidente della IV Commissione consiliare*, in essa profuse il suo impegno e fu attivo anche in Consiglio.
Alle elezioni successive del 1980 non gli fu rinnovato il consenso elettorale precedente e risultò tra i primi dei non eletti.

Sindaci, Commissari Prefettizi e Podestà
dal 1803 al 2015

Anno	Nome	Carica	Professione - note
1803-07	Michele Bosco	Sindaco e Capo Urbano	Medico - Ucciso dai briganti l'8 maggio 1807
1807-09	Michele d'Andrea	Sindaco	Possidente
1809-12	Ferdinando Grisi	Sindaco	Possidente
1812-13	Nicola Vita	Sindaco	Possidente
1813-16	Gaetano Grisi	Sindaco	Possidente
1816-20	Biagio Vita	Sindaco	Possidente
1820-25	Biagio Iannini	Sindaco	Notaio
1825-29	Giuseppe Schettini	Sindaco	Farmacista
1829-32	Pasquale Iannini	Sindaco	Possidente
1832-37	Michele Grisi	Sindaco	Avvocato
1837-41	Fabio Schettini	Sindaco	Farmacista
1841-46	Gaetano Marotta	Sindaco	Possidente
1846-49	Fabio Schettini	Sindaco	Farmacista
1849-53	Leonardo Schettini	Sindaco	Possidente
1853-55	Biagio Pignataro	Sindaco	Possidente
1855-60	Pietrantonio Maimone	Sindaco	Medico e Notaio
1860	Pasquale Schettini	Sindaco	Commesso Dogana Maratea, accusato di essere borbonico
1860-61	Michele Grisi	Sindaco	Avvocato
1861-64	Pietrant. Maimone	Sindaco	Medico e Notaio
1865-75	Pasquale Schettini	Sindaco	
1875-79	Fabio Schettini	Sindaco	
1879-89	Ercole Schettini	Sindaco	Medico - (†1889)
1890-98	Biagio Iannini	Sindaco	Possidente - Cav.
1898-99	Cesare Baldini	Regio Comm.	Regio Commissario dal 18.8.1898 al 29.1.1899
1900-01	Alessandro Sarno	Sindaco	Capitano Carabinieri a riposo, deceduto nel 1901
1901	Giuseppe Rotondano	Sindaco	Dimissionario dopo 11 giorni
1901-04	Antonio Calcagno	Sindaco	Possidente
1905-08	Pietro Rotondano	Sindaco	Medico. Cav.
1909	Giuseppe Grisi	Sindaco	Possidente
1910	Aniello Maione	Sindaco	Farmacista
1910	Biagio Niella	Sindaco	Possidente

Anno	Nome	Carica	Professione - note
1911-14	Pietro Rotondano	Sindaco	Medico
1914	Biagio Niella	Sindaco	Possidente
1915-19	Biagio Niella	Sindaco	Possidente
1920-25	Giovanni Battista Scaldaferri	Sindaco	Possidente
1925-34	Michele Schettini	Sindaco-podestà	Podestà dal 1927-Cav. Detto *Cazzoppola*
1935	Giuseppe Schettini	Commissario	Medico
1935	Biagio Barbieri	Commissario	Possidente
1936	Beniamino Schettini	Commissario	Maestro di scuola element.
1936	Giuseppe Schettini	Commissario	Medico
1937-43	Biagio Niella	Podestà	Fino a ottobre 1943
1944	Giuseppe Vita	Commissario	Possidente
1945-46	Pasquale Carlino	Commissario	Imprenditore boschivo
1946	Rizzo	Commissario Prefettizio	
1946-52	Errichetto Marotta	Sindaco	Avvocato
1952-53	Leandro Orrico	Sindaco	Maestro di scuola element.
1954-78	Errichetto Marotta	Sindaco	Avvocato
1978-83	Michele Larocca Conte	Sindaco	Detto *Michelino*. Direttore Ufficio Postale
1983-93	Antonio Buonomo	Sindaco	Medico
1993-01	Ludovico Iannotti	Sindaco	Imprenditore
2001-06	Corrado Morelli	Sindaco	Medico
2006	Ludovico Iannotti	Sindaco	Imprenditore In carica (anno 2015)

FONTI: Valerio Mignone: op. cit., pp. 327-328
Archivio Comune di Trecchina
Pasquale Schettini, op. cit., p. 107

I Parroci dal 1513

N°	ANNI	NOME E COGNOME	DATA DI MORTE	ETÀ
1	? - 1513	Pietro Bartilotti	1513	?
2	1559-1578	Giovanni Battista Bartilotti	1578	?
3	1578-1580	Giovanni Francesco Bartilotti	1580	?
4	1585-1587	Giovanni Antonio D'Adrea	1587	?
5	1587-1596	Girolamo D'Andrea	1596	?
6	1596-1608	Giovanni Battista Bartilotti	1609	?
7	1608-1610	Biase Bruno - vicario - *morì di peste*	1656	
8	1610-1656	Giovanni Pietro Schettini - *morì di peste*	1656	83
9	1656-1657	Domenico Antonio Vecchio - economo	?	?
10	1657-1674	Giovanni Girolamo D'Andrea	10.02.1674	?
11	1674-1676	Giovanni Battista D'Andrea- economo	?	?
12	1676-1712	Giovanni Biagio Del Vecchio	4.10.1712	?
13	1712-1713	Rocco de Errico (Orrico) curato per 10 mesi	?	?
14	1713-1727	Eligio Grisi	21.04.1727	72
15	1727-1728	Rocco de Errico (Orrico) vicario foraneo	14.3 1729	56
15	1728-1744	Gennaro de Vita	27.05.1744	
16	1744-1762	Giacomo Schettini	17.02.1762	56
17	1762-1763	Nicola Vecchio - vicario foraneo	28.8.1778	65
18	1763-1774	Nicola Giannini	26.02.1774	?
19	1772-1775	Francesco Iannini	1775	?
20	1774-1801	Michele Schettini	1.09.1801	?
21	1801-1802	Mattia Jornile - economo	1.2.1811	78
22	1802-1839	Biagio Del Vecchio	1.02.1839	76
23	1839-1840	Francesco Mansueto Schettini (suppl.)	5.08.1846	75
24	1840-1878	Francesco Antonio Orrico	10.05.1878	68
25	1879-1909	Biagio Schettini	10.04.1909	90
26	1909-1926	Angelo Schettini	21.02.1926	61
27	1926-1941	(Pietro) Biagio Pignataro	24.11.1941	71
28	1941-1958	Biagio Marotta	25.09.1958	56
29	1958-1991	Vincenzo Esposito	3.07.1991	63
30	1991	Guido Barbella - (n. 1948)	in carica	

FONTI: Archivio Diocesano di Policastro
Can. Biagio Marotta, op. cit.

La Trecchinese

Giuseppe Maria Scaldaferri visse nella seconda metà dell'Ottocento, fu un medico, letterato e sindaco di Lauria.

Egli si recava spesse volte a Trecchina per motivi professionali e strinse una cordiale amicizia con il dottor Ercole Schettini, sindaco di Trecchina, medico e patriota.

Lo Scaldaferri, a casa di quest'ultimo conobbe sua sorella, la giovane Silvia Schettini, che attrasse le simpatie e l'ammirazione dell'ospite, cui piacevano le giovani trecchinesi per la loro bellezza e la loro grazia.

In occasione del matrimonio della signorina Silvia, lo Scaldaferri recitò i versi che seguono, «con la convinzione di tributare un sincero omaggio alle virtù e al fascino di tutte le trecchinesi perché, a giudizio dello stesso autore, nella signorina Silvia Schettini si adunavano la bellezza e le doti delle nostre donne».[523]

Si tratta di una canzone di trentatré quartine, riunite in gruppi di tre. Ciascuna quartina è composta da ottonari a rima alternata, eccetto la terza di ogni gruppo, della quale il secondo e quarto verso sono settenari tronchi.

---

[523] P. Schettini, op. cit., p. 16.

La Trecchinese

L'ho veduta in mezzo al Piano[524]
E mi sta scolpita in core
Un mazzetto aveva in mano
Sovra il sen portava un flore.

Dignitosa e sorridente
Mentre andava per la via
Risplendeva fra la gente
Tutta grazia e leggiadria

E nel volgermi cortese
Un saluto d'amistà
Io le dissi: - O Trecchinese
Sei la Dea della Beltà.

Tu dall'aure carezzata
Dei tuoi verdi castagneti
Sei degli uomini la fata,
Sei la musa dei poeti.

La tua gaia giovinezza
Onde l'anime innamori
Ha dei cedri la freschezza
La fragranza dei tuoi fiori;

Ha dell'italo Paese
La gentil soavità
O mia cara Trecchinese
Sei la Dea della Beltà.

Lieta, florida qual rosa
Che si specchia nel tuo fonte,

---

524 L'attuale Piazza del Popolo.

Sei simpatica, amorosa
Come cerva del tuo Monte.[525]

Bianca come il sol che brilla
Sovra il Bòlago[526] il mattino,
Rubiconda come stilla
Dell'energico tuo vino.

Il tesar del tuo paese
Tutto in te raccolto sta.
Tu mia cara Trecchinese
Sei la Dea della Beltà.

Pronta, altera come il fiume
Che minaccia la costiera,
Mostri ognor ch'è il tuo costume
Esser nobile e sincera.

Hai da dame il portamento,
Le attrattive di Sirena,
Hai nell'alma il sentimento
Di un'amante Maddalena.

Le tue labbra sono accese
Da un'arcana voluttà:
O mia cara Trecchinese,
sei la Dea della Beltà.

Nel ricolmo e niveo petto
Nei bruni occhi è tanto amore,
che un tuo sguardo, un sol tuo detto
fan tremar nel seno il core.

---

525 Serra Pollino o Monte S. Maria, in cima al quale vi è il santuario della Madonna del Soccorso.

526 Contrada nei pressi del Passo della Colla.

Il color che t'invermiglia
La gentil disinvoltura
Fan l'ottava meraviglia
In te scorger di Natura.

Nel comporti ella ci spese
Ogni studio e abilità
Per far dir: la Trecchinese
È la Dea della Beltà.

Quando scendi alla Fontana[527]
Col barile o con la cesta
Tu somigli una Sultana
Col turbante sulla testa.

Se ti rechi a sentir messa
Pudibonda, umile e pia,
Tu somigli una Badessa,
Tu somigli una Maria.

Una santa nelle chiese,
Un folletto in società.
Tu, mia cara Trecchinese,
Sei la Dea della Beltà.

Quando al suon della viola
Balli in abito da festa,
Sembri rondine che vola
Sovra il lago e non si arresta.

Se favelli, se sorridi,
Se a mestizia atteggi il viso,
Tu commuovi, tu conquidi,
Tu trasporti in Paradiso.

---

527 Contrada una volta ricca di acqua potabile.

Sempre affabile e cortese,
Tutta vezzi e ingenuità,
Sei perfetta, o Trecchinese,
Sei la Dea della Beltà.

Oh! Se ai fianchi avessi l'ali,
Ingannato ti direi
Sei farfalla nei Pedali[528]
In paese un angiol sei.

Un degli angioli diletti
Che fan gli uomini beati
E di cari e dolci affetti
Fan gioir gl'innamorati.

Si può dir senza contese
Che per grazia e nobiltà,
Tu, mia cara Trecchinese
Sei la Dea della Beltà.

Non ti vide Raffaello
Così fresca e porporina
Quando prese per modello
La vantata Fornarina?

Ma venendo a San Michele[529]
Tu di amor l'avresti avvinto,
E sui muri e sulle tele
Te soltanto avria dipinto.

Un pittar che far palese
Vuole al mondo quanto sa
Pinga pur la Trecchinese
Ch 'è la Dea della Beltà.

---

528   Altro nome del monte Coccovello.

529   Ricorrenza della festa del Santo Patrono.

Quando il saggio Salomone[530],
Cui piacea la buona vita
Avea perso la ragione
Per la bella Sulamita.[531]

E nel cantico sublime
Sfogar volle il casto amore,
Da te forse avea le rime
Nel profetico suo core.

Chi può dir che non intese
Nella sua divinità
Di lodar la Trecchinese
Ch'è la Dea della Beltà?

Belle ancor, vezzose sono
D'altre terre le donzelle,
Ma a te sol dovuto è il trono,
O la bella, fra le belle.

E tu regna, e di chi t'ama
Sgombra l'ansie ed il dolore
Già regina ognun ti chiama
Della gioia e dell'amore.

Chi rammenta il tuo Paese
La tua grazia e nobiltà
Dirà sempre: o Trecchinese,
Sei la Dea della Beltà...

Giuseppe Maria Scaldaferri, 1887

---

530 Secondo la Bibbia fu il terzo re d'Israele, successore e figlio del re Davide.
531 La regina di Saba, donna del Sulem.

Trecchina bella

Trecchina bella, dall'alpestre clima,
Come ricordo trepido e commosso,
E Bòlago e Pedali e Balzo Rosso
a l'alta Serra tripartita in cima!

Stanco lo spirto in essi si sublima
Quasi da quelle fresche aure percosso,
Monti ferrigni dal boscoso dosso,
Mirabil opra di gigante lima.

Forti pensieri e desideri arcani
Quivi l'accesa fantasia si crea,
Oltre il vero, oltre il male ed oltre i vani

Sogni di cui la gioventù si bea;
Così come risuonano i lontani
Echi dell'onde giù da Maratea.

Vincenzo Terracina

Il sonetto forse fu scritto negli anni Venti del Novecento.
Non si hanno notizie sull'autore se non che fu un funzionario statale e che frequentava abitualmente il paese, essendo amico della famiglia Iannini.

Lo Stemma

ARMA: spaccata: 1° d'azzurro ad un muro di fortezza cimento di tre torri d'argento murate di nero; 2° d'azzurro ad un gallo ed un serpente combattenti, al naturale. Di quest'ultimo non si saprebbe trovar la ragione, quantunque così anche al G. A. (Giuseppe Gattini, *Delle armi dè comuni della provincia di Basilicata,* Tipografia B. Conti, Matera 1801, Copia anastatica Tipolitografia Olita Rocco, Matera 1988)

Nella simbologia dell'araldica:
GALLO: se raffigurato con la cresta e con la zampa destra alzata in atto di combattere si dice ardito ed è simbolo del guerriero pronto alle armi;
SERPENTE quando è rappresentato calpestato o nel becco di altri animali, simboleggia il nemico, il tradimento, il vizio, morte, malvagità.

Bibliografia

Alessio, Giovanni	*Lexicon etymologicum; Supplemento di dizionari etimologici latini e romanzi,* Napoli 1976.
Antonini, Giuseppe	*La Lucania,* Appresso Francesco Tombelli, Napoli 1795.
Araújo, Pinto Emerson	*La storia di Jequié,* ACIJ, Jequié 2000.
Araújo, Pinto, Emerson	*Capitoli sulla storia di Jequié,* dattiloscritto s.d.
Asor Rosa, Alberto	*Giovan Battista Basile,* in *Treccani,* Dizionario Biografico degli Italiani, vol. 7.
Augurio F. - Silvana Musella	*Ruggiero di Lauria, Signore del Mediterraneo,* Associazione "Mediterraneo", Lauria 2000.
AA. VV.	*Biografia degli uomini illustri del regno di Napoli, duca di Tortora, insigne letterato e Poeta, Alessandro Vitale,* presso Nicola Gervasi Calcografo, Napoli XD.C.CCXIX
AA. VV.	*Dissertazioni lette nell'adunanza della Pontificia Accademia romana di archeologia,* Tomo I, parte I[a], In Roma, nella Stamperia De Romanis, MD.C.CCXXI.
AA. VV.	*Dizionario di toponomastica,* UTET, Torino 1990.
AA. VV.	*Luoghi Storici d'Italia,* Allegato a Storia Illustrata n° 184, p. 101.
Basile Giov. Battista	*Lo cunto de li cunti,* Garzanti, Milano 1998.
Bellinfante, B.	*Rivello insolita,* ciclostilato, Siviglia 1971.
Bolelli, Tristano	*Conversazione fra Luciano Simonelli e Tristano Bolelli svoltasi a Pisa nell'ottobre del 1983,* in *"L'Istrice",* Simonelli Editore.
Borrelli, Carlo – Ughelli, Ferdinando	*Difesa della nobiltà napoletana Contro il libro di Francesco Elio Marchesi Volgarizzata dal P. Abate D. Ferdinando Ughelli,* In Roma appresso l'Herede di Manello Manfi, MD.C.LV.
Braga Landim, Maria Luzia	*Estrangeiros e Sertanejos a Conquista do Arraial de Jequié - Século XIX,* UNIRIO, Campus de Jequié, Bahia.
Brancacci, Giovanni	*Nazione genovese: consoli e colonia nella Napoli moderna,* Guida Editori, Napoli 2001.
Calvino, Italo	*La speculazione edilizia,* Mondadori, 1994.
Camera, Matteo	*Annali delle Due Sicilie dall'origine e fondazione della monarchia fino a tutto il regno dell'Augusto Sovrano Carlo III di Borbone,* dalla Stamperia e Cartiere di Fibreno, Napoli 1860.
Campolongo, Amato - Celico, Giovanni	*I Sanseverino, conti di Lauria, Signori di Laino e duchi di Scalea,* Editur Calabria, Diamante 2001.
Capaldo Nunziante	*Briganti, Borboni e Piemontesi,* Edizioni Meridionali, Lagonegro 1979.

CAROLI, FLAVIO - FESTA, FEDERICO	*Tutti i volti dell'arte,* Arnoldo Mondadori, Milano 2007.
CASSINO, CARMINE	*Frammenti di emigrazione ottocentesca: vicissitudini dei calderai trecchinesi nel Portogallo di inizio secolo,* in Basiliskos, n°1/2015, Edigrafema, Policoro.
CECERE BEVILACQUA, CARMELO	*Notabilità Italiane in Brasile, Capitale Federale e Stato di Rio de Janeiro,*1909-1910.
CELANO, CARLO	*Notizie del bello, dell'antico e del curioso della Città di Napoli,* Stamperia di Nicola Mencia, Napoli 1859.
CELICO, GIOVANNI	*Principi Sanseverino di Bisignano,* manoscritto inedito.
CELICO, GIOVANNI	*Santi e Briganti nel Mercuriom,* Editur Calabria, Diamante, 2002.
CELICO, GIOVANNI	*Tortora e terre vicine. Cronaca e storia dal 1600 al 1700,* Editur Calabria, Diamante 1998.
CELICO, GIOVANNI MOLITERNI BIAGIO	*I Vitale di Trecchina e di Tortora. Il tramonto di una dinastia,* in "Eco di Basilicata Calabria Campania" n. 9 del 2008.
CERNICCHIARO JOSÉ	*Conoscere Maratea,* Guida Editori, Napoli 1979.
CERNICCHIARO J.- LONGOBARDI MIMMO	*Pietre nel cielo,* Grafiche Zaccara, Lagonegro 1988.
CERNICCHIATO J.- PERRETTI V.	*L'antica "Terra" di Maratea nel secolo XVIII,* Il Salice, 1992.
CIOCCA PIERLUIGI	*Brigantaggio ed economia nel Mezzogiorno d'Italia, 1860-1870,* in "Rivista di storia economica", XXIX, n° 1, Bologna, Il Mulino, aprile 2013.
COLELLA, GIOVANNI	*Toponomastica pugliese dalle origini alla fine del medioevo,* Vecchi, Trani 1941.
CONDE, ARMANDO	*A riqueza da vida,* Editora Record, Rio de Janeiro, Säo Paulo 2006.
COPPI, ANTONIO	*Dissertazioni lette nell'adunanza della Pontificia Accademia romana di archeologia,* Tomo I, parte Iª, In Roma, nella Stamperia De Romanis, MD.C.CCXXI.
CORVINO, LUCA	*Governare il feudo. Quadri territoriali, amministrazione, giustizia Calabria Citra (1650-1800),* Franco Angeli Edizioni, Milano 2013.
CRISTIANA ANNA	*Le Stanze del Fuscano sovra la bellezza di Napoli,* Edizione critica, Dottorato di ricerca in Filologia moderna, Ciclo XVII (2002-2005) Università degli Studi di Napoli Federico II, Dipartimento di Filologia moderna.
CUCCARO, TONINO	*Inedito Galloitalico,* Grafiche Zaccara, Lagonegro 2013.
DAMIANO, DOMENICO	*Maratea nella storia e nella luce della fede,* Tipografia San Francesco, Sapri 1965.
DE CRISTOFARO MARIA ANTONIETTA	*La Parrocchia di S. Nicola di Bari in Lauria tra Settecento e Ottocento,* in *Il Venerabile Lentini nella storia sociale e religiosa della Basilicata* a cura di Gabriele De Rosa e Francesco Volpe, Edizioni di Storia e Letteratura, Roma 1987.

Di Luccia, Pietro M.	*La Abbadia di San Giovanni a Piro, in Roma, l'anno del Giubileo MD.C.C,* Nella Nuova Stamperia di Luca Antonio Chracas.
Ebnier, Pietro	*Chiesa, baroni e popolo nel Cilento,* Edizioni di Storia e Letteratura, Roma 1982.
Gachot, Edouard	*Histoire Militaire de Masséna. La troisième Campagne d'Itale (1805-1806),* Plon-Nourrit et C., Paris 1911.
Galli, Fabio Glauco	*La città invisibile - Segni di Storie e Memorie di Pace e di Guerra,* Fulmino Editore, Savignano sul Rubicone 2005.
Garibaldi, Giuseppe	*Vita di Giuseppe Garibaldi, scritta sopra documenti genealogici e storici, dalla sua nascita fino al suo ritorno a Caprera,* coi tipi di Felice Le Monnier, Firenze 1884.
Gattini, C. Giuseppe	*Delle Armi de' Comuni della Provincia di Basilicata,* copia anastatica, Tipolitografia Olita Rocco, Matera 1988.
Giganti, Antonio	*Francavilla nella media Valle del Sinni,* Capuano Editore, Francavilla in Sinni, 1997.
Greco, Maria Teresa	*Dizionario dei dialetti di Picerno e Tito,* Edizioni Scientifiche Italiane, Napoli 1991.
Greco, Maria Teresa	*Prefazione al Dizionario di Leandro Orrico, Il Dialetto Trecchinese,* edizione riveduta e ampliata, Grafica Pollino, Castrovillari 2007.
Grillo, Michele	*La mia Trecchina,* Tipografia Mpm, Lauria 2004.
Iannini, Carmine	*Di San Biase e di Maratea.* I.G.E.I., Napoli 1985.
Johnson N.P. Mueller J.	*Aggiornamento dei conti: la mortalità globale della pandemia di influenza "spagnola" 1918-1920, in* Bull Hist Med 2002, 76(1): 105-15.
Lamboglia, Mario	*Bombe su Lauria,* L'Eco di Basilicata, 2003.
Levi, Carlo	*Cristo si è fermato a Eboli,* Einaudi 2010.
Lerra, Antonio	*Il terremoto del 1857 in Basilicata: il ruolo delle Istituzioni,* in "Ricerche di storia sociale e religiosa", XIII (1984), n. 25-26.
Licino, Raffaele	*Castelli medievali Puglia e Basilicata: dai Normanni a Federico II e Carlo I d'Angiò,* CaratteriMobili, Bari 2010.
Macciocchi, Maria Antonietta	*Altamura: la strage degli innocenti,* nel "Corriere della Sera" del 17 febbraio 1999.
Magliano, Domenico	*Platea di beni e rendite della Badia di S. Giovanni a Piro, 1695,* Archivio Diocesano di Policastro.
Marotta, can. Biagio	*Brevi cenni di Storia della Parrocchia di Trecchina,* manoscritto inedito, 1944.
Mennonna, Antonio Rosario	*I dialetti Galloitalici della Lucania: Vocabolario* - Congedo Editore, 1987.
Mensitiere, Giuseppe	*Famiglie notevoli: il casato Iannini di Trecchina,* nel Sirino, bimestrale, n° 10 - luglio-settembre 2013.

MENSITIERE, GIUSEPPE — *Il carattere del cittadino trecchinese attraverso il suo dialetto,* in Rassegna delle tradizioni popolari n° 3, luglio-settembre 1995, pp. 10-11.

MIGNONE, VALERIO — *Da Zanardelli a Nitti e Mussolini,* Alfredo Guida Editore, Napoli 2011.

MOLITERNI, BIAGIO — *Alfano, Pietro e la Diocesi di Policastro* in "Archivio Storico per la Calabria e la Lucania", Roma 2013.

MOLITERNI, BIAGIO — *Laos: fiume e città negli scritti, nella cartografia e nella ricerca archeologica dal XVI al XX secolo,* in "Archivio Storico per la Calabria e la Lucania", Roma 2009.

MONNIER, MARC — *Brigantaggio, Storia e storie,* Ed. Osanna, Venosa 1987.

MONTALBANO PIERLUIGI — *Orientamento astronomico delle chiese,* in "Quotidiano Honebu di Storia e Archeologia" dell'11.11.2011.

MONTANELLI INDRO - GERVASO ROBERTO — *L'Italia dei secoli d'oro - Il Medio Evo dal 1250 al 1492,* in Storia d'Italia, Rizzoli Editore, Milano 1967.

NIGRO, RAFFAELE — *Fuochi del Basento,* Camunia Editore, Milano 1987.

NITTI, FRANCESCO SAVERIO — *Scritti sulla questione meridionale,* Edizione Nazionale delle Opere, Vol. I, Editori Laterza, Bari 1968.

ORRICO, LEANDRO — *Il Dialetto Trecchinese,* Istituto Editoriale Grafico Italiano, Napoli 1985.

ORRICO, LEANDRO — *Il Dialetto Trecchinese,* edizione riveduta e ampliata, Grafica Pollino, Castrovillari 2007.

ORRICO, LIDIA — *Mariano Lanziani decoratore, pittore di santi, ritrattista borghese,* Progetto Grafico Editoriale, Lauria 2002.

NOVI CHAVARRIA, ELISA — *Monache e gentildonne - Un labile confine - Poteri politici e identità religiose nei monasteri napoletani sec. XVI - XVII,* ed. Franco Angeli. Storia - Milano 2001

PACICHELLI GIOVANNI BATTISTA — *Il Regno di Napoli in Prospettiva,* nella stamperia di Michele Luigi Mutio, Napoli 1702.

PAVESE, CESARE — *La luna e i falò,* Einaudi Milano 2005.

PAVONE, MARIO ALBERTO — *Introduzione* in Lidia Orrico, *Mariano Lanziani decoratore, pittore di santi, ritrattista borghese,* Progetto Grafico Editoriale, Lauria 2002

PEDIO, TOMMASO — *Basilicata, terra senza briganti,* Ente Provinciale Turismo, Potenza, fascicolo s.d.

PEDIO, TOMMASO — *Centri scomparsi in Basilicata,* Ediz. Osanna, Venosa 1985.

PEDIO, TOMMASO — *Dizionario dei patrioti lucani - artefici ed oppositori (1700-1870),* Vol. V, Vecchi & C., Trani 1969, 1972, 1979, 1990.

PEDIO, TOMMASO — *Introduzione alla storia del Risorgimento in Basilicata,* Fratelli Montemurro Ed., Matera 1961.

PEDIO, TOMMASO — *L'attività del movimento garibaldino nel biennio 1861-62,* in "Rassegna storica del Risorgimento, 1861-1862; Garibaldini", Anno 1954.

PEDIO, TOMMASO	*La Basilicata borbonica,* Ediz. Osanna, Venosa 1986.
PEDIO, TOMMASO	*La Relazione Gaudioso sulla Basilicata,* Centro Librario, Bari 1965.
PEDIO, TOMMASO	*Ordinamento giuridico nel Regno Normanno,* Alfredo Crestati, Bari 1951.
PEDIO, TOMMASO	*Storia della storiografia lucana,* Ediz. Osanna, Venosa 1984.
PEDIO, TOMMASO	*Uomini, aspirazioni e contrasti nella Basilicata del 1799,* Fratelli Montemurro, Matera 1961.
PELLICANO CASTAGNA, MARIO	*La storia dei feudi e dei titoli nobiliari della Calabria,* Frama sud, Chiaravalle Centrale 1984.
PESCE, CARLO	*Storia della città di Lagonegro, 1913,* Copia anastatica s.d.
PINTO DE ARAUJO, EMERSON	*La storia di Jequié,* ACIJ, Jequié 2000.
POLICICCHIO, FERRUCCIO	*Il Decennio Francese nel Golfo di Policastro,* Edizioni Gutenberg, Lancusi 2001.
POLICICCHIO, FERRUCCIO	*Vibonati nel secolo decimonono,* Edizioni Gutenberg, Fisciano 2003.
POLVERINO, AGNELLO	*Descrizione istorica della Città fedelissima della Cava,* D. Rosselli, Napoli 1716-1717.
RACIOPPI, GIACOMO	*Storia dei Popoli della Lucania e della Basilicata,* Ermanno Loescher & C., Roma 1889.
REALE, GIUSEPPE	*Processo di canonizzazione del Lentini* in G. De Rosa - F. Volpe, *Il Venerabile Lentini nella storia sociale e religiosa della Basilicata,* Ed. di Storia e Letteratura, Roma 1987.
RINALDI, MARIA ANTONIETTA	*La Diocesi di Policastro al tempo del Lentini,* in Gabriele De Rosa e Francesco Volpe, *Il Venerabile Lentini nella storia sociale e religiosa della Basilicata,* Ed. di Storia e Letteratura, Roma 1987.
ROBORTELLA, T. TITO - ROBORTELLA, ROCCO	*Nuove luci lucane,* Parte I e II - Editrice Menna, Avellino 1984.
ROHLFS GERHARD	*Nuovi scavi linguistici nell'antica Magna Grecia,* Istituto Siciliano di Studi Bizantini e Neoellenici, Palermo 1972.
ROHLFS GERHARD	*Sull'origine del dialetto di Trecchina,* in Pasquale Schettini, *Trecchina nel presente e nel passato, Appendice* - Tipografia Ferrari - Ocella & C., Alessandria 1947.
ROHLFS GERHARD	*Studi linguistici sulla Lucania e sul Cilento - Colonie Galloitaliche sul Golfo di Policastro",* Congedo ed., Galatina 1988.
RUSCIANI, ELIANA	*Biografia di un capomassa, Francesco Antonio Rusciani,* Rubettino Editore, Soveria Mannelli 2006.
SCARPINO, SALVATORE	*Indietro Savoia,* Camunia, Milano 1988.
SCALDAFERRI SANTE	*Trecchina Bella - versi,* Tipografia Faracchio, Sapri 1951.

SCALFARI, EUGENIO — *Chi comanda da solo piace a molti, ma ferisce la democrazia*, in "La Repubblica", editoriale di domenica 17 maggio 2015.

SCHETTINI SAC GIACOMO — *Libro del Sacerdote D. Giacomo Schettini pel registro di notizie sue particolari formato a 1° Gennaio 1858*, manoscritto inedito.

SCHETTINI, PASQUALE — *Trecchina nel presente e nel passato -1936*, Tipografia Ferrari - Ocella & C., Alessandria 1947.

SCOTELLARO, ROCCO — *Tutte le poesie 1940-1953*, Mondadori, Milano 2004.

SIMONETTA SOLDANI - GABRIELE TURI — *Fare gli italiani. Scuola e cultura nell'Italia contemporanea, I-II*, il Mulino, Bologna 1993.

SORIA, FRANCESCANTONIO — *Memorie storico-critiche degli storici napolitani* - In Napoli, nella Stamperia Simoniana MD.C.CLXXX.

SPAGNUOLO, SAC. ANTONIO — *Lauria*, Tipografia Vincenzo De Alfieri, Napoli 1967.

SPERA, VINCENZO M. — *Licenza vo', Signora - Materiali per lo studio del Carnevale in Basilicata*, Centro Studi Nonopiano, Bari 1984.

SPERA, VINCENZO M. — *La parola, la memoria, la presenza, Prefazione*, in Leandro Orrico, *Il Dialetto Trecchinese*, Istituto Editoriale Grafico Italiano, Napoli 1985.

SPERA, VINCENZO M. — *Postfazione* a *Il Dialetto Trecchinese* di Leandro Orrico, edizione riveduta e ampliata, Grafica Pollino, Castrovillari 2007.

TIRABOSCHI, GIROLAMO — *Storia della letteratura Italiana: dall'anno MCCCCC fino all'anno MD.C.*, Giovanni Muccis, Napoli 1781.

TOCCI, ONORATO — *La Calabria nord-occidentale dai Goti ai Normanni. Insediamenti e vie di comunicazione*, Pellegrini Editore, Cosenza 1989.

TOURING CLUB ITALIANO — *Basilicata e Calabria* (Guida d'Italia), Milano 1980.

TOURING CLUB ITALIANO — *Basilicata e Calabria* (Guida d'Italia); Milano 2005, Vol. 20, p. 283.

VACCARO ANTONIO — *Carlo Gesualdo Principe di Venosa - l'uomo e i tempi*, Osanna, Venosa 1998.

VALENTE, GUSTAVO — *Il Cabreo della Commenda di Castrovillari del Sovrano Militare Ordine di Malta*, in "Archivio Storico per la Calabria e la Lucania", Anno XL, Collezione Meridionale Editrice, Roma 1972.

VICECONTI, RAFFAELE — *Vicende storiche della città di Lauria*, Tipografia don Marzio, Napoli 1913.

VOLPE, FRANCESCO — *Territorio, popolazione e ambiente a Lauria tra '700 e '800*, in Gabriele De Rosa e Francesco Volpe, *Il Venerabile Lentini nella storia sociale e religiosa della Basilicata*, Edizioni di Storia e Letteratura, Roma 1987.

Ringraziamenti

per i loro contributi a:

Nicola Adduci, don Guido Barbella, Michele Agrelli, Francesco Caricchio, Giovanni Celico per traduzioni e consulenza, Maria Conte, Pippo Conte, Biagio Cozzi, Enzo De Maria, Vito Di Deco, Emilio Larocca, Rosanna Greco, Rosetta e Gianni Liguori, Biagio Limongi, Serenella Larocca, Mimmo Longobardi, Ida Grillo, Fernando Maimone, don Egidio Matinata, Michele Mazzeo, Biagio Moliterni, Vito Mancusi, Giuseppe Nasta, Giovanni Percoco, Giuseppe Pitillo, Ferruccio Policicchio, Giovanna Rossini, Giuseppe Rotondano, Rosa Rotondano, Franco Sangiovanni, Antonio Scaldaferri, Romilda Scaldaferri figlia di Sante, Giovanna Schettini, Paolo Schettino, Soprintendenza alle Belle Arti e al Paesaggio della Basilicata, per averci gentilmente fornito il rilievo planimetrico delle chiese del Rione Castello, di S. Michele Arcangelo, del Rosario, del Santuario al Monte e delle cappelle della Forraina e della Misericordia, riprodotte nel presente volume e rilevate dal geom. Maurizio Papaleo; Andrea Sorrentino.

Un ringraziamento particolarmente caloroso va al dott. Michele Saponaro e al dott. Antonio Cirillo.

Rivolgiamo, infine, un pensiero grato e affettuoso alla memoria del compianto don Peppino Cataldo, archivista dell'ex diocesi di Policastro, per averci fatto consultare, negli anni, l'archivio di quella Diocesi e fornito copia dei documenti richiesti, a partire dall'anno 1513, da cui abbiamo ricavato preziose notizie.

Indice

Sindaco del Comune di Trecchina pag. 9
Ludovico Iannotti

Presentazione » 11
Francesco Canestrini
Ministero per i Beni e le Attività Culturali
Soprintendente Belle Arti e Paesaggio della Basilicata

Prefazione - Alcune note sul contesto storico della Basilicata » 15
Giacomo Schettini

Introduzione dell'Autore » 21

Capitolo I - Il territorio » 25
1. Generalità - 2. La vegetazione - 3. La fauna - 4. L'agricoltura - 5. La Valle del Noce - 5.1. La grotta Sant'Angelo - 6. Il clima - 7. Scheda sintetica

Capitolo II - Il toponimo » 41

Capitolo III - Lo sviluppo urbanistico » 49
1. Il Centro antico-Rione Castello - 1.1. Il Castello - 1.2. La Chiesa - 2. Il Centro storico - 2.1. La Villa - 3. La zona di espansione - 4. Le Frazioni - 4.1. Parrutta - 4.2. Piano dei Peri

Capitolo IV - Le origini » 77

Capitolo V - I basiliani e la loro presenza a Trecchina » 83

Capitolo VI - Il periodo longobardo (774-1076) » 89
1. Generalità - 2. Trecchina nel periodo longobardo

Capitolo VII - Il periodo normanno (1076-1194) » 93

Capitolo VIII - Il periodo svevo (1194-1266) » 97
1. Generalità - 2. Trecchina nel periodo svevo

Capitolo IX - Il periodo angioino (1266-1441) » 101
1. Generalità - 2. Trecchina nel periodo angioino - 2.1. I Feudatari - 2.2. Altre notizie nel periodo angioino - 2.3. Condizioni dei sudditi nel periodo medievale - 2.4. Lo spopolamento - 2.5. Il rapimento della castellana Lauretta

Capitolo X - Il periodo aragonese (1441-1504) pag. 111
1. Generalità - 2. I feudatari nel periodo aragonese

Capitolo XI - Il periodo spagnolo (1503-1735) » 117
1. Generalità – 2. Trecchina nel periodo spagnolo - 2.1. I Feudatari - 2.2. La chiesa di Santa Maria dei Fiori (dei Cavalieri di Malta) - 2.3. La peste - 2.4. Altri avvenimenti

Capitolo XII - Il primo periodo borbonico (1735-1806) » 135
1. I re Borbone - 2. La Repubblica Partenopea – 2.1. La restaurazione della monarchia borbonica - 3. Trecchina nel primo periodo borbonico - 3.1. Eligio Grisi - 3.2. I Feudatari - 3.3. La famiglia Iannini - 3.4. Epidemia di vaiolo - 3.5. Altri episodi registrati nel XVIII secolo - 3.6. La Repubblica Partenopea a Trecchina - 3.6.1. Il sacco di Trecchina

Capitolo XIII - Il Decennio Napoleonico (1806-1815) » 161
1. La conquista del Regno delle Due Sicilie - 2. Il Decennio Napoleonico nel Lagonegrese - 2.1. L'incendio di Lauria - 2.2. Il secondo sacco di Trecchina e l'assedio di Maratea - 2.3. La suddivisione del territorio

Capitolo XIV - Il brigantaggio antifrancese » 173
1. Ribelli e briganti - 2. Il brigante Luca Conte

Capitolo XV – Il secondo periodo borbonico (1815-1861) » 189
1. La Restaurazione - 2. I re Borbone - 3. L'Unità d'Italia
4. Trecchina dalla Restaurazione all'Unità - 4.1. I Carbonari - 4.2. La nuova chiesa al Piano - 4.3. Lo "scisma" del clero - 4.4. Il terremoto del 1857 - 4.5. I patrioti trecchinesi - 4.6. Il Comitato di Provvedimento a Garibaldi. Viaggio a Caprera

Capitolo XVI - Il brigantaggio postunitario (1861-1870) » 211

Capitolo XVII - L'emigrazione » 217
1. Premessa - 2. L'emigrazione trecchinese - 2.1. L'emigrazione in Brasile - Giuseppe Rotondano: l'epopea di un ramaio e la nascita di una città - 2.2. Altri luoghi di emigrazione - 2.3. Effetti dell'emigrazione a Trecchina - 2.4. Personaggi trecchinesi e oriundi che si sono particolarmente distinti all'estero: Francesco D'Onofrio; Francesco Conde; Michele Schettini; Giovanni Battista Scaldaferri; Antonio Lomanto jr; Vincenzo Grillo; Sante Scaldaferri; Emerson Fittipaldi

Capitolo XVIII - Dall'Unità agli anni Sessanta pag. 257
1. La terza guerra d'indipendenza - 2. Trecchina: dall'Unità alla prima guerra mondiale - 2.1. Il nuovo Consiglio Comunale - 2.2. Cimitero e ospedale - 2.3. Morte di Ercole Schettini - 2.4. Il campanile della chiesa madre - 2.5. La prima guerra mondiale - 3. Il Fascismo - 3.1. Il regime fascista a Trecchina - 4. La seconda guerra mondiale - 4.1. Trecchina durante la seconda guerra mondiale - 5. Verso la democrazia - 5.1. Trecchina dal 1943 al 1948 - 6. Trecchina dal 1948 agli anni Sessanta

Capitolo XIX - Il dialetto » 287
1. Il dialetto galloitalico - 2. "Il Dialetto Trecchinese" di Leandro Orrico - 3. Come fare per riconoscere i dialetti galloitalici

Capitolo XX - Il Carnevale trecchinese » 299

Capitolo XXI - La poesia giocosa » 303
1. Premessa - 2. I poeti: Nicolangelo Marotta - Michele Marotta - Sante Scaldaferri - Errichetto Marotta.

Capitolo XXII - I pittori trecchinesi (di Lidia Orrico) » 329
Introduzione - 1. Emilio Larocca - 2. Rosario Carlomagno - 3. Carlo Scaldaferri - 4. Aldo Carlomagno

Capitolo XXIII - I luoghi di culto (di Lidia Orrico) » 349
1. Premessa - 2. La chiesa al rione Castello - 2.1. La storia - 2.2. Descrizione - 3. La chiesa matrice di San Michele Arcangelo. 3.1. La storia - 3.2. Le decorazioni - 3.3. Descrizione - 4. La chiesa del Rosario. 4.1. La storia - 4.2. Descrizione - 5. Il Santuario della Madonna del Soccorso - 6. La cappella della Forraina - 7. La cappella di Sant'Antonio - 8. La cappella della Misericordia (detta anche Madonna della Neve) - 9. La cappella di San Nicola - 10. La chiesa della Madonna del Buon Consiglio - 11. La chiesa di San Giuseppe - 11.1. La storia - 11.2. Descrizione

Appendice » 419
Demografia - Demografia ragionata - Uomini politici - Sindaci, Commissari Prefettizi e Podestà dal 1803 al 2015 - I Parroci dal 1513 - Poesie: La Trecchinese, Trecchina bella - Lo stemma

Bibliografia » 437
Ringraziamenti » 443

Finito di stampare
nel mese di aprile 2016
Tipografia Cav. Dott. G. C. ZACCARA
tel. 0973 41300 - Lagonegro (PZ)
info@grafichezaccara.net
www.grafichezaccara.it